叩街问巷

一个人的上海马路叙事

Narratives of Shanghai

City Walk

Solo Explorations through Streets and Alleys

独木成林／著
郑辛遥／绘

上海辞书出版社

序一 本届都市人，叩街问巷去！

◎何菲

City walk 风起自上海。自诞生了“建筑可阅读，街区可漫步”的概念后，所有喜欢遛弯、荡马路且对城市人文历史带感的男女老少，都欣然投入都市行走中去。犹如有“万国建筑博览会”之称的上海格外适合 City walk，四季分明，风物迷人，马路有内容力，更重要的是步行见物，适合人和城市之间的深度捆绑与互动，满足了人们对现代、文明、摩登、多元、开放且文化型城市的想象。

对于刹那间诗意的领略和对普通细微事物之美的体会，是东亚人的独擅之处。上海没有奇山异水，夺目的是都市风光，以前的都市风光主要是商业气息，如今迭代了。人们开始寻找东方的沉寂之美和与城市风物的同频共振，也从对外表的过度装饰，慢慢转为内求。上海的 20 条轨道交通线路打通了魔都的经络，让宛如血管的马路气血充盈、元气饱满，马路和轨交组成了大上海的动线，互相依托成就，彼此加持赋能。上海，无疑是国内被漫步得最多的城市，没有之一。

如果 City walk 有一个比较中国化、知性化的名字，“叩街问巷”是太合适了。散文集《叩街问巷：一个人的上海马路叙事》应运而生。

如同上海的马路历经迭代嬗变，这本书也是迭代而来的。

2008 年，上海辞书出版社出版了一本“非知名作者”、工科男周林的著作：《叩街问巷：上海马路的前世今生》。在没有任何签售活动的前提下，此书在当年畅销书如云的上海书展图书销售榜名列第 7，也一定程度引领了当年上海的叩街问巷风。周林则是责编朱志凌在博客时代“打捞”的一位素人作者。

时隔 16 年，作者和编者重新

修订出版了《叩街问巷》的2.0版。周林乘坐轨道交通，一站站重走了当年的马路，造访了无数新老建筑，有了新的触动和灵感，有意识地以以点带面、以小见大、疏密有致的笔触增补了30多篇马路文章，90%以上文章进行了补充重构。这本《叩街问巷：一个人的上海马路叙事》围绕上海马路的今昔历史和发展变化，记录、阐述周林在City walk中的所见、所闻、所思；叙事角度自由，时空交错，强调个人视角，也更贴合当下的城市漫步风。

生于1960年，在少年时代就对City walk有着浓厚兴趣的周林，军工厂宣传干事出身，从青年启蒙阶段开始就遇上改革开放40年来的盛世，他的繁华时代与国家、城市的繁盛时代几乎同频。新旧上海以一条条马路阡陌交通的形式，在他心里交织成意象纷繁、色彩斑斓的心图。从本书收录的100多篇文章里涉及的上海马路来看，有的已整体拆迁，有的已华丽转身，有的进行了整体调性的蝶变，有的不断进行着微更新，有的嬗变成网红……格局、功能与审美与16年前有了较大改变。初版本只涉及7条轨道交通线路，而今上海轨道交通线路已经多达20条，篇幅所限，最终将1—13号轨道交通线路所途经的马路，作为新版的“路线图”；作者所使用的辅助创作工具，也从地图册、小相机，变成了智能手机加共享单车。

16年，说长不长，说短不短，跨越了一个消费气息鼎沸的时代，也恰好经历了我这代人闹猛的时代。16年前的魔都，消费、情绪外放且高亢，是个五光十色的欲望都市，每个人都像打鸡血般在全球化进程中努力自我实现，也为行业创造出一个又一个奇迹。如今很多业态如同一梦，速热也速朽。上海仿佛也迈入了中年，与我们的中年同频。回忆仍是鲜活，有些东西却俯仰间已陈迹，但周林仍坚信，所有行走都有当下的意义。

注重上海马路的今昔对比，感悟时光的履痕，是本书的一大写作特色。在本书中，既有繁华大马路，也有低调小马路，既有上海开埠时期修筑的老马路，也有还未盘出包浆的新马路，及其旁边的枝枝杈杈，勾画出魔都的大体轮廓，反映了上海从开埠以来一百多年间马路的发展变化过程，几乎将高级住宅区、商业娱乐区、工业区、老城厢传统居民区和棚户区一网打尽，从马路类型的全面程度上，或许是世面上众多上海读本中的翘楚。

在新版增补的30多篇马路文章中，周林着重将宝山、普陀、杨浦、闵行和静安区的原闸北区部分的老工业区的前世今生进行挖掘、阐述，对这些工业发展史的书写，使得全书所呈现的马路功能调性更趋全面。读之让人不由感慨，上海不仅有洋房弄堂、梧桐咖啡，更有老工业区，那是上海的“父亲”，弥漫着上海曾被忽略多年的气息：创业、坚强、忍耐、沧桑、雄起……不仅能搜索到城市百年来的风花雪月、云谲波诡、阴晴圆缺，但更有砥砺前行。同时也带来一种思考，上海是如何从它身为中国工业城市老大的第一天起，开始逐步确立人与人、人与城之间的良性秩序和微妙关系。

值得一提的是，出版社在《叩街问巷》编排上以轨道交通运营线路来串联文章，意在给读者一种新的“指引”。蜿蜒蛇行的轨交线路，犹如上海的掌纹，一定程度上诠释了区域性格，同时也将城市切分得更细密。阅不尽的人情世相，朝朝暮暮的周而复始，马路和轨交线路有着无数对视、交会、防守、碰撞的瞬间，也有无数恪守、沉淀、融合的规则，这些种种，联结了上海最经典的人文、产业、历史、娱乐和羁旅，是上海人心里亘古不变的情感线，也承载了都市文明的冷光泽。

本书的另一大亮点是著名漫画家郑辛遥先生的建筑漫画作品。邬达克旧居、和平饭店、大光明电影院、上海影城、上海展览中心、大世界、海关大楼……他为每条马路精选并创作标志性建筑。无论是画“智慧快餐”，还是画老房子，郑辛遥都崇尚简约，每次打好草稿，如果一张草稿上有 20 根线条，正式打样时，可能就会减少到 10 ～ 12 条，减到不能再减为止，寥寥几笔即勾画出老房子的肌理、表情与神韵，如同神笔在手上做功。可见，漫画家与这些老房子一样，都宿有一个老灵魂。

在魔都，无论那些马路、建筑、店铺如何变化，它的气质、观点和表达与现实生活总是能够渐渐适配，如此就形成了一种文脉。周林在上海生活了几十年，关注了马路几十年，这位工科男的内心无疑是细腻浪漫的，能够在马路生态与情态的各种荣枯往复中感受某种生命的美学况味。他说，一个人在太空看到美丽的星星，必须对身边的人诉说。

丈量过世纪，穿越过狼烟。我觉得上海不仅是一个地域的概念，更是文化的概念。上海的文化和生活不是肉眼可见的奢侈，而是身心可感的考究。度过这不寻常的几年，本届都市人，更着眼于开拓自己的“东坡”。叩街问巷的松弛感、小而美和自洽，敲开的却是审美之门，在时间的缝隙里欣赏历史人文、城市地理和四季风物，在各种缘起里找寻瞬间的愉悦和长久的价值，其实美的根源不在物中，而在相遇中。

2024 年 4 月

序二 我的双城记

◎吴海滨

接到朱志凌老师的电话，讲《叩街问巷——上海马路的前世今生》16年后又将重新修订出新版，命我这个身处异乡的老上海写个序。他觉得从我的视角去观察分析上海与哈尔滨，写篇双城记是一件蛮有趣的事情。

本书作者周林，网名独木成林，以当时上海七八条地铁线路串联，通过脚踏车、公交车、地铁、轮渡等交通工具东游西荡在上海的一条条马路，用文字的形式推荐上海，深入浅出地介绍上海上百条马路的前世今生。翻阅完此书，也勾起了我的许多回忆。

我是1986年3月来到哈尔滨的。过去这座城市被称为“东方小巴黎”，建筑风格、风土人情、饮食习惯与上海都有天壤之别。建筑风格上是弄堂石库门与东北大杂院的不同，饮食上是除夕一盘春卷与一盘饺子的差别，语言风格上是“侬吃了哦”与“你干啥去”的区别。如果讲上海是一位穿着旗袍的名门闺秀，那哈尔滨则是一位身着裘皮的时尚美女。

哈尔滨是一座充满欧陆风情的城市，是中东铁路的一个重要节点，一座因铁路而兴起的内陆城市。它既拥有闻名遐迩的中央大街，也拥有烟火气十足的道外老城区中华巴洛克建筑群。原动力区更遗留有苏联时期援建的各种工业建筑群，在这片沃土上聚集着一大批一五计划时期建设的工业项目，比如在全国都赫赫有名的三大动力、亚麻厂、量具厂等。这座城市是中西文化融合之地，是一座洋气、大气、帅气的城市。

它和上海一样，也是汇聚来自五湖四海的优秀人才。我朋友中就有不少父辈是从清华、北大、浙大等毕业的优秀人才来到哈尔滨，扎根建设边疆。他们献完青春献子孙，把自己的一生献给了这片沃土。

20世纪90年代交通不便，回沪机会较少，但是2000年后随着交通便利，回沪次数就越来越多了。可以讲我是看着上海日新月异的发展，眼见这座城市在一天天扩展，目睹了身边的很多朋友与邻居成为新上海人。

记得1998年回沪，我和楼下的蔡家阿姨“嘎讪胡”，我说已经不认得现在的上海了。她讲不要讲侬不认得，阿拉出去也不认得了。她在晒台上指着一年前刚刚造好的老西门国际广场：“侬看看，侬还认得老西门哦?”

2003年有次回沪，遇太平桥地块拆迁，太平桥绿地正好在改造，我眼睁睁看着这座城市一块最具烟火气的区域消失，新天地板块崛起。那一刻，我意识到上海未来会发生翻天覆地的变化，以后的上海真的连我这个老上海人也会不认得。

上海目前的地铁运营线路共有20条，它们已把整座城市串联起来，形成上海交通的大动脉，使得逛上海更加便捷，地铁线路已延伸到过去被阿拉称为“乡下头”的地方。地铁交通方便了人们出行，也串联起了这一条条马路与古镇。读着书里介绍的一条条熟悉的马路，仿佛又回到了我的青少年时期。这些马路留有我的青葱岁月的记忆，这些马路也能让我串联起亲友与同学、曾经的同事等共同的点滴故事。因为上海是我的根，我与上海不可分割。

每一次回沪除了给家族中长辈扫墓及办公事外，我都会想法抽出时间，漫无目的荡荡上海的马路，走在梧桐树下，穿穿弄堂。如果得到居住石库门里边的人的允许，我还会从前门进去后门穿出去。去寻找那些过去的点心店，吃吃上海的各色点心，如生煎馒头、黑芝麻糊、小笼包、葱油饼、糍饭糕等。异乡人思念故乡的情愁，用味蕾去填补，我认为是最好的方式。同时走在上海马路上亲身去体会城市点点滴滴的变化。如比乐中学没了，变成了中环广场。我的初中母校东风中学搬走了，现在是爱马仕大陆总部。肇周路的黑暗料理侨搬场了，顺昌路“尿不湿一条街”已消失殆尽，以后是翠湖天地三期。地铁2号线延伸到徐泾了，以后给老爹阿奶扫墓方便多了。我回沪尤其经常会去荡荡老卢湾的马路，那里是生我养我的地方，可以讲闭着眼睛走也不会走丢，讲不清的“310103”的老卢湾情结。

从复兴路穿过复兴公园后，就进入南昌路与雁荡路，雁荡路转角原来有所建庆中学，排球特色项目不错，阿拉阿弟在那里读过初中。从复兴中路复兴公园前门进去，后门穿出去就是南昌路的上海科学会堂。雁荡路上还有阿娘面馆、鲜得来排骨年糕，不过味道和过去相比已差得不是一点点，老师傅侪跑路了，新人已烧不出原来的味道。当然还有洁而精川菜馆也在这条路上，其他著名建筑里弄比比皆是，名人居住生活在此也不少，就不一一列举了。

重庆南路上有原法商电车公司，新中国成立后改为电车三场。阿拉老爹在此工作，八级钳工维修电车，靠100多元的工资养活了一家人。百年老店春园点心店也在这条马路上，曾经陪我一位东北大哥在那里品尝，他对那里的味道赞不绝口。原卢湾区工人文化俱乐部也在这条路上，我在那里看了不少录像，比如“007”系列、《射雕英雄传》等。那里居住过的名人有邹韬奋等。不过自从建了南北高架后，我觉得那条路的文脉被破坏了，那里的味道少了许多。

具体忘了哪一年我正好在上海，哈尔滨这边的朋友到上海出差学习。作为东道主，我肯定要尽地主之谊，陪同他参观游览。我领他先逛了淮海路，然后排了长队，吃了与东北大乱炖不一样的光明邨本帮菜。他说在央视上看到《梦想改造家》改造了梦花街上一家馄饨铺，想去参观。我便熟门熟路领着他逛了雁荡路、复兴公园、复兴中路；然后去了新天地，参观了中共一大会址、太平桥绿地、我家位于肇周路的老房子；随后穿过唐家湾小菜场去了梦花街上馄饨铺，看了文庙，又去了豫园打卡。这条线路我觉得是穿越了清朝、民国、新中国的旅游观光线路，可惜现在唐家湾地区已经拆迁，肇周路的黑暗料理已不复存在。

我经常和外地的朋友讲，到上海真没必要去原属于公共租界的外滩、南京路，浦东的东方明珠等人山人海之地人挤人，不如去原法租界里走街串巷，去参观那一栋栋充满异域风情的老洋房，或到上海典型民居的老弄堂里石库门走走。它们或幽静，或充满人间烟火气地屹立在这座城市，这才是真正的上海味道，真实展现着上海这座城市各阶层的真实生活，在那里才能真正触摸到这座城市的脉搏。

上海之所以被外地人称作“魔都”，正是这一条条四通八达的马路构建起一座梦幻般的城市，承载起这座城市的历史文化脉络与城市文化底蕴。

闲言碎语写了这么多，也算是一位身处异乡的上海人奉献给各位读者游玩上海时的一点小建议。希望周老师继续进行这项极其有意义的事，记录这座城市，给下一代留下宝贵资料。也感谢编辑朱老师给了我这么一次推荐上海与哈尔滨的机会，期待下一个16年本书有机会再版时，能够添加更多条马路，让海派文化在下一代手里更加发扬光大。

目录

003 序一 //////
本届都市人，叩街问巷去！
◎ 何菲

007 序二 //////
我的双城记
◎ 吴海滨

015 轨道交通①号线

016 汇天下精华的徐家汇
020 余庆路的余韵
024 东平路上有“爱庐”
027 高安路的足音
030 安放心灵的安亭路
033 永嘉路佳话
038 复兴西路侧影
043 汾阳路的乐章
047 淡水路的淡泊
050 优雅转身北海路
053 风云变幻云南路
057 牛庄路的乡音
060 波澜不惊九江路
064 黄河路的公寓、戏院与糖藕
069 光复路“苏河湾”
072 恒丰路的永恒记忆
075 共和路的联想
078 “五族共和”汉中路
081 华康路安康
084 天目西路“不夜城”
086 共和新路新景观
089 常来常往场中路
091 阳泉路上风光好
093 一二八纪念路上海的纪念
096 钢四路的“钢印”

099 轨道交通②号线
100 科学家之路
103 浦东热土唐镇路
106 望平街上有《申报》
110 欧陆风情滇池路
114 贵州路有“显贵”
117 江阴路与江阴街
120 春华秋实奉贤路
123 南京西路的气韵
126 铜仁路的弧线
128 夕阳西下南阳路
131 万航渡路的“三生三世”
135 今夕何夕愚园路
140 “申”字打头“虹”字居中的马路

143 轨道交通③号线
144 见证江湾镇的万安路
146 “永不消逝”黄渡路
148 山阴路的底气
151 甜爱路的浪漫
154 多伦路的文采
158 海伦西路的旋律
161 东横浜路上的弄堂

163 轨道交通④号线
164 艺术的莫干山路
167 哈尔滨路有“子夜”
170 溧阳路的幽思
173 风风雨雨吴淞路
176 有头掐“尾”的安国路
178 风云变幻的荆州路
181 杨树浦路有“创意”
185 许昌路的拐角风情
187 开阔大气的浦东大道
191 半淞园路世博缘
194 国货路感怀

197 轨道交通⑤号线

198 都市春申路
201 老闵行“一号”江川路

205 轨道交通⑥号线

206 保税区里的“外国路”
209 东方路与文登路

213 轨道交通⑦号线

214 美兰湖畔美兰湖路
217 顾村公园樱花盛景
220 守仁桥街大场镇
223 陶行知与行知路
225 长寿路的健康“物语”
229 余姚路上“梦工厂”
232 新闸路的“星光”
236 常德路的情怀
240 走过延安西路华山路口
244 风光依旧华亭路
247 巨鹿路的回声
252 追寻长乐路
257 话剧之路安福路

261 轨道交通⑧号线

262 “大同”世界路
265 黑山路的凝重
268 松花江路向东走
271 打虎山路与“打虎上山”
273 天通庵路寻迹
277 虬江路的温暖
280 新马路的“新”与“老”
282 “热血之歌”晋元路
285 露香园路“留韵”
288 梦花街的诗意
291 松雪街写意
293 不见“清流”望达路

295 轨道交通⑨号线

296 “小联合国”里的“花样”马路
299 南车站路找“车站”
302 平江路深处“特别府”
304 岳阳路的“风骨”
307 枫林路今昔
310 桂林路上百花开

313 轨道交通⑩号线

314 大学路上的青春风采
316 国顺路深处有“名楼”
319 彰武路上校园情
322 乍浦路的起伏
325 “老靶子”武进路
329 “影戏街”海宁路
332 昆山路与昆山花园路
335 北京东路的“N金”
339 上海老城厢“路考”
343 兴业路上天地新
346 眺望虹桥路
349 古北路并不“古”
352 黄桦路没有“历史”
354 淮阴路边“剑河”长
356 龙溪路上听“潮声”
358 金雨路的色彩

361 轨道交通⑪号线

362 兰溪路上真如寺
365 武定西路上的“开纳公寓”
368 “国宾之路”新华路
372 龙华路上桃花艳

375 轨道交通⑫号线

376 许昌路的“烟草”
379 齐齐哈尔路与“包身工”的记忆
382 提篮桥下寻“路”
385 “小维也纳”舟山路
387 黄浦江边黄浦路
391 天潼路“万象”
394 “国际静安”长安路
397 华盛路的盛衰
400 茂名北路升平街
402 吴江路与美食街
404 独具风情永康路

407 轨道交通⑬号线

408 大渡河路“长风”行
411 曹家渡边路的变迁
414 江宁路桥变奏
416 澳门路上的“纺织大厂”
419 威海路畅游
423 南昌路烟云
427 思南路的情思
430 香山路的遗韵
433 皋兰路的诗歌
436 重庆南路上的“多重唱”
440 曾经风浪马当路

附录 //////
443 当老房子遇上漫画家
◎ 郑辛遥

447 索引

代跋 //////
471 关于“叩街问巷”的对话
◎ 朱志凌 周林

轨道交通①号线

轨道交通一号线起讫站为莘庄站至富锦路站，全程 36.70 千米，1993 年 5 月 28 日开通，上海第一条地铁，历史最悠久，也是上海轨道交通最为繁忙、最重要的大动脉，连接人民广场、徐家汇等人流量密集区域，一路穿越闵行区、徐汇区等行政区域，担当上海地铁“长子”的重要职责。

“一号线”所对应的马路在全书各线路中最多，南段是“法租界”时修筑的马路，如余庆路等；中段是“公共租界”时修筑的马路，如云南路等；北段是原“华界”老闸北区域马路，如光复路等；最后则是彭浦工业区马路，如场中路等，是“北上海”发展变化的历史见证。

乘轨道交通 1、9、11 号线到
徐家汇站下，
便可到达徐家汇各路段。

…
上海体育馆
徐家汇
衡山路
…

汇天下精华的徐家汇

蒲西路 158 号　徐家汇天主堂

众所周知，徐汇区的区名得之于徐家汇。徐家汇很久以来就是上海人所熟知的一个片区名。这个片区占地约 2.4 平方千米，大致范围东至宛平路，西至徐虹北路，南至蒲汇塘路，北至广元路、广元西路。那么，徐家汇这个片区名又是从何而来的呢？

“徐家”是指在此居住生活的明代万历进士、崇祯时任礼部尚书兼东阁大学士兼任文渊阁大学士、著名科学家徐光启家族。“汇”则指原蒲汇塘、肇嘉浜和李纵泾（又名法华浜）三水汇合处。1607 年，徐光启葬其父徐思诚于三水汇合处西侧，并在墓旁结庐守制，进行农业试验。徐光启死后亦归葬于此，后来其部分家族由南市迁来定居，子孙繁衍，形成集镇，初名徐家厍，后称徐镇，地当三水汇合处，被称为徐家汇。

徐家汇在清代中叶前属上海西南乡野地带。1847 年上海耶稣会会长、法国人南格禄前来传教，在徐光启墓东建教堂，从此天主教开始将徐家汇辟为江南的传教基地。之后不少中国人也在此创办学校和公司，先后出现了神学院、修道院、圣母院、徐汇公学、天文台、藏书楼、育婴堂、圣心报馆等，成为东西方文化交汇积淀和碰撞之地，为封闭的中国开辟了一条通往世界的文化通道。

1851 年前后，公共租界修筑通往徐家汇的马路（今华山路），随后法租界当局也修筑徐家汇路（今肇嘉浜路）。市郊及附近居民为逃避战火，纷纷来此居住，一时人口剧增，商贾辐辏，交通发达。1914 年法租界扩张至徐家汇，又筑贝当路（今衡山路）、姚主教路（今天平路）等10 多条马路，徐家汇四面通衢，商店逐渐增多，带动房地产发展，终于形成都市面貌，并与西南市郊农村相接，成为城乡接合的枢纽，也成为中西文化的交汇地带，一度有上海“拉丁区”之称。当时徐家汇一带流行的是法国文化，很多学生在学习法国音乐、舞蹈、绘画、体操，很多人以讲拉丁语、法语为高雅。这种情景使徐家汇很像巴黎塞纳河右岸的教会文化中心拉丁区。

著名电影演员秦怡晚年曾回忆：徐家汇及其周边地区位于上海的西面，以前我们都习惯叫它西区。当时住在西区的电影人很多，因为那里有不少电影制片公司和摄影场。当时上海最大的一个摄影棚就坐落在漕溪北路的“三角街”上，先后成为多家电影公司共用的摄影场，因而这里有“东方好莱坞”之称。对秦怡而言，徐家汇还有一段特殊的回忆。那就是丈夫金焰与他的前妻王人美曾经在徐家汇住过一段时间，新家就安在徐家汇天主堂后面的老房子里。因为这段往事，秦怡在 2000 年之后曾专门去徐家汇教堂后面找他们当年居住过的房子，可惜已经被拆掉了。

新中国成立后，人民政府整治了旧上海最大的水畔棚户区——肇嘉浜沿岸区，昔日的臭水浜变成了林荫大道，这里商业更加繁盛，文化设施齐集，有上海电影制片厂、交通大学、上海天文台、徐家汇藏书楼、徐汇剧场、徐汇文化馆等文教单位；南丹路上光启公园内的徐光启墓地也修葺一新并对外开放；漕溪北路、衡山路、华山路、肇嘉浜路、天钥桥路、天平路等11条马路交会于徐家汇绿地中心地带，周边商店毗连，整日人流不断。徐家汇当仁不让成为当时徐汇区商业、文化中心和交通枢纽，也是市中心通向西南郊县的公路交通枢纽。

一位曾在徐家汇藏书楼工作过的人员说，20世纪50年代，童年的他便住在徐家汇东侧的天钥桥路上一个新村里。从家里步行至徐家汇商业圈只要10分钟。印象很深的是，路上要经过染化十厂（今嘉汇广场一带），厂里烟囱交错盘曲，时常会飘出缕缕白烟，散发出阵阵呛人的气味。

天钥桥路北起肇嘉浜路，南至龙华西路。筑于1914年，因路北端有天钥桥而得名。1975年，上海体育馆（俗称“万体馆”）建成之后，南段的天钥桥路随之进行拓宽。1990年之后，上海游泳馆、上海体育场（俗称“八万人体育场”）等又在此建造，这里成为上海西南部体育场馆集中之地，相关部门整合资源，已建成徐汇体育公园。

当年的徐家汇商业圈，以新建的大型百货店上海市第六百货商店和徐汇百货商场为龙头。华山路和衡山路是徐家汇最繁荣的两条商业街，华山路上有得天酒楼、红声无线电商店、震泰新绸布店等；衡山路上有衡山食品商店、徐汇参店、艺术书店、新华书店等。其中艺术书店是当时全国第一家经营书画、碑帖、音乐、美术作品的特色书店。这里前后汇集了服装鞋帽、五金交电、文化用品、饮食、花木、家具、食品、果品等行业的120多家综合、专业、特色商店。在许多“50后”“60后”的童年印象里，华山路上冷饮店里6分钱一杯的赤豆刨冰是那么清凉爽心，衡山路上艺术书店里的小人书是那么丰富有趣，而徐汇剧场（今美罗城一带）里的中外电影更是让人看得津津有味。

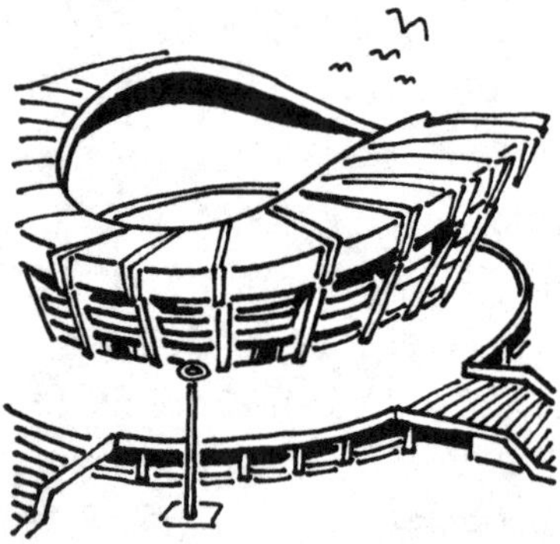
天钥桥路666号
上海体育场（俗称“八万人体育场”）

1990年1月，国务院下达了上海地铁一号线建设开工令。在建设徐家汇地铁车站时，施工者遇到了位于地铁站旁建于清道光二十七年（1847年）间的徐家汇藏书楼，这是上海现存最早的近代图书馆，内部藏书极其珍贵。为了让这个历经100多年风雨的古老建筑仍能在原地矗立，建设者们设计了无数个施工方案和应对措施。因为地上、地下同时布局交通线路，徐家汇地铁站的建造流程远比一般车站艰巨复杂，但建设者们胸怀大局，设计科学，操作严谨，施工质量完美，没有留下任何遗憾，也为徐家汇地面商城建设奠定了良好的“地基”。1993年5月28日，地铁一号线南段终于建成开通。如今藏书楼部分建筑横跨在地铁徐家汇站8号出入口上方且与地铁出入口形成巧妙衔接，历史与现实交融，成为一道独特的人文景观。

短短10年间，一个崭新的徐家汇就屹立在人们面前。徐汇商城的顺利建成，在徐家汇地区形成了一个繁华发达的市级商业中心，大小商业网点超过1 000家。如今站在肇嘉浜路的“空中连廊桥”上，近观远眺，第六百货、汇金百货、汇联商厦、美罗城、太平洋广场、港汇恒隆广场等现代化商厦鳞次栉比，环伺四周，组成一幅气象万千，时尚亮丽的现代化商圈图。其中8层高的美罗城以巨型玻璃球体为独特标志，与马路对面西北角上同样为圆形立面的港汇恒隆大厦遥相呼应，成为徐家汇特有的“标志建筑”。

肇嘉浜路1111号　美罗城

2000年之后，随着徐家汇一批批现代化商务楼的相继落成，加之徐家汇优美的环境、便捷的交通和良好的服务，吸引了众多中外知名企业入驻，使徐家汇的市级商务副中心功能日益显现，同时也成为徐汇区百姓乃至上海市民重要的公共活动中心。

徐汇区将景区内的徐汇公学旧址、徐家汇藏书楼、徐家汇天主堂、徐家汇观象台、徐光启墓5处历史遗存道路打通，形成一条“文物小径”，成为海内外游客体验上海海派文化的风景线。同时将周边的上海电影博物馆、土山湾博物馆、徐家汇书院、南洋公学旧址、百代唱片公司旧址等场馆“串联”起来，更方便游客观光。2012年，徐家汇景源区被批准为国家AAAA级旅游景区，成为上海开放型都市旅游景区。

乘轨道交通 1 号线到徐家汇站下，
向北沿衡山路走，
过天平路便可到达余庆路南端。

…
上海体育馆
徐家汇
衡山路
…

余庆路的余韵

余庆路是上海徐家汇附近一条南北走向的小马路，南通衡山路，北达淮海中路，全长 700 多米，不通公交线路，闹中取静，行人稀少。至今余庆路两旁基本是各式各样、外观完好的花园洋房和新式里弄，以及处于高墙深院中，门口有哨兵把守的部队机关。黄色、绿色的墙壁，孟莎式红色的坡瓦顶，罗马式阳台和柱廊……掩藏在浓密的法国梧桐树叶后面，弥漫着典雅浪漫的带有南欧情调的气息。

但在 1900 年前后，这里非常荒僻，多为菜地、河浜、坟地和一些自然村落。自 1901 年开始，法租界越界筑成宝昌路（今淮海中路）后，同年又开筑善钟路（今常熟路），沿路两旁陆续兴建了花园住宅、多层公寓大楼和石库门房屋。后来福开森路（今武康路）、姚主教路（今天平路）、高恩路（今高安路）、爱棠路（今余庆路）等 10 余条纵横交错的马路相继修筑，形成了住宅区规模。这里华屋丽宅遍布，道路整洁，林荫夹道，环境幽静，是达官显贵、豪绅巨贾、工商精英和家产殷实人士集中的居住区域。

衡山路筑于 1922 年，东起桃江路，西至华山路，初名贝当路，1943 年 10 月，以湖南省的县名命名为衡山路。20 世纪 20—30 年代，路西段建有华盛顿公寓、丽波花园、毕卡第公寓（今衡山花园酒店）、开文公寓、英商上海电气音乐公司、大中华橡胶厂等。东段建有美童公学、国际礼拜堂、法国体育会网球场、游泳池等。美童公学建于 1922 年，系美国在沪侨民集资创办的一所小学，学生多为欧美人子女。校舍是一幢造型奇特的建筑，颇像美国费城独立厅的

衡山路 10 号　中国船舶集团公司第七〇四研究所（美童公学旧址）

建筑风格，屋顶有连续的老虎窗和高耸的塔楼，似乎又带有宗教色彩。新中国成立后，这里成为中国船舶集团公司第七〇四研究所所在地。

天平路与余庆路基本平行，筑于 1907 年，北起淮海中路，南至肇嘉浜路，全长约 1 000 米，初名姚主教路。自 20 世纪 30 年代后，沿路两侧先后兴建了国泰新村、月华新村、树德坊、大同坊等花园洋房和新式里弄。周璇、费穆等文化名人曾在这里居住生活过。

天平路 40 号是一幢高 3 层、砖混结构的西班牙花园住宅，建于 1934 年。宅前花园占地面积颇大，地形起伏，湖石、假山、小桥、池塘、凉亭、花圃一应俱全，有日本园林风格。住宅原系浙江南浔富商张叔驯的私人寓所，新中国成立后，这所住宅成为上海文艺医院所在地。

余庆路原名爱棠路。爱棠是法国第二任驻沪总领事，参与组建法租界公董局和巡捕房，并制造了“青浦教案”，参与镇压小刀会起义和 1861 年法租界的扩张活动。余庆路就是在法租界向上海西面扩张过程中修筑的马路，爱棠因扩张“有功”，便以他的名字来命名这条马路。1943 年，爱棠路改名为余庆路。

俱往矣，人间俯仰成今古，一切都已成为历史。不过，余庆路的余韵还能从它两旁留存的建筑上寻觅得到。

余庆路 80 号是一幢颇有来头的房子，它坐落在 100 多平方米的花园内。除 3 层平屋顶现代风格的主楼外，另外有 3 幢洋房和一些附属建筑。主楼底层朝南有宽大的长廊，面朝大花园，一年四季可在长廊待客、活动。这幢楼房的平面和立面

天平路 40 号　上海文艺医院（张叔驯旧居）

既简洁又多变，它没有那些欧式建筑的繁琐装饰，但木门、钢窗、柚木护壁、吊灯、壁炉都非常讲究和精致。

这幢房子的主人邵式军绝对是一位近代上海滩的传奇人物，他的一生如果被拍成电影的话，肯定也是一部传奇的故事片。邵家祖籍浙江余姚，世代为官。邵式军在家排行老五，母亲是盛宣怀的四小姐，大哥邵洵美是当时闻名上海滩的新潮诗人。邵式军在复旦大学读书时认识了中国同盟会会员蒋百器的女儿蒋冬荣，后同其结婚。婚后由蒋家人向孔祥熙推荐，任福建省税务局稽查官。1937 年抗日战争全面爆发后，邵回到上海，又认识了他岳父在日本读书时的日本同学，于是邵式军就做了日伪苏浙皖税统局局长，成为地道的汉奸。其间大发国难财，就此在余庆路 80 号盖了这幢现代式花园洋房。

邵式军当汉奸，引起中国百姓的愤恨，在上海街头曾两次险遭暗杀。1941 年以后正好有一位亲戚来蒋家，此人是中共地下党员冯少白。在他的规劝下，也为了给自己日后留一条后路，邵式军表达了归顺中国共产党的意愿。此后邵就经常为新四军办理购置药品和文化用品等事宜，邵家也成了新四军在上海的秘密采购供应站。后来此事被国民党当局有所察觉，邵就此转移到了解放区，进入革命阵营，走上了革命的道路。

新中国成立后，邵式军曾在苏北行营财政处等处任职。1952 年因涉嫌贪污公款被逮捕，半年后，因查无实据被释放。1958 年再次被捕，1964 年死在劳改农场。1980 年得到平反昭雪。

这幢现代风格的时尚住宅，在新中国成立后被中国人民解放军接收，成为部队招待所。曾经高高的围墙上还加有黑色的竹篱笆，更使这座建筑显得幽深而神秘，让人难以窥见它的真实面目。但是近年来已经敞开大门，成为上海市精神文明建设委员会办公室的办公场地，还有一家餐厅在此开设。

如果说余庆路上的邵式军故事只是具备了一部传奇电影元素的话，那么在余庆路上的爱棠新村里则真实诞生过中国史诗化的传奇电影——《八千里路云和月》及《一江春水向东流》等著名影片，因为摄制它们的昆仑影业公司总部最初就设在爱棠新村的一幢花园洋房里。

爱棠新村建于 1940 年，是毗连式楼房和花园洋房并存的新式里弄。余庆路上的许多新式里弄差不多都是在这一时期兴建的。爱棠新村共有 3 层楼房 24 幢，其中 5 幢是花园住宅。这些楼房至今还保持着当初的外观和格局，新村门口的水泥牌上“爱棠新村”几个楷体大字，总是让人想起张爱玲担任编剧的电影《太太万岁》中的主人公居住的“棠村”。

抗日战争胜利之后，遵照周恩来的指示，昆仑影业公司的总经理及制片人任宗德顶下爱棠新村 13 号这幢花园洋房作为公司的办公地点。这是一幢西式楼房，式样别致，设备齐全，宽敞舒适，底层是客厅、餐厅，还有厨房和车库。当时中国电影史上的风云人物史东山、蔡楚生、陶金、白杨等都曾在这幢房子里聚集，以他们的艺术才华为中国银幕留下了许多华彩乐章。

1946 年 7 月 22 日，有“人民教育家”之称的陶行知先生为摆脱国民党特务的监视，住进了好友任宗德的这幢楼房 3 楼的一个房间内，整理诗稿和文稿。但不幸的是，他在这幢楼只住了短短 3 天。7 月 25 日清晨，年仅 55 岁的陶行知因劳累过度突发脑溢血，抢救无效于中午 12 时 30 分在此逝世。爱棠新村 13 号也成了陶行知在上海的最后一处寓所和故居。

1948 年解放战争期间，张澜、沈钧儒、章伯钧等民主人士先后来上海在此会商工作，积极投入民主运动，这里也成了国统区民主运动的一个据点。

余庆路 190 号　上海市市级机关第一幼儿园（现代式花园住宅）

余庆路 190 号是一幢立面简洁的花园住宅，建于 1936 年，曾是 1949 年之后上海两任市长的住所。如今这幢有着主楼和附楼的花园住宅成为市级机关幼儿园，是余庆路、衡山路西北角上的“亮点”，也为宁静的余庆路带来色彩和动静。

余庆路虽然不长，但留下的传奇故事却令人回味无穷，余韵悠长。

乘轨道交通 1 号线到衡山路站下，
向北沿衡山路走，
过乌鲁木齐南路便可到达东平路中段。

…
徐家汇
衡山路
常熟路
…

东平路上有“爱庐”

东平路由法租界当局筑于 1914 年，初名贾尔业爱路，1943 年以山东东平县命名至今。东平路东起岳阳路，与汾阳路相接，穿越衡山路，西至乌鲁木齐南路，全长 400 余米，是上海西区一条很短的弧形马路。马路两旁梧桐树高大，幽雅宁静，远离城市的喧嚣，沿路多为二至三层风格各异的独立式花园住宅，几乎每一幢老建筑背后都有一段穿越百年的历史传奇故事。

从东到西，东平路 1 号为原金融家、实业家席德柄的宅邸，建于 1914 年，新古典主义风格；5 号建于 1918 年，欧式建筑风格；7 号为孔祥熙旧居，建于 1918 年，欧式风格；9 号为蒋介石、宋美龄故居，建于 1919 年，法式风格；11 号为宋子文旧居，建于 1921 年，新古典主义风格。新中国成立后，这些花园洋房中的好几幢分别成了上海京剧院，现代京剧《智取威虎山》《海港》《龙江颂》剧组和上海音乐学院附中的用房。其中最知名的恐怕就是 9 号上海音乐学院附中内的“爱庐”了。

“爱庐”是一幢三层砖木结构的法式花园住宅，曾是宋美龄与蒋介石在上海的“行宫”，这更平添了一丝历史的神秘感。以往这些受保护的建筑外人是无法进入的，沉淀在老宅内的历史故事和精美的建筑艺术只能深锁在茂密的梧桐树后。

2007 年 6 月 18 日，第一个“中国历史文化遗产日”，修葺一新的“爱庐”向公众开放了。以前也经常走过“爱庐”，但每次面对的是“爱庐”的背面，对于许多人来说，“爱庐”像是一位“犹抱琵琶半遮面”的美人，神秘而又高贵。

近距离地看“爱庐”，这幢洋房

东平路 7 号　上海音乐学院附中练琴房（孔祥熙旧居）

外墙嵌黑、白、黄色的鹅卵石，屋面为孟莎式，铺红色平板瓦。据说蒋介石很喜欢这幢房子，除了这是宋子文送给宋美龄的陪嫁外，还因主楼很像上海的中山故居，可以显示他是孙中山的继承人。据说，“爱庐”就是他命名的。

这幢房子高两层，由主楼与东西两侧的辅楼组成。主楼又分东、西、中三部分，中间券门较大，有内廊。东部楼下是大客厅，可容纳四五十人跳舞，还可以放电影。二楼是卧室，柚木地板，面积约 100 平方米，主楼和东楼都有宽大的内阳台，在阳台上可以眺望四周的景色。据说以前房子的南面是一块 30 余亩的大草坪，东面矗立一株高四五丈的大雪松，南面有一泓池水，沿池为鹅卵石铺成的小径，环境十分幽雅。但是如今大草坪的大部分已经被使用单位占用建造了房舍，仅留一隅。

站在这幢房子前后，还是让人感到一种从未看见过的“精致”。尤其老房子刚刚整旧如旧，呈鱼鳞状铺设的暗红色法国屋顶、水刷的卵石墙面、屋顶的老虎窗，甚至还有水泥仿造突角隅石的门、窗、门廊、墙角等细处都透出一种昔日的贵族气。

当年蒋介石因政务在身，很少来此，倒是宋美龄常来小住。侯门深似海，当宋美龄一个人站在宽大的阳台上看风景时，不知发出什么感慨。真想站在宋美龄伫足过的阳台上看看风景，尽管已物是人非。

有人说，当我们喜欢一幢房子时，其实是喜欢这幢房子向我们暗示出来的那种生活方式。是的，很多上海人的心底都有一个花园洋房梦，只是梦想太过奢华而不敢承认。但如今“旧时王谢堂前燕，飞入寻常百姓家”，一幢幢老洋房的居住或使用功能正在悄然发生变化，神秘不再，普通市民都能走近它，生活的视野和情趣也就由此发生了改变。正如一位哲人所说，你喜欢一幢楼房，看望它的次数越多，你就越喜爱它，它也就越属于你。

如今每年的“中国历史文化遗产日”，几乎都会有新参与的老建筑向公众开放参观。这对于喜欢老建筑，尤其喜欢老上海风情的人来说真的是一个无比欣慰的举措！

2022 年之后，东平路沿街建筑又进行新一轮的修复，在深度挖掘街区历史人文内涵的基础上，整治环境，重塑功能，力争打造世界级的音乐文化街区。对历史建筑除了完全恢复原有风貌、尺度、材质和色泽外，还对其建筑结构进行修缮并加固，重新赋予其室内功能，使更多的人走进老建筑。

东平路沿街历史建筑精致典雅，古朴优美。这些建筑大都为红色机平瓦、深褐色木封檐板、清水红砖、水刷石墙等传统材质，辅以由“枪篱笆”、拉毛水泥等构筑的围墙，特别有韵味。并非历史建筑的外立面和色彩也由专业机构进行统一的设计，使之能够与历史建筑相协调。

东平路是中国音乐教育先驱所在地，见证了上海近代音乐文化的发展过程。上海音乐学院附属中等音乐专科学校（简称“上音附中”），由人民音乐家贺绿汀于 1951 年创办，拉开了中国近现代音乐教育的序幕，见证着我国音乐教育蓬勃的发展历程，在海内外享有盛誉，堪称“音乐家摇篮”。如今沿街历史建筑，有的成了珍稀唱片博物馆、音乐图书沙龙、高端乐器品牌店、音乐大师讲堂等，还有的则成了护肤品牌店和咖啡馆。

东平路的历史传奇也许会随着时光的流逝渐行渐远，而建筑、道路和树木却在时光里不断沉淀下来而愈发厚重，更具韵味。这里既有诗与远方，又有人间烟火……

乘轨道交通 1 号线到
衡山路站下，向南走即可到达
高安路中段。

…
徐家汇
衡山路
常熟路
…

高安路的足音

高安路原名叫高恩路，是法租界时期就有的马路。多年以来一直安静地垂直于著名的淮海中路。高安路上的法国梧桐树高大伟岸，枝繁叶茂，仿佛将不远处的声浪过滤掉了，因此马路上特别的安谧宁静，行人稀少，车辆不多，在高安路上行走能够听见自己的足音。

如今高安路淮海中路口，最引人注目的建筑要数上海图书馆了。其主楼由两幢高度分别为 106 米和 55.6 米的塔形高层和五层裙房组成。大楼式样新潮，气势巍峨，为上海西南城区的天际增添了丰富的垂直线。

原来这里是上海乳品二厂，当时的上海市市长朱镕基促成了工厂的搬迁事宜和市图书馆的兴建。图书馆的建筑外观突破了过去的传统式样，空间开放灵活多样，设有中外文图书和报刊阅览室、古籍和近代文献阅览室及声像和电子阅览室等，还建有 800 多个座位的演讲厅、近 2 000 平方米的两个展览厅、近 300 个座位的多功能厅和 3 个学术活动室，并配有移动式多路同声传译设备。在沿淮海中路的一边种植了绿树，砌筑了斜坡形花台，仿佛形成了一道隔音屏障，为图书馆创造了闹中取静的优雅阅读环境。

沿着高安路向南走，不到康平路口就能看见依马路转角弧线而建的一幢 6 层楼公寓。这幢原名叫阿麦仑的公寓建于 1941 年，砖混结构，立面两端设大阳台，越往上越往里收缩，顶部设遮阳薄板，远远地看上去，表面装饰虽然简洁无华，但阳台、窗框做工精细，整幢大楼颇有现代派建筑风格。这幢深色外观的大楼为高安路的老建筑奠定了一种雄厚沉稳的基调，让人有一种时光悠悠的

高安路 6 弄　瑞安新村 1 号花园住宅

感慨。

公寓对面是有连续 3 个拱门立面的现代化大厦，是上海人事局的办公大楼，大楼围墙南边有两家书店，均是中共上海市委宣传部所属的书店，陈列的都是政治宣传书籍，不少机关单位常来这儿选购书籍。

书店的斜对面是高安路 18 弄，这是一条从弄口看上去很普通僻静的 S 形弄堂，但是走进几步之后就发现别有洞天。原来弄内一幢黄色的大楼是当年上海滩有名的民族工商业家，人称“面粉大王”和“棉纱大王”荣德生的故居。这幢被称为荣家花园的花园洋房建于 1939 年，花园并不宽大，楼房也不豪华，是一幢不受传统约束，外表风格简约、设施新颖的三层住宅楼。但是，就是在这幢看似貌不惊人的楼房附近却发生了一桩令当时整个上海滩震惊的事件。

1946 年 4 月 25 日上午，荣德生在去公司上班的路上突然遭到三名绑匪的劫持。荣家人被这突如其来的变故弄得一时不知所措，惊恐不安。后来虽然被迫付清 50 万美元的赎金，荣德生本人算是有惊无险，平安回家。蒋介石政府迫于舆论压力下令破了案，但却又向荣家索要破案费 60 万美元，弄得荣家人身心俱碎，心灰意冷。想不到如此高雅的高安路上也曾经有过这么惊心动魄的一幕，真是往事不堪回想。新中国成立后，荣家将花园赠给政府，被改为徐汇区少年宫。

高安路 63 号，从沿街圆拱券门内虽然看不清内部的主体建筑形状，但仅从入口门廊的装饰来看颇有地中海建筑风格的特色，这幢过去被称为厉家花园的洋房如今是建委机关老干部活动中心。高安路上多的是各式各样的新式里弄和花园洋房，建国西路以南的高安路上高墙深院比比皆是。

建国西路筑于 1912 年，初叫打靶场路，后称福履理路，1946 年改名建国西路。沿路主要为居民住宅区，多为花园洋房和新式里弄和公寓，有步高里、万福村、曲园等。建国西路 388 号是一幢高两层，砖木结构，局部带有法国式建筑风格的住宅，建于 1928 年，原主人系沈姓商贾。这种住宅的特征是孟莎式的坡屋顶、老虎窗，用石材贴面，通体严肃工整，装饰华丽。楼外小巧的庭院里

建国西路 388 号 法式花园住宅

绿草如茵，花木扶疏，盆景点缀，雅意浓浓。

高安路、建国西路口，马路东西两边几幢花园洋房也大都建于 20 世纪 20—30 年代，虽然一时无法确定它们的建筑样式和风格，但是仅从镂空的铁栏杆透视过去，就发现那些洋房都有纷繁复杂、富于变化的外立面，古典独特的局部装饰，精致典雅的细节处理，真的是集花园洋房建筑特色之大成，这样的房子不论从哪个角度观赏都是一件艺术品了。

但在这几幢洋房对面却有一幢外观简洁的 6 层楼公寓，这幢砖混结构名为建安公寓的大楼建于 1932 年，现代派风格，以水平线条为主，楼梯间强化垂直线条，局部装饰具有装饰艺术派特征。看多了高安路上昔日豪华的花园洋房，这幢公寓给人删繁就简的安静感觉。20 世纪 50 年代初，主演过《一江春水向东流》等名片的电影演员白杨就居住在这幢公寓的 27 室内。她的姐姐、当代著名作家杨沫因病从北京来此疗养，精心构思了成为新中国文学经典的长篇小说《青春之歌》。据《杨沫日记》记载：1950 年 10 月 13 日晚，杨沫一个人坐在建安公寓 27 室凉台的沙发椅上，凝视着暗夜的星空，终于在万千思绪中明确了自己新的写作目标——写一部以自己年轻时的人生经历为主题的长篇小说，把自己的经历、生活、斗争穿插其中。小说写成后轰动一时。

无独有偶。60 年代中期，另一位著名电影演员上官云珠也入住这幢公寓。上官云珠居住在此期间出色演绎了许多电影作品，社会活动频繁，名声日隆。但是 1968 年 11 月 23 日凌晨 3 点，上官云珠却因不堪忍受“四人帮”爪牙的迫害，从公寓四楼转角的窗口直直地跳下，重重地跌落在水泥地上，不治身亡。真是一代影星命运多舛，红消香断让人唏嘘。

上官云珠的一跳，恰如空谷回音，久久地回荡在高安路寂静的上空，让人难以忘记。

乘轨道交通 1 号线到衡山路站下，
向南沿衡山路至永嘉路
再向东走便可到达安亭路北端。

…
徐家汇
衡山路
常熟路
…

安放心灵的安亭路

从地图上看，上海安亭路两头分别通着永嘉路和建国西路，很短，像“工”字中的一竖。一眼就能望到头，全长约 300 米。安亭路筑于 1930 年左右，初名叫国富门路，后来改名亚田南路，用的都是法国人名，可见安亭路曾是一条属于法租界的马路。1943 年 10 月，租界消失后，亚田南路一度改名南路，终究不顺，于是 1946 年又以嘉定县（今上海市嘉定区）安亭镇为名。

一条马路名与它的路形，虽然会几经变换，但冥冥中最终两者又会有一定程度的吻合。也因此从它的名字中去揣摩它的“性格”，尽管有点唯心，却也让人感到有点亲切。站在建国西路口，安亭路真的路如其名，是一条幽静安宁的小马路，行人很少，来往的车辆也很少，两旁高耸的老树，有的落叶凋尽，有的却苍翠如盖。原来安亭路上的行道树不是只有一种，有梧桐、乌柏、香樟、广玉兰、松柏等，这样一年四季就有不同的景色。

秋天当然最美，乌柏树一片嫣红，如火如荼，令人心神俱醉；冬天相对来说百花凋零，树影稀疏，然而因为有老洋房作背景，香樟树树影婆娑，安亭路上仍有浓浓绿荫，午后金黄色的阳光变成懒散的丝丝缕缕透过树叶的缝隙，映射在马路、人行道、高低错落的各式楼房和铁铸的栅栏上，使安亭路产生了一种慵懒的气息和氛围。

宁静的冬日午后，踏在安亭路上，“安亭”两字仿佛有一种触角，直伸到人的心灵深处，真的好喜欢这种安宁的感觉。就是这么一条小马路，建筑形态异常丰富多彩，法式、德式、西班牙式、文艺复兴式、英国

安亭路 82 弄 2 号、4 号　安第纳公寓

乔治式……从南到北，依次排列着波兰共和国领事馆、浙江省人民政府驻上海办事处、徐汇区机关建国幼儿园、安亭别墅花园酒店、上海市质量监督局等知名单位，它们的建筑风格充满异国风情，各有韵味。

安亭路、建国西路西南角上，是安亭路 130 号、132 号两幢孪生兄弟般的花园住宅。建筑带有浓烈的现代法国气息，门窗设计虽然比较简洁，建筑外墙面为糙面水泥砂浆，但在窗间柱、烟囱等部位使用清水红砖，色彩对比十分强烈。南立面顶部设计为折线形屋面，檐下设计成半圆券窗和挑出的曲线形阳台，山墙露木构架，又有德国青年派建筑特征。

据史料记载，最早入住 132 号的是法商电车电灯公司通讯处主管鲁贝克夫妇，他们 1924 年就来上海工作。如今 132 号另作他用，130 号则成了“棉花酒吧”，客人来到这里，优雅的老洋房背景总是能够为他们带来心灵上的宁静和释放。

而酒吧对面安亭路 133 号也是一幢独立式花园住宅。建筑为两层砖混结构，组合式坡顶上覆红瓦，南向开双坡老虎窗。主入口处为简化的希腊神庙构图，装饰纹理精美，具有古典韵味。据说，这所住宅原为法租界跑狗场老板居所，如今成为一般民居。

这幢花园住宅的北面，是两幢联列式西班牙风格的两层小楼，红瓦绿墙，醒目跳跃。从门牌号码看，这两幢小楼分别为安亭路 82 弄 2 号和 4 号，原名“安第纳公寓”，建于 1939 年。两幢小楼完全对称，围成半私密三合院空间。两幢小楼的主入口门头曲线流畅优雅，与三合院端部的山墙曲线相呼应，凸窗与楼梯间窗的排列错落有致，透露出西班牙建筑风格的神韵。

就在这些幽雅的小楼后面，矗立着一幢高达 7 层的公寓。挂在它门前的铭牌告诉人们：这里是安亭路 43 号，建于 1935 年的金司林公寓，现称安亭公寓。这幢公寓墙面采用深褐色面砖，局部横向的白色水泥饰带将立面分为横向三段。底层平券带古典装饰的窗，具有英国乔治时代建筑的风格。在以黄绿为主调的安亭路上，它给人们带来一种视觉上的安定，沉稳而又厚重，公寓现为民居。中国流行病学专家苏德隆（1906—1985）就在这里居住近 30 年。这幢公寓，见证了他曾经拥有的辉煌事业，也陪伴他度过了非常时期的人生低谷，直至生命的终点。

走在这条安亭路上，为尘世劳碌而紧张的心灵可以得到安放，很多心头的纠结甚至可以释然。生活是平凡普通的，人生没有十万火急的事，也没有非你不可的事。人生只是个过程，多走一点路，多看一点沿途的风景，跟多赚个千儿八百意义差不多。我们谁也无法保证明天一定会发生什么，又不会发生什么，因此不如关注当下，关注正在做的事，全心全意地接纳、品尝、投入和体验这一切。

一位作家曾经这样说过：“当你存心去找快乐的时候，往往找不到，唯有让自己活在‘现在’，全神贯注于周围的事物，快乐便会不请自来。”或许人生的意义，不过是嗅嗅身旁每一朵绚丽的花，看看身旁的各式建筑，特别是那些比你的生命时间还久的建筑，享受一路走来的点点滴滴的快乐而已。毕竟，昨日已成历史，明日尚不可知，只有“现在”才是上天赐予我们的最好礼物。境由心造。用自己的眼睛多看看安亭路上已经消散了烟火气的老建筑，用耳朵多听听树叶飘落在砖瓦上的天籁之声，用心意感受时间沧桑的风骨……世上每一条马路都有它独特的意味，尤其上海的老马路历经太多时光的淘洗，留下太多值得回忆的往事。

所以，如果心灵的“安亭”一时还没那么容易筑成，那么不妨经常来安亭路走走，感受静谧的马路氛围，让自己的心灵暂时沉醉在只属于自己的空间里，真的也是一种宁静和幸福。

乘轨道交通 1 号线到衡山路站下，
向南沿衡山路走
即可到达永嘉路西头。

…
徐家汇
衡山路
常熟路
…

永嘉路佳话

如果说上海的外滩是“万国建筑博览会”的话，那么永嘉路就是“海派花园洋房的风景线”了。永嘉路原名西爱咸斯路，是法租界在 1920 年开始修筑的一条东西向偏南的马路。全长 2 000 多米，1943 年租界收回之后才改名为永嘉路，永嘉是浙江省温州市下辖的一个县。

永嘉路西段的开端是一段华彩乐章，那就是高安路、衡山路和永嘉路的三岔路口，这里有地铁衡山路站，有凉亭、绿树点缀的“口袋公园”，还有建于 1928 年的新式里弄丽波花园和外观为湖绿色拉毛水泥墙的华盛顿公寓。这里还聚集着众多的咖啡馆和酒吧。一到夜晚霓虹灯灯光闪烁，这里成了许多人休闲会友的相聚之处。

走过几家酒吧之后，就到了安亭路口，南面沿半圆形街面而建的是几幢连体的假三层法式楼房。虽然这些楼房在布局上显得有些局促，但它们都是在寸土寸金的法租界地价激增之后建造的，巧妙地利用地形成了这一类洋房的特色。从马路对面看过去，统一的斜坡红瓦屋顶，憨直的烟囱旁是俏皮的老虎窗，窗框或方形或拱形，都有红色的隅石装饰，仿佛是窗子的触角。第一层是红砖镶白线外墙，第二层是黄色的拉毛水泥外墙，整个立面生动活泼而富于变化。这些法式洋房是 20 世纪 30 年代建造的。

在这些法式楼房对面，则是一些矩形有深色拉毛水泥外墙的三层新式里弄房，沿街的楼房前都有一个有镂空铁门的小庭院，低调内敛，幽雅别致。不过，一幢下部有 3 个连续券式门洞，中间嵌着“永平里 698”几个大字的 4 层大楼却醒目显眼。这幢大楼原本是此地房产集团下属的一处办公用房，白墙黑窗框，从上到下具有欧式建筑的韵律和风格。这座楼在 2015 年启动改造，2017 年成为现在的永平里的门面建筑。

永平里其实是个带有怀旧情调、由老洋房组合而成的商业综合体。其内部老洋房错落有致，道路和庭院曲折迷离却互相贯通，并利用立面装饰、绿化景观、艺术雕塑等元素，使不同样式的老建筑看起来色彩和谐，饶有异域风情，是一条建有“纯正法式烘焙店、咖啡馆、酒吧、欧洲品牌珠宝店、秘鲁土耳其西班牙餐厅”的欧式步行街。永平里从永嘉路 698 号进，从衡山路 191 号出，是人们品茗、购物、交友、休闲的好去处。

永嘉路西段与乌鲁木齐南路十字相交。乌鲁木齐南路修筑于 1918 年，原名巨福路，1943 年改名为南迪化路，1946 年又更名为迪化南路，1954 年正式命名为乌鲁木齐南路。沿路主要为住宅区，建国西路以北基本上是新式里弄和花园洋房。现乌鲁木齐南路 178 号靠南的一幢 3 层英式小楼，曾是我国现代著名文学家、剧作家和社会活动家夏衍的故居。1949 年至 1955 年，夏衍曾在这里工作生活创作，留下了不少经典著作。就在夏衍故居南侧，乌鲁木齐南路 180 号和 182 号内还有两幢建于 20 世纪 30 年代独具风格的英式小楼，半掩在围墙之后，“犹抱琵琶半遮面”。这两幢小楼出自著名建筑设计师邬达克之手，设计严谨，布局巧妙，细节装饰和处理无不恰到好处，成为 30 年代上海英式花园洋房中的经典之作，至今让人津津乐道。

乌鲁木齐南路 182 号　英式花园住宅

永嘉路的佳话似乎在过去，这么多年过去了，它两旁的街区风貌仍一如既往，闹中取静，从容幽深。永嘉路从头至尾都是各种法式、德式、英式、西班牙式、古典式、毗连式、城堡式的花园洋房，还有现代风格的老式公寓和一排排新式花园里弄楼房。在这些花园洋房里生活过的文化名人，如教育家、诗人、音乐家顾毓琇，戏剧活动家、剧作家、诗人、中华人民共和国国歌的词作者田汉，画家唐蕴玉，文学翻译家罗玉君等，如同昨夜星辰，依然闪烁在人们的记忆里。

作为一条承载上海百年历史的马路，永嘉路上的新村旧里仍是人们津津乐道的佳话。建于1947年的永嘉新村就是上海公寓式花园里弄的典型代表，原系交通银行职工宿舍，小区共有房屋23幢。新村之所以定名为“永嘉新村”，据说因为原交通银行的两位董事长钱永铭和胡孟嘉名字中分别带有“永”“嘉”两字。

新村总体平面为里弄式，房屋从建筑样式上分为两类：一类房屋为双坡青瓦屋面，山墙花，入口雨棚略具西班牙风格；另一类房屋为水泥拉毛墙面，四坡红瓦屋面，还有室外扶梯。真的是造型色彩多样，独具风情。整个小区内房屋建筑整齐，甬道宽敞，两旁种植树木花卉，环境幽静。新村配有学校、图书馆、文艺活动室，以及理发室、生活服务站等，可以说早在20世纪40年代起就具备现代小区模式了，邻里相知、和谐相融的社区氛围延续至今。2018年启动的历史保护建筑修缮和综合治理，使永嘉新村面貌焕然一新。

慎成里位于永嘉路291弄，建于1931年，共有砖木结构的楼房120多幢，是上海目前规模较大、保存最完整的一处新式石库门弄堂。慎成里也拥有许多传奇和佳话。这里曾住过木刻家温涛、郑野夫，电影演员韩兰根、范雪朋等知名人物。这里的66号是一幢三层石库门建筑，1939年4月至1942年11月间，这里曾是中共江苏省省委机关所在地。弄内多处曾是中共地下党组织和爱国民主人士进行革命活动的阵地，演绎过诸多惊心动魄的历史正剧。

2021年4月，历经了90年风风雨雨的慎成里再次大修，同期展开了慎成里“微更新”计划，弄内原有的历史细节及氛围得到修复和再现，各楼房内的公用部位也都得到修整完善，居民生活更加舒适方便。原弄堂口的一家老虎灶，变身为“初心会客厅”，也成为红色文化交流空间，将建筑遗产研究融入居民的日常生活，同时也售卖居民喜爱的咖啡。当年党中央给江苏省委的“隐蔽精干、长期埋伏，积蓄力量，以待时机”十六字方针，被设计成贴纸，出现在咖啡杯上，引得到访的游客会心一笑。

永嘉路371号至381号是一排建于1927年的新式石库门楼房，这些房屋都是假三层，门前有狭小的天井。1928年，田汉就在这里创办了南国艺术学院，培养出剧作家陈白尘、画家吴作人、音乐家张曙和导演郑君里等艺术家。

过太原路，永嘉路388号是一所外观造型简洁的中学，门前“中国中学”这几个字是张学良将军所题。中国中学创办于1933年，是一所有着光荣爱国传统和深厚历史积淀的名校。当年学校创办人周慎修、杨安仁等先生目睹日本侵略者气焰嚣张，民族危机日重，倍感“欲救亡图存，非教育不足以言此”，遂决定兴资办学，并以“中国”二字冠名。学校目前是上海市徐汇区实验性示范中学。

永嘉路420号是建襄小学分部，学校是20世纪50年代末由一群里弄妇女创办的，其校长吴佩芳的事迹被编成沪剧《鸡毛飞上天》。剧中《从前有个小姑娘》的唱段，传遍上海，成为那个时代传颂一时的佳话。

如今的永嘉路396弄内有10幢现代联体式别墅，每幢别墅均为双开间三层平顶建筑，外墙为水泥拉毛粉刷间绿色釉面砖贴面，南侧有花园。弄内通道为水泥路面，梧桐树植于西侧，夏天绿树成荫，冬天阳光洒满全弄。这就是建于1941年被人称为“正蕃小筑”的弄堂。

中国摄影大师郎静山曾先后进入上海《申报》和《时报》，成为中国最早的摄影记者。他从1931年起就参加国际摄影展，获奖无数。人们对他的摄影作品评价是有中国水墨画般的韵味，超逸俊秀、含蓄深邃。1945年抗日战争胜利后，他由重庆返回上海，就居住在这里的8号底层，直到1949年赴台。由于子女较多，住房不够宽敞，郎先生就在小花园东侧搭了个小木屋，内置水盆等冲洗照片的工具，这里成为他的工作室。1993年，百岁高龄的郎静山在离开故土40多年后从台湾回到上海，他还特地携夫人和儿子到永嘉路的旧居寻访。

就在“正蕃小筑”对面，永嘉路383号，是一幢坐北朝南、两层砖木结构的西方城堡式建筑。这就是四大家族之一孔祥熙的旧居，在1977年后一度成为上海电影译制厂的办公工作场所。在这幢西式的带有古城堡风格情调的小楼里，进出过许多讲外国“中国话”的著名配音演员，李梓、刘广宁、邱岳峰等人的华丽声音都是从这里流转到银幕上的。如今译制片风光不再，译制片厂也早已从这里搬迁到新的地点。

2016年，著名配音演员曹雷曾提出将这幢小楼改造成译制片纪念馆，让小楼讲述那曾经拥有的辉煌。留一个放映间，循环播放以前的精彩译制片段，让人们了解上海电影译制厂在20世纪下半叶几十年里所创造的中外电影“佳话”。

永嘉路的佳话，最令人感慨的还是“王者归来”的文化广场。广场坐落在永嘉路、陕西南路交会口东北角上，前身是建于1928年的逸园跑狗场，有“远东第一大赌场”之称。1949年5月，逸园变身为上海最大的政治集会和文化演出的主阵地。

1964年5月23日，大型歌舞《在毛泽东的旗帜下高歌猛进》作为第5届“上海之春”的开幕大戏在此亮相，轰动申城，一再加演。后来这个歌舞节目引起中央领导重视，成

瑞金二路 118 号　瑞金宾馆

为大型音乐舞蹈史诗《东方红》的“母版”。1988 年之后，随着上海新的演出场所崛起，文艺演出一度淡出文化广场，一会儿变成股市，一会儿变成花市，离“文化”显得越来越远。

进入 21 世纪后，随着中外文化交流的日趋活跃，不少来自西方的大型音乐剧，如《猫》等，又在这里演出，文化广场又一次成为上海一座重要的文化地标。2010 年，一座宛若凤凰展翅的白色建筑在这一片土地上升腾而起，功能定位于时尚经典艺术的演出、展示和文化体验。“文化广场”这块金字招牌又回归了文化本位。

永嘉路东端与瑞金二路相交成丁字路口。瑞金二路筑于 1907 年，初名金神父路，1943 年改名黄山路，1950 年改称今名。沿路主要为居民住宅区，还有历史悠久、规模较大、设施完善的瑞金宾馆和瑞金医院等单位，历来是老上海商业繁荣、文化发达、环境优雅的街区之一。

乘轨道交通 1 号线到常熟路站下，
向西沿淮海中路走，
过宝庆路便可到复兴西路东段。

…
衡山路
常熟路
陕西南路
…

复兴西路侧影

复兴西路上的时光仿佛是静止的。从华山路上著名电影演员白杨的故居小白楼左拐，就进入了复兴西路的最西头。

复兴西路原名白赛仲路，东起淮海中路，西至华山路，自东南向西北弯曲延伸，全长 1 000 多米，筑于 1914 年，是法租界当局越界筑路的产物，以法公董局工程师白赛仲名命名。

如今马路两旁法国梧桐树遮天蔽日，绿荫匝地，各种法式、西班牙式的小楼鳞次栉比，参差排列，白色、淡绿色、浅黄色、粉红色，还有紫罗兰色的水泥墙，交相辉映，一股五彩斑斓的浓浓的法兰西风情扑面而来。

秋天的午后，行人极少，漫步在复兴西路上，除了偶尔飘落下来的梧桐树叶，几乎就听不到什么声音了。周遭的一切好像都被什么东西过滤过了，就连身边“嗖嗖”驶过的汽车声音都是衬托这种寂静的背景音乐，车鸣路更幽，蝉噪林愈静。那车轮似乎不是压在马路上，而是压在一张静谧整齐的由梧桐树影编织的图案上。

20 世纪 30 年代，复兴西路属于法租界的郊区。法租界在当时上海各国租界中最大，也最繁华。复兴西路与宝庆路、衡山路等围合成一个街区，约 4.3 平方千米。据统计，全上海至今大约留存 2 500 幢花园老洋房，其中近 2 000 幢坐落在这一街区。如今这一街区被冠于“衡复风貌保护区”而备受人们的青睐和关注。

当时，在很多供职于外国银行、领事馆、各大公司的外国人纷纷落户这里，之后富有的中国人也接踵而至，丁香花园最早就是李鸿章的家业。当然如今这些花园洋房大都易主，所有的传奇大概也终止于 20 世纪 30—40 年代。但是唯其如此，复

复兴中路 1233 号　法式联排建筑（已拆）

兴西路才给人们留下追寻往事的空间。更何况它的外在格局一点没有变，一条条深弄、一幢幢带铁门幽窗的洋房早已将本来就不多的人流分流了，繁茂的梧桐树叶滤去了不远处闹市的噪音。寂静伴着两旁的券式拱形门窗、拉毛水泥墙、西班牙筒瓦、铁铸花栅、花墙浮雕、法国式屋顶、烟囱……给人无尽的遐想。

一般人总是没法活得比一幢房子更长久，老房子那种被岁月沧桑洇染出来的优雅、淡定，是能够抚慰我们红尘之中疲惫的心的，静止沉默有时也是一种力量。更何况复兴西路上的每一幢建筑都有故事从里面生发出来，永远有令人回味的感慨。

复兴西路 147 号是一幢带有螺旋柱、半圆券门窗等西班牙式建筑风格的公寓住宅，建于 1933 年。从外部看，这是一幢独立式花园别墅，但内部却有 4 套独立的公寓房间。其中的 203 室就是我国当代著名散文家、杂文家、编辑和剧作家柯灵的故居。

柯灵生于 1909 年，1931 年初到上海，2000 年去世。人生的最后 40 余年，他和夫人就住在这里，创作了大量散文、杂文、小说以及电影剧本《不夜城》《秋瑾传》等，影响了一代又一代的读者。复兴西路沿街有露天的楼梯可以直接通向二楼的房间。许多人曾在静谧的复兴西路上，看见柯灵独自一人缓缓散步的身影。这是这位老人留给人们的最后印象，也是他留给这座城市的足迹。

2016 年 3 月，柯灵故居正式向公众开放，楼下还辟有柯灵纪念馆。故居内一切照原样陈设：书架、大书桌、台灯、钢笔，还有椅背后面的拐杖……仿佛柯灵只是走开一会儿去楼下散步了，马上就会回来继续书写。

复兴西路、武康路口是上海少有的高雅路口——浓郁的梧桐树荫下，4 个路口有 3 幢上海顶级老洋房：第一幢是武康路 99 号，第二幢是复兴西路 199 号，第三幢是复兴西路 193 号。武康路 99 号和复兴西路 199 号临街都有高高的围墙，壁垒森严，人们只能从绿荫中若隐若现的红瓦坡顶上展开想象。3 幢老洋房中，只有复兴西路 193 号门户敞开，透过黑色的铁栅栏，可见一幢典型的英国乡村别墅。这幢花园洋房建于 20 世纪 30

武康路 99 号　欧式乡村别墅花园住宅（原英商正广和老板住宅）

年代，红瓦坡屋顶，红砖烟囱，水泥拉毛与清水红砖墙面，北立面山墙裸露木构架，南立面西侧一开间前出，东南角有连续拱券落地窗，檐上的三角形山墙开有老虎窗。在婆娑多姿的绿树掩映下，仿佛是一副绅士派头，依旧如 90 年前的沉静。如今这里是上海房地产科学研究院。

不足 1 200 米的武康路筑于 1907 年，而建于 1924 年的武康大楼，像一艘巨轮静静地屹立在五路交会处。走过武康路，复兴西路更显得幽静，两旁大都是带铁门自成院落的花园洋房，好几处铁门内的爬藤植物俏皮地探出枝条，与伸进围墙内的梧桐树叶缠绵，使人禁不住有“庭院深深深几许”的猜测和“寂寞梧桐深院锁清秋”的遐想。

现复兴西路 62 号曾是附近街道办事处，一幢西式两层楼公寓，建于 1930 年。公寓分为南北两栋，其间以连廊连接。黄色的拉毛水泥外墙、缓坡红色筒瓦屋面、券式门窗、螺纹柱子、卷花铁栅……这样一幢具有典型西班牙风情的公寓，常常给人以童话般的遐想。

2019年5月18日，这幢老公寓成为衡复风貌馆，人们走进这幢老公寓，就能领略整个衡复地区建筑的艺术魅力。

复兴西路44弄，走进去，7幢体量相近，风格相似、外观颜色却不相同的花园别墅赫赫在目。这就是著名的“蓝妮别墅”，又称“玫瑰别墅”，建于1937年到1945年间。原房主蓝妮为孙科二夫人。1949年之后，其中的2号楼成为著名电影演员秦怡的寓所。秦怡在这里度过了她的银幕黄金年华，1983年送走了她的丈夫也是著名电影演员的金焰。

巧的是，秦怡所住的2号楼是原房主蓝妮的寓所。1990年，曾经在海外漂泊多年的蓝妮女士在耄耋之年又回到了祖国，她哪儿也不想去了，就想选择她原来居住过的2号楼。

这样，秦怡就离开了玫瑰别墅，搬到附近吴兴路居住，又在这里送走了他患病多年的儿子。2022年5月9日，秦怡逝世，享年100岁。生前，秦怡曾回过一次玫瑰别墅。她说，我喜欢那里的房子，因为那里保存着我们全家人最初生活的记忆。而

淮海中路1850号　武康大楼（原名诺曼底公寓）

复兴西路 34 号　卫乐公寓（原名卫乐精舍）

早在 1996 年 9 月，85 岁的蓝妮已经在这里走完了她极富传奇的一生。蓝妮与秦怡前后成为 2 号楼的房客，更为玫瑰别墅增添了传奇色彩。

玫瑰别墅的隔壁，复兴西路 34 号是一幢 13 层楼高的公寓，公寓外墙为淡黄色，立面对称，中轴设一串挑出半圆阳台，阳台却为深褐色。顶部为装饰艺术派造型，两侧设简洁竖向线条，两翼跌落一层，像展开翅膀的大鸟。站在马路上看这栋公寓，仿佛复兴西路上的一个坐标，端庄沉静，这就是卫乐公寓，原名卫乐精舍，建于 1934 年，属于现代点式建筑风格的公寓住宅，也是著名的老上海四大公寓之一。这栋公寓里曾经名人荟萃，影响甚广。版画家吕蒙、电影导演陈鲤庭、作家吴强、文学翻译家草婴、桥梁工程与力学专家李国豪等都在此居住过。

当走过乌鲁木齐中路，走到淮海中路时，复兴西路才算到头，三条马路交叉形成一块绿地，原来这是建于 1924 年的宝昌公园，现在为开放式绿地，对着淮海中路有一座青铜制的人民音乐家聂耳的塑像。聂耳挥动着他那有力的手，在空中永远地画着一个音乐符号。20 世纪 30 年代初，聂耳曾经在这一带意气风发地生活创作，许多著名的歌曲就是从这里飞向全中国各个角落的，他的一处故居就在淮海中路 1258 号 3 楼，所以在此为他塑像特别有意义。

不仅如此，对面的复兴西路 10 弄弄底就是上海越剧院的所在地，微风经常会送来悠扬缠绵的越剧曲调，使人像被一根羽毛撩拨一样舒服惬意。

乘轨道交通 1 号线到陕西南路站下，
向西沿淮海中路走，
过襄阳南路即可到汾阳路北端。

…
常熟路
陕西南路
一大会址·黄陂南路
…

汾阳路的乐章

记得汾阳路的西端，也就是东平路与桃江路转角处曾有一家海音琴行。海音琴行虽然不一定时时有器乐声传出，但琴行特有的橱窗和店堂布置，总使得四周的氛围充满一种音乐的期待，那静止不动的各种器乐仿佛就是一个个音符，在空气里颤动着。如今海音琴行早已改行，原址变成了服饰店和法式薄饼店。

服饰店和法式薄饼店对着那个著名的三角街心花园，花园的中央竖立着一座俄国诗人普希金纪念碑，纪念碑为三面体米色花岗石铸就，上面是普希金半身铜像。它建于 1937 年，是当时的中苏协会为纪念诗人逝世 100 周年而建的。

汾阳路原名毕勋路，它是以法国驻华公使毕勋的名字命名的。在 1902 年之前，这一带全是农田村舍和墓地，后来法租界越界筑成了这条“L”形的马路。1943 年改以山西省汾阳县（今汾阳市）名命名。

汾阳路梧桐树遮天蔽日，两边均为欧洲古典主义风格、法国文艺复兴风格、德国式、西班牙式的花园住宅和大楼，几乎没有里弄建筑，马路宽敞，环境幽静。汾阳路 79 号是当年法租界公董局总董的官邸。这幢建筑的外观不但恢宏华丽，具有典型的法国后期文艺复兴建筑风格，而且造型也有点像美国华盛顿的白宫，故又有“沪上小白宫”之称。

站在远处看“小白宫”，可以看到建筑平面中部凸出，呈半圆形，有券门和爱奥尼式双柱，门窗框上均有浮雕装饰，一派富贵豪华气象。20 世纪 60 年代这里成为上海工艺美术研究所，如今又成为上海工艺美术博物馆而向公众开放，展出各种珠宝金银饰品、漆画微雕及刺绣戏剧服装

汾阳路 79 号　上海工艺美术博物馆（法租界公董局总董官邸旧址）

等，成为国内外嘉宾了解上海历史和艺术的窗口，“小白宫”又奏出了另一新的乐章。

白天靠边向东沿汾阳路步行五六十米，从雕花的铁铸栏杆内可以看见一幢漂亮的白色建筑，它就是汾阳路 150 号“白公馆”。这幢为两层混合结构具有法国文艺复兴时期风格的建筑建于 1919 年，是邬达克在克利洋行工作时期的作品。其特征就是厚墙、粗柱、拱券、柱廊、墙面留水平间缝，立面端庄雄伟，内部尽显奢侈与豪华。人们之所以这么称呼它，有两重含义，不仅因为它外墙雪白，更是由于这里曾是南京国民政府国防部部长白崇禧的府邸。不过这只是偶然的巧合而已。这幢房子不是白崇禧自己所建，最初是一个法国商人建造的私人住宅，1946 年被国民政府买下分配给白居住的。

历史就是这样，因为白崇禧住过，这幢白公馆就变得更有名。白崇禧之子台湾著名作家白先勇的回忆，更是为这幢建筑昔日的奢华，增添了另一版本的美丽注释。1987年，白先勇先生旧地重游，回忆起1948年离开这里时的那个新年前夜，他与兄弟姐妹邀集同窗好友，在大客厅里翩翩起舞、尽情欢歌的情景，不由发出“好花不常开，好景却常在”的感慨。

新中国成立后，这幢豪宅一度又成为上海越剧院的所在。越剧院院长、越剧表演艺术家袁雪芬的办公室就在当年白先勇的卧室里，真是物是人非。越剧院的艺术家们在这里迎来了越剧事业又一个黄金年代，《梁山伯与祝英台》《祝福》《西厢记》《红楼梦》等越剧经典之作都是从这里飞向世界的。越剧缠绵悱恻又优雅动听的乐曲，为汾阳路带来了江南戏曲音乐的独有韵味。

2019年，这座“白公馆”又成了上海沪剧院的新院址。如今的白公馆实际有两栋楼，1号楼是邬达克的原作，经修复后容光焕发，更显雍容华贵。2号楼则是后来建成的。如今1号楼一层成了沪剧文化展示馆，二层是办公室，三层是沪剧大师工作室。2号楼则成了沪剧院开放式排练场和几个小剧场。占地6 000平方米左右的花园经过修整，成为“白公馆”最耀眼的地方。2019年12月15日晚，上海第5届沪剧艺术节闭幕式就在这个露天花园里举行。

“白公馆”的对面是著名的五官科医院，外观线条简洁，有褐色面砖的楼群已被列为上海市第4批保护建筑行列，可见它的历史在汾阳路的“乐章”上也占有一席之地。在一般人的心目中，医院似乎与音乐无缘，其实人的五官才是音乐的感觉器官，五官病了，音乐的色彩就会黯然失色。

汾阳路乐章最浓重华彩的一章当数它的尾端，但也可以说是它的开端，因为如果你从淮海中路进入汾阳路，那么不过几十米就能到达位于汾阳路20号的上海音乐学院大门。

上海音乐学院的前身是1927年由蔡元培等创建的国立音乐学院，1956年改称现名。学校教学体制采用现代西欧式，专业设置较为完备。步入学院，叮叮咚咚的钢琴声就会穿越而来。距大门向西不到百米是一幢有红色屋顶的洋楼，墙上用罗马柱分割开的宽大的西班牙式铁窗，楼上有长长的阳台，这就是音乐学院的办公楼，20世纪20年代是犹太人的俱乐部。

对着办公楼的是一座建于2005年左右的音乐厅，该厅以上海音乐学院老院长、著名作曲家贺绿汀的名字命名。厅内观众席有两层，舞台浅显，布置优雅，音响效果尤佳，是音乐学院师生教学、表演的理想场所。这里曾是普通市民也能光顾的东方艺术讲座主会场，每周的文化、戏曲、音乐讲座吸引了无数艺术爱好者。

新乐路 55 号　新乐路东正教堂

2023 年初，上海音乐学院又拆除了沿汾阳路和淮海中路的围墙，上海音乐学院歌剧院成为人们可以直接进出的殿堂。学院又修复了几幢外观富有“乐感”的老建筑，还设置了好几个座椅，座椅一角有二维码，只要用手机扫一扫，动人的音乐声便会响起，牵动你的记忆，使人随时随地在音乐的海洋里徜徉。汾阳路的乐章在这里似乎能画上一个小小的圆满的句号了。

然而，汾阳路与襄阳南路、襄阳北路相邻相通，站在襄阳南路口，一眼就可以看到襄阳北路、新乐路西南角上那座带有典型俄罗斯东正教风格的大圆顶教堂。这座教堂建于 1933 年，也称圣母大教堂，顶部中间有一个大穹顶，四角有 4 个小穹顶，这几个穹顶被上海人亲昵地称为“洋葱头”，外壳为涂上孔雀蓝的铜皮，颇为精致，高低错落有致，搭配乳白色的墙面，显得清新宜人，与蓝天白云绿树更是自然和谐，浑然一体，似乎汾阳路的音乐旋律还在延续……

乘轨道交通 1 号线到
一大会址·黄陂南路站下，
即可到达淡水路北段。

…
陕西南路
一大会址·黄陂南路
人民广场
…

淡水路的淡泊

乘轨道交通一号线去淮海中路，到一大会址·黄陂南路站下，走出地铁站，抬头就能看见蓝底白字的“淡水路”路牌。看见“淡水路”这三个白色的字，让人心里有一种淡淡的喜悦。时令已经是初秋，早晨的太阳已经没有炎夏那种蒸人的暑气，相反有一种淡淡的凉爽，雪白的阳光照射在地铁站旁边的各种绿色植物上，使一切显得那么葱绿清新，空气中仿佛有一股牛奶样淡淡的香味。

淡水路是一条筑于1902年，由北向南分段建筑的马路，初称衡山路。1906年以法租界公董局总董萨坡赛之名命名。1946年又以辛亥革命时上海都督陈英士名，改称英士路。1950年改称淡水路。淡水路北起延安东路，穿金陵西路、淮海中路、太仓路、兴业路、自忠路、复兴中路、建国东路等大小10条马路，全长1 600多米。虽然处于闹市，但淡水路好像没有什么著名的历史景点，所以知名度不高，一切就像它的名字淡淡的。

今日的淡水路其实已经和过去的淡水路有很大不同。记得1990年之前两旁尽是密集老式的石库门民居，但是现在中段东面大都是现代化的新建高层楼房，锦鳞雅苑、天府花园……看一看它们的名字就知道其气派的样式和格局，只是在兴安路口东西两边还保留着几条石库门弄堂和新式里弄。西面三德坊里的三层楼房好像都重新修缮粉刷过了，浅灰色砖镶嵌白线条的墙壁，漆黑的大门铁框方格的边窗，有一种老上海弄堂的幽幽风情。但是，因为南北高架路的兴建，拆掉了部分老房子，从弄堂口一眼就能看见后面的高架路，仿佛背景一样的，因此弄堂变短了，一览无余，失去了老上海弄堂那种幽深绵长的韵味。弄堂口两位老人正在下棋，旁边居然又围站着几位老人在观战，他们是那么专注，仿佛忘记了淮海中路上的喧嚣，如同置身在一个孤岛上。

同样，三德坊对面的祥茂新村也保留完整。此“村”建于20世纪40年代，是砖混结构的新式里弄。弄底15号是原我国轻工业部、粮食部部长沙千里的故居。沙千里生于1901年，卒于1982年，江苏苏州人。青年时期就追求真理，从事进步活动，抗日战争前后担任律师。1946年至1948年沙千里寓居于此，联合上海各党派、各工会，组织上海人民团体联合会，推动民主运动，并以律师身份为遭受国民党迫害的进步人士辩护。淡水路上曾留下了沙千里忧国忧民的满腔热血。所以淡水路其实也并未完全如它的路名那么宁静淡泊，许多往事必须透过历史的烟尘才能了解明白。

走到以抗日名将张自忠名字命名的自忠路口，这里东北角是2000年左右兴建的天府花园小区；东南角上大片石库门弄堂已经列为拆迁范围；而西北角和西南角上的楼房都还保存完好，有的显然刚刚修缮过，散发着一股新气味。这段连楼住宅建于20世纪一二十年代，砖木结构，立面为早期外廊风格，每户均有独立入口和前院，机平瓦坡屋顶，立面为清水青砖外墙，红砖砌筑成连续拱形外廊。我国当代著名的山水画家黄宾虹的故居就坐落在这条路上420号内。这样的建筑以前上海很多，如今却越来越少。能很好地保存下来，不啻也是老上海历史风情的见证和象征。

记得2007年的一个早晨，这里空气中飘浮着大饼油条的香味，路旁的小店刚刚开张，叫卖声此起彼伏，三三两两的人流徜徉在马路两旁，一种熟悉的市井气扑鼻而来。忽然从自忠路西面一间带有券式门窗的老屋里走出一个老妇人。尽管看上去已经年龄不小，但是染了棕色的头发，穿一件碎花束腰的衬衫，显得干净利索，举止娴雅，颇有老上海女人那种淡然雅致的风韵，一种“看惯秋月春风”的气度。

走过自忠路沿淡水路向南，东面是待拆迁的石库门老弄堂，门和窗都已经封死。西面的房屋看来暂时免拆，沿街开满了各种咖啡馆、奶茶店、啤酒屋。摆在室外的椅子上坐着不少年轻男女，一边喁喁私语，一边喝茶聊天。沿街的楼房大都是两三层高的新式里弄房，建于20世纪30年代前后，结构尚好，坐西向东，双坡顶，出檐较深，红砖清水外墙，二三层有铸铁栏杆挑出的阳台，分属于丰裕里、鸿泉里等弄堂。在一家奶茶店门口，忽然看见一块汉白玉铭牌，上书“淡水路 260 号：黄浦区历史建筑，丁玲、胡也频旧居”。抬头朝上看，这家奶茶店正是 260 号。

丁玲是我国当代具有广泛影响的著名女作家，湖南临澧人。1927 年丁玲以小说《梦珂》和《莎菲女士的日记》在上海成名。南京路、北四川路（今四川北路）、萨坡赛路（今淡水路）、环龙路（今南昌路）等这些路名都是她小说的背景。所以在淡水路上看到她旧居的确切地点，心里就仿佛看见老朋友一般亲切和激动。在 260 号旁边的一个门洞口又看见一块铭牌，上书“淡水路 264 号：八路军驻沪办事处旧址”。再过去，又看见一块铭牌，上书“淡水路 268 号，红黑出版社旧址”。这里随处可见纪念历史的铭牌，也就到处都有历史，难怪这一片区域被整体保留下来。

胡也频是一位左翼作家，福建福州人，与丁玲是志同道合的革命伴侣。1928 年他担任《中央日报》副刊主编时与丁玲在这里居住写作，同时两人与沈从文一起自费创办《红黑》月刊和《人间月刊》杂志。如果以后将丁玲、胡也频的旧居复原或开辟纪念馆，那么淡水路一定会有更浓郁的文学情怀和历史韵味。原来，淡水路上的丰裕里、鸿泉里等弄堂大都建于 1928 年左右，建筑形态丰富精致，人文历史深厚。如今不少建筑成为黄浦区的文物保护点。丰裕里不仅住过丁玲、胡也频，还住过诗人艾青，画家陶冷月、力扬、江丰等人。

历史文化是需要延续的，但生活又充满矛盾。如同现时代的上海处处新旧陈杂，这反而是它的一种魅力，让人慨叹的同时，又有留恋惆怅遗憾，一言难尽的同时而又百感交集。

过复兴中路，东南角上一座红砖教堂又醒目地跃入人们的眼帘。这座教堂有个特别的名称叫“诸圣堂”，是美国圣公会教派 1925 年为纪念十二门徒而建的基督教堂。罗马风格，红瓦坡顶，清水红砖外墙。无论从什么角度看，这都是一座经典的教堂建筑。2009 年，教堂后面兴建复兴广场时，这座教堂的去留成了热门话题。所幸这座凝结许多人儿时记忆的教堂还是保留下来，现在依然是复兴中路、淡水路口的地标。

走过复兴中路不远，淡水路 332 弄 1 号一座西班牙式洋房的铁栅栏上又有一块铭牌，上书“中国农工民主党第一次全国干部会议会址”。1930 年 8 月 9 日，农工民主党的这个重要会议在这座当时还属于法租界的西班牙式花园洋房里召开。如今这幢花园洋房一如既往，红色筒瓦点缀水泥拉毛黄色外墙，绿色的窗框间配有螺旋形柱，纤细精巧，宁静优雅，有一种脱尽尘世烟火的韵味。

啊，淡水路一贯淡泊宁静，宠辱不惊。

乘轨道交通 1、2、8 号线到
人民广场站下，向南沿西藏中路走，
过广东路便可到达北海路西头。

…
一大会址·黄陂南路
人民广场
新闸路
…

优雅转身北海路

北海路是上海中心区域内一条有点特别的马路，它的特别不只在它两边的建筑，更在于它本身的形状。它是上海闹市里少见的圆弧形马路，而且还与也是圆弧形的海口路、湖北路相接，形成一个更大的半圆。走在这条马路上，你必须不断地转身，如果开车的话，你的方向盘必须一直向左或向右拐，就好像走在盘山公路上。

其实，北海路才是真正的“马路”。也就是说，它原本就是一条圆形的专门用来跑马的道路。这要从上海最初开埠的历史说起，从中你可以发现“马路”这个词，是由上海“生产”，行销全国，并沿用至今。

上海在以前是没有马路的，上海县城里的道路统统称为“街、弄、巷”。洋人初到上海“安家落户”，住在泥泞的黄浦江滩边，唯有一条临江船夫背纤的狭窄小道通向上海县城。后来，洋人用炉渣、卵石把这条道铺成临江大道。1850 年，麒瑞洋行大班等 4 人组织跑马总会，他们就在小道的西端开辟了一座花园，并围着花园筑成一条跑马道。洋人便称那条小道为“派克弄”(PARK LANE)，上海人因常见洋人在道上跑马，便叫它“马路”，后来马路一词竟演变成所有交通道路的别称。

由于跑马总会内部利益分配不均产生内讧，同时因租界商业发展较快，这块土地地价激增，跑马场主就卖出原有跑马场，又在西南角开辟新的跑马场。这个新的跑马场的规模更大，它的跑道就相当于以今天的永安百货为圆心，沿着北海路、海口路、湖北路、浙江中路、芝罘路、西藏中路画一个圆。所以今天的北海路、海口路、湖北路的形状正是跑马道的遗迹。到了 1883 年，又因周边房市的

广东路 94 号
美孚洋行旧址

发展，这个跑马场再次迁移，跑马道便成了北海路。

北海路以前还有一个俗称叫“六马路”，它是接着大马路南京路、二马路九江路、三马路汉口路、四马路福州路、五马路广东路的顺序这么依次排下来的。又因为北海路位于上海县城北面，故称“北海”路。与北海路相邻的是广东路，广东路在上海开埠前就是通向黄浦江的四条土路之一，因临近上海县城北门，故初称北门街。1865 年，英租界当局定名为广州路。因英语“广州”与“广东”同音，后来在中文中便译作“广东”，以致广东路的路名沿用至今。到 20 世纪初，沿路两侧开设了日清汽船会社、三菱洋行、永年保险公司、美孚洋行、中华水火保险公司，还有满庭芳、聚美轩、丹桂轩等几家戏园，成为公共租界热闹的街道之一。

1949 年前，北海路东段是上海皮革商店集中之地，中段则是纸扎店毗连之地，西段则有东方饭店、东方书场、中央大戏院、格致中学及普善山庄等建筑。这种格局基本保持到 1990 年左右，随上海中心城区“一年一个样、三年大变样”的趋势，北海路两边的老弄旧房基本被全部拆除。

然而时过了，“境”却没有迁。北海路一直保持着它“马路”的形状，成为上海市中心一条主要道路。现在沿着北海路西藏中路口向东行，南面路口是远东饭店，北面路口是上海市工人文化宫。文化宫的前身是东方饭店。饭店于 1929 年建成，1930 年开始营业。

如果从空中俯瞰的话，上海市

工人文化宫平面呈梯状，5层，局部7层，钢筋混凝土结构。整个建筑非常气派，造型典雅别致，内部装饰也堂皇雅致，有较浓的文化气息，楼下曾附有东方书场，上演过沪剧，是20世纪30年代初上海最大的一家书场。

市工人文化宫的后面正对着一个剧场，剧场最初叫申江大戏院，1923年创建。该戏院开业之际放映的正是明星影片公司倾全部财力孤注一掷打造的中国第一部伦理片《孤儿救祖记》。从此，申江大戏院成为上海影院史上第一家“国片之宫”。

后来，该戏院被人出钱买下，改名为中央大戏院，还作为国产片的特定放映影院。1966年，戏院改名为北海剧场。1972年，改名为上海市工人文化宫影剧场。2008年之后电影停映，戏院的底层一分为二，一边为福星典当行，一边为玛格萝妮茶餐厅，而楼上则改为茶座式的小剧场，专演“东北二人转”等歌舞节目了。后来原剧场西边又改建了一座茉莉花小剧场，专演小剧场话剧和歌舞类节目，同时也是上海工人文化宫职工茉莉花艺术团的附属剧场。

2019年8月，典当行、茶餐厅全部迁移，原剧场建筑又进行封闭大修改造，原中央大戏院最初的奶黄色圆形建筑立面外观得以恢复保留，修旧如旧，更富有历史年代感。改建之后的剧场正式命名为茉莉花剧场，成为云南中路和北海路口一座历史地标建筑。如今茉莉花剧场已经正式开业，成为上海话剧艺术中心旗下一个专演话剧的剧场。上海众多话剧爱好者除了安福路中心剧场外，又多了一个欣赏话剧的“艺术宫殿”。

走过云南中路，北海路继续转身，左边是具有百年历史的市重点学校格致中学。它的前身是建于1876年的格致书院，取“格物致知”的儒家之训为名，是近代多方合办的以自然科学为主的学校。1949年后改为格致中学，该校的校名是毛泽东主席的亲笔手迹。

另一边沿街的两层楼房屋全部拆掉，代之以起的是现代化的三四十层高的楼群，依次有东海商业中心大厦、远洋大厦、金外滩宾馆、上海书城等。它们都是20世纪90年代初在上海市中心老城区崛起的新建筑，挺拔光鲜，是上海“三年大变样”的缩影。玻璃幕墙上映着天光云影，楼影可以横扫整个马路。它们的背面或侧面对着北海路，并沿北海路、湖北路的弧形呈扇状排开，使你穿行在北海路上时，要不时来个优雅转身。

乘轨道交通 1、2、8 号线到
人民广场站下，向东沿汉口路走
便可到达云南路中段。

…
一大会址·黄陂南路
人民广场
新闸路
…

风云变幻云南路

云南路是一条与南京路、福州路等马路十字相交，与西藏路平行的南北向马路。云南路后来分云南北路、云南中路、云南南路三段，北自芝罘路，南达上海老城厢的小北门，全长 1 400 多米。云南路几乎是与南京路、西藏路等同时建筑的，这从它的命名上就可以找到佐证。

南京路、云南路等区域最早都属于公共租界地域。由于公共租界是多国共有的租界，为了避免在取路名时引起纠纷，1863 年，当时的工部局就决定了一个以中国行政地名作为路名的准则，原则上确定以中国省名作为南北纵向马路名，以中国省以下的地名作为东西横向马路名。云南路与西藏路都是那个时期命名的马路，其中云南路与西藏路平行相伴，就像中国版图上西藏、云南两省那样相邻。

不过，两条马路虽然平行，但是彼此的“境遇”却截然不同。西藏路很早就成为上海的主要通衢大道，特别是西藏中路一段沿泥城桥（今西藏路桥）向南，先后与北京路、南京路、九江路、汉口路等相交，两旁铁铺、酱油店、饭馆、茶馆、戏院、澡堂鳞次栉比，整天各种车辆川流不息，来往行人络绎不绝。相比之下，云南路因为背靠西藏路，又不是交通要道，多少显得有些僻静。如今西藏路上许多新建的三四十层高的大厦就像珠穆朗玛峰屹立于西藏高原上把背影全投向云南路，而云南路则像一条幽谷躺在山峰下静静地任流水逝去。

斗转星移，风云变幻。其实，云南路也一直在西藏路的“背影”下不停息地变化着，只是较少引人注目罢了。如今云南北路最北端，原先砖木结构的太原里、福庆里等石库门弄堂已杳无踪迹，而被现代化的高层大厦

西藏南路 1 号　上海大世界

取代。东面是上海旅游职业教育实训中心大楼，西面是六合大厦，这两幢高楼一下子就把云南北路建筑的天际线拔高了。而过了牛庄路，西面又是港陆黄浦中心高层大厦，东面却是外观如初建于 1929 年的石库门弄堂永平安里的沿街房屋。这些房屋仿佛是昔日老上海的背景，给云南北路留下了一片供人怀想的历史遗迹。

云南北路很短，到宁波路就戛然而止，不过，前方又有一条夹弄似的小道，可以直通南京东路。其实原来云南北路与云南中路是连接的，越过南京东路之后，云南中路西面是翻建于 1925 年由 39 幢砖木结构二层石库门楼房组成的大庆里，一条总弄两条支弄，总弄正对上海市第一百货商店。

当时大庆里沿南京东路、云南中路、西藏中路都是铺面商店。弄内房屋整齐、通道宽阔，住户均为收入较高的演员、医生、工商业者等。中医名师叶熙春、京剧演员周信芳、淮剧演员筱文艳等都曾在此居住。

如今东部是一组由裙楼和高层主楼组成的中福商贸城，西部则是一幢钢筋混凝土结构的 9 层大楼，大楼外墙为灰白色，呈宝塔形，基大顶小，沿马路的房间均有黑色的铸铁栏杆阳台，挑出墙面，显得简洁而典雅、稳重又气派。

这就是完全由中国人出资兴建于 1934 年的扬子饭店，当时有“远东第三大饭店”之称。老上海经典歌曲《玫瑰玫瑰我爱你》就是由当红歌星姚莉在这里首唱后流行至今。1956 年饭店曾更名为长江饭店，1978 年又改名为申江饭店，近年定名为扬子精品酒店，成为云南中路、汉口路上的历史地标建筑。

扬子精品酒店西侧是一座基督教堂。这座教堂的建筑风格为美国学院哥特式。教堂主体是大堂，主立面朝西，大门开在西藏中路东侧。大堂四角均有三层楼房，平面均为正方形，西南角有钟塔，钟塔上有十字架，是

西藏中路 316 号　沐恩堂

此建筑最高点。大堂内顶部及四周门窗皆为尖拱形，窗上镶黄色调的彩色玻璃，其图案内容全部取自《圣经》故事，平添了空间的神圣之感。

这座教堂最初建于1887年，原名为“监理会教堂”，后为纪念资助人改名为慕尔堂。1958年，当时的教会又将它更名为“沐恩堂”，有“沐浴于主恩”之意。

随着来福仕广场、中福时尚地带、金陵海欣大厦、都市总部大楼的建造，云南中路两旁原来两层楼的街面房，以及有旧上海“风化区”之称的会乐里石库门弄堂、湖州会馆旧址等都销声匿迹了。

到了福州路、云南中路西南转角口，迎面可以看见对面矗立着一座扇形外墙为奶黄色的四层楼建筑。这就是曾经名扬海内外，昔日上海著名的京剧演出场所天蟾舞台——今天已改名为逸夫舞台。由香港电影大亨邵逸夫出资，于1994年左右重新翻建。

原来的天蟾舞台建于20世纪20年代，取“蟾宫折桂”之意，一直是上海数一数二的专演京剧的大剧场。

在这座剧场后面，也就是云南中路173号一幢老式的三层楼房，曾是20世纪30年代初中共六大之后的中共中央政治局地下机关所在地，如今人们称这个机关为“白色恐怖中的红色中枢”。周恩来、邓小平都曾在此工作过。真正惊心动魄的历史风云，是由他们导演的。

旧址于1980年8月公布为上海市文物保护单位。2019年之后随着逸夫舞台的再度改造和周围汕头路老房拆迁，旧址得以修复，向公众开放。如今这里是上海闹市中一个重要的红色文化遗址，与逸夫舞台一起成为见证云南路历史的地标建筑。

从延安高架路下穿过便到了云南南路，过去这里就是老弄堂、老旅馆、老餐馆、老商铺集中之地，20世纪80年代中期这里翻牌为“大世界美食街”，因为建于1917年老上海最著名的大世界游乐场就在云南南路西侧。但上海人却习惯地称其为“云南南路美食街”。如今从延安东路至金陵东路一段，有德大西餐社、燕云楼烤鸭店、小绍兴三黄鸡店等，成为名副其实的集海派美食大成的美食街，终日香味四溢，食客盈门。

云南南路美食街

乘轨道交通 1、2、8 号线到
人民广场站下，向北沿西藏中路走，
便可到达牛庄路西端。

…
一大会址·黄陂南路
人民广场
新闸路
…

牛庄路的乡音

在如今上海繁华的西藏中路与河南中路之间有许多像棋盘一样纵横交错的马路。1863 年以后，这些马路的取名原则上大都以中国的省市名命名，但其中有一条名叫牛庄路的东西向小马路，却“违反”了上述原则，因为牛庄既不是省名，也不是市县名，倒像是一个村庄名，充满乡土气息。直到今天，还有人认为牛庄路的前世大概是个养牛场。

其实不然，牛庄是位于辽宁省海城县（今海城市）西部的一个小海湾名。第二次鸦片战争后，西方列强急于打开中国市场，强迫清政府同意划出牛庄至营口的海湾作为洋船停泊之地。租界当局为庆祝牛庄向他们开放，就将上海的这条位于市中心的马路命名为牛庄路。而实际上真正的牛庄是一片沙滩地，根本不可能停泊船只，所以这个牛庄在条约签订后就被列强“遗忘”了。而上海的“牛庄”却一直存在于繁华的市中心，个中蕴含的历史况味实在让人难忘。

牛庄路西起西藏中路，东与宁波路相接，基本是一条与北京东路相平行的马路。20 世纪 20 年代后在北京东路五金街形成后，浙江中路一带也相继成为五金街。一些资金不足的五金商人在牛庄路开设单开间的五金铺，他们无法与大字号竞争，就专以加工特种规格的五金商品为主，兼营修理或寄售旧五金电料。最兴旺时，牛庄路和顾家弄两条十字相交的小街上，集中了四五十家小五金商店和工场，对北京东路的五金商店起到了拾遗补阙的作用。新中国成立后，这里再度成为许多工人和科技爱好者经常光顾淘便宜货的地方。70 年代后逐渐衰落，不过时至今日仍还有一些五金商店驻扎在牛庄路上。

如今的牛庄路在靠近西藏中路一段，已经面貌大变，一幢22层高带4层裙楼的港陆新黄浦中心大厦拔地而起，裙楼里是中国光大银行等机构，大厦里则集中了众多公司和办事机构，是许多白领出入的地方。大厦对面也是一幢十几层高的楼，2008年时是上海鑫轩和酒业有限公司及上海开达洗涤化妆品有限公司的大本营，如今部分变身为纳兰时尚宾馆。这两幢大厦为牛庄路带来了现代气息。

走过云南北路，两旁仍是建于20世纪二三十年代上海典型的石库门楼房，沿街还有一些小五金商店和小饭店。这些石库门弄堂如今大都成为历史风貌区而被保护起来，外观重新粉刷修缮，有一种“修旧如旧”的新气象。

这里有建于1929年的永平安里和德兴里等多个石库门老弄堂，不少居民还在其间生活。许多人希望这些弄堂房屋能够内外兼修，成为老上海的历史记忆。

在广西北路与牛庄路转角处，一幢四层高有棕色面砖外观的大楼，相比马路对面的石库门老房子，它的现代建筑风格引人注目，大楼早在2007年便被列为上海市第四批历史建筑保护单位。它的最底层就是上海著名的老剧场之一中国大戏院。中国大戏院建于1929年，最初叫三星大舞台，是由上海有名的商人黄楚九等三人集资兴建的专演京剧的剧场，故有此名。但后来由于“荣记大舞台”主人黄金荣对“大”字不满，“三星”慑于压力，只好改称“三星舞台”。再后来剧场易主，改名为更新舞台，多演京剧连台本戏。1944年1月又盘给中华电影联合股份公司（简称“华影”）副总经理、制片部主任张善琨，更名为中国大戏院。新中国成立后，曾一度称为中国剧场。

昔日的中国大戏院是名副其实的大戏院，因为它的观众席就有三层。许多著名京剧演员都在此演出过自己的拿手好戏。梅兰芳、程砚秋等都曾是这里的驻场演员。中国大戏院在以后的几十年间几度改造，不断适应戏剧市场的变化。2002年7月，剧场在几度沉寂之后突然又热闹起来，原来上海沪剧院在此复演了沪剧的西装旗袍戏——《石榴裙下》，这是一部名编、名导、名演强强联手打造的沪剧精品，上演之后几乎场场爆满。

当时走进中国大戏院，呈现在观众面前的是一幢两层楼的中西合璧、气派华丽的花园洋房。据说它的设计参考了愚园路上的一所老洋房。透过巨大的门栅，依稀是一片幽静的后花园。右边蔷薇花爬满墙，左边轻摇着秋千架，中间一棵粗壮的梧桐树青翠欲滴；“栀子花，白兰花要哦？卖报，卖报……”幕间此起彼伏的叫卖声，把人们带回了20世纪30年代的上海滩。

据当时的上海沪剧院院长茅善玉说，《石榴裙下》是上海沪剧院“上海往事”系列演出的第一部。之后，在中国大戏院，换戏不换景，天天演沪剧，月月有新戏。按照当时的规划，牛庄路也改造成老上海第一条街，当铺、老虎灶、有轨电车……老上海的标志物都将陆续出现在这条街上。人们在牛庄路上徜徉，不仅能感受到老上海滩的旖旎风情，还能不时听到缠绵悱恻的沪剧唱腔。

可是因为种种原因，打造牛庄路的这个计划没有实现，中国大戏院也因为设施陈旧而关闭了数年。2018年6月，经过6年的修缮打磨，焕然一新的中国大戏院终于盛装复出，开门迎客。戏院定位为名团名剧的中国首演地，要打造一个既有剧场演出又有作品出品的特色剧场。

让人感觉有意味的是，这次的修复参照1930年初戏院的建筑样式，恢复三层观众厅的格局，并按历史原样恢复了外立面的塔尖，同时满足现代剧场的使用要求，在舞台前方新增了升降乐池等新的设施。走进正门大厅，大理石地坪上镶嵌的半幅太阳花三星图案映入眼帘，与建筑外立面的双塔图案上下呼应，暗示着中国大戏院悠久的历史；各楼层的天花板造型也延续历史遗存的风韵，给人一种进入欧洲古典剧场的空间感。

2019年春节期间，上海著名滑稽笑星毛猛达、沈荣海创排的独角戏《石库门的笑声》在此连演连满，至今不衰。夜晚的牛庄路又重现往日的热闹盛况，连带附近小饭馆的生意也红火起来。此后中国大戏院又先后上演了沪语话剧《雷雨》、沪剧《挑山女人》以及上海滑稽戏《乌鸦与麻雀》《哎哟！爸爸》等，渐渐在牛庄路形成了一个观看上海沪剧和滑稽戏艺术的“大本营”。牛庄路上乡音绵绵，戏声不绝，成为上海人寄托乡愁的一处胜地。

乘轨道交通 1、2、8 号线到
人民广场站下，人民广场站东侧
即九江路西段。

…
一大会址·黄陂南路
人民广场
新闸路
…

波澜不惊
九江路

九江路是一条与有着“中华第一街”之称的南京东路平行的马路，但是一个多世纪以来，许多人经常走过路过，甚至在南京东路步行街上透过那些横马路看见它的侧影，也不会去特别注意它，因为南京东路喧嚣的声浪转移了人们的视线。

南京东路最初叫花园弄，因为当初那是从外滩通向外国人居住、游乐的“花园”马路。后来马路越筑越多，租界当局就定下用中国行政省名为路名的原则。花园弄是租界内最繁华宽大的马路，所以就以清政府最初与之签订条约的地方南京来命名。此风一开，南京路北面的马路以北京路命名，南面原先的 4 条马路，就以九江路、汉口路、福州路、广东路命名，虽说全是中国地名，可还是能窥见西方殖民者的傲态。但是上海人在很长的时间内还是习惯将这 5 条马路依次称为大马路、二马路、三马路、四马路、五马路。

九江路是二马路，但却比南京东路要略长一点。因为在 20 世纪 90 年代之后，随着南京西路段的拓宽改造，人民公园局部和上海音乐书店被拆，九江路穿过原公园内的“五卅纪念碑”一直延伸到黄河路口，现在的九江路全长约 2 000 米，而东面仍与南京东路一样始于上海的外滩。这一段的九江路两旁也都是建于 20 世纪二三十年代的钢筋混凝土结构的高楼大厦，有文艺复兴式、古典式等。行走在这条马路上，欧洲风情比比皆是。

过去这里也是上海著名的金融区，如今依托外滩优越的地理位置，这里仍是银行聚集之地，路口的两幢建筑气势不凡。一幢是中国外汇交易中心大厦，该楼原名为华胜大楼，曾

九江路 89 号　上海市医药工业有限公司（德华银行旧址）

是华俄道胜银行，是上海第一家中外合办的银行。这幢大楼建于 1901 年，是地道的古典主义建筑风格的作品。现大楼内外均保持着一个世纪前的风貌。另一幢原名为台湾银行大楼，现在是招商银行上海分行，该大楼建于 1924 年，是一幢带有日本近代西洋风格的建筑，同时又融合了许多国家建筑的风格，成为一个有独特风格的“混合体”。过去这两幢建筑后面曾经还有大通银行、花旗银行、有华银行、德华银行等。这些银行的建筑外观至今还完好无损，如今则变成证券公司、中国邮政储蓄银行、人民银行、建设银行……这里还有通往静安寺的 20 路电车站。

过了江西中路，北边仍是灰色调的老楼群，南边却突然视野开阔明亮起来，透过绿树的掩映能看见江西中路、福州路口呈对称排列的汉弥登（现为福州大楼）大楼和都城饭店（现为新城饭店）大楼；看见汉口路口那座半圆形立面的原公共租界工部局大楼，1922 年竣工。上海解放后这里是上海市人民政府驻地。还有红色尖顶的教堂，因其红色的外观，上海人俗称其为“红礼拜堂”。它的正名为圣三一堂，建成于 1869 年。教堂外观为新哥特式，左侧有高耸的钟楼，是英国基督教圣公会早期在上海

江西中路 180 号　锦江都城经典新城饭店（原都城饭店）

建造的最为庞大华丽的基督教堂。教堂北侧沿马路是一幢由棕色面砖砌成的大楼，原为教会学校以及同仁医院和百乐饭店的所在。这座外观具有哥特式复兴风格、砖混结构的大楼建于 1928 年，远远地看去，整个大楼外观构图严谨规整，棕白两色的材质对比效果明显，特别是窗套、入口和墙面装饰更是表现出明显的哥特式建筑特征。

过了河南中路，九江路的老建筑就很少了，这里全是近几年兴建的高楼大厦和广场。有意思的是，北面是南京东路许多老店、名店、广场的维修、翻新后气象万千的楼宇背影和侧影，南面才是面向九江路的新建筑，这些建筑以宾馆和酒店居多。所以九江路一直在剧烈变化的时代浪潮中波澜不惊，因为它有自己的览胜之宝，毕竟衣食住行是谁也离不了的。

漫步这一段的九江路，可以看见汉口路上解放大厦那绿色玻璃幕墙外观大厦的侧面，可以看见南京东路宏伊国际广场的侧面，可以看见南京东路悦荟广场背面的骑廊，可以看见面向南京东路的世纪广场后面的绿树，还可以看见昔日南京东路的“地标”——建于1933年，高达22层的“摩天大楼”七重天宾馆。

当一幢建筑渐渐有了年代感之后，它的存在本身就是一座无言的丰碑。七重天的塔楼完全能与后面西侧形同亮丽酒瓶的世茂国际广场大楼顶相媲美，一老一新，一高一低，为九江路增添了一抹无声的历史韵律。其实，能见证九江路历史的还有九江路663号内的人民大舞台。

人民大舞台始建于1906年，1909年12月30日落成开业，初名文明大舞台，是上海现存最早的具有现代意义上的剧院，也是一座主演京剧的大型剧场。曾有无数的南北京剧名角在这里登台唱红，是老上海与天蟾舞台、共舞台、中国大戏院并列的京剧“四大舞台”之一。

剧场最初的大门是朝向汉口路的。后来剧场由黄金荣承办，改名为荣记大舞台。1935年剧场大门“转身”九江路，先后又是两次改名。1951年后，更名为人民大舞台。不管怎么改，总没有丢掉“大舞台”这块金字招牌。人民大舞台一直以它优越的市中心位置与天蟾舞台南北唱和，成为上海戏曲市场演出的重镇之一。

但在1997年左右，人民大舞台因年久失修被拆除了。之后在原址上矗立起亚洲大厦。2010年9月16日，人民大舞台在亚洲大厦三至六层试运行。虽然这是一座大厦内的剧场，但经过全方位精心策划，一个全新独特、设施也更先进的人民大舞台呈现在观众面前，此时正好是1909年人民大舞台首次开业的第101年。如今这座富有深厚人文底蕴、名扬海内外的老剧场重新焕发新的光彩，成为环人民广场的“演艺大世界”的主要剧场之一。

当然，九江路上更多的是2000年之后矗立起来改建或兴建的大酒店、大商场，从东到西有王宝和大酒店、古象大酒店、南新雅大酒店等。

2022年初，开了20多年的古象大酒店“一分为三”，分属假日酒店、艺术酒店、古象杉丽三个品牌。2021年，南新雅大酒店也翻牌为南新雅皇冠假日酒店等。这是九江路这条百年老马路为顺应当下年轻化、个性化消费需求而作出的新改变。

看似波澜不惊的九江路，其实也在以它独特的风格和实力为新上海的版图书写浓墨重彩的一笔。

乘轨道交通 1 号线到新闸路站下，
向东沿新闸路走
即可到达黄河路北端。

…
人民广场
新闸路
汉中路
…

黄河路的公寓、戏院与糖藕

许多人都知道，著名海派女作家张爱玲 1942 年从香港大学回沪后专业从事写作，很快便登上文坛的高峰，红遍上海。一生最灿烂绚丽的文字大都是 25 岁前在常德路的爱丁顿公寓（今常德公寓）605 房间内完成的。因此，爱丁顿公寓自然也是正宗的张爱玲故居。

然而，公寓姓公，住户都是凭经济实力租借的。1948 年以后，由于种种原因，张爱玲搬离了爱丁顿公寓，最终在 1950 年春天搬到了黄河路上的卡尔登公寓（今长江公寓）301 室居住。然而仅仅住了一年多，1952 年 7 月 17 日，张爱玲便悄然转身，离开卡尔登公寓去了香港，从此再也没有回过上海。

有人认为，张爱玲本人对卡尔登公寓期间的生活几乎没有文字记载，似乎卡尔登公寓是被她忽略的一个地方。其实，像张爱玲这样天才型的作家，其敏感的个性和对环境细致独到的观察力是少有人能及的。换言之，张爱玲是把她在黄河路卡尔登公寓的种种生活观察和感悟，都融进她的作品中了。所以透过她的文学作品和电影剧作，我们仍然可以看到张爱玲在黄河路卡尔登公寓生活的轨迹和种种心理印痕。反过来也可以说，黄河路卡尔登公寓四周浓郁的人文风情极大地放大了张爱玲的文学想象，为她的文学和电影创作提供了丰富的素材。

在 1843 年上海开埠之前，现南京路、黄河路一带基本上都是农田村庄。黄河路建于 1887 年，初名东台路。因为它紧靠原来叫派克弄的南京路，又正对着跑马厅，1904 年之后它又有一个非常响亮洋气的名字叫派克路。1943 年 10 月，租界收回，带有洋味的派克路改名为黄河路。

黄河路 65 号　长江公寓（原名卡尔登公寓）

这时的黄河路已历经 50 多年的发展，是一条垂直相交“中华第一街”南京西路的马路，国际饭店的半个身躯立在黄河路的地盘里。如果说把南京路比喻成“相府千金”，黄河路最起码也是“小家碧玉”。

从南京西路拐进黄河路，左边是装饰华丽的卡尔登大戏院、功德林，右边是国际饭店，前方就是卡尔登公寓和九福制药厂。这几幢建筑仿佛是南京西路繁华的尾声，过后两边基本是 20 世纪 30 年代前后所建造的砖木结构的石库门里弄和新式里弄，充满平民百姓的生活气息。从南到北有派克里、梅福里、同春坊、协和里、人安里、平和里、爱仁里、苏州里、福海里、承兴里等。

这些沿街的房屋底层大都开店、开铺甚至开小工厂。除了油盐酱醋茶、五金百货与制药、机械等与百姓生计相关的小店小铺外，还有大大小小的书局、书店、出版公司、小报编辑部和印刷所等，这恐怕才是黄河路区别于其他马路的特色，也是张爱玲喜欢和熟悉的环境氛围。可以说当时的黄河路是一条充满市井烟火气息和书报油墨味的马路。

卡尔登公寓由英国房产商建于 1933 年，据说也是张爱玲曾外祖父李鸿章的产业。因为靠近卡尔登戏院就取名为卡尔登公寓。这幢大型英国风格的扇形公寓，与著名的国际饭店后门遥遥相望。棕灰相间面砖的外表给人以静默沉稳的感觉，有一种“绅士”气派，半圆形的立面后方还有矩形的层楼，高低错落，远远望去，像一艘正在驶去的巨轮的尾部。

居住在卡尔登公寓期间的张爱玲依然勤奋写作。她在大陆最后一部中篇小说《小艾》也是在这里完成。小说男主人公是个小印刷所的排字工人，张爱玲不熟悉排字工人的生活，但当时黄河路、凤阳路一带的弄堂里有七八个印刷所，张爱玲很方便地就与姑姑一起去附近印刷所了解生活。可以说是黄河路的人情和市井风俗帮助张爱玲很好地完成了小说。

1956 年，九福制药厂与其他几家制药厂联合公私合营，1964 年，九福制药厂又改名为黄河制药厂，20 世纪 90 年代以后黄河制药厂迁出黄河路，原址变身为苔圣园大饭店；

南京西路 170 号
国际饭店

1956 年，功德林也公私合营，1966 年曾改为立新饭店，1979 年又恢复原名。许多书局、印刷厂和小报当然早随时代的变迁绝迹，卡尔登大戏院既然改名为长江剧场，卡尔登公寓也就随之改名为长江公寓。南京、黄河本来就像兄弟般亲切，再加上“长江”，一条路上简直占据了中国的“半壁江山”。

长江剧场就坐落在长江公寓的斜对面，黄河路 21 号，是一座坐西朝东的戏院，外观典雅，其设施雄居当时上海影院之冠。1922 年由英国人创办，有一个响亮的英文名字“CARLTON”（卡尔登大戏院）。虽然几易其主，但其影戏兼顾的功能始终没变。上海抗战“孤岛”时期，海派京剧艺术家周信芳率领移风社，在此演出京剧《文素臣》《徽钦二帝》，讽刺日伪，弘扬民族正气，曾因此遭到敌寇的恐吓，但周信芳正气凛然，不改初衷，在剧院大门的预告牌上，一边写着“文天祥”，一边写着“史可法”，犹如两把利剑，直刺日伪的心脏。

1954 年之后，长江剧场基本就成为上海人民艺术剧院演出话剧的固定剧场。《霓虹灯下的哨兵》《彼岸》

《她为什么被杀》《花园街5号》《游园惊梦》等许多名剧都是在这里首演的，直到90年代上半叶，这里还时常有话剧上演。

但是这样一座历史悠久、建筑特色典雅的老剧场，却在2000年以后连同隔壁的功德林等一起消失了。一直到2018年，一座高达13层名为“鸿祥”的大厦又矗立在南京西路黄河路口，杏花楼饭店、功德林等名店和长江剧场又入驻其间。

虽然如今的长江剧场与过去的长江剧场不可同日而语，但剧场内有两个俗称“红匣子”和“黑匣子”的演出空间，是舞台样式和观众座位可以随剧情变化设定的小剧场。现在的长江剧场没有固定演出剧种，话剧、越剧、京剧、沪剧、相声小品轮番上演。许多走进剧场的年轻观众发现，长江剧场的历史已经变成一幅幅图片和一行行文字定格在剧场大厅的墙壁上，长江剧场的文脉正换一种方式在黄河路上延续……

相比之下，另一座有“新越剧摇篮”之称的明星大戏院就没有长江剧场这般幸运了。说起明星大戏院，这又是黄河路上的一座“文化宫殿”。原来明星大戏院是20世纪称雄中国影业的三巨头之一明星电影公司属下的专门影院。当时“电影皇后”胡蝶和龚稼农的影片常常在此独家献映。

明星大戏院坐落在青岛路与黄河路丁字路口，是一座钢筋混凝土建筑带圆形雨棚的二层楼剧场，有1 000多个座位。到了20世纪40年代中期，明星大戏院成为以袁雪芬为代表的雪声越剧团固定演出剧场。那时候，看袁雪芬的戏必须到明星大戏院，到明星大戏院就是看袁雪芬。每天日夜两场的新越剧场场爆满，有时还要加座。1946年5月6日，根据鲁迅小说改编的越剧《祥林嫂》就是由袁雪芬在此首演成功，该剧被当时舆论称为“新越剧的里程碑”。

20世纪50年代，明星大戏院又成为著名沪剧演员杨飞飞和赵春芳领衔演出的勤艺沪剧团专属剧场，直到1966年之后变身为上海运输公司会场，改名为上海市交通运输公司工人俱乐部。会场也经常放映电影，每到电影放映之际，这里人声鼎沸，全市的运输工人和他们的家属常常把这里围得水泄不通。

1990年之后，随着轨道交通1号线新闸路站的兴建，明星大戏院等建筑陆续被拆除，原址被金色家园的高层小区所覆盖，明星大戏院旧址处是一座新建的游泳馆了。

但是黄河路没有陷入“大拆大建”的状态，除了几幢新建的高楼外，基本还是老房老楼当道。1987年，美国导演史蒂文·斯皮尔伯格拍摄电影《太阳帝国》时，很轻易地就将长江公寓还原成卡尔登公寓，在此拍摄了多场重头戏，也为黄河路和卡尔登公寓留下宝贵的影像资料。

原明星大戏院遗址对面连体的三层砖木结构的承兴里楼房，还完整占据着青岛路的半壁江山，保留着昔日石库门“围城”外的老上海风貌，沿街全是与民生有关的小店小铺。2019 年 7 月，承兴里的部分房屋在经过内部装修改造之后，以新的业态受到回迁老居民们的欢迎，成为石库门建筑保护的样板。

黄河路在 1993 年左右“转型”为继乍浦路之后的上海第二条美食街。鼎盛时期，这里聚集起大小酒楼饭店近 100 家，成为许多上海人聚亲会友、商务洽谈的首选之地。夜幕降临之后，无数的霓虹灯灯牌和灯箱撑满天空，黄河路真的是个灯红酒绿，繁华满地的世界。

2024 年年初，根据同名小说改编的电视连续剧《繁花》，以黄河路上的苔圣园（剧中为至真园）等大小饭店为原型，展开 90 年代改革开放背景下上海人的生存百态和奋斗历程。该剧播出后，无数上海人纷纷前来黄河路“打卡”、拍照、品尝美食……黄河路一下子成了上海人集体怀旧的场所。

如今，经过北京西路棕色玻璃幕墙装饰的黄河大楼之后，两边依次是外表装修富丽堂皇的“金八仙大酒店”“半岛酒楼”“粤味馆”“悦来酒店”“汉庭酒店”，还有“老上海葱油饼”“小杨生煎”“董记面馆”“马家烧烤”“大食堂”“老上海经典菜”等各式各样的大小饭店，真是香味四溢，美食诱人，这里是黄河路美食街的主体部分。虽然不复当年的盛景，但一到夜晚，这里仍是霓虹灯光焰闪烁，仿佛是南京路不夜城的扩展和延伸。

说来也许你不信，若说起当年黄河路什么美食最有名，绝对数得上黄河路的“桂花糖藕”了。其实，糖藕并非什么名特珍馐，但上海老百姓就是喜欢吃，还就认黄河路上店家烹制的“糖藕”，所以黄河路就跟着“糖藕”出名了。这形象地说明黄河路美食街的烟火比较接地气，能够以连通千家万户的普通食物深入人心。

如果说人们的生活离不开美食，那么戏剧对于人们来讲也是一种不可缺少的精神食粮。曾经的两座大戏院奠定了黄河路深厚的文化历史底蕴，更何况这里还有周信芳、张爱玲、袁雪芬这些文化名人的踪迹，其文脉又由重建的长江剧场延续。功德林、杏花楼、国际饭店及大大小小的餐馆，又撑起如今黄河路的半壁人气江山。确实，太平盛世，还有什么比到黄河路吃饭、看戏让人更惬意的事呢？

乘轨道交通 1 号线到新闸路站下，
向西沿新闸路过乌镇路桥
左转可到达光复路中段。

…
人民广场
新闸路
汉中路
…

光复路“苏河湾”

美丽的苏州河贴着光复路河岸线，从上海的西面向东，一路弯弯曲曲，蜿蜒奔流，但当它流经闸北的乌镇路至浙江北路时，却优雅地画出了一道长达千米的漂亮柔和的弧线，形成了一个碧水微澜、美丽宁静的河湾，那就是“苏河湾”。

昔日的“苏河湾”是喧嚣、热闹的。它曾是沪上的华界经济中心、货物水运集散地。这里不仅汇集了一大批具有代表性的老仓库、老建筑、老里弄，更是抗战时期赫赫有名的“八百壮士”抵抗日寇侵占上海的四行仓库所在地。四周历史气息浓郁，文化底蕴深厚，是近代上海历史的缩影之一。

那时候的苏州河水是清亮的，从早到晚，河上的机动船穿梭不息。看机动船从眼前经过也是一道有趣的风景。一艘机动船后面要拖十几艘装满货物的小船，这样一长串的船队通过一座桥的时候，其架势尤其壮观。两只眼睛有点来不及用，一低头看船首从桥下伸出，一回头又要看船尾在缩减，真是此消彼长又顾此失彼。夏天冗长的午后，总有一些胆大的男孩在河里游泳，矫健勇猛，劈波斩浪。当然那是“违禁”的，但是能在苏州河里游泳的男孩，对自己的水性总是十分自信。那时节里，一些胆大的男孩还爬上高高的钢铁桥架上，然后一个猛子扎进河中，半天才在百米之中露出脸蛋招呼同伴，引得围观的人群啧啧议论。苏州河简直成了露天的水上竞技场，那些勇敢的男孩在纵身一跃，义无反顾地跳向苏州河的一瞬间，英雄感和虚荣心无疑是得到了最大的满足。

但是曾几何时，苏州河水变黑、变脏了，再也没人敢在苏州河里玩水了。直到20世纪90年代初，经过多年的改造努力，苏州河水终于变清。随着城市交通的不断发展，船只运输渐渐退出历史舞台，苏州河边的工厂、码头、仓库也失去了功能。苏州河一下子空寂下来，就像一段无声电影老胶片，青春不再，只是默默无言地诉述以往。

2010年之后，“苏河湾”在老闸北区的城市改造开发规划中，被列为苏州河现代服务业集聚区，打造成为海内外客人休闲旅游、商务办公、了解老上海文化的重要场所，成为上海水景的新名片。

2015年之后，闸北区与静安区合并成新的静安区，苏河湾岸线自然延长，地域概念也变大。北至铁路沿线，南至新闸路（石门二路以西）、北京西路（石门二路以东），东至罗浮路、河南北路，西至安远路、江宁路，占地4.3平方千米，区域内苏州河南北岸线长达6 300米。如今这里有文博场馆、景点50余处，还有大型商业体、影剧场、美术艺术馆、公共服务馆、旅游酒店等，其中四行仓库抗战纪念馆为AAA级景区。

静安苏河湾的最大特点是“一河两岸、中西合璧”。依据深厚丰富的历史文化和日新月异的发展需要，通过“水脉、文脉、绿脉、人脉”的融合，打造“漫步苏河湾”“博览苏河湾”“品味苏河湾”等6项主题活动，再现上海版的“清明上河图”，使苏河湾成为市民幸福生活的温情岸线。

如今漫步在“苏河湾”一带，就会看见两岸各种形状的高楼沿“苏河湾”的弧线错落散开又鳞次栉比，几座老仓库点缀其间，“苏河湾”呈现一种新旧交错又有韵律的魅力。

光复路423号和长安路101号，原为福新面粉一厂厂房及仓库。由通和洋行设计，砖木结构，建于1912年，清水青红砖外墙的六层大楼形体简洁，立面构图整齐，矗立在苏州河边。如今大楼的外观依旧，但内部的布局已经改变。2007年时，这幢建筑曾以“苏河艺术”冠名，二楼、三楼是展览空间，四楼、五楼是表演空间，六楼则是西餐厅。尽管有电梯，许多人还是喜欢徒步，一层一层地从一楼走到六楼的西餐厅，走进老仓库仿佛有一种进入时光隧道的感觉。如今，这幢建筑沉寂下来，未来也许又是另一番面貌。

在这幢建筑的对岸，也就是南苏州路上，东面1295号是建于1902年的原中国纺织建设公司的“第五仓库”，建筑墙面为清水砖和红砖组合，局部水泥饰面，有连续的弧形券窗；西面1305—1307号也是仓库建筑，1933年建成，整体却是装饰艺术风格，清水砖墙，立面檐口、窗台窗楣及壁柱有灰色水泥压花装饰，这样的建筑放在任何年代看都很有韵味。

1998年，台湾设计师邓昆艳租用此仓库作工作室，开创了上海近代工业建筑保护利用的先河。2004年，该建筑被联合国教科文组织授予了“联合国亚太文化遗产保护奖”，这是上海首家获得此殊荣的老仓库建筑，如今这里成了上海创意产业示范区。

新闸路桥东面，南苏州路1247号又是一座清水红墙立面的老仓库，外墙上有“八号桥艺术空间·1908粮仓”字样。这就是中国通商银行第二仓库旧址，砖木结构，始建于1908年。通商银行是中国人创办的第一家华资银行。1935年6月，上海大亨杜月笙被推选为中国通商银行董事长兼总经理，此仓库便又成为其私家粮仓。如今，这样一座汇集了“仓、河、桥、砖、木”元素的老仓库经过改造后，成为人们阅读建筑、品味艺术、感受上海城市温度的时尚之地。

人们在老仓库周边的咖啡馆、酒吧、茶室休闲聚会聊天，真是别有意境和情调。这里曾有建于1887年的石板桥，因靠近苏州河粪便码头，俗称“老垃圾桥”；1908年石桥改建为鱼腹式钢桁架结构桥，当时的桥上铺设单轨，通行5路和6路有轨电车。1942年又以路为名，称为浙江路桥。

浙江中路　浙江路桥

2015年4月，浙江路桥桥身钢结构骨架被移到修缮场地进行维修，后又复位苏州河上。历经百年的浙江路桥重又焕发青春，成为继外白渡桥之后上海人集体怀旧的又一个城市地标。

这里还有2000年以后重新建造的乌镇路桥、新闸路桥，这两座桥像两道彩虹横跨在苏州河上。桥东面有四行仓库、大悦城、万象天地、天后宫，桥西面有九子公园、南北高架路成都路桥。桥上的汽车川流不息，阳光随着汽车闪动，织成一道耀眼的银练，与桥下同样流动的苏州河水交相辉映，真的是上海这个城市壮观的景象之一。“苏河湾”是一个集高端商务商业、滨河休闲旅游、文化创意产业于一体的现代服务业集聚区。

乘轨道交通 1、12、13 号线到
汉中路站下，
向西走即到恒丰路南段。

…
新闸路
汉中路
上海火车站
…

恒丰路的永恒记忆

恒丰路是静安区西部一条横跨苏州河的南北向马路，南起于与石门二路相接的恒丰路桥，由南向北，一路与长安路、裕通路等交错，最后通过恒丰路立交桥与沪太路和芷江西路相交。它是上海“不夜城”地区中西部的一条交通商业要道，近年来又被称为“黄金商务圈”内的“中轴大道”。其实，在 2015 年原闸北区与原静安区合并之前，恒丰路就是闸北“不夜城”地区内的一条主要商业大街，也是一条承载着老闸北厚重沧桑历史文化的马路。

何谓“不夜城”呢？一般指位于上海中心城区北部，上海站西南隅的建成项目，建设范围南起苏州河，北至中兴路，东临西藏北路，西临苏州河—恒丰路，包括铁路上海站地区。

此地原属吴淞江故道淤积而成的荒地，清代中叶始有江淮灾民迁入，渐成村落。恒丰路在清同治年间是一条无名的乡间小路了。1903 年，三位商人自己集资，在苏州河上建造了一座木制的“通汇桥”，此间乡民称之为新大桥。同年闸北工程总局开始拓宽修整这条小路，南自新大桥，北达闸北水电厂（即现上海站附近），全长约 1 063 米，马路也就顺理成章叫新大桥路，很快成为早期租界与闸北之间的一条重要交通联系纽带。

随着闸北市政和民族工业的发展，1914 年以后，路南端依次建有恒丰、绪昌福、恒昌新等 4 家丝厂，久丰公、正丰等 8 家米行，还有衣庄店、银楼、药房、酱园、丝织、碾米等中小工厂，以及兰亭里、智和里等 19 条石库门里弄，渐渐成为闸北西部一条热闹繁华的马路。于是新大桥路便改名为恒丰路，顺应中华民国成立之后，华界闸北路名大都取“恒昌华盛、中兴长安”之意的潮流。

1930年，房产商又在恒丰路与裕通路口建石库门样式的三层楼房52幢，围合成四安里。这是当时恒丰路也是闸北西部最高的建筑了，远近居民称之为“三层楼”。沿恒丰路和裕通路的“三层楼”呈“L”形，底层全部为店铺，有中药、京货、豆制品、理发、饭店等7家商店。再加上这里靠近麦根路货车站，周围又是丝织厂集中之地，裕通路口还有一个露天菜场，因此恒丰路很快成为闸北西部早期最繁华的地段。

从1937年8月13日开始，日军飞机疯狂轰炸闸北，在上海史上留下了“八一三”的惨痛记忆。恒丰路上的大部分建筑被毁，唯独恒丰路裕通路口的四安里这几幢“三层楼”幸存。于是当“闸北被日本飞机炸得只剩几幢三层楼”的流言传遍上海的同时，也将“三层楼”这个习称凸显出来，后来竟然演变成为整个片区的代名词，而“四安里”这个本名却似乎被人遗忘了。

整个战争期间，恒丰路四周废墟成片，如同一座空城、死城。恒丰路、共和路以北东侧，被日军用铁丝网围作露天军用仓库。同时日军还在恒丰路以西的原兰亭里、智和里及几家丝厂和木行等大片土地上，建造了日商“扬子江木行株式会社”。

抗战胜利后的1947年，铁丝网被拆，这里涌入大批流离失所的难民，纷纷在此搭建简易住房，成为棚户区。当时夜晚从恒丰路桥堍北望，除远处麦根路货车站有若干灯光亮点外，几乎是漆黑一片。恒丰路上除了“三层楼”外，简屋成片，商店稀少。街头巷尾，不少孩子整天捡煤渣、卖报纸、推桥头，与大人们一样艰难度日。在一些街头还放着令人毛骨悚然的普善山庄的“收尸箱”。

1949年之后，恒丰路多次翻修并拓宽，两旁种植悬铃木等行道树，改建棚户简屋，使恒丰路两边的街景大为改观。到20世纪80年代中期，恒丰路基上是一条行人不多、车辆繁忙的通衢大道。从南到北，间有光复、新桥、梅园、普济、汉民、恒丰、三层楼、安全坊、民立、幸福等棚户简屋里弄，以及长安中学、长安游泳池、恒通大楼、上海运输二场公司、胜利木材厂（即原日商扬子江木行株式会社）、闸北第七中学（后又成为上海工业大学管理经济学院）、恒丰中学、恒丰路小学、共和路小学、共和中学等企事业单位。

此时四安里的“三层楼”基本还保持30年代的外观格局。楼上居民居住，底层沿恒丰路从南到北有伟群照相馆、康福药品店、志成饭店，还有百货店、理发店和裕民菜场等商铺。这里的居委会就叫“三层楼居委会”，41路公共汽车也在这里设“三层楼站”，这里仍然是闸北西部一个远近闻名的商业网点。附近弄堂里的婆婆阿姨经常到“三层楼”买菜买货，“三层楼”这个名词不时地出现在当时周围居民的生活中。

1987 年，随着恒丰路桥的重建、恒丰路立交桥的兴建，以及恒丰路天目西路东北角建造上海站（新客站），紧接着四周“不夜城”的打造，恒丰路便渐渐褪去它的层层旧衣，日新月异，不断发展变化，直至成为今天上海陆上交通最具优势的“黄金商务商业圈”中的一条中轴大道，其变化是巨大的，也是令人感慨兴奋的，它是改革开放 40 年的见证和成果之一。

1993 年，这里首次亮起霓虹灯，“不夜城”声名鹊起。随着名品商厦、环龙商厦、中亚饭店、嘉里不夜城一期等现代化商业楼宇崛起，恒丰路上的棚户简屋、工厂学校等渐次消失，上海青年文化活动中心、上海市出入境服务中心大楼、众多大小餐馆、商店、地铁一号线汉中路站建立，恒丰路迅速成为铁路上海站旅客集疏的一条主要道路和商业大街。

2007 年，“不夜城”规划新一轮发展，整个“不夜城”商圈占地面积通过“北延东扩”变大。恒丰路这条 20 世纪 30 年代曾经繁华过的马路正好处于“不夜城”的中轴线上，于是再次迎来新一轮的拓宽和商业地产开发改造。沿线建集群式现代高档商务楼为主体，带动原有办公楼品质和功能升级，使之成为“不夜城”乃至上海一条著名的“黄金商务中轴大道”。

如今，蓝图已经实现，恒丰路上除原有的机电大厦、现代交通商务大厦等商办楼外，从南到北又有太阳城市广场、邦达协作广场、隆宇国际商务广场、环智国际大厦、浦西洲际酒店、宝矿洲际商务中心等。这些超高层商务大厦既拔高了恒丰路的天际线，也丰富了恒丰路的商务业态，“黄金商务中轴大道”俨然成型。

令人欣慰的是在恒丰路大规模的开发建设中，人们意识到，四安里那排仅存的“三层楼”虽然建筑特色并不典型，但是依附在“三层楼”之中的种种记忆，也是老闸北历史的重要组成部分。其人文历史价值远大于它的建筑价值，所以最终还是修复保留了下来。

2018 年 2 月以后，这排“三层楼”在历经两年的“保护性”修复之后，又容光焕发地回到了当年居民的视线中。过街楼上“四安里”三个大字和左右两朵石雕墨菊图案清晰完整，整个“三层楼”在位置、楼高、朝向、宽度、门窗、阳台等细节方面都与原来一样，仿佛时光倒流，把人们带回到过去“四安里”的时光。

乘轨道交通 1、12、13 号线
到汉中路站下，
向北沿恒丰路走即到共和路西端。

…
新闸路
汉中路
上海火车站
…

共和路的联想

共和路是上海“不夜城”地区，天目西路以南的一条东西向马路，西起恒丰路，东至华盛路“不夜城绿地”，全长约 500 米，与民立路、梅园路、华康路等马路相交。如今的共和路似乎是繁华“不夜城”商圈内一条汇集中高档商务楼、国内外时尚品牌百货、星级宾馆、特色餐饮、娱乐服务等行业为主的大街。

从西到东，北面有达邦协作商务广场、太平洋百货大厦、嘉里不夜城企业中心、新发展大厦，南面有中港汇·静安商务广场、企业广场、“卓悦居”小区几栋高楼、小金鹭幼儿园等建筑。这些全新的有裙房的高层建筑，墙面多为蓝色玻璃幕墙和新潮华丽的涂料装潢，虽然外形简洁，却也千姿百态，构成一派现代化大都市特有的楼宇风景线，让人赏心悦目。

2018 年以后，以嘉里不夜城企业中心为主的三期工程完成以后，整个共和路再也没有在建项目，成为一条安静、优雅、绿树成荫、美食飘香的现代化马路。

但是时间如果退回到 20 世纪 90 年代前后，共和路却还是一条被棚户简屋包围的马路，像闸北的许多马路一样，两旁大多是砖木结构的居民住房和弯曲狭窄的棚户弄堂，车辆不多，人流稀少，有的只是那些与柴米油盐有关的小商店、一些小工厂和生产组。

当时的共和路 92 号是共和路小学，周围的孩子基本是这所小学的学生，共和路小学的前身是建于 20 世纪 20 年代的灵芝学校。70 年代的共和路小学分总校和分校两个部分，低年级上分校，高年级才转到总校。分校位于共和路西头的一条弄堂内，因此那时许多小学生天天从共和路东头走到西头上学，然后又从西头回到东头。共和路的一草一木都在他们的记忆中留下深刻印象。

当时西头除了恒丰路上的“三层楼”沿街有几家商店外，共和路上有一家强华文具店和共和中学，其余全为居民住房，只有到梅园路至华康路这一段相对热闹些。有梅园食品店、铁路小学、大饼店、共和粮店、华康居委会、共和路小学总校、华康路小学、共和木尺厂、青云坊弄堂、铁路宿舍（新村）及华康里弄新艺刻花组等。下午放学时，有的小学生会看见自己在附近工厂打工的父母，辛苦地拉着满载货物的“劳动车”在街上蹒跚；这时孩子们都会主动上前帮助推一把，父母则不让，叮嘱他们快点回家，小心车辆。这温馨的一幕在上海这个大都市里倒也是十分难得，成为今天已步入晚年的父辈和已成为社会中坚的儿辈的美好记忆。

那时候的共和路可以说是许多少年生活背景的全部，也是他们开始思考人生家国的“触点”。因为天天在共和路上走，“共和”两字经常挂在嘴上，就想当然地以为共和路的取名应该与新中国有关。但是没想到的是，共和路的命名与此无关，却与中华民国有关，由此又引出对上海城市演变和闸北历史的关注。

原来此地域为吴淞江河床淤积而成的荒地，清代中叶始有梅园头自然村，共和路以北华康路以西有驻军营地，习称“老营盘”。1904年，闸北商埠为抵御租界北扩，在此设闸北巡警总局，同时填浜筑路，定名为总局路。可以想见，当年的总局路是闸北的政治经济中心，自有一派繁华热闹的景象。1911年11月3日，闸北巡警总局响应武昌起义，为建立共和政权做出了贡献。为纪念这一壮举，民国二年（1913年），总局路改为共和路，以体现“汉满蒙回藏，五族共和”的宏大理想。

此后巡警总局变更为闸北市政厅，1928年建闸北区，共和路两侧相继开设了天来丝厂、振华染织厂、同鑫织布厂、镐昌翻砂厂等，同时建起镇安里、有余里等多个石库门弄堂，沿路有王永盛、永兴等米行9家，还有烟杂油酱店、室内菜场及灵芝学校等，共和路依托闸北市政厅等成为闸北西部繁荣中心的主干部分。本来具有30年建设底蕴的共和路应该有进一步地发展，可是一切全因日本帝国主义的炮火化为乌有。

1932年1月28日，日寇蓄意挑起第一次“淞沪战争”，炸毁了共和路北侧的一些房屋。战后闸北官民全力修复，又重建了青云坊等里弄。然而时隔5年后，日寇又发动第二次“淞沪战争”，再度对闸北进行灭绝人性的反复轰炸。仅1937年8月21日这一天，一大队日机共12架，猛烈轰炸闸北的西部（也就是今天的上海火车站和恒丰路、共和路一带），共计投弹 35 枚。此后日机轰炸闸北成了每日的例行公事。那时候闸北的上空经常是火光冲天，浓烟滚滚。经过两个多月的轰炸炮击，共和路和闸北所有的地方弹坑遍地，伤痕累累，面目全非，废墟成片。这是上海历史上一场空前浩劫，是闸北人民永远不能忘记的一个苦难的历史阴影。

沦陷后的共和路成了一座“死城”，北侧被日军用铁丝网圈入“日本陆军御用地”，作露天军用仓库。抗战胜利后，这里又成为联勤总部储运处堆栈。1947 年拆除铁丝网，四面八方涌来的平民开始在这里搭建简屋陋棚，这里也就成了远近闻名的棚户区，是上海最贫穷的地区之一，很长时期内几无像样的建筑和商业网点。

直到 1994 年，随着上海站（新客站）的建设，天目西路以南地区被规划建设为“不夜城”地区的商业商务中心，共和路才真正迎来改造、发展、腾飞，直至今天的辉煌。如今由于东部 2002 年 12 月建造“不夜城绿地”和“闸北历史广场”，共和路变短了，只到华盛路为止。但是共和路的历史永远值得人们记取。它曾在血与火的交替中生存，见证了闸北从“自治”到今天一个多世纪的历程。

赏由物召，兴以情迁。共和路是能给人许多联想的马路：只有国家政治清明，人民团结，经济富强，国力强盛，才有真正的“共和”！

乘轨道交通 1、12、13 号线
到达汉中路站下，
即到汉中路西段。

…
新闸路
汉中路
上海火车站
…

“五族共和”汉中路

对于当今的上海人来说，首次出国之前必定要到汉中路来一趟，因为上海市出入境服务中心就在汉中路 188 号的大厦内。这幢建于 20 世纪 90 年代中期、高达 30 多层的大厦，由裙楼、主楼、副楼组成，外观造型犹如两本打开的书，相对无言，巍然屹立在汉中路与恒丰路东南角上。

大厦内还有上海市青年活动中心、上海青年人才培训广场及酒店、银行等机构和商业设施，大厦的最底层同时又是轨道交通 1 号线、12 号线、13 号线“汉中路站”的出入口。可以想见，早晚上下班高峰时段，汉中路、恒丰路十字路口是何等的“车马如潮，行人如浪”，一派现代大都市繁忙拥挤却井然有序的景象。

汉中路由西到东分别与恒丰路、民立路、梅园路、华康路、新民支路等马路相交，南临苏州河、西近恒丰路、北贴“不夜城”、上海站（新客站），东靠南北高架路。在汉中路上能看到宝矿州际商务中心、嘉里不夜城企业中心、新发展大厦、苏河湾大厦、上海人才大厦等高耸的楼宇。如今马路北边是建于 2009 年以后的高层住宅小区卓悦居，南边则是建于 20 世纪 90 年代中期的多层住宅汉中小区，马路上来往的车辆并不多，绿树浓荫蔽天，可谓是一条“出则繁华、入则安谧”的马路了。

可是在 20 世纪 90 年代之前，汉中路是原闸北区域内一条路形不宽略有弯曲、行道树稀疏的马路，不通公交车（后来才通了一辆 402 路公交车）。除了一幢建于 20 世纪 50 年代的三层楼（原汉中路小学）外，两边基本是低矮简陋、造型各异的居民住房，房子后面分布着四通八达、形似迷宫的棚户弄堂。从这些网状分布的弄堂里，你可以快速穿越到共和路、恒通路、梅园路、华康路……从而进入一个更大的棚户区域。

汉中路建于1912年，最初因靠近“梅园头”（今梅园路）自然村而称南梅园路。1916年为纪念辛亥革命5周年，体现中华民族“汉满蒙回藏五族共和”的精神，闸北工程总局将区境内的4条马路分别改名为蒙古路、汉中路、新疆路、满洲路，并与附近的共和路、北西藏路（今西藏北路）组成地名群体，含义深远。

汉中路曾经也是“华界”闸北区域内一条比较干净整齐的马路，两旁有不少中小缫丝工厂、米行和德邻里、叔德里等石库门弄堂，但是这一切都在1937年“八一三”淞沪战争中，被日军的飞机炮火炸毁了，汉中路与闸北的许多马路区域一样，弹坑遍地，废墟成片，后来这一带又被日寇侵占成为日军的露天军需仓库。直到1945年日军溃败之后，来自四面八方的贫民在此自建房屋，生儿育女，才形成了后来以苏北籍居民为主的棚户区。

当时的汉中路东端有一条序号为39弄的弄堂。全弄堂共有8户人家，居民籍贯有苏州、崇明、宁波、丹阳、盐城、建湖等，可谓江浙沪俱全，房屋基本上全是居民自己建筑的砖木结构两层楼房。但是前后弄堂许多人家的后门也通39弄，一个门洞不止住一户人家，再加弄底还有一家缝纫加工厂，所以弄堂里整天有人进进出出，人声不绝。

弄堂口有一个公共小便池和倒粪站。出了弄堂，东侧有一家老虎灶，在20世纪70年代寒冷的夜晚，经常有一群群居民提着热水瓶、汤婆子在“老虎灶”前排队等着“泡开水”，这也许是那些年汉中路夜晚仅有的“热闹景象”了。西侧则有一家烟纸店，马路对面还有一家裁缝店和一家以爆米花为生的母女人家。每逢过年时节，爆米花的队伍可以排到华康路。每当爆米花出锅时，整个弄堂都可以听见那震耳欲聋的炸响声。

到了夏天，因为弄堂内有一口深井，四面八方的居民会蜂拥着来打井水，回去浸西瓜、拖地板，防暑降温。外来居民嘈嘈杂杂，常常把狭窄的弄堂弄得湿漉漉，几乎要把井水舀干，于是本弄的居民就把井盖锁上，定时开放，为此各方常常爆发“舌战”；而弄堂里的居民互相之间也常会为一些琐事发生争吵，但一切如夏天的雷阵雨，来得快，去得也快。居民之间很少有隔阂或隐私，民风非常淳朴，很有“都市乡村”的风味。

每到夏天的夜晚，弄堂前后，马路街沿布满了自带板凳和躺椅甚至铺板的纳凉居民。谁家包了一顿饺子或馄饨，会匀出一两碗，送与左邻右舍品尝；谁家要是开一个西瓜，直接就与周围人家分享；大人们天南海北、信马由缰“解山话”（老派上海话。音：嘎三胡。长时间地闲聊、侃谈），小孩子们则三五成群地讲故事、做游戏……待到月明星稀，气温稍降之时，人们倒头就睡。谁也不用担心小偷来，因为小偷根本就进不了弄堂。

当时的汉中路就是这样一条充满闸北式平民生活气息的马路，家长里短，鸡毛蒜皮，眼泪欢笑，甜酸苦辣，比起后来那些市井题材的电视剧来，其民生图像更显生动逼真，有血有肉。

1994 年前后，汉中路、华康路、梅园路、共和路等区域被规划建设“不夜城”，仿佛一夜之间，那些历经几十年的棚户老屋全部拆除，居民也因此各奔东西。所以 1994 年对汉中路的许多居民而言是一个“分界线”，新旧汉中路成为两种截然不同的影像重叠在脑海里。许多人既怀念昔日的汉中路，也关心此后的汉中路，因为它们都是记忆的元素，连缀着他们对新旧汉中路的感悟和感念。

如今，最令汉中路原居民感慨的时刻是来汉中路办理出国护照。当他们从出入境服务中心办完事，走出大楼，站在恒丰路与汉中路口的东南角上，面对着由中国银行、交运大厦、金水湾大酒店、环智国际大厦、静安洲际酒店等组成的黄金商务大道天际线，特别是看着一拨一拨的人流从大厦底层的轨道交通出入口涌进涌出，就会有“今日重来白首，欲寻陈迹都迷”的感觉。

如今的出入境服务大厦原址处，当时是一条只有三户人家的弄堂，弄堂虽然不大，但三户居民的房屋都自行翻建过，各有造型和风格，沿街的房屋山墙上没有开窗，弄堂也就显得狭长幽深，外人很难从弄口窥视到弄堂内的动静，弄堂内仿佛就有一种古堡式的封闭和沉寂。好在弄堂口有一家米店，不时为弄堂口带来一点儿动静。那时候何曾想到自己有一天会有出国旅行的机会？那时候汉中路、恒丰路口何曾有过这么多人流？四周全是低矮、破旧的民居和几家小店小铺，汉中路的尽头是苏州河边的几家仓库。只有早晨或是傍晚，恒丰路西边的恒丰中学，东边的闸北第七中学和汉中路南面的汉中路小学的学生们带来短暂的躁动。

乘轨道交通 1、12、13 号线
到汉中路站下，沿汉中路向东走，
过梅园路，即到达华康路南端。

…
新闸路
汉中路
上海火车站
…

华康路
安康

华康路是如今上海“不夜城”中部一条南北向的支马路，南起汉中路，经共和路，北讫秣陵路，全长有 450 米左右。华康路主要分南北两段，从汉中路到共和路这一段为南段，两边为高层建筑小区卓悦居，马路略呈弧形，形同一个绿色的港湾，一眼望不到头，行人稀少，幽雅宁静；而共和路至天目西路这一段为北段，东面为新发展大厦、上海农商银行、不夜城绿地，西面为“企业中心”(企业坊)。几幢现代化的高层大厦气势恢宏，一下子就拔高了华康路的天际线，让人感到华康路也是一条“高大上”的马路了。

其实追溯起来，华康路却是一条老马路了，它筑于 1912 年，原来也是由汉中路至秣陵路，以“中华安康”之意命名。这一带在 1900 年前都属于苏州河淤塞而成的低洼地带，因位于苏州河闸桥北面而称闸北。1900 年之后，为抵御租界的北扩之势，闸北的绅商发起自救运动，平地筑路建房建厂，华康路就是在这一背景下建筑的众多马路中的一条。1925 年随着闸北市政的发展，华康路由泥土路面变为煤渣路面，沿途先后兴建了华康里、华承里等具有上海早期石库门特点的里弄以及一些商铺等。

说到华康路，就不能不说与之十字相交的共和路。共和路原名总局路，因 1904 年闸北最早的市政机构——闸北巡警总局坐落在此路东段而得名。辛亥革命之后，总局路才改名共和路。

华康路差不多是在总局路改名共和路时建设的，显然对沟通共和路南北交通起到作用，“共和”“华康”从地名上讲也相互映衬、相得益彰。后来闸北巡警总局改为闸北市政厅，其大楼位置就在华康路与共和路之间的东北角上，也就是如今不夜城绿地的西地块。所以华康路是一条与共和路休戚相关的马路。然而好景不长。1937年"八一三"淞沪战争爆发，闸北西部地区成为日寇疯狂轰炸的目标。恒丰路、共和路、汉中路、民立路、华康路等几乎被夷为平地，废墟成片，只幸存了共和路、华康路口青云坊几幢街面房。1938年，共和路以北、华康路东西两侧区域被日军用铁丝网圈入"日本陆军御用地"，作露天军用仓库。

1945年抗日战争胜利后，这里又成为联勤总部储运处堆栈。1947年铁丝网被拆除，四面八方涌来的难民在此搭建简屋陋棚，并铺弹石路面，沿路逐渐成为棚户区。1957年，华康路、天目西路北面建闸北区工人俱乐部，天目西路至秣陵路一段华康路就此湮灭，华康路成了南北两段式马路。

所以时光倒流到1990年之前，南段的华康路两边全是居民自建的简屋陋棚，街面两边还间隔着数条弄堂，这些弄堂七拐八弯，四通八达，串起像迷宫一般的居民区。那时候，南北两段华康路有些错位，到了共和路口向西拐再走十几米路，才到北段的华康路，此段华康路实际上与共和路形成一个丁字路口。

北段的华康路相对南段的华康路，街容街景似乎要整齐一点。马路的西面是一长段高高的封闭围墙，墙内是华康路小学；东面是青云坊。青云坊面积很大，西临华康路，北到天目西路，东至华盛路，南沿共和路，各路段都有一个出口，是一个多种房屋结构混合的里弄。沿华康路是40多幢呈前后排列的黑瓦平房；共和路、华康路口是砖混结构的两层楼房，约有50幢，这是"八一三"炮火下的幸存物。这些楼房的后面又有一个大门，大门内是被称为"铁路宿舍"的工人新村。

当时华康路南段西南角是一座体量比较大、外观为红漆木板的两层楼居民房，楼上住居民，楼下却是一个工场间，是华康里委所属的生产组——新艺刻花组。每次走过这里，沿街窗户里会传来"叮叮当当"的敲击声，仿佛是一首金属奏鸣曲。30多位大妈大婶在长桌旁，用特制的榔头在金属的热水瓶外壳上，聚精会神地"刻"花纹，据说这种纯手工的工艺产品，是专门出口到国外为国家赚外汇的。

有的小学生走过这里，总会有意无意地朝窗内张望几眼，因为他们的母亲当时也是新艺刻花组的职工。有时下午放学早，他们背着书包就直接进去，在母亲身旁边坐一会儿，当然主要也是对"刻花"过程感兴趣，有时也会动动手，用钢针在金属打火机外壳上简单地画画线；他们最佩服的是组里仅有的一位男师傅，他能用锤子在热水瓶外壳上敲出梅兰松竹和龙飞凤舞的图案，让人叹为观止。

刻花组向西依次是华康居委会办公室、共和路小学、共和木尺厂，而马路对面就是青云坊和铁路宿舍。铁路宿舍是1950年初，在原日军露天仓库地盘上建造，专给铁路工人居住的新村。为什么不叫铁路新村，据说是为了区别当时上海已经有的许多铁路新村。记得从共和路199弄大门主弄进去，两旁全是一排排清水砖饰面、侧面有楼梯的两层楼房，每排上下至少有近10间房间，二楼前面是带屋檐的走廊。现在看来，这种房屋设施简陋，没有独用的卫生间，但比起当时周围的棚户房屋，“铁路宿舍”无疑又是令人羡慕的，最起码，道路畅通、房屋整齐。村内还有很大的公共厕所，以及专为铁路职工家属治疗小毛小病的卫生保健站。

1980年春天，电视剧《卖大饼的姑娘》就在这儿拍了部分外景，当时上海影视界著名的年轻演员吴海燕、陈燕华、郭凯敏等身影，都在这里的新村和楼梯口出现过。

青云坊西对面就是华康路小学。华康路小学的前身是1947年建于蕃瓜弄内的共和新路国民学校。1950年5月，人民政府在华康路89号处建造了三层楼的新校舍，学校就此迁来，并改名华康路小学，是当时此地唯一的一所公办学校。

80年代，随着天目西路上的上海站（新客站）建造，闸北区工人俱乐部等消失，天目西路以北的华康路又“显身”，不过已变成两幢大楼之间的通道。没几年时间，随着大规模的“不夜城”建设，这里发生了天翻地覆的变化。

空间还是这片空间，路还是这条路。如今的企业中心，又称企业坊，就是2013年左右在原华康路小学旧址上建造的城市综合体，集商业、办公、购物、餐饮、娱乐于一体。“坊”内几座现代化的高端大厦呈“井”字形分布，中间为十字形的步行街。这些大厦裙楼的底层都变成了商铺，商铺顶层都有流线型的雨棚装饰，线条流畅而又富有现代气息。两旁的各种店招更是吸引人眼球：“飞鱼餐厅”“最隐火锅”“我是主饺”“老乡鸡”“小火魔”“牛小爱”“梦之都雀吧”等，五颜六色，新潮时尚，让人感受到一种餐饮与时尚融合之后的文化氛围，这也许就是华康路这条不夜城中的支马路给人留下的深刻印象了。中午或是傍晚，是这里最接地气的时候，也是最显“不夜城”特色的高光时刻了。

乘轨道交通 1、3、4 号线
到上海火车站下，
向南走即到天目西路中段。

…
汉中路
上海火车站
中山北路
…

天目西路“不夜城”

到过上海的人大都知道，如今天目西路、上海站（新客站）一带因为现代化的高楼林立，交通发达、商业繁华而被冠以“不夜城”的美称。确实，火车站是上海的陆上大门，每天成千上万的旅客从这里跨进上海或离开上海，车来车往，人声鼎沸，昼夜不息。一到夜晚，霓虹灯闪烁不停，各种商业活动频繁忙碌，真的是个火树银花、彻夜不眠的“不夜城”。

可是老上海人都知道，原来的上海火车站并不在这儿，而是在天目东路东首。因其位于上海老城北端，所以上海人习惯称其为“北站”。该站建于 1921 年，最终因难以承受越来越大的客流量于 1987 年停止使用，原址变成了现在的上海火车博物馆。

现在的上海站（新客站）原址是上海货运车站（俗称“东站”），最初叫麦根路货车站，建于 1913 年，它的历史跟闸北的崛起几乎是同步的，因而它也见证了“不夜城”地区作为原闸北政治商业经济中心的几度兴衰。

闸北因其位于苏州河老闸桥北而得名。1900 年，为了抵御东南部租界当局的扩张，闸北的有识之士发起组织闸北工程总局，建桥筑路，平地造楼，掀起了闸北自治运动。广肇山庄部分土地被有偿征用，大部分向北迁移，留下一条横贯东西的广肇路。1906 年之后沪宁铁路、麦根路货车站以及闸北水电公司等 4 家工厂企业和恒康里等石库门弄堂在此建造，至 1927 年，这里已是厂房林立，货船云集。除广肇路外，又先后辟建了另外 13 条马路、154 条石库门里弄，还有百余家工厂、商号，这儿自然成为闸北的繁荣中心，大统路一带曾被称为“闸北南京路”。但是仅仅过了

10年，这里便前后两次遭到日寇炮火和飞机的轰炸。

20世纪50年代，广肇路被拓宽翻新，并于1964年改名为天目西路而成为一条主干道，同时原闸北区政府、公安局、工人俱乐部、共和中学、长安中学等相继建成落户此地，使天目西路一带成为原闸北区政府的行政中心。

但是毕竟当时国家财力还是有限，再加上时代的限制，整个区域内除了一个著名的工人新村蕃瓜弄和一幢13层楼的华盛大楼外，几乎没有什么“亮点”建筑，商业网点也很少。弄堂里的大妈大嫂只能经常跨桥到“浜南”（苏州河南边）买菜购物。尽管有个货运车站，但与一般老百姓生活关系不密切，所以车站四周人烟稀少。一到夜晚，冷僻的区域内只有昏黄的路灯伴着行人。

1984年，上海站（新客站）终于选址东站重建，不久就开始动工。那些日子，夜晚从闸北区工人俱乐部出来，站在天目西路南边，可以看见巨大的吊车耸立在暗蓝色的天幕下，影影绰绰的灯光和隆隆的打桩声交织在一起，别有一种都市建设交响曲的气韵。1987年12月28日，上海站（新客站）正式建成使用。紧接着，到1993年左右，原闸北区政府决定以火车站为中心，将该地区打造成上海陆上客运枢纽、商务副中心、市级商业中心。

很快，周围汉中路、华康路、梅园路上的许多老房子被列为动迁范围。如今这里100米以上的高层、超高楼有十几幢，“楼台绝胜宜春苑，灯火还同不夜城”。环龙百货、上海浦西万怡酒店、上海现代交通商务大厦等一批造型新颖、设施先进的大型商业用房成为“不夜城”的主体，金融、邮电、银行、证券、保险业、文化产业早已入驻其中并成规模。轨道交通1号、3号、4号、12号、13号线与50多条公交线路组成集散中心，南北高架路、北横通道、恒丰路立交桥等构成内外客运交通网络；嘉里不夜城、不夜城广场、不夜城商厦，以及白玉兰广场上巨大不锈钢白玉兰市花造型等，组成一道独特的陆上北大门景观，成为集金融、商业、贸易、信息、旅游、办公和居住为一体的现代化城区。

30多年过去了，上海站（新客站）依然是上海市民口中的“新客站”。过去30多年来，以“新客站”为代表的上海铁路以高速发展支撑着城市的前进步伐，也支撑着“不夜城”的天空。然而城市发展建设是个动态平衡过程，此起彼伏也是常态，相信“不夜城”的夜空依然会璀璨。

乘轨道交通 1 号线
向北过中山北路站后，
各站均可到达共和新路各段。

…
上海火车站
中山北路
延长路
…

共和新路新景观

共和新路是素有“沪上北大门”之称的原闸北区境内的交通主干道，也是上海中心城区的南北主干道之一，它南起苏州河，北达蕰藻浜，全长 10 000 米。与其他马路不同的是，共和新路在新中国建立后的 70 多年间不断拓宽且向北“伸长”，是一条见证“北上海”新变化和新发展的重要马路。

共和新路筑于 20 世纪初闸北区开发之际，初名闸场路，是当时（闸北工程）总局路通往大场镇的马路。辛亥革命以后，为纪念中华民国的诞生，总局路改名为共和路，与之相通的闸场路也就改名为共和新路。伴随着大上海的崛起和主要道路的修筑开通，历史上的闸北迅速发展成为人杰地灵、物华天宝的华界精华之地，闸北一度成为 20 世纪一二十年代上海民族工业、商业及金融业的中心，共和新路两边商店、住宅、工厂成线成群成片。但是在 20 世纪 30 年代，日本侵略者的两次炮火把闸北几乎夷为平地，使闸北在很长时间里成为棚户简屋的代名词。

1949 年之前，共和新路远没有今天这般长，只到现在的老沪太路前的闸北公园为止，闸北公园以北都是村庄农田和小河，还有广东人在上海建立的最大墓园区——联义山庄。我国电影默片时代最著名的广东籍女演员阮玲玉，1935 年 3 月 8 日去世后就安葬在联义山庄内，即今天的彭浦鼓风机厂处。

闸北公园的前身为宋教仁墓园，人称“宋公园”。宋教仁是近代民主革命家，1905 年加入中国同盟会，1910 年在上海主编《民立报》。因主张成立责任内阁以制约袁世凯，1913 年 3 月，在上海被人刺死。

1924年6月，宋教仁的同仁在此拓地百余亩建立墓园。1946年曾改名教仁公园。1950年以所在闸北区名命名为闸北公园。现在宋教仁墓仍保存完好，正中矗立着宋氏坐姿石像一尊。闸北公园几经改造，园内池塘水榭、假山曲径、花坛亭廊一应俱全，景色幽雅，处处飘荡着一股浓郁的茶文化气息。靠近共和新路一侧的宋教仁墓园旁兴建了宋园茶艺馆，是休闲交友、品茗听书、交流中华茶文化的幽静场所。

共和新路的快速变化发展始于50年代，当时沪宁铁路横穿共和新路，汽车经常需避让火车而使这里的交通阻塞。1957年，上海当时跨度最大的铁路人行立交桥——共和新路旱桥在这里建成通车，使“咽喉”之处的道路形成立体交叉，汽车火车各行其道，通行效率大为提高，对沟通南北交通和发展经济发挥了重大作用。

1957年，随着彭浦工业区的开发和兴建，特别是华通开关厂、彭浦机器厂、造纸机械厂等一批大中型企业，落户在闸北公园之后的共和新路沿线两侧，共和新路又开始了新的延伸和扩展。

1958年场中路东北首建立彭浦新村，共和新路延伸到一二八纪念路，并将南北向的一二八纪念路纳入共和新路，而东西向的一二八纪念路仍在原位。1959年共和新路又延伸至长江西路，将乡间小道和农田变成了柏油马路。1976年北郊站旁的东走马塘上拆去原彭浦公路桥，又架起新的钢筋混凝土结构的彭浦立交桥。1982年，蕰川路又归并于共和新路。至此共和新路成为直通宝山钢铁基地，连接上海城区南北的主干道。

1990年以后，上海又建内环高架路，其中南北高架路通过南北高架路成都路桥横跨苏州河，成为内环高架路的“中轴线”。就在高架路修建的过程中，共和新路做了较大幅度的拓宽，特别是从新旱桥到中山北路之间拆去了两边的许多楼房，当然铁路旱桥也被拆去。

如今随着上海城市建设的发展和闸北、静安两区合并开发，共和新路又不断地发生变化，两边新的建筑和景观不断出现，使共和新路始终给人一种日新月异的感觉。

这里的高架路也与上海别处的高架路有一点不同，它是双层的，最上面行驶汽车，中间通地铁车辆，最下面是马路。地铁列车从富锦路站一路行驶近十站之后到马戏城附近才渐渐进入地下，使人体会到一种“上天入地”的感觉，更仿佛一段“时空之旅”，将共和新路沿线的新旧景观尽收眼底，串联起“北上海”70年的历史记忆。

如今共和新路沿线上的一些老厂

因为各种原因已经退出历史舞台，有的变成文化创意园区，有的原址上新建了高层大楼住宅，如新梅共和城、东方明珠大宁公寓、新世纪公寓等。有关机构以共和新路这条目前国内唯一一条集高架、轨道、地面交通于一体的交通要道为依托，在共和新路沿线打造了三个主要功能区：一是大宁生态服务集聚区，二是依托上海大学打造的高科技园区，三是依托铁路北郊站打造的北郊物流中心。

大宁商业国际广场早已于2006年建成。如果在夜晚路过这里，你会发现这里由璀璨灯光映照下的15幢商厦、11个大小广场和庭院，以及2 000米长的步行街、开放型的80多个人文景观，流光溢彩，美轮美奂，犹如一座“城市水晶宫”，为人们带来全新的购物体验。一些国际性的品牌展览、展示和交易博览也常在这里举行，吸引着南来北往的行人。

与大宁国际商业广场一路之隔的是上海马戏城。这座具有国际水准的娱乐实施建筑，构思精巧，外部呈圆球造型，线条流畅，新颖独特，与旁边圆盒形的杂技场遥相呼应，互为映衬，远远看上去，杂技场仿佛是将马戏城作为一颗明珠托起在共和新路上。2005年，一部名为《时空之旅》的多媒体梦幻大型杂技剧在此拉开帷幕，成为中外观众倾情观看长盛不衰的经典。

从2002年起，上海多媒体大厦在共和新路、广中西路口开始建设，目前一个数字媒体技术产业基地已经在这里形成；2018年上海市大数据产业中心大厦又在离此不远的共和新路、江场路口落成，这标志着一个高新技术聚集地已经在北上海形成，这又是共和新路上的一个新景观。

如今当你路过共和新路、汶水路口，便会发现头上的中环高架路如空中巨龙盘旋交错，路上路下汽车驶过时发出的各种声音，汇成一股股声浪，像多个声部的重唱，别有一种都市交响乐的韵味。

这里的中环绿地是北上海“一轴一线”的交会处，也是“中环两翼产城融合发展聚集带”的核心区域，连接着园区、校区、社区三大板块。东西南北四块绿化地分别以樱花、合欢、槭树、梅花为代表性植物，设计了春夏秋冬四季景观，如四个小型公园，既有自然野趣，又充满诗情画意。另外还有休闲广场、阳光草坪、溪流水系、雨水花园及总长2 500米的健身跑道，满足了周边办公居住人群的健身、休闲、娱乐等活动要求。整个中环动静相宜，以“更开放、更多彩、更具活力”的公园绿地形象展示在人们面前，这正是共和新路崭新的整体形象。

乘轨道交通 1 号线，到彭浦新村站下，
沿共和新路向南便到场中路中段。

或乘轨道交通 7 号线，到场中路站下，
即到场中路西端。

…
汶水路
彭浦新村
共康路
…

常来常往
场中路

从表面的路况看，场中路也许是一条普通的马路，没有什么特别的风景。但场中路是一条穿越上海宝山、静安和虹口三个地区的马路，这么多年来，尤其是 1978 年以来，随着上海改革开放和城市建设步伐的加快，场中路几番拓宽修建。再加上马路四周日新月异的发展变化，留下了许多值得回味的历史变迁印迹。可以这么说，场中路是一条充分见证地境四周由农村田野向城市演进的马路。

场中路东起逸仙路，西至沪太路，全长 6 000 多米，修筑于 1936 年，在相当长的时间内只是连通中山路（后改名逸仙路）和大场（镇）之间的一条乡间小道。

场中路西头南面的大场镇在上海的历史上是必须占有一定位置的。它形成于唐代之前，建镇于宋代，当时是加工买卖食盐的重要集镇，故名大场。

大场镇北面占地 800 亩的大场机场，最初是过去闸北慈善机构普善山庄为收敛路尸而购置建造的义冢。机场是抗日战争期间日本人强迫民工修筑的，企图征服中国。后来国民党军队又在这一带修筑军事，20 世纪 80 年代，场中路上还残留下当年的多座碉堡，机场附近还留有蒋介石和宋美龄当年的行宫。

1958 年以后，随着彭浦工业区的建设和彭浦新村的落成，共和新路向北延伸，场中路两侧建起一些仓库、商店、工厂、运输公司和牧场。但是直至 1978 年之前，场中路两侧基本是分散的自然村、广袤的田野和弯弯的小河，一派田园风光。那时候夏天早晨许多人乘厂车上班，车由南向北从彭浦立交桥向西拐过来，就可以看到农民们头戴草帽已经在农田里耕作了。当时共和新路以西的场中路上唯一的公交线路是北浏线，班车常常脱班误点，以致许多人要到市中心去，更愿意步行到大场镇再换乘其他线路的公交车。

1983 年，共和新路以西的场中路进行了一次较大规模的拓宽改造，拆迁了路边不少建筑，包括牛奶公司所属的乳品五厂和第二牧场及沿路许多农民的楼房；还兴建了一座占地面积 20 亩的彭浦公园，场中路由过去的羊肠小道一跃而成为两车道的现代化马路。至此，场中路即步入城市化的快车道。好像是一眨眼的工夫，路边的自然村和田野小河渐渐消失了，三泉路、曲沃路、临汾路、保德路等这些以山西省地名为路名的马路纷纷诞生。幸福公寓、绿泉公寓、北捷公寓、龙兴家园等众多现代化的小区楼房拔地而起。

2014 年前后，西部的场中路再次进行拓宽改造。有关部门采取缩短上街沿、移走行道树、搬迁部分民居等方法，终于使这一段的场中路由以前的四车道马路变为六车道马路，还加宽了三号桥，增加隔离护栏，开车、骑车者的安全系数大增，整个马路也变得更加畅通和漂亮、整洁起来。

在此期间，场中路上又产生了两条全新的马路：一条是少年村路以西，东华苑小区旁的界华路；另一条是少年村路以东的康宁路，直通长江西路。康宁路后来者居上，像它的名字康庄宁静，六车道，中间有绿化隔离带，不论开车还是骑车或是步行，走在康宁路上更有一种赏心悦目的畅快感，未来的康宁路只会变得更加美好安康。

少年村路虽是场中路西边的一条小马路，却也是一条有“典故”的马路。1946 年 7 月，赵朴初、段力佩等人在这里的宝华寺内建立少年村，辟有农场和畜牧场，收留无家可归的流浪少年儿童，半耕半读，既学知识又学手艺。1947 年 9 月，由宋庆龄倡导组织的“战灾儿童义养中国分会”义养了这里的 50 名儿童。1951 年少年村并入福利院，此后这里便留下了一条“少年村路”作为纪念。

如今的少年村路两旁也发生了翻天覆地的变化。这里在 1994 年之前基本还是一条羊肠小道，两边有农田和小河。但如今已经是继彭浦新村之后老闸北第二个比较大型的住宅小区，漫步在这里，高楼林立，绿树掩映，环境优美，生活设施齐全。

少年村路延长段变成了原平路，这里的小区楼房宁静典雅，许多影视剧都来此处拍摄外景和内景。原平路还是一条集大学、中学、小学、幼儿园于一路的“特色教育街”，这在全上海恐怕也是独一无二的。

乘轨道交通 1 号线到彭浦新村站下，
向北沿共和新路至闻喜路再向东走，
过阳曲路便可到达阳泉路南段。

…
汶水路
彭浦新村
共康路
…

阳泉路上风光好

上海市区北部的彭浦新村是建于 20 世纪 50 年代末的工人新村，当时的新村周围只有两条很短的马路，即平顺路和闻喜路。两条路名均取自山西省的地名，这是因为上海的正北部对应全国地图正是山西省所在的位置。

进入 80 年代后，随着城市建设的发展，彭浦新村的地盘不断扩大，周围农田纷纷消失，短短几年间，新村周围又出现了许多新的小区和马路，当然它们的命名仍沿用以往的做法，纵向的三泉路、曲沃路、平顺路、阳曲路、阳泉路，加上横向的闻喜路、临汾路、汾西路无一不是山西省的地名，这些马路组合在一起，真的可以组成一个小型的“山西”城了。

随着地区商业经济的发展，这些马路自然而然地担负起不同的功能，北部的保德路成了交通要道，中部的阳曲路成了美食街，南部的临汾路、闻喜路成了热闹的商业街，而最东部的阳泉路却成了一条幽雅的观光路。

阳泉路全长 2 500 米，紧贴着稍有弧度的西泗塘河而筑，西泗塘河狭长弯曲，犹如一条美丽的缎带，缓缓地从宝山的蕰藻浜出发，穿过原闸北境内而汇入虹口的俞泾港。如今的西泗塘河，河水清清，沿着阳泉路从北向南流。阳泉路上有 4 座大小不等的桥横跨西泗塘河，蜿蜒的马路伴着绿树成荫的防风林，再加上对岸高低错落的楼群，天高云淡，清波荡漾，开阔的视野和独特的视角，使人有一种无限风光尽收眼底的空灵与惬意。

2019 年 10 月，阳泉路从场中路至景凤路 1 400 米的范围内，只见一条全新的红色镶白边的跑道贯穿南北，跑道沿河一侧装有白色的安全护栏；另一侧则根据地形，因地制宜地分布着大大小小、造型各异的小花坛，分层种植不同的植物，多种乔叶灌木搭配细茎针茅植物。不论白天或夜晚，人们在这里散步或是跑步，可以领略水天相接的那种缥缈无垠的自然美景。阳泉路成为这里的“新宠”，人们亲切地称这里为彭浦新村的“滨江大道”。

如今当你从场中路进入阳泉路的南端时，这里的樟树叶特别葱茏茂密，就在一片浓荫中分别依次矗立着中共静安区委党校等机构建筑，这些外观不张扬的建筑，静静地掩映在绿树背后，给人以现世安稳的感觉。

到了汾西路桥畔，你会看到沿汾西路两侧矗立着两大块建筑式样和风格截然不同的楼群。南面的全是棕色的外观釉彩面砖，白色窗框镶嵌的大楼，北面是浅灰色花岗石外墙，窗户阳台全由玻璃钢装饰的大楼。沿两边街面的楼房门面是成型的现代化商店布局装饰。再看小区内楼与楼之间空间广阔，草地、绿树、湖泊、小桥、假山……错落有致地分布其间，一派城市小区公园的风光。原来这就是兴建于 2004 年的小区临汾名城。

相比之下，阳泉路左边的五层小楼显得有些低矮和陈旧了，但是这些小楼的立面都是东南向的，向北望去斜坡屋顶和楼房的窗户错位排开，使小楼另有一种亲切动人的韵律和风情。更显眼的是十字路口引桥如弓，地势陡高，登上桥沿，“一览众山小”，西泗塘河两岸旖旎风光尽收眼底；“滨江大道”南北两边坡度渐起，白色的人行扶手栏杆缓缓依势升高，为“江岸”平添一抹无声的韵律。

这一段路可以说是整个阳泉路“滨江大道”的精华所在，这里沿途间隔设置了座椅、廊架、景观小品。人们坐卧随意，闲庭信步，微风吹拂，各种细长如丝状的细茎针茅植物分外妖娆，真是“青青河边草，郁郁园中柳”，处处让人感受到一种太平盛世、岁月静好的安谧情调。

过了保德路桥，河东面易初莲花大型超市后面是新建成的新杨湾科创园，河西面是田家炳高级中学。校舍的建筑色调为暗红色，教学大楼、操场、体育馆、图书馆一应俱全。而阳泉路“滨江大道”在此差不多接近尾声，不过，在这之后又是一条长长的绿化带和阳泉公园，这里水杉、棕榈、雪松、槭树等，依次排列，俨然是个植物大观园。

到了一二八纪念路，也就是阳泉路的北端，绿树后面赫然出现一座红色尖顶造型的天主教堂。教堂四周鸟语花香，清幽寂静，只有西泗塘河水在静静地流淌。

乘轨道交通 1 号线到共康路站下，
向北沿共和新路走，
便可到达一二八纪念路西端。

…
彭浦新村
共康路
通河新村
…

一二八纪念路
上海的纪念

一二八纪念路是上海北部宝山区境内，原庙行镇中心的一条马路。顾名思义，纪念路前冠以“1.28”这个数字，就是为纪念“1932 年 1 月 28 日”这个特殊日子的，这既区别于杨浦区境内原体育会前的纪念路，本身又使这条马路有了特定的纪念意义。

1932 年 1 月 28 日这天，对于当时的上海人民，特别是宝山县（今上海市宝山区）和闸北区的人民来说，是家园被毁、流离失所的开始，也是一连串沉重苦难、烽火连天和浴血奋战的日子。直至今天，“1932.1.28”这个日子都是上海人民心头的隐痛。因为这天以后，在这条路上，曾经有 3 000 多名忠烈将士倒下，他们最终用自己的血肉之躯抵挡了日寇的炮火，使日本侵略者的铁蹄在这里受到阻截，最后签下了《淞沪停战协定》。

战后 4 年，也就是 1936 年 2 月，上海人民和宝山人民为了纪念庙行大捷和在这场淞沪战争中牺牲的 3 000 多名将士，经多方集资，精心设计建造了无名英雄墓，为的是让后人永远记住对日寇的血海深仇和为国捐躯的抗日烈士的英名。为此又专门在墓前修筑一条煤屑铺就的马路，便于来自四面八方人民的瞻仰和祭扫，自然这条马路就叫作“一二八忠烈墓前纪念路”，路名字数之多之长，在上海的马路中前所未有，蕴含着当时人们内心的一种悲壮。

今天的一二八纪念路不完全是昔日的“一二八忠烈墓前纪念路”了，路名都在变，什么都在变。一二八纪念路从路形上讲，原来是一条由南向北弯曲然后向东延伸的马路，在爱辉路处与纪江路相连，直通江杨南路。但后来，共和新路由彭浦新村向北延伸扩展时，南北段的一二八纪念路与共和新路相并，而原本就与一二八纪念路相连的纪江路也与一二八纪念路归并成一条路。2009 年底，有关部门将横跨西泗塘河的桥加宽重建，又拓宽了原纪江路这一段的路面，一二八纪念路就成了一条足有 2 000 米长，东接江杨南路，西通共和新路和南北高架路的真正意义上的通衢大道。

1994 年以后，一二八纪念路沿线所属的庙行、淞南、高境等镇纷纷进入城市化行列，农田村庄变成小区和马路仿佛是一夜之间的事。短短几年间，这里就矗立起幢幢多姿多彩的新楼，从东到西，盛达家园、城投世纪名城、昌鑫时代绿园、锦辉绿园、三湘盛世花园，以及新筑或是扩建延长的阳泉路、虎林路、岭南路、通河路等，彻底改变了昔日一二八纪念路的路景和路况。

2011 年 6 月，万达集团在一二八纪念路与共和新路口兴建了万达广场，这里又迅速成为“北上海”的商业中心。每到夜晚，广场上霓虹闪烁，彩旗飘扬，乐声阵阵，一片喧闹；大厦的各种商店里人头攒动，摩肩接踵，马路上人来车往，熙熙攘攘。火树银花不夜天，歌舞升平人马欢。在一般人的心目中，“一二八”只是个普通的数字而已，一二八纪念路就是一条万达广场门前的马路，哪里会把它与战火纷飞的场景联系起来？

1937 年 8 月 13 日， 在时隔 5 年之后，上海的宝山闸北又受到日本侵略者炮火的重创，一二八纪念路上的无名英雄墓也没能幸免。日本人完全是冲着无名英雄墓来的，所以整个墓园被炸得面目全非，最后只留下一些墓碑和埋在地下的石椁。后来，墓地四周渐渐变成了老百姓的村庄，整个墓地只留下了一些残存的砖石。很长一段时间里，这段历史并不被一般人熟知。1984 年 3 月 19 日，上海市文物保护委员会将此地定为“无名英雄纪念墓遗址”而加以标示和保护。

20 世纪 90 年代中期后，庙行镇中心西移到共康路，这里开始大规模的商品房建设，原无名英雄墓所在周巷村北部被新建成的泗塘二中所覆盖。1998 年 12 月，上海市文物管理部门在校园内操场跑道北侧重建了无名英雄纪念墓遗址纪念碑，占地近 500 平方米，碑长 4 米，宽 4 米，高 2 米，正面是断墙残垣，后背刻有“义薄云天”4 个字，左前方置刻有“无名英雄纪念墓遗址纪念碑”的石碑。但是这一切都被浓郁的绿树“深锁”在静谧的校园深处，除了抗战纪念日里，一些昔日的老兵和年轻的学生来此凭吊一番，平时一般走过路过此地的人，是看不到纪念碑的，这也使得居住在一二八纪念路上的许多人并不了解这条路的历史。

不过，如果仔细观察，还是会发现一些昔日战争所留下的“蛛丝马迹”，这也是一二八纪念路这条上海唯一以历史事件命名的马路的不同寻常之处。

如果你从虎林路的一条仅一米宽的小道到爱辉路菜市场去，会发现今日国家电网仓库的外围墙转角处还有碉堡形状的建筑物。这其实就是当年战争中留下的实物，只因为身处“犄角旮旯”，才“幸免于难”地留存至今天。看到这个庞然大物，人们才似乎确信脚下的这块土地，曾经有过“当年鏖战急，弹洞前村壁”的经历，一二八纪念路最初就是将士们用来作战的战壕。十九路军和第五军在蔡廷锴和张治中将军的指挥下，在此血战一个多月，牺牲了3 000多名将士，才使日本侵略者的铁蹄遭到重击。“庙行大捷”曾经声震整个上海和中国。

故国千古在，城郭一时非。睹物思情，人们感慨万千的同时，也不得不惊叹时光的迅疾和城市格局变化的无情。这一带原属宝山庙行乡间，阡陌纵横，与沪郊其他地方无异。但是现在又与上海的许多中心城区相似了，真是日去月来，物换星移，世事轮回，但那段历史应该不会重演了。

如果你再走过爱辉路西面的锦辉绿园小区，就会发现小区门前的绿化带里矗立着一道三孔四柱，足有两层楼高的水泥牌坊，仔细辨认一下，牌坊上居然有“庙行纪念村”几个繁体大字，整个牌坊仿佛经烟熏火燎已经发黑，但是静静地矗立在那儿，就是一座庄重肃穆的纪念碑。这是当年庙行被战火焚毁之后，上海维持会捐款出资在原地建造了6排72间平房，安置难民，故在宅门口立牌坊“庙行纪念村”，并请当时的知名人士沈恩孚题写了牌名。这块牌坊无疑是见证这一段血与火经历的“活化石”，具有珍贵的历史文物价值。

锦辉绿园所在的地盘原来就是庙行纪念村的所在，将“庙行纪念村”的牌坊永远地留在这里，掷地有声，每一个走过这里、看到这块牌坊的人，不由得会去思索这里曾经发生的一切。

2016年，万达广场对面的街沿上出现了一组由牌坊、图片、文字和雕塑组成的“一二八纪念路纪念广场”，尤其是图片、文字镶嵌在铁锈斑斑的“炸弹”残片上，仿佛昔日隆隆的炮声宛在。为一条路建一个纪念广场，这在上海的马路中是不多见的，而且这个纪念广场就建在繁华时尚的万达广场对面，意义不言自明：前事不忘，后事之师，珍爱和平，勿忘历史！

乘轨道交通 1 号线到通河路站下，
向东沿长江西路走，
过江杨南路便可到达钢四路南端。

…
共康路
通河新村
呼兰路
…

钢四路的“钢印”

在如今的长江西路以北、江杨南路以东，有一条叫作钢四路的南北向狭长马路，长约 1 000 米。初看到这块路牌，许多人心里会有一种好奇和疑惑：大上海怎么还会有如此“刚硬”、直白、不带感情色彩的路名？再看绿底白字的路牌已经脱漆掉字，显然这是 2000 年以前的老路牌了。再环视四周，行人很少，钢四路上各种型号的重型卡车来来往往。远眺近观，路边老厂房空置，各种空中导管纵横交错，处处都有一种重工业时代遗留下来的痕迹。看来，钢四路似乎跟钢铁厂有脱不了的干系。

是的，长江西路一带原为淞南镇、庙行镇农田，从 1958 年开始，随着吴淞工业区的辟建，许多与钢铁、化工相关的大型工厂都在此“安营扎寨”，这里的“张庙一条街”和泗塘新村就是这些工厂工人的家园。

当年这里曾有上海第一钢铁厂、上海硫酸厂、上海铁合金厂、吴淞煤气厂等大型工厂，可谓工厂云集，烟囱林立，马达轰鸣，汽笛声声，一派繁忙的生产景象。然而进入 20 世纪 90 年代之后，随着上海工业产业结构的调整，这里的工厂迁的迁，停的停，关的关，一下子便“车尘不到张罗地，宿鸟声中自掩门”。

站在长江西路、钢四路丁字路口，只见南北向的钢四路笔直向北延伸到千米之外的蕰藻浜，路西是一些创意园区和简易的服务公司楼宇，路东是原上海铁合金厂厂区。透过高高的围墙，可以看到人去楼空之后高大的厂房和巨大的除尘设备等，以及探出墙外茂盛疯长的夹竹桃等树枝。这种情形与墙上五颜六色的涂鸦呈现出一种萧索与纷繁的对比，“风景依稀似旧，年华却已暗换”。

上海铁合金厂原为上海金属加工厂。1958 年在这里建新厂房，占地面积 44.07 万平方米，厂区呈长方形，东南部建有办公大楼，卫生科大楼及生活设施，主要厂房建筑为钢结构。

当时厂区内有铁路专用线，从厂区西部连通到厂区东部。拥有电炉、高炉、氧气转炉等专用和通用设备，生产的硅、锰、铬、钼、钛等 20 多个品种的铁合金产品远销日、美、英及东南亚地区。此时的上海铁合金厂不论从厂区厂貌，还是产品和职工福利上看，都是远近闻名一个响当当的工厂。

然而 2000 年之后，铁合金厂因污染和能耗严重等原因而停业了，厂区变成了后工业生态景观园（钢雕公园）和上海国际节能园。人们利用原厂区的部分厂房设备和工具产品，建成了独具环保特色的钢雕公园。重工业时代遗留下来的废旧钢铁原件，经过艺术家的巧妙构思和组合，被制作成一件件别具风格魅力又令人遐想的钢雕艺术品，使观看者的思绪常常可以在过去与未来之间跳跃。钢雕公园已成为上海一个新的人文地标和特色旅游公园，也成为国内外钢雕创作和相关艺术品交易的基地。

沿着原铁合金厂西围墙一路向北行走，马路上行人极少，一辆接一辆的重型卡车从面前呼啸而过，显然前方有正在施工的建筑工程。如今，这里的许多地方已经或正在变成物流、仓储、冷库、堆场之地。

到了又一个丁字路口，横亘在眼前的马路是“热轧五路”，既然有热轧五路，那么，这里以前从南到北依次应该有热轧四路、热轧三路、热轧二路、热轧一路等，这些带数字的专用马路显然是工厂区内的道路。确实，铁合金厂的西面和北面曾是上海第一钢铁厂范围广阔的厂区。钢四路就是上钢一厂西部一条南北向的主干道，与钢四路垂直的还有一条号称“不锈钢大道”的马路。

上海第一钢铁厂大门在长江西路 735 号，但东傍南泗塘，西近江杨南路，南沿长江西路，北濒蕰藻浜，占地面积 280 万平方米，鼎盛时职工多达 22 400 人。

工厂前身系日资亚铜业株式会社吴淞工场，建于 1938 年。曾几度易名，1957 年 3 月更名为上海第一钢铁厂。1959 年 3 月，两座 255 立方米的炼铁高炉相继点火出铁，结束了新中国成立后上海地区有钢无铁的历史。1958 年至 1960 年，上钢九厂、上钢六厂和宝山县（今上海市宝山区）第一石灰厂等工厂又先后并入上钢一厂。

当时厂区以钢三路（今三号路）为界，分东西两片。东片有厂部大楼、供应部、运输部及一炼钢、二炼钢、轧钢、炼铁、石灰等分厂。西片有三炼钢、铜板、钢管、铸造、耐火材料等分厂。厂内道路有 14 条主干线、9 条干线，还有铁路专用线。蕰藻浜沿岸还有水运码头 1 座。在长江西路南侧有职工大学、中专、技校、医院、俱乐部、溜冰场等生活娱乐设施。

整个工厂宛如一座四四方方的“钢城”，工人们足不出“城”，便可以拥有和在市区一样方便的工作和生活条件。如今沿热轧五路一路向东，到三号路转弯，至长江路口，可以看到昔日钢铁厂高耸的烟囱、天桥，高大的厂房和办公大楼。一块遗留的“炼钢十五路”路牌和路边绿树丛中的“劳模林”石碑，似乎又将人们的思绪拽回到那个“火红的年代”。

路不变“城”变。随着时代的快速变化发展，上海的大型钢铁厂辉煌不再，工厂关停并转，人员资产土地重新组合，工厂的围墙纷纷拆除，厂区道路也就与周围马路融为一体。

2018 年，吴淞地区被列为上海市五大重转型区域之一，2021 年，上海“吴淞创新城”开发建设有限公司成立，在构建“中心辐射，两翼齐飞、新城发力，南北转型”的上海城市空间新格局的规划中，吴淞地区被再次关注。原来传统封闭的工业厂区将逐步打开，在延续工业城市肌理的同时，将蝶变为一座新兴产业城，同时也是开放社区、特色商区、美丽景区、新型学区的综合体。

城市更新是时代转型发展的必然选择，也是百年吴淞重新荣耀的必经之路。但重振之路从来都不容易，更多的攻坚还在路上。如今这里一号路（钢一路）、三号路（钢三路）、钢四路、型钢北路、型钢南路、热轧五路、动力四路、不锈钢大道等路路形及路名还保留着，不少管道和设备还未拆除。“三纵两横”的城市交通路网正在加快建设中，轨道交通在吴淞创新城内的长江西路和江杨南路站已先行腾地建设，两站的主体结构已经完成。宋代王安石《午枕》云：“旧蹊埋没开新径，朱户欹斜见画楼。”未来这里将是以新材料、新硬件和新经济“三新”产业为引领的世界级长三角科创中心。

这里的路名虽然与路况不符了，但这些路名也是历史的一部分，而且是可以触摸到的历史，记录着重工业时代的“原生态”，因此希望将来的“吴淞创新城”能将这里的路名保留下去，那么不论将来这里变成什么样，上海第一钢铁厂、上海玻璃仪器一厂、上海铁合金厂等，这些对上海工业有过重要贡献的工厂就会在人们的记忆中永存。

轨道交通②号线

轨道交通二号线起讫站为徐泾东站至浦东国际机场站，全程 64 千米。2000 年 6 月 11 日开通，上海第二条地铁线路。一路穿越浦东新区、黄浦区、静安区等行政区域，途经川沙古镇，换乘一次可达朱家角、蟠龙、新场等古镇，是国内单线运营里程最长的地铁线路之一。

“二号线”沿线马路从东到西有浦东张江高科技园区的科学家之路、唐镇路，中心城区的南京东路、南京西路、愚园路，以及虹桥商务区的马路。其中，南京路是上海最繁华的商业大街，愚园路则有“一条愚园路等于半部中国近代史”之说。

乘轨道交通 2 号
到张江高科站下，
即可到达各条科学家之路。

…
龙阳路
张江高科
金科路
…

科学家之路

浦东的张江高科技园区是浦东开发开放之后，精心打造的“四大功能区”之一。如今在这个园区内，疏密有序、纵横错落着许多科技创意园区、科研开发中心、电子电气、生物制品、医院、高等院校等众多机构和单位。令人感到新奇的是，园区内一条条纵横交错的马路基本上是用古今中外著名科学家的名字命名，而且这些科学家所从事的研究项目基本与所在公司、单位所从事的项目吻合，这就使走过这里的人有一种“似曾相识”的新奇感，既好懂也好记。

从轨道交通 2 号线张江高科站出来，北面就是祖冲之路，一幢顶层造型具有中国建筑风格，建于 2000 年的高层大楼赫然矗立在眼前，这幢大楼就叫创业公寓，这一下子就让人感觉到这幢大楼的寓意，这也是整个张江高科技园区的“精神”之所在。

张江高科技园区得名于离这里不远的张江镇，整个园区以高科中路为界，分为南北两块，已经形成规模和效应。这里北面紧靠龙东大道，东南面被中环线环抱，西面有磁悬浮线，饭店、商场、住宅等相应的配套设施一应俱全。有规律的是这里南北方向的路基本上是以外国科学家的名字命名，有牛顿路、达尔文路、居里路、爱迪生路、哥白尼路、伽利略路、哈雷路、法拉第路；而东西方向的路则基本上是以中国古代科学家的名字命名，有李时珍路、郭守敬路、徐霞客路、祖冲之路、华佗路、李冰路、蔡伦路、张衡路、毕昇路、沈括路等。不过，在这些科学家之“路”中，还有景明路、松涛路、碧波路、春晓路等富有诗意想象的马路名，使得这里的路名显得丰富多彩，富有意趣。

李时珍路是张江高科技园区北块

内的一条东西向马路。李时珍是我国古代最伟大的医学家之一，李时珍路从东到西有泽生科技开发公司、罗氏制药有限公司、协和发酵麒麟制药有限公司、和妍医疗器械有限公司，以及生物医药创新孵化园等多家与医药有关的公司企业，无疑是张江的“中国药谷”中心。在幽静的李时珍路上漫步，不时会嗅到路旁绿树丛中飘来的药香味，让人联想到李时珍发现的各种中草药和他花费毕生精力撰写的《本草纲目》。

郭守敬路是与李时珍路平行的一条东西向马路，比李时珍路要长，一路横穿高斯路、哈雷路、居里路、牛顿路。郭守敬是中国著名的大科学家、数学家、水利专家。郭守敬路两旁有集成电路制造公司、半导体制造公司、华虹电子有限公司、上海超级计算中心以及浦东软件园……在科苑路与郭守敬路的西北角上，还矗立着一尊郭守敬头部石雕像，这成为郭守敬路上一处具有人文意味的景点。

华佗路是园区南块的一条次要干道。独具特色的是，华佗路既是东西向又是南北向，因为它是一条半环形的马路，由西向东再向南拐弯，全长约 1 600 米。华佗路的西端与达尔文路相交，南端与张衡路交接。

达尔文路是南块内一条南北向马路，北起高科中路，横穿华佗路，南至蔡伦路，宽阔笔直，全长约 600 米。达尔文路虽然不长，却是张江高科技园区南部一条比较有代表性的马路。达尔文是英国著名的生物科学家，达尔文路从北到南，一路有上海奥普生物有限公司、浦东生产力促进中心、张江微电子港、博士后公寓等办公科研机构，这些机构所在建筑的楼层一般都不高，立面大多呈纵横竖线条构图，色彩淡雅，让人感到严谨、理性，而又不乏现代建筑的韵律。

跨过吕家浜桥，就见桥的南堍并排矗立着几幢像盒子搭建起来的深灰色建筑，走过桥，才发现这里是半岛科技园区。原来这个园区的后面还斜穿过一条叫作白莲泾的小河，两条小河在西南方交汇正好围出一个三角地带，形同半岛，故名“半岛科技园”。只见小河边楼影倒泻，绿树婆娑，小径弯曲，风景幽雅，真是个搞科研开发的清静之地。

半岛科技园隔壁是上海电影艺术学院，棕红色的两幢楼中间夹黑白色交杂如电影胶片造型的楼面，简洁却富有变化，矩形立面的大楼，构图规整，具有现代建筑的风格。而它们的对面就是上海外国语大学附属浦东外国语学校。整个学校建筑的外观装饰，从校门到教学主楼、附楼风格统一协调。引人注目的是校门前的装饰凉棚，银灰色现代建筑材料的廊柱，错位排列，中间点缀着常青的藤蔓植物，再加上顶间的横向长条，使整个校门装饰建筑有一种无声的韵律，写意达境。

达尔文路南端的蔡伦路口是通用电气中国研究开发中心，阳光下外形呈抛物线状的建筑分外耀眼，呈现一种强烈鲜明的现代风格，再一次让人领略到这里独特的现代科技氛围和气息。

沿蔡伦路向东就是建于2007年底的张江创业园区了，只见小区内沿马路呈水平线排列的楼房，外观橘红镶白线，造型简洁，色调温暖。这里还有上海科学院和光电中心等主体大楼。

曾经在科苑路、华佗路口转角处矗立着一座青铜塑像，这就是中国古代著名的医学家华佗的头部塑像，只见飘着长须的华佗身背一串葫芦，神情凝肃，眼光深邃，仰望着苍茫无垠的时空。就在华佗塑像的斜对面，又是一组现代化的楼群，这就是上海中医大学和上海中医药研究所。如今华佗塑像好像不见了，但中医药大学仍是这一区域的"地标"。中医药大学东南角上（蔡伦路1200号）有座上海中医药博物馆，独立式的三层楼建筑，外形呈半圆半方，取中国古代宇宙观"天圆地方"的寓意。馆外是一个名为"百草园·杏林苑"的绿色景观园林，有下沉式广场、平地栈道、人工小溪和暖房。这里矗立着李时珍的塑像，像百草园的守护神，又像一位学识渊博的药农，向人们解说着百草奥秘和本草的传奇。博物馆将景观、科普和教学融为一体，展示了底蕴深厚的中医药文化，反映了中医药从形成到繁荣，从继承到创新发展的轨迹。

将中医药大学建造在华佗路上，或是把华佗路建筑在中医药大学门前，都有很深远的意义，足以见出张江园区道路规划者的缜密构思。上海中医药大学的校区很大，南面就有两扇门。主校门前的牌坊设计更是有意味，它由两根类似于天安门前巨大的华表柱架一根横梁组成，横梁上有金色的"上海中医药大学"几个大字，两边的柱上有龙飞凤舞的图案，还有中草药、甲骨文图案，特别富有中华文化的韵味。校园内造型独特的体育中心馆、主教学大楼、高层图书馆、圆穹顶的会议中心一应俱全，具备了一所现代高等院校的所有"元素"。

曾经乘坐张江1路有轨电车从张江高科站出发，走达尔文路转华佗路，再沿蔡伦路，过金科路、哈雷路、哥白尼路、高斯路、祖冲之路等到达金秋路，就能把半个张江高科技园区逛遍，不啻是一次愉悦的"现代科技城"之旅，能见证浦东开发开放30多年成就最感性的一章。

乘轨道交通 2 号线
到唐镇路站下，
向西走便到唐镇路。

…
广兰路
唐镇
创新中路
…

浦东热土
唐镇路

唐镇原是地处浦东新区中心地带的一个小镇。镇虽然不大，但是凭借优越的地理位置和广阔的土地优势，在 2007 年前后开始建设商业集群，打造商务总部聚集圈，一个全新的唐镇就此崛起。

唐镇路是唐镇中心的一条马路，与南北走向的唐陆公路在中段垂直相交。唐镇曾经又叫唐墓镇，顾名思义，因唐氏族人墓所在而得名。如今的唐镇是由原来的唐镇和王港镇撤二建一合并后形成的。

唐镇当然是一个有历史的城镇。走在正在拓宽的唐陆公路上，过唐兴路远远就能看见位于路东边的天主教堂高尖拱上的十字架，这就是浦东唐墓桥露德圣母堂。它于 1894 年重建，1896 年竣工，是浦东地区规模最大、建筑最雄伟，也是最重要的天主教传教中心。

教堂在 100 年的风风雨雨中几度兴衰，如今已经修缮一新，连同前面的小桥和广场构成一个教堂区，置身在建筑轮廓线华丽稳重又有高高尖拱十字架的教堂前，有强烈的宗教感。跨过小桥，在教堂的北侧有一条近百米长的小街，沿街两旁是民生日用商店、佳慧食品店、四季地货部、为民饭店等，全是两层老式的楼房，让人不觉有时光倒流的感觉。更令人好奇的是在一楼与二楼之间的水泥墙上都有水泥浇铸的汉字，尽管色彩早已褪去，字形却清晰可辨。原来这里曾经是唐镇 20 世纪 80 年代的“商业中心”。

从中间的小巷里穿过，就又回到了唐陆公路。原来从小巷开始就已经是唐镇路了，越过唐陆公路，唐镇路在马路对面才开阔起来。新的唐镇路大约有 400 米，两边全是近几年兴建的五六层高的小区住宅，外观设计新颖，有气派拱形的进出门洞，上书“东唐苑”。沿街楼面的底层开着各种各样的商店，无疑这里是整个唐镇的商业中心，店面装饰布置色彩醒目明快，既有浓烈的现代商业气息，也有质朴的乡村生活气息。更让人感到现代气息浓厚的是唐镇人民政府大楼和唐镇社区事务受理中心。两幢建筑风格相近，大楼都为多层框架结构，外墙为铝板幕墙。集行政办公、服务保障、文化教育、资产管理、社区教育于一体，是新唐镇的“行政中心”。

走出唐镇路就是唐安路，斜对面是唐镇音乐广场。这么一个小镇却有一个现代化的音乐广场，可见这个小镇的气派和兴旺。唐镇音乐广场大约有15 000平方米，东至唐安路，南至唐镇路，西靠唐人苑居住区，北至高科东路，从广场石碑上刻有的日期得知，该广场建于2003年1月，由露天舞台、音乐墙、“旋律”铜质雕塑、玻璃凉亭、钢琴键盘地坪、林荫大道和花坛等组成。在设计风格上，融合了东西方建筑的特色，集中国古典园林意境和西方现代设计理念于一体。广场可容纳上千人活动，成为群众活动和休闲娱乐的好场所。

当年的唐镇已经建有许多现代化的住宅小区和别墅区，这些名为“白金瀚宫”“金爵别墅”“棕榈花园”的小区、别墅都围绕丛林、桥和水三个主题，注重建筑造型、色彩变化和自然建材的运用，为住户打造一个宁静充满生活情趣的居住环境。在唐陆公路西侧，还有望园绿地，这个开放式的绿地建有6米直径的欧式园亭和长50米的玻璃顶长廊。广场内的绿地内道路采用绿色环保路面，所有绿化造型色块采用对称排列，移植的几十株乔木大树散落在各处，整个广场造型象征原有两镇合并后团结一致、蒸蒸日上的景象。在路边高高竖起的大牌子写有这样的话语：“这是一片热土，这里将崛起一座新城。”

唐镇一别后，流水十五年。2023年5月的一天，再次来到唐镇，从轨道交通2号线站口出来，站在已经打通的齐爱路口，一下子有点辨不清东西南北。唐镇的镇区版图又扩大了好多，远处近处都有正在施工的建筑工地，显示着唐镇还在建设发展中。2016年1月，唐镇入选全国第三批美丽宜居小镇示范名单。

从地图上看，齐爱路是一条与唐陆公路基本平行的南北向新建马路，于是就沿齐爱路向南走去。过创新路，在南曹路与齐爱路交界处看见唐镇中学校门。只见暗红色的校牌下方，有“始创于1868年”几个字，顿时就醒悟到这是一所有历史的中学，也是唐镇的历史文化地标之一。

从校门口公开陈列的图文上得知：唐镇中学最初是1868年，由法籍传教士和神父在唐墓桥东机口陈家宅创建的陈家公学，是浦东最早的教会学校。1898年，陈家公学更改校名为达义公学。此后学校不断变更隶属关系和校名，但文脉始终未断，校址也没变。直到1970年更名为唐镇中学，2011年迁入齐爱路646号现址。这所已有150多年历史的中学无疑也是唐镇历史的见证和传承了。

再向前眺望，又见到东南角上一座黑檐灰墙的钢筋混凝土建筑，整个建筑线条简洁工整，富有现代建筑韵味，走近才知这里竟是一座名为“国庆寺”的寺院，但却不见传统的飞檐翘角、斗拱花窗等庙宇建筑元素。这里的工作人员热情介绍，国庆寺原来叫俞公庙，是当地乡民为纪念明朝抗倭名将俞大猷而建，一度香火十分旺盛。可见当下的唐镇在发展经济的同时，也重视本地区历史文脉的挖掘和传承。2013年12月，经批准国庆寺正式成为浦东开放性场所。

沿唐陆公路向北就到了高科东路十字路口，这里东北角有阳光天地购物中心，西北角有恒生万鹏广场，西南角有唐镇街头绿地和美食天地，东南角有唐墓桥露德圣母堂。显然这里是新唐镇真正的商业中心。沿高科东路向西到唐安路，这里有绿地·玉兰公馆、上海皇廷世际酒店等。西南角上的唐镇音乐广场已经扩建过，南边又新增学雷锋志愿者广场。

相比15年前，这里马路更多，绿化更好，楼房更多，商业繁荣，人气也旺。原来才400多米的唐镇路又越过唐安路，延长了近一倍。相比这些新建造的楼宇唐镇路显然又成这里的老马路了，两旁的东唐苑高楼已经有明显的年代感了。唐镇路东头是唐陆公路，公路东端的唐墓桥露德圣母堂一如既往直插天空，给人一种宗教的神秘和庄严感。教堂前的唐墓桥呈“八”字形连通南北。桥南沿曹家沟的西河岸绿地修整一新，沿河岸的桥栏石碑上刻满图案和文字，这是镇方精心打造的“曹家沟文化历史长廊”。有关唐镇的历史、宗教人文、名胜古迹、风土人情等都有呈现，连起来看，犹如一幅昔日唐镇的“清明上河图”。

走到桥北，感觉却让人一下回到从前，仿佛时光在这里倒流和静止了。15年前看到的那个唐镇80年代的商业中心依然如故，约百米长的小街两边的简屋陋棚里还是住满了居民。真是世上已千年，街中方一日。

为什么这么多年这里还没拆迁或改造？难道是为了要保护这条小街？但周围居民的表情显然不是这么认同。也许世界上的事总有一些意外，出乎预料也是一种变化。看来，唐镇仍然在发展中，未来也许还会给人们带来新的意外。

乘轨道交通 2 号线到南京东路站下，
向南走即可到达
“望平街”北端（即今山东中路北段）。

…
人民广场
南京东路
陆家嘴
…

望平街上有《申报》

山东中路南起延安东路，经广东路、福州路、汉口路、九江路，北至南京东路，全长约 693 米。2021 年以后，山东中路已列入拆迁范围，除了具有 90 多年历史的仁济医院还在开业，两边的老房子基本人去楼空。

但是山东中路因背靠福州路文化街，曾经也是一条充满人间烟火味又飘逸着书报油墨香味的马路。在如今已经空置的山东中路 160 号门口，还留有一块铭牌，标示这里曾是《民呼日报》《民吁日报》和《民立报》社的旧址，由此山东中路上的许多往事成为此地居民珍视的“文化记忆”。

一位曾经从小就生活在山东中路上的女作家曾说，她有根深蒂固的“山东路”情结。至今还记得仁济医院隔壁的天主教堂，顶是尖的，墙是红的，有高高的台阶和天花板。去静静地听一会儿悠悠的歌声，就可以领到一块香香的豆腐干。20 世纪 40 年代夜晚的福州路口有卖夜宵的担子，一头有热气腾腾的牛奶，另一头有烤得香气扑鼻的鱿鱼干和面包片……白天从大人那里讨得一分钱，还可以很得意地去租一本书，坐到书摊边的小矮凳上去细细地看，背后立马会站上两三个不花钱的小朋友分享阅读的乐趣。

福州路是上海市中心一条素有“文化街”之称的马路，它开辟于 19 世纪 50 年代。初为外滩至今河南中路一段，因基督教伦敦会设在此路附近，故名布道街。1865 年，租界当局将布道街正式改名为福州路，因此路从南京路开始排下来为第四，上海人又称其为“四马路”。

20 世纪初商务印书馆、中华书局相继在此设立总管理处，以后世界书局、大东书局等 40 余家书店在此

福州路 343 号　杏花楼（福州路总店）

开设。不久各种笔墨、文具用品、纸张、教学仪器等店也从外迁来此处，还有天蟾舞台等戏院、餐馆、酒楼也应运而生，福州路成了上海著名的“文化街”。

如今两旁还分布着上海书城、古籍书店、艺术书坊、外文书店等上海最大、最有名的书店，以及文化用品商店、图书馆、旧书店、中西药店、书画纸张笔砚工艺品店，百年历史的杏花楼、吴宫、老正兴、老半斋、王宝和等老饭店，还有众多小吃店、服饰店及天蟾逸夫京剧中心等。

杏花楼原名“杏华楼”，是一家中外闻名的百年老店，位于福州路 343 号。素以烹制粤菜，精制广式月饼而扬名沪上。现在，杏花楼已成为许多外宾和东南亚归国华侨所喜爱的特色餐馆。

山东中路辟筑于 19 世纪 50 年代后期，初名庙街。1865 年改名山东路，1945 年更名为山东中路。当时这里有仁济医院、麦伦书院和墨海书院。北段因受福州路文化街影响，小型书店和书摊集中。此外整条路印刷所密集，有大东印刷所、谢文益印刷所等 20 多家。在汉口路至九江路之间的西北角上还有上海最早的外侨公墓，俗称“外国坟山”。

新中国成立后，以福州路为界，山东中路南段大多是烟酒、南货、棉布、百货、饮食等小店。记得 2019 年之前，此段马路沿街一家挨着一家全开了店，除了西面一边新翻建的仁济医院占去了山东中路的半条街面，几乎没有一家是空闲的。山东中路的街面房无疑是黄金店面了。因为从早到晚，山东中路上人流不息。

山东中路北段相对安静一些。大都是服装经营、房产经营、房屋装潢等公司及旅社、菜馆、食品店等。2010 年之后，福州路山东中路西北角上建成华设大楼。原来的“外国坟山”早就变成了现代化的黄浦体育馆，如今成为黄浦健身中心。

其实，这一段的山东中路，在 1865 年以前叫望平街。当时是一条碎路面的小街，两边全是两层楼砖木结构的楼房。1865 年之后英租界工部局将它改名为山东路，但是上海人却仍习惯性地叫它望平街或者干脆叫它报馆街。因为这是一条当时人们眼中的“特色街”，它不卖其他商品，只是办报、发报、批报。

望平街虽然不长，但当时这条街的街沿及其附近，却汇集了上海乃至全国都有名的报馆10多家。粗略一数就有《天铎报》《民立报》《民强报》《中华民报》《神州日报》《太平洋报》《时事新报》《民国新闻》等，另外在望平街西侧和东侧的三马路（今汉口路）上，还有《申报》和《新闻报》。在望平街南侧的四马路上还有一幢不中不西的奇特建筑，门楼为塔状，这就是《时报》的报馆。这三大报尽管刊登的新闻及读者群各有侧重，但明争暗斗几十年，一场场看不见硝烟的战争时起时伏，结果却是谁也当不了望平街的“霸主”，于是三大报在上海滩真正形成三足鼎立之势。

这么多报馆密集地排列在一条小街上，大大小小的广告、招牌重重叠叠。每天天还没亮，这里就报贩云集，嘈杂之声不绝于耳，成捆的报纸车拉肩扛，从这里发往上海的每一个角落。每逢有什么中外突发事件报纸出《号外》时，到这里来打听消息的、议论时局的、贩运报纸的人更是把整条望平街挤得水泄不通，以致交通阻塞，车辆绕道。1911年武昌起义，望平街成了全上海最热闹的地方，整条街“自晨至夕，皆为之拥挤不开”，“攒首万人”，“交通为之中绝”，这也是旧上海市井的一大奇观。

其实，报馆街最兴旺的时候也就是在民国初到抗日战争爆发这一阶段。报馆街的形成也不是偶然的，首先这一带离外滩、南市、闸北、虹口都不远，交通方便，信息灵通。前门是福州路的光怪陆离，声色犬马，后门是石库门的小弄堂，闹中取静，而房价又不是太高，因此理所当然地成为大商埠的信息中心。如果说，上海是中国新闻的中心，那么望平街则是中心的“涡眼”。

不过，1949年后望平街就没有这种奇观了。报馆街已名不副实。2000年之后的望平街对比福州路南侧的山东中路要平静冷寂许多。申报馆的旧址还在，但除了新建的30层高的解放日报新闻业务楼和一些小饭店、小画廊、文化用品商店聚集在这儿，已经没有第二家报馆了。

但申报馆本身还是一幢颇有特色的建筑。它建于1916年，立面呈三边形，正好坐落在山东中路与汉口路十字街头的西南角上，大门朝东北，汉口路及山东路上均有门窗。五层钢筋混凝土结构，占地面积736平方米，有100多个房间。这是一幢近代式样的楼房。外墙檐口下部和壁柱均有花纹，带有新古典主义装饰风格。引人注目的是二楼挑出阳台，栏杆美观，连阳台座下也有装饰性图案。当时这里的底层是印刷厂，二楼是营业厅，平顶带有弧拱，并有花纹。三层是经理室、董事会、餐厅，四层、五层有图书馆、校对室、照相馆，编辑室则各层均有。

《申报》是上海乃至中国历史最久、出版时间最长的一种日报。以前爷爷辈的上海人还把所有的报纸都叫作“申报纸”。其创办人倒是两个外国兄弟，他们精通中文，卖茶叶发财后从事文化事业，就于1872年4月30日创办了此报，销路果然不错。

1921年，来自上海松江泗泾镇的41岁的《时报》主笔史量才接办了《申报》，他对此报大施改革，重造了现在这幢报馆，加强企业管理，重视广告业务，收购廉价纸张，起用各路人才，最主要的是对报纸的版面和内容不断改进，发表了大量反映民众心声的言论，使《申报》的销量迅速增长，史量才也成为上海报业的大王。1931年“九一八”事变后，民族责任感激发了史量才的爱国热情，《申报》主张抗战，反对议和，批评国民党的不抵抗政策，更是受到广大市民的拥护。但是他的言行却引起蒋介石政府的嫉恨，1934年11月13日下午，史量才被杀害于沪杭公路上。

1949年后，《申报》停刊，报馆大楼交解放日报使用。直到1998年解放日报新闻业务楼落成，解放日报迁出了昔日的申报馆。申报馆在经过一番修整之后，以另一种形态成为中国新闻史上的“活文物”。

汉口路300号　解放大厦（原名解放日报新闻业务楼）

申报馆旧址的外观虽然没有变，但是底层正厅在2007年的时候是新旺茶餐厅，2015年又重新装修，变成“THE PRESS”（新闻界）西餐厅，集咖啡、西餐、酒吧于一体。餐厅的装潢设计别具一格，除了保留原大楼内部的历史构造外，还将与《申报》有关的历史人物和图片资料悬挂墙上，使人们在品尝美食的同时，能够感到这是一幢有历史、有底蕴、有情怀的建筑。

历史原有的风貌和气质总是在历经沧桑之后有所改变和保留下来。如果说新闻是历史的矿石，那么报馆正是矿石的制造冶炼厂，走过山东中路的申报馆旧址，就如同走过一段厚重漫长的历史长廊。

乘轨道交通 2 号线到南京东路站下，
向东沿南京东路走至四川中路再向北走
便可到达滇池路西段。

…
人民广场
南京东路
陆家嘴
…

欧陆风情
滇池路

外滩，又名中山东一路。当人们漫步在黄浦江畔这一段不长的路上时，首先映入眼帘的是一幢幢巍峨的各具风格的大楼。这些高低错落的大楼有着内在的协调和韵律，构成了一道中外闻名的风景线，成为大上海万国建筑博览会的精华所在。

其中 13 号的上海海关大楼是外滩建筑群中最著名的建筑之一，旧时被称为“江海关大楼”。它与一旁的汇丰银行大楼并肩而立，被称为外滩的“兄弟楼”。大楼建于 1927 年，

中山东一路 13 号
上海海关大楼（原名江海关大楼）

南京东路20号　和平饭店

高达10层，其鲜明的特征自然就在于顶楼有一座钟楼。钟楼基本承袭西方传统的哥特式建筑风格，高直的线条把建筑雄伟地耸向天空。每一小时，洪亮的钟声会响彻天空，悠扬雄浑，激荡四方。大楼的门楣由4根巨大的罗马花岗石圆柱支撑，巨柱前有6扇拉门，两侧是花岗石垒砌的石堡，构成庄重威严之势。入口大厅藻井有金碧辉煌的五彩马赛克镶拼的帆照海事图案，异常精美。

但是外滩边有许多纵向的小马路往往被人忽视。其实，从某个角度去观光，它们所具有的异域情调并不亚于中山东一路。正是这些小马路使外滩向西的天际线有了深邃精致的延伸，也丰富了外滩建筑群的文化底蕴。

滇池路是夹在和平饭店大楼和中国银行大楼之间的一条小马路。站在中山东一路口朝西望去，你会发现，左侧的和平饭店是一幢钢架结构的大楼。建筑外形简洁明朗，具有美国芝加哥学派的风格。外墙除9层及顶层用泰山石面砖外，其余均采用花岗石砌筑，立面用垂直线处理。从滇池

圆明园路 97 号　安培洋行旧址

路朝和平饭店的东侧面看，它的垂直韵律更是明显，特别是一扇扇拱形的铸铁大窗，半圆的横框中间雕有精细的图案，别有一种欧洲宫殿的气派与华贵；右侧的中国银行大楼，尽管从建筑风格来看是一座中西合璧的钢框架结构建筑，但是整个外墙镶以平整的金山石，大楼的侧面也是以垂直的线条处理，间隔着一个个黑漆格棱的长窗，有一种欧洲建筑理性排列的韵律。

再向远处看便是原仁记洋行的大楼，由于该楼房坐落在不远处的圆明园路与滇池路的转角上，而且呈三角形转折，所以整个滇池路的视线被这幢具有典型的英国安妮女王时期建筑风格的大楼填满。你会觉得整条滇池路像一条纵深不可测的欧洲小马路，伸向无限远方。置身在这条相比外滩中山东一路要安静沉寂得多的马路上，心灵可以有一种释放，仅隔几步之遥车水马龙的外滩似乎是身后的背景，但其实中间已经隔着“千山万水”了。

2008 年 1 月，电影《梅兰芳》剧组将滇池路连接外滩的路段连续封闭了 9 天，完成了“纽约一条街”的拍摄，创下上海重要路段封路拍摄时间之最。

圆明园路南起滇池路，北至南苏州路，由公共租界当局筑于 1860 年，如今是“外滩源”西面一条宁静而又典雅的奢侈品牌街和步行街。东面有建于 1886 年的原天主教新安堂、原英国领事馆及领事官邸、半岛酒店等；西面有 8 幢联排式老洋房，其中 97 号是安培洋行旧址，133 号是中华基督教女青年会大楼，185 号是兰心大楼，209 号是真光大楼。这些建筑都是外滩历史最悠久的建筑，处处散发着浓郁的异域情调，每一幢都有一段与时代风云相关的历史。漫步在这条路上，时光仿佛倒流一百年，历史的苍凉和辉煌交替起伏，“别是一番滋味在心头”。

同样，走在滇池路上，很有那种走进欧洲老电影的感觉，又有一种穿行在大峡谷中间的感觉，海关大楼在这里回荡起悠扬的钟声，一种低调的异域风情始终在心底迂回。两边有垂直线处理的灰色花岗石大楼太高了，于是前方那幢具有浓烈英国色彩风格的仁记洋行大楼一直牵引着你的视线，对这幢大楼你无论如何做不到无动于衷。

这幢英商建造于 1908 年的仁记洋行大楼真是美得有点奢华，坐北朝南，高三层，转角处为四层。沿街转角处塔楼为立面构图的中心。主入口处布置在沿马路，立面用清水红砖砌筑，白石灰勾缝，在分层处常用腰线，砌工横竖挺直，缝道整齐。这幢楼房的转角处还用爱奥尼克柱装饰，整幢建筑立面上圆拱、弧拱的表现手法不断出现。特别是柱头等砖雕花饰做工细腻，窗间墙上均用古希腊古典柱式作装饰。所以不论远观还是近看，这幢建筑既有令人眼花缭乱的花饰，也有理性规范的横竖线条。那清水红砖的外墙既给人一种华丽奢侈的感觉，又有一种赏心悦目的艺术享受。所以这样精美的建筑历经时光的淘洗，仍然顽强地占据着人们的视野，不能不说是一个奇迹了。

滇池路建筑于 1899 年，最初叫仁记路，就是因为仁记洋行是这条马路上的代表性建筑，从外滩边拐进这条路，最先看见的就是仁记洋行的大楼。仁记路在仁记洋行时代也是一条银行、商铺洋行林立的马路，仁记洋行创建于 1843 年，主要经营生丝、茶叶、纸张、木材、五金等进出口业务。在仁记洋行的对面是原英商业广地产有限公司，这是一幢楼高四层的建筑，砖木结构，清水红砖墙，门窗洞口进深较大，外观厚实，立面外墙砖工细腻。业广地产有限公司成立于 1888 年，除直接经营地产买卖外，也兼营代客买卖房地产。

现在这些洋行、地产公司虽然已经消失，但是它们曾经的所在地还在。2007 年前后，仁记洋行是居民住宅和海运局业务部门办公室及黄浦区进修学院，原业广地产有限公司下面则成了商店，它的西立面正对着繁华的四川中路。如今，仁记洋行大楼和业广地产有限公司里所有民居、公司及办公机构等均已迁出，沿街门窗封闭，似乎正待进行整体修缮。只有原仁记洋行底层中间的“东海咖啡馆”还在营业。这是一家由南京东路迁来的老咖啡馆，至今仍保留用虹吸壶手工现煮咖啡的传统，生意似乎很好。

如果站在四川中路口看滇池路，换一个角度，仁记洋行对面两幢并列的建筑也颇引人注目。一幢是建于 1921 年具有新古典主义风格的公平大楼，另一幢是建于 1922 年具有折中主义风格的中孚大楼。在 2007 年前后，两幢大楼分别为曼哈顿外滩商务酒店及帝悦大饭店和中国银行所在地。如今酒店变成嘉昱外滩中心和隐溪茶馆等。尽管这些建筑年代不同，风格却一脉相承，且有着内在的协调，共同奏起滇池路的“欧风”韵曲。

乘轨道交通 2 号线到南京东路站下，
向西沿南京东路走，
过广西北路便可到达贵州路中段。

…
人民广场
南京东路
陆家嘴
…

贵州路
有“显贵”

贵州路是一条垂直于南京东路的小马路，约有 600 米长，道路不宽，但是由于紧靠着南京东路这条大马路，又被天津路、宁波路、牛庄路、北京东路切割，四通八达，宾馆、五金店、杂货店、旅馆等，鳞次栉比，整日也是人声嘈杂，熙来攘往。因为贵州路是南北向的马路，所以是 1865 年之后以省名命名的中心区马路之一，由西向东，西藏路、云南路、贵州路、广西路等，这几条紧挨着的小马路从次序上正好对应了中国版图上这几个省的位置，使人容易记忆。

贵州路、南京东路口东面便是一座堪称“显贵”的商场建筑。这就是曾经号称南京东路“四大公司”之一的新新公司。它是 1923 年由华侨刘锡基等人集资筹建的，取名“新新”，取《尚书》“日新又新”之意。新新公司大楼是一座气势雄浑、造型独特的七层钢筋混凝土建筑。大楼坐北朝南，正面顶端有一座方形二层空心塔，东北、西北角各有一座尖顶塔楼。“新新”此三塔与东面先施公司的“摩星塔”和斜对面永安公司的“倚云阁”凌空遥相呼应，蔚为壮观，成为当年南京东路的一大景致，也是许多老上海电影中的“标志性”景观。

新新公司之所以能够后来居上成为“四大公司”之一，还在于它的商场布置、经营理念都有独到之处。当年的人们走进新新公司，从吃喝玩乐到购物住宿都能得到满足，因而生意兴隆，财源茂进。公司在 1951 年结束百货业务，由上海市土产公司接管，变成了上海第一食品公司。

第一食品公司西面是上海市卧具用品有限公司，公司往北则是老闸巡捕房旧址。1890 年公共租界设立巡捕房，因位于老闸桥附近而得名，这也是公共租界最早的分区巡捕房之一。

老闸桥就是如今福建路桥的前身。清康熙十一年（1672 年），人们在今苏州河福建路桥附近建了一座挡潮石闸，谓之“老闸”，这就是闸北地区的最初得名来源，后又在西面建新闸，再后来人们在河上建桥，便称“老闸桥”，又在桥的南面铺石板大路。1865 年英租界当局以福建省作路名，称此路为福建路。1945 年租界消失后此路更名福建中路。因此路为南京东路中心的支马路，20 世纪初始，便渐趋繁荣。1914 年上海第一条无轨电车线路即设在此路上，沿路有各种水果行、酱园、银楼、饭店等。如今有老凤祥银楼、真老大房食品店等商铺。

1925 年 5 月 30 日，上海群众涌向老闸捕房，要求释放 100 多名因爱国活动而被捕的爱国者，英国捕头下令向手无寸铁的数千群众开枪，制造了震惊中外的“五卅”惨案。1949 年后，老闸捕房在南京东路上坐北朝南的大门被改造成大光明钟表店，巡捕房区域被改造成培光中学，如今培光中学成了上海商贸旅游学校。

再向北深入过去，两旁大都是两层楼砖木结构的石库门旧里，沿街有九江里、裕德里、逢吉里等弄堂。这些弄堂的街面房底层大都开着各种各样的店，为南京东路繁华商业网点起到拾遗补阙的作用。

南京东路 522 号、536 号
老凤祥银楼　真老大房食品店

20 世纪 50 年代后，贵州路两侧以自行车批发部和仪表电子商店为多；改革开放后，又以餐饮小吃店为多，如今这一特色依然存在。不过，在一片低矮的以清水红砖为主的石库门建筑中，一幢深棕色面砖镶白条的建筑却显得突兀而有“贵族”气派，这就是坐落在天津路口的铁道宾馆。这是一幢建于 1930 年钢筋混凝土结构的建筑，外观构图简洁明了，但在窗台门框等方面装饰却细腻繁复。1937 年 7 月，周恩来曾在此向上海的地下党作出抗日的重要指示。现在宾馆门口特挂一块石牌以示纪念，让人不由得对这座铁道宾馆心生几许敬仰之情。

贵州路其实并不全是小商小铺的领地，这条马路显贵的地方还在于它也曾是剧场戏院的荟萃之地，不说邻近的新光大戏院和中国大戏院，单是在贵州路上就有两座曾经闻名上海的大戏院，即北京大戏院和金城大戏院，它们在上海乃至在中国的戏剧史上都可以留名。

北京大戏院因紧靠着北京东路口而得名，1926 年由怡怡有限公司创建。因放映联华影业公司的影片《故都春梦》而盛名，后又改名丽都大戏院，专映国内外二轮以下的影片。1949 年后改为剧场，专演越剧。“越剧皇帝”尹桂芳曾在此演出越剧《屈原》，当时许多人必须带铺盖通宵排队才能买到一张票，可见当年越剧卖座的鼎盛。后来剧场又改名贵州影剧场。1984 年上海青年话剧团曾在此演出根据路遥小说改编的话剧《人生》，轰动一时。如今剧场已不复存在，原地代之以起的是一座多层大楼，名为亚龙国际机电商城，卖的全是五金机电产品，与北京东路五金街融为一体。

不过斜对面的金城大戏院，一直还在放映电影。这幢开业于 1934 年 2 月 1 日有“国片之宫”称号的影院，因为业主柳中浩、柳中亮两兄弟经营有方而获利丰厚，致使对面的北京大戏院卖座下降而改名。当然这是后话，商业社会中的竞争在所难免。值得一书的是后来成为国歌的《义勇军进行曲》是电影《风云儿女》的主题曲，该电影当时首映就在金城大戏院。可以说，国歌是从这里唱响的。如今走进这座坐北朝南，四层楼高的钢筋混凝土结构的老剧场，在通向二楼的楼梯墙壁上就标有“国歌是从这里唱起的”几个大字，这里已被辟为爱国主义教育基地。

1957 年，金城大戏院定为上海淮剧团固定演出场所，适逢周恩来总理在上海视察接见淮剧演员。当周恩来听说大家对金城大戏院改名的意见不一致，便“一锤定音”为“黄浦剧场”，还亲笔题写了剧场大名。

2010 年之后剧场被改造成“上海笑天地”，每晚专演上海滑稽戏。2016 年 3 月，黄浦剧场作为此区域首个改造成功的历史剧场重回观众视线。不同于上海大剧院的千人剧场，黄浦剧场将原来两层的观众厅改为一层，常设 500 个观众席。又在剧场的西侧增设了一个名为“黑匣子”的小剧场，专演国际戏剧和原创话剧。这使黄浦剧场从软硬件上更符合时代潮流，受到年轻观众的欢迎，在现有市场格局中形成错位竞争。

如今这座奶黄色外墙，配以简洁的窗框线条装饰的 4 层楼建筑，越来越有一份从容的显贵气质。大厅二楼回廊上有国歌起源、国歌与金城大戏院、国歌大事记等板块组成的爱国主义教育展厅，实物、视频、模型、照片等，仿佛是一段段历史再现，让新老观众意识到，这是一座充满上海文化历史遗迹的剧场。

乘轨道交通 2 号线到人民广场站下，
向西沿南京西路至黄陂北路再向南走，便可到达江阴路东头。
乘轨道交通 8 号线到陆家浜路站下，
向东沿陆家浜路至林荫路南向北走，便可到江阴街西头。

…
南京西路
人民广场
南京东路
…

江阴路与江阴街

2021 年 12 月末的几天里，上海老城厢南边的江阴街突然热闹起来，整天人头攒动，川流不息，络绎不绝的男女老少纷纷在沿街两侧的老弄堂、老照相馆、老电影院门前拗造型拍照，江阴街一时成了网红打卡地。

原来，这一段江阴街虽已经列入拆迁范围，两旁的老弄堂、老房子都人去楼空，等待推倒。不料，这片老街区被电影美工师看中，他们妙手回春、巧夺天工，运用一些简单的改装手段，便使这片街区时光倒流，回到民国时代，成为电影《无名》的外景拍摄地。于是夜晚这里成了电影外景拍摄基地，白天就成了一些市民怀旧的打卡地。一传十，十传百，江阴街成为许多市民趋之若鹜的地方。

然而也有不少居民，包括一些老上海人，他们兴冲冲地赶到江阴路，却发现这里并没有什么供电影拍摄的街景，也没多少人流，非常扫兴。再一次打探，原来是自己搞错了。江阴路不是江阴街，这是上海两条完全不相连的马路。一南一北，相距约 3 000 米，一般人又不太注意“路”和“街”的区别，所以往往将两者混淆。那么，为什么上海这两条道路都要以江苏的江阴为名呢？

江阴街位于上海原南市老城厢南边，东西向，从林荫路至跨龙路，全长 900 多米。江阴街以“江阴”为名的历史比江阴路要长一点，得名于这里的江阴会馆。1909 年，因离这里不远的西藏南路南阳桥有“杀牛公司”，因此江苏省江阴县（今江阴市）许多从事屠宰业的人集聚这里，填浜（榆木泾）筑路，建造了江阴会馆，成了在沪江阴人聚会、处理各种事务的场所，顺理成章便将会馆前的这条路称为江阴街。这里当时属华界老城

南京西路 325 号
上海市历史博物馆（跑马总会旧址）

厢外围，因此道路命名沿袭老城厢一般以街、弄、巷命名的原则。后来江阴街渐渐热闹起来，两侧建有不少石库门弄堂、露天菜场、木料加工厂，街也向东延伸到南仓街，以致跨龙路至南仓街一段称“东江阴街”。

江阴路东起黄陂北路，经重庆北路，西讫成都北路，全长约 400 米。鸦片战争前，这一带西临陈家浜，北靠芦花荡，是农田与荒地，后来成了英租界的辖地。1862 年之后，英“跑马总会”在西南部兴建了第三跑马场，同年填浜辟筑了马霍路（今黄陂北路）、静安寺路（今南京西路），1899 年这片辖地又划入公共租界。

跑马总会大楼位于黄陂北路、南京西路东南角上，现门牌号码为南京西路 325 号。该楼建于 1933 年，由钟楼、副楼、裙楼组成，算上 9 层高的塔顶，整个建筑高达 53 米，外观为古典建筑风格构图，又具有折中主义建筑风格特点。新中国成立后，该楼先后为上海图书馆、上海体育宫、上海美术馆所用，近年又成为上海历史博物馆。

1900 年前后，跑马厅英籍职员孟德兰又在浜北侧兴建三层花园楼房 4 幢，并填浜筑路，这条路就取名孟德兰路。1911 年至 1921 年，这里因靠近南京西路大马路和跑马厅，商业兴盛，地价飙升。南北两侧建有马棚、马房以及兰村、颐庐、顺天村、九福里、六仪坊、同裕里等石库门里弄楼房和花园洋房，成为闹中取静，环境幽静，交通方便的理想住宅区。

这里的居住者大都为当时的上海中上层人士，其中不乏名流雅士、豪门巨贾。据说李鸿章在这里也有房产；江阴路157号一座两层花园住宅曾是清末民初著名政治人物陈夔龙的“退隐”之处；江阴路57号“颐庐”是昔日江阴籍富商、慈善家葛凤池的私寓，这是一幢由德国人建造的西式花园洋楼，如今已成为一家私立幼儿园。江阴路96号，九福里的一幢沿街石库门楼房曾是著名的文华电影公司所在。这个公司在20世纪40年代末首创“都市人文谐剧”，出品了《不了情》《太太万岁》《虚凤假凰》《哀乐中年》《小城之春》等在中国电影史上占有重要分量的故事影片。1945年，租界收回后，孟德兰路的路名显然不合时宜需要更改，更改中仍然遵循以中国市县名为路名的原则，也许考虑到南京西路四周的泰兴路、连云路、吴江路等都取自江苏省，所以孟德兰路改名江阴路。

然而当时的命名者不会不知道南市老城厢附近已经有了一条江阴街，为什么还要将孟德兰路改名为江阴路呢？据说是孟德兰路上以葛凤池为首的诸多江阴人因为乡土情结浓厚，所以还是要再加一条“江阴路”。

虽然这种说法与事实不一定完全相符，但路名的取舍确实又与当时、当地的社会氛围和风土人情有关。事实是近100年来，不要说外省来的，即便是上海土著，搞不清“江阴路”与“江阴街”区别的仍然大有人在。

这也是历史形成的曲折，约定俗成，到后来也就没有必要去更改了。如今江阴街已经老去，等待凤凰涅槃，旧街景只能成为电影的背景保留在胶片中。而江阴路则因为建筑形态丰富，保存完好，又处于市中心，曾几度成为各种露天市场的“宠儿”。

1959年10月1日，上海最大的花鸟商店在江阴路北面的南京西路364号开业。进入20世纪80年代，人们开始大胆追求多种生活方式，江阴路也就顺势成为当时上海最大、也最有名的露天花鸟鱼市场，供应品种达300多种，一年四季应时而变。

但进入90年代之后，南京西路、新昌路路口的楼房纷纷更新换代，上海花鸟商店等搬移到徐家汇等地区。2000年之后，上海的花鸟市场更是四处开花，江阴路的花鸟市场便随着大环境的改变渐渐销声匿迹。不过，经过十几年修缮及微整形，江阴路已成为闹市中的风雅之地，整体风貌保存完好，老上海风情浓郁，值得各路人马来此旅游观光。

乘轨道交通 2 号线到南京西路站下，
向西沿南京西路至泰兴路再向北走，
可到达奉贤路中段。

…
静安寺
南京西路
人民广场
…

春华秋实
奉贤路

奉贤路是一条与南京西路平行的小马路。因为紧挨着南京西路的北侧，南京西路上的许多高楼大厦都把背阳的一面朝向奉贤路，前后两边建筑在高度上的反差，使得奉贤路似乎永远处在南京西路的背影里。

在 20 世纪 90 年代以前，奉贤路从江宁路到南汇路就“断头”，不通公共车辆，人流稀少，店铺零星，这使得奉贤路保持了一种闹市中的矜持和宁静。那些年，奉贤路一直默默地匍匐在繁华的南京西路后面波澜不兴，积淀着属于自己的历史底蕴和人文气质。但是 90 年代以后，马路向东延伸，随着南京西路梅龙镇、中信泰富、恒隆这个商业“金三角”的崛起，巨大的人流自然也分流到奉贤路这样原本相对宁静的小马路上。于是打造“后街经济”，使主街功能延伸拓展互补，成为南京西路国际商圈一环的构想由此成真。

如今奉贤路全长有 900 多米，虽然不长，却被石门二路、泰兴路、南汇路、江宁路 4 条横马路分成 5 小段。每一小段都弯曲有致，像五线谱上玲珑跳跃的音符。相对南京西路的繁华和喧嚣，奉贤路呈现的是一种不事张扬的低调和温馨。

奉贤路东起于凤阳路，但是这一段的马路特别“有形”，整个马路如同一弯新月，优雅地绕着街心绿地转了个半圆弧。2008 年以前，两旁都是两层楼石库门弄堂的街面房，底层都开着与普通百姓生活密切相关的店铺，一家叫作“星月拉面店”的绿色招牌特别醒目，整个店面也呈半圆形，在无意中契合了奉贤路的地形。

如今沿街的石库门楼房大都拆除，剩余的楼房掩映在绿树丛中，与石门二路路口一幢七层楼老式公寓相互映衬。这幢公寓建于1930年，初名为公共租界巡捕公寓，后称卡德公寓，如今为一般民居。

走到石门二路，就见矗立在南京西路转角上的德义大楼把高高的背影洒向奉贤路，使人不由对它刮目相看。这幢1928年在街道转角处兴建的周正的公寓非常有特点，大楼底层为店铺，二层至八层为公寓。建筑师在立面设计上将“装饰艺术派”表现得十分到位，墙面采用褐色面砖并镶嵌图案，顶部有竖向线条装饰，立面还有饰带和四座人像雕塑，但现在已经没有了，据说在“文化大革命”中被人砸毁。

就在德义大楼背后对面的绿树丛中，掩映着几幢清水红砖外墙的三层楼房，这就是现在的西王小区。只见小区内行列式排列着数十幢相同样式的楼房。这里属于花园公寓里弄住宅，建于1911年，全部是红瓦坡屋顶，单体正立面为连续券柱式构图。顶层为三角形双山墙，在山墙断檐和入口拱券处有卷涡状花饰。

从小区新建立的“西王花园弄堂博物馆”内的史料上看，西王小区的建筑比德义大楼都要早建17年，这里原是王姓村民集居的“王家厍”，因位于石门二路以西，故称“西王家厍”，西王小区的名称就此而来。

由西王小区向南再向西拐弯，奉贤路陡然变窄，且两旁两幢立面具有现代派风格的多层建筑正好南北相对，行人从中间走过就好似在上海的老公寓弄堂中穿越。原来这就是建于1932年的大华公寓的第2幢与第3幢之间的楼距。如今第2幢属于南京西路866弄，第3幢却属于奉贤路148弄。这是当年奉贤路由弄堂变身为马路的见证之一。148弄4号是我国当代著名古典文学理论家、语言学家郭绍虞的故居。先生虽于1984年去世，但其生前著书立说的书房和遗物仍保存完整，为奉贤路平添了一抹书香气质。

走过泰兴路，又见奉贤路北街沿上一排毗连式三层楼仿欧洲古典式的上海早期公寓，连续的券式内廊，红瓦斜坡顶老虎窗，清水砖墙立面上装饰许多线脚和砖雕花饰。如今公寓的底层人家大都破墙开了店，就在这座公寓之后，奉贤路来了一个“S”形的转身并与南汇路十字交会。

十字路口风情万种、“繁花”盛开。特别是南汇路东端的区域内，各种网红IP餐厅、时尚买手店、品牌服饰店、私人服装定制店、糕饼烘焙店、日本料理店、咖啡馆、照相馆等，鳞次栉比、花团锦簇，营造了个性化的时尚后街。我国第一代小提琴手、音乐教育家谭抒真和著名男低音歌唱家温可铮的故居也一南一北坐落在这个区域内，更为十字路口带来人文历史的风韵。

过了南汇路，就是梅龙镇广场的“后院”。建于1998年的梅龙镇广场是一幢现代化的商厦，整幢建筑的顶部采用欧洲传统的尖顶，其外墙采用统长玻璃及雅致的几何图案，配以优质的花岗石，透出浓郁的艺术气息，是目前上海的商业“新贵”之一。它的前身是大华饭店的旧址，再追溯过去，大华饭店的旧址是法国人麦边的花园，奉贤路原名麦边路的旧称正是由此而来。麦边路建于1930年，1945年改名为奉贤路。

建成于1922年的大华饭店是上海早期著名的饭店，仿英国文艺复兴时期风格，内外装饰豪华，是当时达官贵人经常出没的地方。1927年12月1日，蒋介石与宋美龄盛大的婚礼在此举行，1 300多名中外宾客云集在此，这更使大华饭店成为中外闻名的饭店。后来饭店毁于一场大火，这里又先后成为大都会花园舞厅和静安书场，直到梅龙镇广场建造。

梅龙镇广场的北面就是著名的美琪大戏院及其附房。美琪大戏院始建于1941年，以美国故事片《美月琪花》而命名。钢筋混凝土结构，观众厅有楼、底两层，近1 600个座位。建筑造型风格既保持了古典建筑风韵，又糅进现代建筑的豪华，在当时是号称“远东第一流”的影剧院。尽管岁月沧桑，两度更名，但经过几番加固修缮之后，如今的美琪大戏院仍以其纵深的舞台，典雅的内外装饰，成为上海经常演出大型芭蕾舞剧、歌剧、话剧的主要场所。每当走到奉贤路江宁路口，看见这座半圆立面玻璃转门上有霓虹灯装饰的“美琪大戏院”几个大字，总会让人想起张爱玲在小说中、白先勇在散文中、李安在电影中对它的描述，想起这些描述所激起的人们对它的向往。

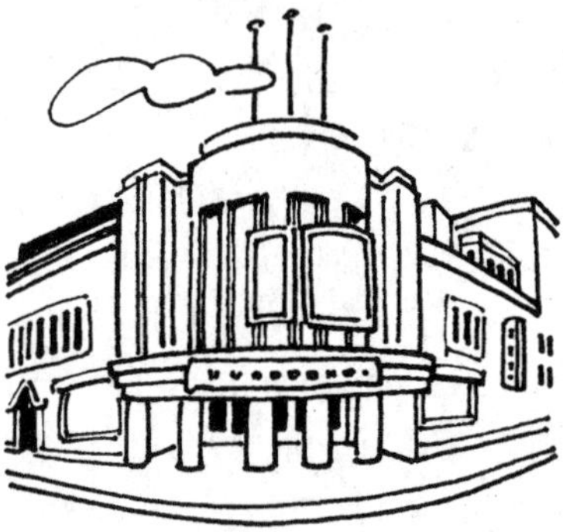

江宁路66号　美琪大戏院

如果说南京西路是上海的“客厅”，那么由奉贤路、南汇路这些小马路所构成的区域就是上海的“厢房”。奉贤路上的“后街风情”一如盛开的“繁花”，使南京西路这些“主街”的历史底蕴、商业魅力和人文气质有了积淀、延续和拓展，而历史和文化永远是一座城市长盛不衰的魅力所在。

乘轨道交通 2 号线到
南京西路站或静安寺站下，
即可到达南京西路西段。

…
静安寺
南京西路
人民广场
…

南京西路的气韵

南京西路与南京东路虽然同属于一条南京路，都称得上举世闻名的“中华第一商业街”，但是东西南京路并不是一蹴而就的，它是分几段建筑而成。南京西路原名静安寺路，它是在南京东路形成之后的 1862 年起修筑的。当时的跑马总会在西藏中路口西面建筑第三跑马场（今人民广场），就在场外向西辟筑了一条跑马道，因为该道直通静安古寺，所以最初这条马路就叫静安寺路，全长约 3 800 米。

从 20 世纪 20 年代开始，南京西路的商业开始繁荣，沿路建起大批花园公寓和新、老式里弄房子，国际饭店、金门饭店、西侨青年会、大光明电影院等当时“标志性”的建筑拔地而起。同时各种高级舞厅、咖啡馆、酒店、菜馆，以及销售呢绒西服、地毯公司、珠宝玉器等商店沿街排列，与南京路（即现南京东路）连为一线，构成上海最繁华的商业大街，从东到西差不多有 10 华里，正所谓“十里洋场”说法由此而来。1945 年静安寺路改名为南京西路。

如今的南京西路跨黄浦、静安两区，仍是上海最主要的商业大街之一。改革开放的春风吹进南京西路，大型现代化的商业服务设施纷纷入驻，上海商城、锦沧文华大酒店、上海嘉里商务中心以及“金三角”——梅龙镇广场、中信泰富广场、恒隆广场等，组成当今国内顶尖商圈，许多国内知名品牌和国际品牌在此创下销售纪录。这些建筑在内外设计上组合中西建筑风格的特点，气势宏伟、高低错落、别有韵律，而小型拱门、红漆大柱等装饰和细部处理别有东方韵味，使南京西路又有了新的气韵。

2010 年前后，又有以大中里兴

南京西路 216 号　大光明电影院

业太古汇为标志的“石门一路商圈”，以及由越洋国际广场、会德丰国际广场、静安嘉里中心二期、1788 国际中心、久光百货所构成的“金五星”等商圈形成，与老牌的“金三角”错位发展，从而使南京西路又形成以高档商务、会展、酒店、购物中心、公共活动区域为特质的“上海中城”。沿街景象日新月异。十天半月不来，你便会发现自己“out”了。

众所周知，著名电影导演李安拍摄于 2007 年的电影《色·戒》，改编自张爱玲的同名小说，影片取材于抗日战争时期发生在上海的一个真实事件。整个故事就发生在南京西路、西摩路（今陕西北路）、静安寺、愚园路一带，其中平安大戏院、凯司令咖啡馆、西伯利亚皮草行等当时的一些商店戏院更是主人公活动的场所。但现实生活中的“平安大戏院一带”，除了街口的几幢楼房格局未变，许多场景已不复当年的风貌了。后来李安不惜工本，在松江车墩影视基地，搭建了以“平安大戏院”等为代表的南京西路和西摩路十字街景，完全的一比一比例，等于把整个平安大戏院一带的景致复制搬到了松江。

电影上映后，张爱玲的小说《色·戒》和平安大戏院一带的景致又成为人们热议的话题，这也使平安大戏院一带成为人们公认的老南京西路经典场景了。

其实，昔日的平安大戏院只占这幢楼高 8 层、呈凸字形的半圆建筑底层的一小部分，楼上是公寓，底层除了戏院依次还有各种商店。这幢大楼建于 1932 年，原为安凯地商场。当时的平安大戏院主要放映外国电影。1964 年改为平安电影院。1991 年 12 月，又改为平安迷你电影院，后来电影院关门大吉。现在占据底层的全是高级品牌时装和珠宝店了。

平安大楼对面那幢大楼虽在，但凯司令咖啡馆、西伯利亚皮货店、绿屋夫人时装店的招牌已销声匿迹，代之而起的是全新的服装店、古董店。不过，南京西路以南一段陕西北路西面还保留着昔日老上海石库门清水红砖墙面、落地玻璃格子窗、布艺遮雨篷、欧式街灯的格局。这里从 2009 年开始打造“老字号专业街”，由最初的 12 家增至目前的 17 家，雷允上、鸿翔女装、龙凤旗袍、亨生西服、海鸥手表、美新点心、西区老大房、新镇江、泰昌等，这些“老字号”的品牌，使走过路过的行人有一种时光倒流、岁月静好的温馨感。

“老字号专业街”对面一幢城堡式的老房子，是旧上海有“面粉大王”和“棉纱大王”之称的荣德生的兄长荣宗敬的旧居，建于 1918 年，还显露着当年的豪华与气派。现在，老房子经常会有对外开放的日子，吸引了不少市民前来观瞻怀旧。

不过，陕西北路、南京西路北面早就“旧貌变新颜”了，曾经的梅龙镇、中信泰富、恒隆广场三足鼎立，造就了最具规模和时尚概念的国际化高档消费圈，成了掌控上海时尚业的“三巨头”，构成了上海最昂贵也是最时髦的风景线。若论商场面积，中信泰富广场最小，但是布置却可以用一个“雅”字来形容，其互相交叉的自动扶梯和天穹玻璃采光设计在建筑上很有特点。这些年，该商场还开辟“时尚沙龙”展厅，举办艺术展，提升了商品艺术文化蕴涵氛围的品位，带来很多人气。而今它们又在华丽转型，不断增强商业辐射力。每当走过南京西路陕西北路口，往往会使人有横跨两个时代或是新旧上海重叠交错的感觉，这种感觉真的令人新奇。

南京西路 1376 号　上海商城

夜幕降临之后，当你从“金三角”、上海展览馆、上海商城等区域路段走过，各种新老建筑物的轮廓都被璀璨的霓虹灯光装饰得流光溢彩、瑰丽多姿，火树银花不夜天，疑是银河落九天。南京西路的夜空充满着时尚新潮而又奢华雍容的气息。当看到被灯光照耀得更加金碧辉煌的千年古刹静安寺，仍然静静地矗立在已经 100 多年的静安公园对面时，你才会醒悟到南京西路的历史厚重得不是几段话就能道尽的。

乘轨道交通 2 号线到静安寺站下，
向东沿南京西路走，
过常德路便可到达铜仁路南段。

…
江苏路
静安寺
南京西路
…

铜仁路的弧线

铜仁路北面的尽头是北京西路，600 多米长的马路与北京西路组成了一个丁字路口。

如果你沿着南阳路的右边拐入铜仁路时，身旁就是两幢六层侧面为四分之一圆形的爱文公寓，两幢公寓正好组成一个半圆形的立面，它们之间的间距正是一条弄堂。这个圆弧线更长，清水红砖上几道白色的分层腰线和窗框线自然也是圆弧形的，但从公寓透明的大玻璃窗里看去，公寓内的楼梯却是竖向构图，横斜错位，你会觉得有两种韵律交错着从现代派风格的公寓里流泻出来。爱文公寓由著名建筑设计师邬达克设计，于 1932 年竣工，因坐落在旧名爱文义路的北京西路而得名。上海交响乐团指挥曹鹏、版画家杨可扬，还有鼎鼎大名的贝勒铭钢笔厂老板贝勒铭等人曾在这幢公寓里居住过。

马路对面与清水红砖爱文公寓相对的是一幢外墙贴绿色面砖、四层楼钢筋混凝土结构的建筑，上海人称其为“绿房子”。这幢房子也是邬达克设计的，是他在上海的收官之作。

该房子建于 1937 年，原系吴同文住宅，现为某公司办公楼。吴同文的岳父贝润生将这块位于原爱文义路（今北京西路）和哈同路（今铜仁路）转角的地块赠给了他。吴同文非常喜欢，在建造伊始就有心将这幢楼打造成当时上海最豪华的住宅。结果是不出所望，这幢建筑造型别致，装修考究，设施先进。从外形看，它由圆弧形和横线条组合，线条流畅，错落有致，绿色的釉面砖外墙，特别是渐渐向上收缩的露台形成轮船甲板的意象，远远望去，整幢楼房像一艘停泊在港湾的大轮船。

80 年代上海著名女作家程乃珊获

铜仁路 333 号　吴同文旧居（俗称“绿房子”）

首届“钟山”文学奖的中篇小说《蓝屋》，就是以此楼房为原型而创作的。程乃珊小时候就经常路过绿房子，乘 2 路有轨电车外出时总是与这幢楼房相遇，知道里面有很多故事，一直想写下来。没有想到 20 世纪 70 年代，她结婚的对象就来自这幢房子，他是吴同文的外孙。小说《蓝屋》的发表使这幢“绿屋”名气更大。

正对铜仁路口的是一幢建于 1929 年砖混结构具有文艺复兴风格的建筑，主立面中央入口门廊采用三跨连续券柱式构图，特色鲜明。2007 年时这里是波斯经典手织地毯供应点，今则成了“毕加索艺术中心”展馆。紧挨着它的就是雷士德医学院旧址，现在是上海医药工业研究院。

雷士德医学院创办人雷士德是英国建筑师，19 世纪 60 年代来到上海，很早就对房地产进行了大量投资。他本人终身未娶，生活节俭。1926 年 5 月 14 日，87 岁的雷士德在上海去世。临终前把自己拥有的巨额财产全部捐给了上海的教育医疗和慈善机构。他改变了上海，上海也改变了他。

站在铜仁路、北京西路丁字路口，感觉这个小小的街角，景物是这样的丰富多彩，色彩是这样的淡雅美丽，线条是这样的流畅舒展，真的是 20 世纪三四十年代上海马路建筑景观的精华和浓缩。路不在宽，楼不在高，只要有历史，任何马路都有让人品味不尽的韵致。

乘轨道交通 2 号线到静安寺站下，
向东沿南京西路至铜仁路再向北走，
过愚园东路便可到达南阳路西头。

…
江苏路
静安寺
南京西路
…

夕阳西下
南阳路

陕西北路 369 号　上海宋庆龄基金会（原宋家老宅）

南阳路也是一条与南京西路平行的东西向小马路，东接奉贤路，西止铜仁路，全长约 500 米。但就是这样一条不起眼的小马路，隐藏在南京西路后面多年，积淀着属于自己的春华秋实，凝固了不少历史风云的瞬间，是一条有独特历史文化底蕴的马路。而今相对南京西路的高端商业形态，它又适时转型为一条大众化的时尚小街，成为南京西路众多“后街”

中的翘楚。

夕阳西下的时候，在南阳路上向西漫步是一种享受。南边沿街的老房子早已拆除，整个半条街面成为恒隆大楼的后广场。因为视线开阔，越过前方西康路上黑魆魆的楼房轮廓，可以看到再后面，一些外国领事馆上高高的圆形穹窿和尖顶杆，夕阳的余晖为它们镶上一道道闪亮的金边，阳光的波长似无数温柔的触角，在你的心里张开；夕阳的光芒又洒落在身后的宋家老宅的竹篱笆上，篱笆上的绿色爬藤植物立刻变得金黄透明。

宋家老宅坐落在陕西北路369号，是一幢英国乡村式别墅风格的建筑，建于1908年。1918年，宋氏姐妹出资买下这幢别墅，宋老夫人倪桂珍便携子女居住于此，这里还是宋美龄出嫁前的家。当年蒋、宋、孔、陈旧中国“四大家族”中的三家都与这座花园有着密切的关联，留下许多传奇故事。

而南阳路北边大都是外观具有深咖啡色或暗黄色面砖的三层楼建筑，这些建筑依次是建于1925年的南阳公寓、1931年的派力门（今称南沙）公寓和建于1933年的巢居公寓等。如今它们修旧如旧，立面横竖构图，还原了本来就有的偏暖色调，再被夕阳的余晖一涂抹，全部变成了琥珀色，于是整个南阳路被一种透明金黄的光泽所覆盖，似乎有满地的黄金在流泻，温馨明媚而又生动质感，仿佛一幅印象派风格的油画。

对比恒隆广场高大光鲜有玻璃幕墙装饰的大楼，南阳路上的老房子因为有夕阳的余晖，流光溢彩，精致耐看，变得更有意味。南阳路上的“夕阳物语”能让人感到一种时光静好的温馨，全然是因为老房子有种被岁月洇染出来的沉静沧桑气质。

南阳路辟筑于1906年，原名南洋路，1946年改名为南阳路，一字之改，音同字不同，体现的是社会民情的变迁。虽然南阳路作为南京西路的后街一直不太为人所瞩目，但是100多年来，上海滩风云变幻、世事沧桑，历史的烟云多少也曾在南阳路这些小马路上空停留，南阳路也凝固了不少重大历史风云的瞬间。

100多年前，南阳路上曾有一座叫作惜阴堂的小洋楼。它的主人就是辛亥革命时期的立宪派人物赵凤昌。1911年武昌起义后，苏浙与湖北的革命派就南北和议地点发生了争执。赵凤昌向各相关方提出了“政府设鄂、议会设沪”的折中主张，使争执双方达成妥协。当南北会谈转移至上海时，惜阴堂自然成了议会的活动地点，也因此一度成为上海的政治中心。就这样，当时表面风平浪静的南阳路及附近的江宁路、南京西路上的一些寓所、饭店都成为这些革命志士活动的据点。

如今南阳路上的惜阴堂虽无踪迹，但是154号上海机电设计研究院大厦会告诉你惜阴堂昔日位置所在，历史的风云就此凝固。

这一段的南阳路同样建筑形态丰富，最让人牵挂的恐怕还数南阳路170号原银行家贝淞荪故居。现在故居变身为对外营业的贝轩大公馆酒店。从敞开的围墙大门向北看，三层混合结构的主楼外观装饰十分讲究。外墙采用釉面砖拼贴成水平线条纹，阳台栏杆为镂空的回纹图案，东侧入口的照壁上有面砖烧制的100个不同字体的“寿”字，女儿墙也饰以回纹图案。据说室内西厅移门上雕有“福、禄、寿”图案，楼梯底层扶梯手栏杆上雕刻龙身虎爪，反映了主人十分崇尚中国传统伦理道德。贝淞荪的父亲贝润生曾是旧上海的“颜料大王”，也是“房地产大王”，贝淞荪本人则是银行家，曾任旧中央银行总裁。

贝宅建于1934年，是中西结合建筑的代表作品之一。从大门内还可以窥见主楼南面精致的花园。小桥流水、湖石假山、花圃藤架一应俱全，十分优雅。

近年来，南阳路因为紧靠着沪上“商业地标”——恒隆广场北端，沿街开了不少经营餐饮、服装、首饰、咖啡、奶茶、水果、鲜花等小店，成为闻名上海的南京西路时尚“后街”。每天中午和傍晚，鲜花、水果的清香味和烤肉、咖啡的香甜味混合在南阳路的上空，汇成了这条“后街”最为接地的“烟火气”。无数年轻的白领，成群结队、逗留在南阳路上的小店小铺里，寻找和享受属于自己的心灵空间，他们为南阳路带来人气和活力，也支撑起了南阳路上的“后街商业”。

南阳路的这些小店大都开在老房子的底层，店招上大都写有“独家秘制”或“手工定制”等字样，店面都被赋予时尚的外观装饰，显得新颖典雅而又别致。记得南阳路西康路口有一家烤肉店，全用黑色装饰，只有门上的霓虹灯光管和五颜六色的招贴画使黑色的房子有一抹明快的色彩。尽管人们看不清里面的布置，但从全黑的外观装饰中倒也品出一种诡异的别致和神秘。而今烤肉店又变成一家叫作“隐溪”的高档茶馆。

当夕阳沉落，暮色在南阳路上空游离，万家灯火开始闪亮时，南阳路就显露了它更为绚丽迷人的氛围。从铜仁路向东看，两边公寓底层小店鳞次栉比，人流如织，“茶与花间”“南洋茶铺”“心诺美甲”“蓝京烘焙咖啡”“蔷薇岛屿美学花艺”“薛家匠鞋铺”等霓虹灯招牌渐次展现，让人有目不暇接之感。这些精致的时尚小店，既支撑起南阳路时尚“后街”的天空，也为夕阳西下后的南阳路营造了温馨而又让人流连忘返的情调。

乘轨道交通 2 号线到静安寺站下，
向北沿华山路走
便可到达万航渡路南端。

…
江苏路
静安寺
南京西路
…

万航渡路的“三生三世”

万航渡路目前是上海中心城区西面一条交通干道，从地形上看，如同一条时而狭窄时而宽阔又弯曲的河道，由东向西铺展，全长约 4 830 米。它东起静安寺，向北经过曹家渡后再向西，经过长宁路，贴着苏州河的曲线直到与娄山关路交接。

万航渡路建筑至今已经有 160 多年了，它的路名在历经“极司菲尔路”“梵皇渡路”“万航渡路”的“三生三世”之后最终还是与“渡”字有缘，是有其独特地理渊源的。据历史记载，早在清朝末年，这一带就是河汊交织，阡陌纵横，渡口众多之地。如今万航渡路还分别与其他多条马路接壤交错，正好暗合着“万航”这个意象。

岁月不居，时光匆匆。曾经发生在这条马路上的沧桑往事，随着万航渡路的不断拓宽改建，似乎渐行渐远，随风飘散。然而，作为一条与上海开埠同期的马路，万航渡路独特而有些传奇的“身份”已经积淀在这个城市的历史中，许多建筑可以拆去，也应该拆去了，但是许多往事却可以历久弥新，令人回味无穷。

万航渡路最初叫极司菲尔路。“极司菲尔”似乎很像一个混血儿姑娘的名字，但其实极司菲尔是一位被葡萄牙商人从马戏团赎身的中国少女，反正这是一个“灰姑娘”童话中国版的再现。她最终与美国传教士结婚，并由此选择在此地建造“极司菲尔花园”作为婚房。

1861 年，太平军准备东进上海，清廷同意租界当局在租界外修筑马路以“以利单行”。于是这条由静安寺通往“极司菲尔花园”的马路，就成了“极司菲尔路”。

由于该路是租界越界筑路的产

物，1899年公共租界扩张，就将该路南部划进租界，中部又是华界和租界的分界线，而北部则属华界。这种状况造成的结果是使路权和警权十分复杂，社会治安也变得错综复杂起来。

民国时期，特务不能在租界内任意行动，就将人引到该路后加以逮捕；抗日战争爆发后，汪伪政权又在此路的北面76号原安徽省政府、军事参议院院长陈阔元的公馆设立特务机关，绑架、暗杀许多抗日人士，为虎作伥、无恶不作、杀人如麻，以致该路及周边地区被称为“沪西歹土”，令人闻之丧胆。

不过，该路的南端因为靠近愚园路南京西路等繁华地段，商业地产日见兴旺繁荣。1934年，南浔富商顾联承出资建成三层高的“百乐门”饭店大舞厅，英文名意为“最高的、最卓越的建筑”。

这幢建筑的造型风格为美国近代流行的模式，顶部设计为圆柱状梯形玻璃灯塔，周围层层裹以霓虹灯广告，楼的左右翼又安置了从楼顶直贯底层的流线形灯柱，顶部中央设霓虹灯，光芒可射出一里多。很快，百乐门舞厅就以它内部奢华的装饰、优越的地理位置和众多舞艺出色的舞女闻名上海滩，成为当时的“远东第一乐府”，直至成为旧上海娱乐业标志性的建筑和代名词。由“灰姑娘”的花园演变成“沪西歹土”，再到“远东第一乐府”，这是这条马路让人感到扑朔迷离的一幕。

如今夜晚从南京西路拐入万航渡路，在百米不到的路程里，依次是修缮一新的千年古刹静安寺、百年老店王家沙点心店、老凤祥银楼、现代艺术书店、雷允上药城、百乐门舞厅、金航大厦、环球世界大厦、申乐大厦、鸿运楼、中百九店、云峰娱乐中心等。令人惊奇的是，在这些新老建筑组成的夜景里，还是百乐门舞厅那独特造型的外观和霓虹灯装饰引人注目。2001年9月，有关部门出资对“百乐门”进行恢复改建，大胆采用雕花玻璃钢来展示其豪华气派，将现代时尚的气息融入老百乐门的建筑之中。

2013年，静安区再次对百乐门进行改造，明确将百乐门建成上海的爵士文化地标，辟“历史长廊”和“时光隧道”，供人们重温往日的繁华与情调。同时，让传统与时尚相结合，成为各类比赛与活动举办地的基地，使百乐门再现辉煌。

不过，百乐门舞厅的霓虹灯光再璀璨辉煌也有尽头，过了北京西路之后，不宽的马路两旁基本上是建于20世纪二三十年代造型各异的新式里弄房，沿马路楼下几乎都开着与民生有关的小店。它们的外观也都已显斑驳陆离，沧桑而陈旧。

弄沿门牌上“三义坊”“联义坊”“元善里”“永乐村”等，这些水泥雕塑的字样，虽然已经模糊但还是清晰地透露着过去年代的痕迹，万航渡路因此交织着一种生动纷繁的世俗景象。“沙丽文饼干店”“考究浇头面馆”“黑白心事照相馆”“弄堂酒吧”等，在远处高楼的对比下显得低调而有几分怀旧的韵味，如同一把悠扬的胡琴，平缓地演绎着市井小曲。

1994年，随着武宁南路的修筑，新闸路之后的“瓶颈”被拓宽，马路变得豁然开朗，汽车可以直达中山北路内环高架路。就在这一过程中，包括上钢八厂在内的一些中小型厂家、我国著名出版家张元济故居在内的许多花园洋房被拆除了。2007年以后，这一段的万航渡路又面临多次改造。从新闸路到北京西路狭窄段被拓宽，因此包括三义坊、联义坊、永乐村、静安幼儿园等在内的许多弄堂和建筑消失了一半。这一段的万航渡路变成集商贸购物、旅游怀旧、住宅交通于一体的6车道马路，担负起上海西部城区主干道的重任。

昔日的万航渡路“76号”变成435号，先是成为建东中学，而后又挂上逸夫职业技术学校的牌子。如今两幢棕白相间的教学楼中间是一个塑胶的操场，教室里飘荡出悠扬的琴声，当然没有一点“杀人魔窟”的影子了。万航渡路在此转向，一路向曹家渡拐去。

百年万航渡路最大的变化，还是它的北部曹家渡片区。当年这里是老房、老路、老店、老厂云集，由普陀、长宁、静安三区共辖的商业交通中心。自20世纪90年代之后，随着长寿路大规模拆迁改造，一些老厂被迁并，这里的主要道路均被拓宽，中心地带一幢幢高楼拔地而起，现代化的商厦逐渐沿马路环立，依然是沪西商业、交通的中心。

华园、中行别业、市西中学、上海美术电影制片厂等一些具有代表性的花园洋房和别墅小区，在这一波的拆迁声浪中幸存下来。它们将与万航渡路上的新建筑和平共处，交相辉映。

越过“曹家渡”之后的万航渡路，贴着苏州河的曲线一路向西蜿蜒。这里属于长宁区区域，河道弯弯，岸线优美。1997年12月，强家角渡人行天桥建成通行，“最后的摆渡口”——强家角渡电动轮渡终于完成其使命。在20世纪20至90年代里，沿线有上海酿造厂、上海工业玻璃厂、华阳电子仪器厂、华东政法学院、上海第五棉纺厂、亚洲电焊条厂、上海第八煤球厂、上海第三织布厂和三角地菜场等工厂单位，也是一条“苏州河工业之路”。2000年之后，很多工厂纷纷关停并转，这一段的万航渡路经过精心规划打造，又成为一

万航渡路 1575 号　华东政法大学思孟堂

条创意园区、绿化景观、亲水平台与新型住宅小区并存的马路。

如今沿路有建于 1874 年上海最早的丝绸加工企业湖丝栈旧址，有中共地下党创建的第三十七民众夜校旧址、创邑·河创意园区、周家桥创意产业之门等，还有建于 2000 年前后的万航、大家源新城、上海花城等住宅小区。变化最大，也最令人赏心悦目的是中山公园与华东政法大学之间的一段万航渡路。2021 年，上海实施“城市 + 公园”规划，所有适合开放、有历史底蕴的地方都拆掉围墙，让公众可以随意徜徉。建于 1914 年，原名为兆丰公园的中山公园就此拆除了西北围墙，使具有英式乡村风格的原 2 号门、建于 1925 年的“铜顶”以及多株有 150 多年历史的悬铃木等，成为万航渡路上的历史景观，为市民营造了更有温度的慢行空间。

华东政法大学的前身为建于 1879 年的圣约翰大学，苏州河水在这里形成一个独特的“U”字形环抱着校园，也使校园有了一条相同形状的 900 余米长的河滨步道。沿着步道，可以近距离接触校园内的思孟堂、格致园、桃李园、东风角、华政桥、书香园等 10 个景点和 27 座中西合璧的国宝级老建筑。河滨步道于 2022 年 6 月完成修复改造后即向公众开放。如今人们一边欣赏苏州河湾沿岸连绵的都市景观，一边可以观览一座座特色鲜明的历史建筑，在这些组合起来的画卷中，细细品味这个拥有 140 多年历史曾被称为“东方哈佛”的美丽校园，感受苏州河畔深厚的人文底蕴。

当复古式宝蓝色的 20 路电车在中山公园和华东政法大学之间缓缓驶过，电车的咝咝声仿佛历史的回声，激起人们对百年万航渡路的怀念之情。

乘轨道交通 2、11 号线到
江苏路站下，
即可到达愚园路西段。

…
中山公园
江苏路
静安寺
…

今夕何夕 愚园路

愚园路东起常德路，一路向西蜿蜒，过华山路、乌鲁木齐北路、镇宁路、江苏路、安西路、定西路直到中山公园为止，全长近 3 000 米。这条路由当年的公共租界工部局于 1911 年越界填浜修筑而成，因为当时愚园路常德路口曾有一座叫作“愚园”的私家园林而得名。

愚园路由于东临繁华的静安寺商圈，西又通郊区，交通便利，地价便宜，当年筑路成功后，许多中外富商巨贾、达官贵人以及一些公司银行纷纷在此买地造楼建别墅，因此愚园路也就渐渐成为沪上的高级住宅区和马路之一了。

如今漫步在愚园路上，高楼和新楼并不多，马路也不宽，特别从乌鲁木齐北路到镇宁路一段，弯弯曲曲，两旁依旧保留了过去成排的梧桐树和立面雕花、装饰典雅的过街楼。透过过街楼，里面全是建于 20 世纪二三十年代的新式里弄。沿街数过去，有愚谷村、涌泉坊、愚园坊、中实新村、锦园、兰畹、贤龄别墅、四明体育弄等。比起石库门里弄来，它们的内外设施更为先进实用。因而即便是在经济飞速发展，高楼大厦层出不穷的今天，这些里弄住宅依然没有过时，相反它以其宁静幽雅相互亲近的居住环境和实惠精致的居住空间得到许多人的向往和青睐。这里的一些里弄已经成为中外友人走近上海、深入上海市民的腹地，成为他们“做一天上海人”的首选之地。

深入里弄深处，你会发现，每一条里弄的房屋大都是联排式的，而且大小格局差不多，但是每一条弄堂的房屋外观色彩造型都不一样，所以它们组合在一起，就构成愚园路上极其和谐的里弄风光。棕色、灰色、奶黄、红棕色等，愚园路上的弄堂房屋的色彩真的可以说是千姿百态，万紫千红了。走在愚园路上常常会让人产生今夕何夕之感，让人疑惑自己是不是走在欧洲的某个小镇上啊。

据说曾经有人建议拓宽愚园路，也就是把愚园路的外壳剥掉一层，拆除那些过街楼或沿街的一些店面，让愚园路上那一条条深邃美丽的弄堂、一幢幢形态各异的洋房别墅显露出它们的卓越风姿，再将这些洋房改建成旅馆，那么愚园路又将是上海一条具有独特人文景观的观光马路了。虽然这个建议并不一定切实可行，但多少反映出愚园路的弄堂和洋房别墅的独特人文历史价值正在被越来越多的人了解和推崇。

愚园路395弄是涌泉坊。弄口有过街楼，连接东西两侧房屋，沿街东西是长50米，高14米的一排房屋，屋顶用红色西班牙筒瓦，坡度平缓，屋前小院的矮墙也以筒瓦压顶。圆拱门，房屋门旁有小圆柱。涌泉坊最精彩的部分是它的弄底，一幢外观为西班牙式与意大利式混合的大型住宅。屋顶高低错落多变，四面外观不同，既有凸出的阳台也有圆柱挑楼。外墙贴有深棕式勾白线的粗大面砖，看起来特别厚实稳重。据说整幢楼大大小小的房间就有40余间。这幢房子昔日的主人就是旧上海华成烟草公司总经理陈楚湘。整个涌泉坊也是由他的地产公司投资建造的。如今这幢洋房的花园已经有些衰败，楼内分住着好几户人家，但是它的外观还基本保持着昔日的风采，常常引来一些老建筑“粉丝”来此探访寻踪。

涌泉坊东面的一条弄堂是愚谷村，这条以村命名的弄堂可谓闹中取静，它的另一头直通南京西路，从愚园路上就可以看见对面马路上的车流和人影。小区内共有18幢新式里弄建筑，沿主弄呈鱼骨状排列。方形门窗和红色窗盘，体现了老上海高级住宅区的韵味。愚谷村里也曾名人荟萃。著名作家茹志鹃从1974年开始居住在这里直到去世，她的女儿也是著名作家的王安忆曾写过一些关于愚谷村的回忆文章。弄内21号曾住过著名电影演员沙莉、凌志浩夫妇。弄内37号是著名的山水画家应野平的故居，他生于1910年，于1990年去世，其作品如同他的名字一样意境深远，格调清新。应野平生前曾任上海人民美术出版社编辑室主任、上海大学美术学院教授，出版有《应野平山水画辑》等。

涌泉坊向西过去，便又是一条名为中实新村的弄堂。弄内44号，一幢砖木结构坐北朝南的三层新式里弄住宅，曾经是中共中央上海局秘密机关之一。1947年下半年，中共中央上海局书记刘晓曾化名在这里开展地下工作，这里也是他的居住地。现在这里为一般居民住宅，周围环境一如当年风貌。

随着时代的发展，愚园路一直在与时俱进，不断地进行各种更新，通过街区改造+业态调整，打造特色街区，唤醒城市文脉。愚园路1107号的弘基·创邑国际园就是这种城市更新的典范。整个创邑园区共有9栋各具特色的办公楼，按国际理念设计，穿插现代元素。LOFT的空间格局、特别的层高和采光设计，使内部空间通透宽敞、惬意舒展。这里原本是上海长征制药厂的老厂房和几幢小洋楼，经过改造之后，形成了既古朴厚重，又时尚大方的风格。红色的砖墙、黑色的钢窗、绿色的树木，显得极为幽雅素净。在这里办公既可以品味到愚园路老洋房的历史风韵，又能享受到现代办公条件的便利。

如今愚园路沿街大大小小121处历史保护建筑门口，都挂有一块精致的大理石制作的铭牌，铭牌上除了有中英文文字和图片外，底下还附有二维码，只要用手机轻轻“扫一扫”，更详细的图文介绍便会呈现。真正做到了“建筑可阅读”，让市民随时感受到愚园路上老建筑的魅力。

由于轨交2号、3号、4号、11号线都在愚园路附近设站，所以目前愚园路的主要城市功能仍是住宅区和交通要道，有关方面围绕“艺术生活化、生活艺术化”这一理念，对沿街公共景观、公共设施、商铺立面、绿化等等都进行了“不露痕迹”的改造，提升了愚园路的整体风貌。

如今从江苏路到定西路这一段愚园路，整日车来人往，比肩接踵。沿街既有传统的快餐店、五金店、杂货铺、水果店，也有高端买手店、调香店、牛排店、玻璃艺术品店及各种“网红”小店，咖啡馆更是每过20米便有一家。江苏路口的围墙上置有金属板的“愚园路花园老洋房地图”；再过去沿街墙上有展示愚园路历史和建筑的玻璃橱窗；愚园路1065号新设了“愚园路历史名人墙”，形同一座开放的微型城市记忆博物馆，展示了曾在这里生活过的近百位名人的点点滴滴，朴实无华却让人记忆深刻。

漫步愚园路，感觉这里的一砖一瓦、一草一木，都浸润了历史的风霜，到处都是传奇和风情。“一条愚园路等于半部中国近代史”并非夸张之词。中国近代历史的风起云涌在愚园路上都能找到影子，可以说前清遗少、军政要员、文化名流、梨园行家、学界泰斗、商界巨擘、市民职员，甚至背负历史“骂名”的人，都曾是愚园路生活的“常客”。

这一段的愚园路也是名弄“荟萃”，一路过去有岐山村、宏业花园、桃源坊、联安坊、俭德坊、沪西别墅、亨昌里等，不胜枚举。也许是一

愚园路 1136 弄 31 号　长宁区少年宫（王伯群旧居）

种偶然与必然的巧合，傅雷、钱学森、沈钧儒、章伯钧、陈鹤琴、路易·艾黎、蒋光鼐等中国近现代史上的风云人物都在这些弄堂里留下足迹。

岐山村是一条新式里弄，宽敞整洁的弄堂内有各式各样的连体三层花园住宅和独栋花园洋房。当时的业主以周武王发祥于岐山的典故冠其名为“岐山村”。确实，岐山村里官宦富商、文人墨客云集。著名爱国人士杜重远在上海时就寓居在此，当时结识了沈钧儒等爱国人士，并与邹韬奋结为莫逆之交，积极投身于抗日救亡运动中。西安事变前，他多次和张学良、杨虎城在上海秘密会见，共商抗日大计。岐山村内留下了这位爱国人士的踪迹。

早在 20 世纪 30 年代就叱咤中国文坛，被誉为中国“新感觉派”小说的真正鼻祖的作家、文学翻译家施蛰存先生，从 1938 年起就生活在这里，直至 2003 年去世，享年 99 岁。他在岐山村里“蛰伏”了近半个世纪。绚烂归于平淡，从小说创作转向古典文学教学和研究，同时还开始了碑刻拓片的收集和整理。他的故居位于愚园路1018号，是联体式三层花园住宅中的一幢，建成于1931年。后门在岐山村第一条支弄里，正门在愚园路上。周围邻居很少看到他出来走动，因为他的心是安静的，“一生心事在书题”。了解了施蛰存先生的百年经历，对愚园路、对岐山村就有了更深的认识，这里不仅仅是上海繁华旧梦的发生地，也是海派文化的孕育地。

过岐山村西面不远，便是愚园路1088弄宏业花园，始建于1900年前后，为军阀段祺瑞之子段宏业置建，故称为“宏业花园”，至今已经有120多年历史了。宏业花园“隐藏”得很深，必须经过一条近百米长的通道才能到达。如今这条通道经过改造，沿道一面开设了“愚园公共市集”和许多网红小吃店，引来无数的年轻人来此打卡拍照。许多人喜欢愚园路，最重要的一点是在历史深处仍可见人间烟火。它既是商业的，也是生活的，它是时髦的，也是接地气的。

漫步在宽敞的宏业花园内，才发现宏业花园氛围依旧。四周都是联列式假三层花园洋房，弄内房屋在1949年前大多由外侨、文化人、富商、政要居住。每户都有车库和一个朝南的小花园。这些房屋都是砖木结构，地板等木料均为洋松，门扣、窗扣五金配件均为铜质，每户都有大卫生间、煤气灶间，还有煤气小锅炉，供应热水。

由新中国培养出来的青年钢琴家顾圣婴一家就住在宏业花园103号的一幢花园洋房里。在花园入口处，墙上设置了《永远的琴声——宏业花园里走出的中国女钢琴诗人顾圣婴》的展板，图文并茂，如诗如画，如电影黑白胶片，展示了宏业花园既引以为骄傲又令人感叹的一段历史。

顾圣婴从小对音乐就有特殊的感情，5岁就能随琴唱歌。50年代后期，顾圣婴曾三次跟随苏联专家学琴。1957年8月，顾圣婴参加瑞士日内瓦第14届国际音乐比赛，在强手如林的赛场上获得最高奖，随后又在比利时举行的伊丽莎白王后国际音乐比赛中获奖。但是在动乱年月里，这位才华横溢的青年钢琴家却因不堪凌辱自杀身亡，年仅30岁。

愚园路的弄堂就是这样，精美的建筑之内还深藏着无数令人唏嘘感慨的故事，如采撷不尽的旧日繁花。半个多世纪过去了，愚园路上的梧桐树叶绿了又黄，黄了又绿。这里曾经流淌出的琮琮琴声，仿佛一场深沉婉约的梦，在许多人的记忆里挥之不去。有人说，在流逝的光阴里，愚园路的建筑慢慢变成一部石头铸就的史书。

乘轨道交通 2、10 号线
到虹桥火车站下，即可到达
各条以“申”和“虹”字命名的马路。

…
徐泾东
虹桥火车站
虹桥 2 号航站楼
…

“申”字打头 “虹”字居中的马路

说起上海的虹桥地区，许多人脑海里立刻浮现出虹桥路、西郊公园（今上海动物园）、虹桥飞机场、虹桥火车站、虹桥经济技术开发区等名称。

虹桥经济技术开发区是中国第一个国家级的涉外开发区，是上海最早的集外贸展览、展销、贸易洽谈、办公居住于一体的现代化商业城区。整个范围东至中山西路、西至芙蓉江路，南至黄金城道，北至玉屏南路和天山支路，人们习惯称之为“新虹桥”，至今仍在上海的经济发展中占有重要位置。

但随着对外开放的深入和经济的高速发展，“新虹桥”已经不能满足于经济发展的需要，于是“大虹桥”概念因缘际会浮出水面，其发展蓝图更令人瞩目。

所谓“大虹桥”就是将虹桥商务区的范围东推至环西一大道，西推至现铁路外环线，南推至沪青平公路，北推至北翟高架路，总用地面积约 26.3 平方千米。同时，虹桥枢纽周边约 60 平方千米的区域划为虹桥商务功能拓展区，这两个区域面积相加，约 86 平方千米，涉及闵行、长宁、青浦、嘉定 4 个区。

“大虹桥”是继上海自贸区临港新片区、长三角生态绿色一体化发展示范区后，上海承接的又一重大战略任务，其中的虹桥商务区更是发展格局中的一个重要支点。

如今“大虹桥”的布局投入已有经年，虹桥商务区的规划建设发展也有十余年。规划建设区域面积不断拓展，核心区也相应扩大，建设主体从上海一家变成长三角三省一市共建，是名副其实的“大虹桥”。

如今当你从虹桥火车站出来，跨

越申贵路、申虹路天桥，左边为虹桥商务区公共事务大厦；右边是以“虹桥天地”为名的一座现代化商务城。只见城内各种外观装饰新颖时尚、造型独特别致的大厦高低错落、合理布局。这里有虹桥天地演艺中心、英皇电影院、中外饮食餐馆、商务办公楼等，是虹桥商务区的“核心”。

穿过东西向，横亘虹桥天地的绍虹路，便来到南北向的申长路十字路口，宽阔的马路上行驶的汽车虽然不少却很安静。这里高架盘旋，四通八达，道路格局已经蔚然成型，一派现代化商务城区新气象。

沿主干道申长路由北向南漫步，各种风光尽收眼底。尤其是十字路口各种现代风格的雕塑作品，造型线条简约，却意味深长，耐人寻味，形象生动地反映出这个上海乃至长江三角洲最大商务区的现代理念和风貌。

在虹桥天地中心广场大楼墙壁上有一幅葡萄牙浮雕艺术家创作的壁画。这幅作品的主题是致来往于虹桥枢纽的旅行者们，那些从飞机场、火车站、地铁站而来的人们。艺术家曾在人流密集的虹桥枢纽，观察了无数人的面部表情获得创作灵感。他把当代都市人内心的渴望和躁动惟妙惟肖地呈现在墙壁上。驻足观看，就能使人感受到“大虹桥”扑面而来的现代都市气韵和虹桥天地的艺术魅力。

在虹桥天地艺术中心前，一座题为《命运共同体》的雕塑别有意味。五根立柱向上交会，寓意五大洲汇聚虹桥，相互支持、同舟共济，融合发展，携手共建美好的未来。作品依托“以人为本”的理念，创造出如“人”似“众”，富有艺术张力的造型效果。远看犹如一团正在燃烧的篝火，象征中西方贸易等各个领域交流合作的繁荣盛景，也象征各国人民在此会聚，产生交流的火花。

在申长路中心绿地上，一尊题为《枢纽》的雕塑也很有意味。从四个基点出发引出四条抛物线，交错连通，仿佛一个立交桥，环绕着天空。钻石切面根据弧线盘旋而上，形成一个纽带。雕塑全部由数字化输出，激光切割而成，是数字艺术在公共艺术上的一次重要实践。夜晚，随着灯光的变化，雕塑更显得璀璨绚丽、韵味无穷。

这里原来属于闵行区华漕、徐泾镇，大片农田中有张正浦、横泾、南虹港等河流。而今属于新虹街道。扬虹路以北为各种现代化的居住小区，扬虹路以南才是商务区的核心建筑，除了虹桥天地外，还有新虹桥汇、虹源盛世中心、虹桥宝丽广场、虹桥天街、国家会展中心、虹桥绿谷广场等。

相信初来这里的人，只要多走几条马路，就会发现一个规律：这里南北向的马路命名大多以“申”字打头，从西到东有申滨路、申长路、申虹路、申贵路等；东西向的马路命名则以“虹”字居中，从南到北有迁虹路、宁虹路、淮虹路、兴虹路、通虹路、锡虹路、苏虹路、绍虹路、舟虹路、甬虹路等，那么，其中有什么寓意呢？

显然，申是上海的古称和简称，“大虹桥”所在的这片区域正是上海历史最古老的腹地之一，是传说中的春申君黄歇的封地。他曾率领地方百姓开凿和疏浚东江。于是人们把东江称为“春申江”“申江”“黄歇浦”等（即黄浦江的前身）。以“申”字打头的马路，大都是“大虹桥”内的主干道，用最能体现上海历史元素的“申”字命名，其义自见。

而宁（南京简称）、淮（淮安简称）、通（南通简称）、锡（无锡简称）、苏（苏州简称）、绍（绍兴简称）、舟（舟山简称）、甬（宁波简称）等，都是长江三角洲一带经济比较发达城市的简称。将这些城市名字中的一字与虹字组合同样寓意深长，一举多得。一方面是上海“海纳百川”城市精神的体现，另一方面也象征这些城市在经济上融入上海的趋势。同时这些城市的商务办公楼就坐落在对应的马路上，也便于人们辨识记忆。真的是既有多重意蕴又带实用功能，与浦东张江的“科学家之路”有异曲同工之妙。

从虹桥商务区马路的命名上同样可见“大虹桥”的建设思路与格局。这意味着，“上海的虹桥”，正成为“长三角的虹桥”“中国的虹桥”和“世界的虹桥”。

轨道交通3号线

轨道交通三号线起讫站为江杨北路站至上海南站站，全程40.30千米。一路穿越宝山区、杨浦区、虹口区等行政区域。2005年12月26日开通运营上海南站站至江湾镇站。2006年12月8日开通运营北延伸段江湾镇站至江杨北路站，又称明珠线，是上海首条高架轨道交通线路，也是唯一的高架线，所以“辈分”最高，“派头”最大。

“三号线”对应的马路，如黄渡路、山阴路、甜爱路、横浜路等都集中在鲁迅公园和虹口足球场一带。虹口是海派文化的发源地，鲁迅、茅盾、郭沫若、丁玲等许多中国现代文学“巨匠”都曾在此区域留下作品和足迹。

乘轨道交通 3 号线到江湾镇站下，
向南沿逸仙路至仁德路，向西到新市北路，
再向南走，便可到达万安路中段。

…
大柏树
江湾镇
殷高西路
…

见证江湾镇的万安路

2023 年 3 月的一天，路过江湾镇新市南路至水电路一段的万安路，只见马路北面形同一个建筑工地，重型卡车在进进出出，挖掘机、打桩机轰鸣，巨型的塔吊在转动……这里正在建造高层、多层和别墅建筑。用不了多久，一片片高档住宅小区将在这里兴起，万安路就基本没有老房子了。

江湾镇是一个有千年历史的古镇，因为一条弯弯的吴淞江从这里蜿蜒而过，而变得美丽富饶。但是由于后来河道淤塞，吴淞江改道了，江湾这个富有诗意的地名却留存至今。

时间如果推移到 2020 年之前，这一段的万安路基本是老旧的两层居民建筑，尤其是从保宁路至新市南路段，两边沿街建筑完全是 20 世纪六七十年代的样式风貌，如同一段黑白胶片，又像一条时光隧道，处处遗留着昔日的市井风情和人间烟火，行走其间，令人有时光倒流的错觉。

万安路是一条东起杨浦区小吉浦，西讫虹口区广粤路，横贯江湾镇中的马路，全长 2 200 米。在江湾镇境内，东自逸仙路，一路向西曾与斗台街、万安桥、春生桥、新市南路、新市北路、保宁路、池沟路、沽源路、华严路、韶嘉路、黄桥街、竹桥街等相交，长约 2 000 米。

明嘉靖二十三年（1544 年），倭寇入侵，江湾镇被洗劫一空，屋舍焚毁，一片废墟，之后几百年间才逐渐恢复并又逐渐兴盛起来。

清末民初横贯江湾镇中的街巷有东栅、青云栅、老春生街、牌楼街、三间楼街等，这些街巷可通行人力车及独轮车，人们泛称为江湾大街。

1932 年“一・二八”淞沪战争爆发，江湾镇首当其冲，损失惨重。

战后重建时，人们将上述街巷连通拓宽为一条街，因路南侧有万安桥，便命名为万安路。路东段和路中段很快成为江湾镇的商业中心，市面繁荣，两侧商铺店肆，鳞次栉比，举凡烟酒、杂货、棉布、百货、文具、陶器、水果、饮食、理发、修补、成衣以及废品回收等商店，均有开设，远近闻名，给居民生活带来方便。

20 世纪 50—90 年代前，万安路基本保持原貌，但 90 年代后，随着逸仙路、凉城路、江杨南路的拓宽改造，不少河道被填，多座桥梁消失，万安路两侧的老房子也拆去不少，兴建了景瑞公寓、奎照公寓、海湾新苑、文致公寓等小区，特别是沿江湾市河北岸的房屋全部拆除，万安路从广粤路至春生街一段，一边是房屋一边是河道，水从门前过，人家尽枕河，空气风景独好。

这条叫作江湾市河的河道其实并不宽，但曾经有一个响亮的名字叫走马塘，悠长地流经闸北、虹口、杨浦等区。相传走马塘是五代钱姓吴越王开凿，初名就叫钱家浜，南宋建炎年间，在此设置江湾巡检司。

当时与岳飞齐名的韩世忠将军曾率部队驻扎在这里，放马竞骑，后人为了表示对他的敬仰与纪念，就将这条河改名为走马塘。而流经江湾镇中心的这段走马塘又称江湾市河。记得 2007 年时，从水电路左拐进万安路，一边全是建于 20 世纪二三十年代的老房子，黑瓦、白墙、灰檐；另一边是杨柳、河岸、小亭、小桥，还有奎星阁、蟠曲舫、韶嘉路廊桥等分布其间，陈旧沧桑斑驳，清雅古朴苍劲。

如果仔细观察的话，你会发现万安路上的这些房子不同于上海城区那种石库门里弄房，大都是单幢毗连式，过街楼后面有独幢带庭院的楼房。楼房大多为二层，也有平房，有些低矮的平房屋顶上居然也有老虎窗。有些二楼朝街面的墙壁还是木板的。街口、街角还有六角、三角形屋顶的平房。沿街全是各种与民生有关的小店，中药店、西药店、时装店、小餐厅等。

当时觉得奇怪的是，万安路四周的高楼大厦已经成群成片，为何独独这里还保持着过去年代的建筑和格局呢？内心倒真的希望这里的一切都能保持住，留住昔日江湾镇的历史风貌。然而最后一段江湾老街还是在 2020 年左右封闭并陆续拆除。

时隔 3 年后，万安路改造方案终于浮出水面并动工。未来这段万安路一边是高层、多层、联排别墅建筑，还有市民驿站、菜场、幼儿园等现代化的生活配套设施，另一边是蜿蜒曲折、绿树绕岸的江湾市河，这里将出现万安路最美的景观，当然也将成为江湾镇身价最贵的地段。

乘轨道交通 3、8 号线到
虹口足球场站下，向东沿四川北路走
便可到达黄渡路北端。

…
东宝兴路
虹口足球场
赤峰路
…

“永不消逝”黄渡路

黄渡路是上海鲁迅公园对面一条略呈“S”形的小马路，北起四川北路，南达东江湾路，原名叫黄罗路。马路虽然不长，历史却不算短。这是一条由公共租界工部局于 1904 年越界建筑的马路。1945 年改以当时的嘉定县（今上海市嘉定区）黄渡镇为名。这条马路太低调了，虽然两头分别连通着喧哗的四川北路和东江湾路，但闹中取静，马路两旁确实也没什么吸引人的风景，一边是 20 世纪 90 年代前后翻造的部队楼房，底层零星开着一两家烟杂店和小点心店；另一边则是老式的花园洋房和新式里弄房。

仔细观察马路两边的建筑，会觉得有一种特别的历史气息扑面而来，尤其扫视马路西边成排的老式花园洋房，尖顶、斜坡、重檐、券窗、雕花铁门、拉毛水泥、红砖、青砖墙等。恍惚是行走在异国他乡小镇上，又仿佛是进入了欧洲老电影的画面里。

人在画中走。黄渡路不仅是一条老建筑和风貌保护较为完整的幽静马路，而且是一条有着深厚人文历史底蕴的马路。这些大楼、公寓、别墅大都是外侨权贵巨贾所建，后来住户很多为军政机关工作人员、中高级知识分子、宗教界人士、原国民党知名军政人员、归侨及台港澳同胞等。

当年这里有日本人开设的旅馆、有中共地下党情报人员的住所，有国民党政要的私人住宅，有亚细亚钢铁厂职员宿舍，还有电影制片公司。这条路入则静谧，出则繁华的背后，其实变化多端，暗藏惊险。

许多人都看过著名电影演员孙道临和袁霞于 1958 年主演的新中国第一部谍战片《永不消逝的电波》，影片主人公李侠的原型之一是李白烈士。李白生于1919年，湖南浏阳人。1947年上半年，身为中共地下党员的他和夫人裘慧英携子迁入这条马路的一幢房屋内，并在此设立秘密电台。他白天上班掩护身份，夜晚将情报发送千里之外的延安。1948年底，国民党测得电台方位，包围了李白住所，将其逮捕。1949年5月7日夜，李白牺牲。而仅20多天后，上海就解放了。

李白烈士故居在黄渡路107弄15号。此处于1987年5月经修缮后对外开放，馆名“李白烈士故居”是党和国家的主要领导人之一陈云所题。

走进弄堂，绿树蓊郁，遮天蔽日，幽静雅致。原来这里的22幢楼房属于法式联排花园别墅，最初是亚细亚钢铁厂为高级职员盖的宿舍区，也称亚细亚里。屋顶又为荷兰式三折坡屋顶，局部单幢建筑在转角处形成圆弧形平面，到顶部形成塔楼。鹅卵石墙面，家家入口处有木制雨篷，底层六边形凸出墙面，二层、三层的阳台上饰铁铸的图案。据说这样风格的建筑在上海已绝无仅有了。

现在的李白烈士故居一楼、二楼是李白生平事迹陈列室，三楼恢复李白生前住所原样，在他发报的小房间里有电台、发报机、电讯器材工具等，还原了当年的情景。

其实，短短的黄渡路还有一处

黄渡路17弄3号　独立式花园住宅

让人难忘的景观。那就是原来的30号，曾是日本人开设的花园庄旅馆。鲁迅先生全家曾于1931年1月20日下午来此避难，40天后才离开。其间鲁迅吟出了“忍看朋辈成新鬼，怒向刀丛觅小诗”的著名诗句。新中国成立后，黄渡路30号变成了49弄5号。花园庄旅馆四周变成上海无线电八厂厂区。1990年之后，此地变成一座变电站。如今这里又变成空间118创意产业园的一部分。

黄渡路的南端还有一幢四层营房式楼房，远远地看去如航行海上的军舰。这就是抗日战争胜利前日本侵略军在上海的大本营，建于1924年。它的正门在东江湾路1号，从黄渡路只能看见它的侧面和背后。

黄渡路这条小马路一如既往幽雅地紧靠在喧哗的四川北路旁。

乘轨道交通 3、8 号线到虹口足球场站下，
向南沿东江湾路至四川北路，
再向东走，便可到达山阴路南端。

…
东宝兴路
虹口足球场
赤峰路
…

山阴路的底气

总觉得紧靠着繁华四川北路的山阴路像一位 20 世纪 30 年代穿着布衣长衫的书生，遗世独立，有点落寞却儒雅沉静而又气度不凡。如果说南京路、淮海路是浓妆艳抹的贵妇，那么山阴路就是洗尽铅华的少妇。

山阴路全长不过 600 米，路不宽甚至显得有些曲窄，两旁的梧桐树枝交叉在一起，在炎夏里能撑起一片浓荫。直至今天，山阴路沿街很少“破墙开店”，也没有任何现代化的高楼，只是在靠近四川北路的一端零星地开了几家小铺子。

如今山阴路最大的亮点是 132 弄 9 号鲁迅故居。故居是红瓦红砖红墙的三层楼建筑，原本是大陆银行职员的宿舍，楼高房宽，天井小院、水电煤气，一应俱全，这样的楼房在山阴路一共有 6 幢，几乎占了山阴路的半壁江山。二楼是鲁迅的书房兼卧室，如今窗边的日历还停留在他离世的日子：1936 年 10 月 19 日，梳妆台上闹钟的指针也静止在那个悲伤的时刻：凌晨 5 时 25 分。在这里，鲁迅度过了他生命最后的 4 年半的岁月，除了写下大量的杂文外，还翻译了许多外国文学作品，与内山完造、茅盾、柔石等中外作家友人亲切会谈，组织指导参加了许多在当时被青年人视为“前卫”而被当局视为“异端”的活动。

当年的鲁迅之所以选择山阴路作为居住之地，也是山阴路本身具有众多优势。山阴路是公共租界当局越界筑路的产物，筑于 1911 年，原名施高塔路，用的是租界工部局总董英国人施高塔的名字。1945 年才改名山阴路，山阴是鲁迅故乡绍兴的古称。这里当时既非英租界那么奢华，也不像老城区那么杂乱。有洋楼，但不张

扬，有市民，却又不嘈杂。半租界性质，既安静又不远离生活，非常适合靠卖文为生的文化人居住。难怪当年的鲁迅、茅盾、瞿秋白、郭沫若、沙汀、陶晶孙、曾联松、赵清阁等都先后在这里居住过。想来山阴路的一砖一石都留有这些文学大师独立坚实的脚印，一草一木都浸润着他们犀利而又深邃的目光。

漫步在山阴路上，映入眼帘的是路两旁形态各异的楼房和一条条幽深狭长的弄堂，大陆新村、千爱里、东照里、兴业里、四达里、恒丰里等，建于 20 世纪 20—30 年代，只要看看这些里弄的房屋结构和过街楼上精雕细刻的弄牌名，就让人感觉到一种曾经的殷实和不急不躁的绅士风度。

四达里 21 号二楼朝南的一间房间里曾居住过我国现代女作家赵清阁。1948 年，她不满国民党统治，就索性闭门谢客，在她自己取名为“淡泊楼”的 4 平方米书斋内，终日伏案写作，用笔与黑暗势力抗争，也是“鬻文果腹”。当写到夕阳西下，暮色游离在窗前时，她会稍事休息一下。然后走出石库门，走出四达里，在山阴路上散步，一直徜徉到山阴路尽头的小河边。在一排白杨树下蹲下来，数着落叶和自己的脚印；有月亮的晚上，她会找一块干净地方坐下来甚至躺下来，眺望广漠的天空，向星星飞眼，让月光拥抱自己。过后再

山阴路 132 弄（大陆新村）9 号　鲁迅故居

回到4平方米的“书斋”里继续写“未完成的文字”，直至夜阑人静。

山阴路261弄2号是陶晶孙故居。陶晶孙何许人也？想必许多人会感到陌生。确实，陶晶孙不算是一位多产的作家，但他多才多艺，懂音乐和绘画，并吸收日本“新感觉派”创作手法，使其作品无论是小说还是散文都具有鲜明的个人风格，在30年代极受青年和舆论的好评，而且他还是“左联”的创始人之一，为中国新文艺和左翼文艺运动付出了辛勤的劳动。如今在其故居挂牌标示，就是对陶晶孙一生最好的褒奖和纪念。

在陶晶孙故居三楼的晒台上眺望，四达里、恒丰里、积善里、大陆新村、鲁迅故居、茅盾故居、瞿秋白故居等可以依次映入眼帘。当年陶晶孙就在山阴路上，看见鲁迅从大陆新村的故居走出来，上了一辆小汽车，那是鲁迅逝世前3天。当年陶晶孙正在上海学医的弟弟经常来此看他。他们不是谈医学就是谈文学或谈时事，偶尔他们也会约好在北四川路上一家日本料理店见面，然后简单地吃一个鸡丝饭或红小豆饭。

这几年，山阴路的老房子也经历过几次修整，老房子愈发显得耐看了。当然，山阴路的楼房是老旧了，但那是一种有底气的老，有骨架的旧。各式各样的洋楼，虽然换了好几代主人，外观平添了无数斑斑驳驳的印记，但这正是时间的历练，印证了山阴路在以往几十年的风风雨雨中始终岿然不动的气魄。谁说建筑物是没有感情的？苍老也是一种力量。山阴路的老洋楼，真的能让人感到一种时光漫长、岁月恒定的温情。

2023年初，山阴路、四川北路口，原内山书店旧址通过置换，加上原来的新华书店和周围空间贯通，变成了“1927·鲁迅与内山纪念书局”。书局上下三层，外立面依据历史照片还原。一楼恢复了原“内山书店”部分店堂，鲁迅坐过的那把藤椅格外令人感到亲切。书局为当代读者营造了一个怀旧的读书环境，仿佛重回山阴路的年轻时光，让喜欢阅读的人可以去发掘体味书局背后的故事。

虽然年轻时的山阴路早已与许多人擦肩而过，但唯其如此，才使人从“1927·鲁迅与内山纪念书局”和老房子的门楣、窗框、山墙、房檐上感受到一种超越时空的艺术性和观赏性。只觉得那些虽然陈旧却不失典雅的楼房令人沉思，那些被绿叶深遮的幽窗引人遐想，而那些写有鲁迅故居、茅盾故居、瞿秋白故居、内山完造故居、陶晶孙故居等的铜牌，则又叫人感到异常的凝重和温馨。真的，山阴路处处显示出一种深厚的人文历史底蕴，好像随便飘落的一枚树叶都比别的地方要来得厚重。

乘轨道交通 3、8 号线到虹口足球场站下，
向东沿四川北路走，穿过甜爱支路
便可到达甜爱路北段。

…
东宝兴路
虹口足球场
赤峰路
…

甜爱路的浪漫

甜爱路曾经被评为 21 条最有上海腔调的马路之一，甜爱路的腔调就是甜爱浪漫。而且这种浪漫得到越来越多年轻人的欣赏和追捧。2020 年“七夕”夜晚，甜爱支路上的“甜爱坊”内人头攒动，群情振奋。首届“甜爱节”在这里举行并达到高潮。

尽管这是一个当代人创造的节日，但许多年轻情侣在张灯结彩、喜庆浪漫的氛围下自觉自愿完成了标配动作：读一首诗，寄一封信，喝一杯糖水、吃一客甜点，然后在这条上海最浪漫的小马路上走一遭，内心的心愿仿佛得到满足，并相约以后的“甜爱节”再来，誓将浪漫进行到底。

2023 年 12 月，虹口区民政局将区婚姻登记处设置在甜爱路北端，也就是甜爱支路 50 号，真的是将浪漫进行到“底”。

其实，从路景、路况看，甜爱路只是上海一条普通的马路，北接鲁迅公园，南临四川北路，与山阴路平行，全长 700 多米，沿途并没有特别的风景。但是甜爱路又是特别的，特别就特别在它用“甜爱”作路名。因为翻遍上海的路名，恐怕少有用这样充满柔情蜜意的形容词来命名马路的。

据说以前许多外地朋友闻听甜爱路大名，先是不相信上海有这样的路名，在得到肯定的回答之后，继而就会说那应该是一处适合情侣们漫步的地方吧？可见甜爱路是一条只看路名就能引起人们美好联想的马路。而所谓的浪漫就是富有诗意，充满幻想，与现实生活有关又可以无关。有人说恋爱中的男女，大都是文学家和诗人，充满柔情和憧憬，“甜爱路”恰恰是最能引发年轻情侣情思的三个字。而且甜爱，很自然地让人想起甜

蜜、恋爱、感情等词语，仿佛还有一种卿卿我我、吴侬软语的“上海腔调”在胸中萌动。

其实，甜爱路早在20世纪80年代就被沪上的民间人士评为上海知名的情侣路之一。据说，当时与甜爱路一起入选的还有思南路、衡山路、桃江路、东湖路等知名马路。但是几十年过去之后，其他马路在这种营造文化情调的进程中大都偃旗息鼓、销声匿迹了，唯独甜爱路“情感专一”，誓将浪漫进行到底，终于声名大噪，享誉沪上，也成为最有上海腔调的马路之一，以至于甜爱路差不多成为一条情侣们散步的专用通道了，也成为情侣们互表衷情，享受浪漫的一方宝地。

据曾经在甜爱路居住过的著名作家崔京生回忆：20世纪80年代以前的甜爱路闹中取静，幽雅安谧。两边全是高高的日式或英式楼房的侧面墙，清水红砖或是水泥拉毛墙，呈现出不同风格的轮廓线。窄窄的人行道上都是高耸入云的水杉树。每当有月亮的晚上，如水的月光将一棵棵水杉树修长的身影投射到马路上，迷迷离离，影影绰绰，处处流淌着诗一样的韵味。正因为如此，才吸引了远近的情侣们来此散步，并由此声名远扬。这种情形完全是自然形成的，就像外滩曾经有过的“情人墙”，没人组织，也没人引导，却成为最能体现“上海腔调”的地方。

但90年代以后，随着老上海怀旧热的兴起，虹口区四川北路、甜爱路一带独特的人文风情更是受到人们的关注，地名首先成为人们探究马路历史演变的文化资源和载体。甜爱路正是以其独特的、富有象征意义的路名成为年轻男女心目中的“爱情之路”代名词。

2009年世博会前夕，有关方面顺应民意，着意将甜爱路打造成一条真正的甜蜜浪漫之路，不惜将原来反映四川北路地区历史风貌的画墙撤下，换上了由28首中外著名的爱情诗篇组成的“爱情墙”，还别出心裁地在甜爱路西南口，增设了一个爱情邮筒，后来又将这个特制的邮筒搬到甜爱咖啡馆门前，从这里寄出的信件均加盖有爱情寓意的邮戳，路的东南角上原先的快餐店也改弦易辙，成为甜品店，并打出了“觅糖记”的招牌，一语双关，让人遐想。

这样一来，每逢2月14日情人节，或是农历七月初七“七夕节”，甜爱路虽还说不上人山人海，却也是人头攒动，年轻的情侣们手携手，都把到甜爱路走一回当作情人节的仪式，有的甚至会来来回回地走个没完没了。就是平常时光，甜爱路上多的也是年轻情侣们的身影，有拍婚纱照的，有专门徜徉散步的，也有在爱情邮筒前寄信盟誓的，还有在路边墙上涂鸦的，更有在甜品店、咖啡馆里品茗谈情的。

关于甜爱路路名的来历有两个版本。一说是这里曾经有个田家宅，宅上一财主家有个姑娘叫田爱，爱上了放牛娃，因财主棒打鸳鸯，两人便远走高飞了。后来人们赞美这一类似梁祝童话的翻版，将田家宅改名甜爱宅，等到农田变马路时，甜爱路便产生了。

而另一版本是说，甜爱路原是虹口公园靶子场边的一条土路，因为紧靠着山阴路 2 弄，就是当年住过内山完造等许多日本人的千爱里，而千爱取“爱及千家”之意。其日文的发音与“甜爱”相近，故后人们就将这条路定名为甜爱路。

如今的千爱里外观依旧，5 排 45 幢日式假三层楼房依次排列，一式的红瓦拉毛水泥墙，圆拱形的门窗，门前都有一个小小的花园，花园内花木扶疏，笔直的水杉树像哨兵成排地静立在花园前，使整个弄堂别有一种“庭院深深深几许”的气氛。据说当年鲁迅先生总喜欢从这里进入内山书店的后门，他还曾在内山家避难十几天。千爱里 40 号在鲁迅的倡导下还曾举办过木刻展览会，一时观众如织，热闹非凡。

如果你从内山完造的旧址走过，沿着幽深的小路走到一条横向的支弄向西望时，会看见甜爱路上的英国式乡村别墅和水杉树，原来千爱里是与甜爱路相通的。所以，细细一“考证”：甜字拆开来就是千口甘，爱及千家也就是让千口甜。甜和爱是分不开的，有爱一定有甜！如此看来，甜爱路的得名真的与千爱里有关。

“甜爱”这样充满小资情调的路名，在上海虹口诞生，后来又在几十年的社会风风雨雨下保留下来，进而在近几年享誉沪上，终成气候，既说明甜和爱永远是人类的美好向往，也说明海派文化有其独特的生命力和魅力。

乘轨道交通 3、8 号线到虹口足球场站下，
向南沿东江湾路东转过黄渡路，
便可到达多伦路北端。

…
东宝兴路
虹口足球场
赤峰路
…

多伦路的文采

多伦路是上海虹口境内的一条“L”形的小马路，北至东江湾路南段，东通繁华的四川北路北段，全长 500 多米。东江湾路筑于 1903 年，系公共租界为修建靶子场及公园越界辟筑。当时因该地属江湾乡，并拟将该路通往江湾镇，故命名为江湾路。20 世纪 30 年代该路北段、中段改名东江湾路，1984 年全路改用今名。

东江湾路 444 号
虹口足球场（原虹口体育场）

东江湾路历来是虹口北部南北交通干道之一，南经宝山路、四川北路可达上海老北站和市中心。

无独有偶，东江湾路也是一条“L”形的马路。南段在 1945 年前为日本侵略上海的基地；中段北侧有建于 20 世纪初的万国商团靶子场，即今天的鲁迅公园；北段东侧为虹口足球场和虹口游泳池。

东江湾路 444 号虹口足球场，原为虹口公园内的体育游戏场。1945 年游戏场辟为小型足球场。1950 年改建为虹口体育场，但仅能容纳 1 800 名观众。1982 年为迎接第五届全国运动会，虹口体育场进行了大规模的修葺和扩建，铺设符合国际标准的现代塑胶跑道，主席台增设巨型风雨顶。此后多年里，虹口足球场又进行了数次修建，成为设备比较完善的“全天候”运动场之一。

多伦路虽然两头都跟繁华的大马路相通，但又不失闹中取静之意。多伦路原名窦乐安路，筑于1911年。马路不长，但是马路两边的建筑式样却多姿多彩，西班牙式、日本公寓式、南亚殖民式、石库门等，简直可以说是上海百年建筑的“博览”了。

从北往南走，短短500多米的小街上有中国左翼作家联盟会址纪念馆、中国左翼美术家联盟和中国共产党领导的革命戏剧社——上海艺术剧社旧址等，有郭沫若、赵世炎、鲁迅、茅盾、冯雪峰、周建人、柔石、周立波、沙汀、王造时等我国现当代革命家和文化名人的故居，还有孔祥熙寓所、白崇禧的“白公馆”、丝绸商人的“薛公馆”等。在连接多伦路的几条小路上还有原商务印书馆、良友图书印刷公司、远东图书公司等出版机构旧址。

1999年之后的多伦路成为上海的一个人文旅游景点——多伦路文化名人街。上海市老市长汪道涵手书的“海上旧里”几个字被铸在街口高大的牌坊上，小街上所有靠街沿的房屋都已修旧如初，沿街依次开设了书店、画廊、文博馆、老电影院、咖啡馆等，还放置了叶圣陶、鲁迅、茅盾、冯雪峰、瞿秋白、内山完造、柔石、丁玲、郭沫若等名人铜像。

1927年10月，鲁迅偕许广平入住多伦路西侧的横浜路景云里23号。一代文坛巨匠定居多伦路，成就了虹口文化史辉煌的篇章。景云里是鲁迅从广州到上海后的第一处住所。从1927年10月8日至1930年5月12日，为了寻求更清静的读书写作环境，鲁迅先后住过景云里23号、18号、17号，生活了两年零七个月。在这里，鲁迅与许广平这对情深意笃的伴侣建立了家庭，迎来了儿子周海婴的降生。许广平曾写过一篇《景云深处是吾家》的短文，可见在景云里的生活时间虽短，却令许广平非常难忘。

在此期间，鲁迅参加了中国共产党领导的中国自由大同盟，积极参与发起中国左翼作家联盟，引领左翼文化运动。还主编了《朝花》《萌芽》《奔流》等刊物，出版了散文集《朝花夕拾》、杂文集《而已集》，翻译了诸多海外理论作品。直到逝世前两天，鲁迅还来到多伦路257弄燕山别墅34号，与日本进步作家鹿地亘会面。可以说，鲁迅生命的最后10年与多伦路息息相关。

1930年3月2日，我国现代文学史上著名革命文学团体中国左翼作家联盟在多伦路201弄2号中华艺术大学内正式成立，以鲁迅为旗手的左翼文化运动从此蓬勃兴起。尤其是1931年以后，瞿秋白和鲁迅共同领导了革命文化运动。郭沫若、茅盾、叶圣陶、陈望道、柔石、沙汀等一批进步文化人也聚集在多伦路周围，用手中的笔，针砭时弊，为民众呐喊……许多文学名著都在这儿诞生。如今多伦路201弄2号被辟为“中国左翼作家联盟会址纪念馆”，成为多伦路上的一座历史地标。从这个意义上讲，多伦路称得上中国现代文学的重镇，为中国现代文学史写下了瑰丽而又不朽的一章。

也许有人初听多伦路这个路名，会觉得这是一个略带洋气的路名，其实，它取自我国内蒙古自治区的多伦县名，是一个地地道道的“中国名”。多伦路在1997年8月份之前还被一个菜市场占着，雨棚遮天，到处是鱼腥肉膻味。那时候许多人走过多伦路，就像从一个蒙面美人面前走过，不但不识庐山真面目，还会对其颇有些微词。以至于后来从报上得知，多伦路将改造成“文化名人街”，他们难以置信。但是金子总会发光，时代的进步使人们重新认识到多伦路的价值，多伦路终于也没有让人失望。

多伦路足可以成为海派建筑的“露天博物馆”：孔祥熙的住宅和白崇禧的公馆是伊斯兰建筑风格；广东人李观森的花园别墅则是西班牙建筑风格；汤恩伯的住宅则是法式新古典主义建筑，外观典雅而有气势；鸿德堂是上海唯一具有中国宫殿式外形的基督教教堂；还有别具一格的日本式小楼和上海新式里弄、石库门建筑

多伦路123号　上海老电影院

等。可以说，名人故居、海上旧里，积淀成今天多伦路浓厚的文化气息。

20多年来，多伦路始终不温不火，没有那种“网红”马路的热闹与喧嚣。各种咖啡馆、饭店、画廊、文博店等，开了关，关了又开，此起彼伏，像大海中的浪花生生不息。不过，多伦路中段却有一家开了20多年的“名著书店”，老板从大叔变成大爷，但店门始终开着。门面不大，文史哲的旧书堆得满坑满谷，但螺蛳壳里做道场，布置得干干净净、井井有条。这里的书都明码标价，价格比别的地方贵，但是品相好，品种齐全，还有一些“孤本”。一般大学生或是搞人文研究的人都喜欢来这儿淘书，连海外的一些爱书人都会慕名前来。

还有多伦路123号的上海老电影院，一边卖咖啡一边放映老电影，门口那尊戴礼帽的“卓别林”雕像在那里站立了20多年，也不知迎来送往了多少知音。

近两年，多伦路251号成了多伦文化艺术客厅，以鲁迅在虹口留下的生活足迹为主题，举办鲁迅文化展示、体验和交流活动。艺术客厅一分为二：南为公啡咖啡馆，北为公啡书社。公啡咖啡馆建于1920年前后，原址在多伦路、四川北路口，是当年“左联”主要发起人鲁迅、夏衍等秘密开会的据点。不过，原址早已被一座时装商厦覆盖。如今公啡咖啡馆在多伦路北端“重生”，成为虹口“鲁迅小道”中的一个重要地标。

总之，多伦路再现了20世纪二三十年代上海的文化风情。虽然两旁的建筑融进了现代装修理念，但它们毕竟都是原汁原味的建筑，历经沧桑，风韵犹存，既有浓郁的怀旧情调，又有海派文化的新元素。多伦路以众多博物馆、展览馆、古玩字画店、书屋文苑、茶室画廊成为国内外宾客怀旧休闲、旅游观光、文化消费的好去处，也是上海一道独特的人文风景。

乘轨道交通 3 号线到东宝兴路站下，
向北沿宝山路走
即到达海伦西路西北端。

…
宝山路
东宝兴路
虹口足球场
…

海伦西路的旋律

从东横浜路出来就是海伦西路的西北端了。海伦西路这四个字连起来读似乎就有一种动听的音韵，分明就是一首旋律的几个音符。

海伦西路旋律的高音来自轨交高架桥，现在的轨道交通 3、4 号线高架桥部分沿线原来就是中国第一条铁路淞沪铁路的沿线。站在东横浜路与海伦西路口，正好可以看见从江湾方向驶来的列车向正南方向飞驰过去，而海伦西路正好向偏东方向转弯。所以每当有地铁列车通过时，走在海伦西路的人，有意无意间总会驻足看着列车通过心里方才舒展，因为飞奔着的列车从林立的高楼中间横向穿过，就像小提琴的弓从竖弦上急速地拉过去一样，令人有一种微妙的兴奋感。

海伦西路原名士庆路，筑于 1912 年。一条路有西路一般就有东路，但是海伦路恰恰例外。这从另一个侧面说明，虹口马路演变的历史要比其他区域丰富曲折。海伦路建于 1908 年，初名欧嘉路，是一个外国人的名字，与现在的海伦西路还相隔一条北四川路。1943 年租界消失后，欧嘉路改名叫库伦路，虽然用的是中国内蒙古的县名，但可能用上海话读起来容易产生“歧义”，1950 年库伦路又改名为海伦路，用的是我国黑龙江省海伦县（今海伦市）名。这时士庆路已经与海伦路隔路相通，且在海伦路的西边，也许是为了让人们记忆方便又便于区分，所以士庆路就改名为海伦西路。

海伦西路还是一条紧贴着虹口境内主要河道俞泾浦的景观马路，这使海伦西路的旋律更加迷人。俞泾浦历史悠久，河道弯弯曲曲，时而呈南北向，时而呈东西向，故又称横浜河。原来四川北路以西，紧贴横浜河的一段马路旁都是建造于20世纪二三十年代的石库门楼房，有东陆里、顺盛里、福兴里等里弄。但在90年代以后为建轨交高架路，这些老房子全拆除了。对岸兴建了以嘉杰国际广场为名的高层商务楼群，轨道交通3号线东宝兴路站便坐落其中。

2007年，海伦西路精心打造了供人休闲观光的亲水平台和绿化带。漫步在这里，看着横浜河水悠悠地从脚下流过，蓝天上的白云又从头顶上缓缓飘过，会感受到一种平缓悠扬的旋律，仿佛“黄鹤一去不复返，白云千载空悠悠”。

而马路对面则是一幢造型普通的三层大楼，这就是原上海长途电信局大楼。该楼的前身是1942年开始营业的侵华日军经营的华中通信株式会社。如今上海长途电信局已经翻牌为上海电信有限公司北区电信局。

不到一百步，就到了车水马龙的四川北路，马路北面是18层高的中国电信大楼四川北路营业厅电信大楼。南面在2020年之前是白厦宾馆，后称君亭酒店；两座大厦使海伦西路的天际线达到了一个高峰，这里的地势又略微高出前后马路，南前方便是著名的横浜桥。横浜桥建于1903年，它的围栏是木制的，在桥上向东南方向眺望，横浜河水在前方的天伦家园前分叉拐入虹口港与沙泾港，最终与黄浦江汇合。据史料记载，1932年和1937年的两次淞沪战争中，中国军民在此曾英勇地阻击日军，史称“横浜桥战斗”，谱写了可歌可泣的英雄战歌，其悲壮激昂的旋律令人难以忘怀。

穿过四川北路继续向偏东方向走，海伦西路的旋律延续到这里陡然变得热闹了。这一段路的两边在2020年之前还比较好地保留了老房子的风貌，北边是建于1932年，以“永乐坊”命名的清水红砖外观的新式里弄；南边是建于1925年，以“百善坊”命名的清水灰砖外观的石库门弄堂。“永乐坊”沿街是一长排三层的楼房，底层人家无一例外地都开店了。而对面的“百善坊”几个弄堂口的牌坊上依次刻有“第一街”“第二街”的黑字，让人想起许多老上海电影里的弄堂时光，老上海街头叫卖声会在心里响起，仿佛是一首温馨甜蜜的怀旧歌谣。

不过，2020年之后，这一段的海伦西路拓宽，拆除了横浜桥边的亲水平台和君亭酒店大厦，以及这里的“百善坊”等新老建筑。如今在原百善坊处则重新仿建几排老式的红砖三层楼房，与北面的永乐坊算是遥相呼应，使这一段的海伦西路仍留有老上海街坊的风情。

走过长春街和邢家木桥路，海伦西路变得弯曲了，之后便是海伦路了。从三层带小型广场的四川北路街道活动中心楼里，隐约可以听见老年合唱团那低沉苍劲的歌声……

这一切仿佛使海伦西路的旋律舒缓优美起来，而对面几座年代久远的青砖三层庭院式洋房又将这旋律掀起一个小高潮。中间一座便是我国当代著名的书法家、文学家和早期白话诗的倡导者沈尹默的故居，如今“沈尹默故居”的匾额是曾任全国政协副主席的著名社会活动家赵朴初的手迹。

沈尹默1946年从重庆回上海，租赁此屋。1971年在“文革”中遭受迫害病逝，终年88岁，他在这里度过了整整四分之一的世纪岁月。

沈尹默早年留学日本，归国后曾任北平大学校长。五四期间他与李大钊、陈独秀等共同编辑过著名的杂志《新青年》，对文学和新文化运动有所贡献。

为纪念沈尹默一生业绩，1990年10月，有关部门对故居进行了修缮。故居底层原为会客厅和餐厅，现辟为第一、第二陈列室，放置着沈老玻璃钢半身塑像和生平事迹简介。二楼书斋、卧室保持原样，陈设十分简朴。书房里挂着他的篆隶正草精品，一副对联的当中挂着沈尹默和夫人褚保权的大幅遗像。两架大书柜里满满当当地存放着大量古籍。窗下并列排放着两张写字台，上面放着沈老用过的笔砚和一张他喜欢的高丽纸。

沈尹默儒雅沉雄的书法艺术和文学著作长存人间，也为整条海伦路奠定了清新飘逸的雅韵和旋律。

目前这一区域已列入拆迁范围，但在20世纪二三十年代这里却是上海颇有声名却也让人心颤的“东洋街”，这里的楼房全系日本人建筑并居住。抗日战争胜利后，“东洋街”终结了它的历史，变成了海伦路中的一段。街外的空地和原日本人的仓库，被改建为海伦儿童公园，并于1955年6月1日开放，公园设置了各种儿童们喜欢的游乐项目，承载了几代人的童年记忆。

20世纪90年代，有关部门和爱思旅游品公司共同出资，对公园进行全面改造，并改名为爱思儿童公园。2015年6月公园又一次改造之后向公众开放。

改造后的爱思儿童公园，仍保留了儿童公园的特色，体现了回归自然的生态景观，设计了景观桥以沟通被地铁涵箱分隔的东西两侧区域，并在地铁涵箱表面进行涂鸦、种植爬藤植物，涵箱两侧还布置花溪，每当有地铁车辆通过时，轰隆的列车声伴着涵箱的震动，整个公园犹如一个起伏的花海，仿佛跳动着明快欢乐的音符，这是海伦西路和海伦路最美丽的旋律了。

乘轨道交通 3 号线到东宝兴路站下，
向北沿宝山路至海伦西路
向东走便可到达东横浜路南端。

…
宝山路
东宝兴路
虹口足球场
…

东横浜路上的弄堂

记得 2017 年 12 月的一天，路过东横浜路，只见两旁的建筑早已推倒，触目皆是颓垣残壁、瓦砾朽木。但就在马路西面的一片废墟中，突兀地矗立着两幢毗连的石库门样式的二层楼房，此楼上下门窗紧闭，只有风声从楼前残留的树枝和电线间穿过。从门上残存的门牌号上依稀可辨东横浜路 82 弄 1 号、2 号的字样。

其中的 2 号曾是我国著名文艺理论家、诗人冯雪峰的故居。看来，在大规模的拆迁中，冯雪峰故居有望完整地保留下来了。将来在原地建一座冯雪峰故居纪念馆，那么不论东横浜路的路况如何变化，“冯雪峰故居”就如同一座历史的坐标，使后人多少还能窥见昔日东横浜路弄堂格局和建筑风情的一斑，进而引发对曾经是中国现代文学，特别是“左翼”革命文学发轫之地的思索怀念。

不禁又想起 2008 年一个初冬的下午，初到横浜路和东横浜路时的感受。横浜路得名是因为紧靠着俞泾浦，而东横浜路则在横浜路之东而得名。横浜路与东横浜路首尾相连。这些马路大都建筑于 1900 年左右。马路的前身都是农田村落，所以路形弯曲，沿马路所建的那些房屋建筑样式形态丰富，弄堂则曲窄幽深，四通八达。在横浜路和东横浜路上徜徉，可以清晰地看见两旁过街楼上“大兴坊”“景云里”“文彦坊”“兴立村”“大陆里”等字样，这些字饰就是标签，清楚不过地告诉你这些弄堂的“年轮”，因而这些弄堂仿佛就是老上海的化身，踯躅其间就如同进入一条条时光隧道，往昔的一切都是可以触摸的。

那天，无意间拐进东横浜路 82 弄（兴立村），只见狭长的弄堂一眼望不到头，散发着一种中国传统水墨画般的意韵，让人思维跳跃，仿佛能听见岁月之河在汩汩地流淌。时光是那刚刚开始西斜的阳光，犹如凡·高画中的亮色，涂抹在拉毛水泥外观的石库门西墙上，使弄堂在寒冷凝重中持有一份静谧的暖意；时光是那已经锈蚀的铁窗栏杆和已经起花的窗玻璃，让人看不清窗内的世界；时光是那拉毛水泥墙上似烟似雾的墨迹和斑斑驳驳的黑漆大门；时光是那弄口有锈迹的圆形搪瓷罩下的路灯；时光是那挂在1号和2号房屋之间墙上发黑的硬质木牌；时光更是“冯雪峰寓所”几个隶体大字和三行宋体小字“东横浜路82弄2号，‘左联’党团书记，1949年至1951年在此居住”。

冯雪峰是我国著名的文艺理论家和作家、诗人，浙江义乌人，1926年加入中国共产党。1928年来到上海，从事左翼文化工作，先后担任“左联”党团书记、中共上海中央局文委书记、中共江苏省委宣传部部长等职。当时冯雪峰居无定所，但与鲁迅、茅盾等人意气相投，共同用笔“作战”，就住在横浜路景云里鲁迅、茅盾等人的寓所里，也与柔石、丁玲等人成为亲密战友。后来因遭遇国民党特务的跟踪，冯雪峰又转移到苏区，参加了二万五千里长征。

此后，冯雪峰又于1946年回到上海，参加纪念鲁迅逝世10周年活动。1949年5月中旬，冯雪峰携妻儿入住这幢位于东横浜路上的石库门楼房。一楼一底，临大门是天井，室内用木板隔成前后两间，用铺板搭成床，条件虽然极其简陋，但冯雪峰并不在乎。冯雪峰一定非常喜欢上海，喜欢东横浜路一带的氛围，他曾3次入住虹口同一地区。他与鲁迅等人的革命战斗情谊在这里缔结，无数战斗檄文都是在这些弄堂的亭子间里挥就。

20世纪二三十年代是个风雨如磐、腥风血雨的年代，但也是中国现代文学群星争耀的年代。虽然时光已经过去90多年，但是在山阴路、多伦路、横浜路一带漫步时，鲁迅、茅盾、叶圣陶、冯雪峰等文化名人的音容笑貌常常会浮现在眼前，似乎又看到鲁迅先生衔着卷烟，坐在书桌前沉思；茅盾、叶圣陶在“景云里”亭子间的灯光下奋笔疾书；而冯雪峰则在一天忙碌地奔走之后，回到东横浜路82弄2号这座虽简陋却有妻儿等候一起吃晚饭的，温情脉脉石库门楼里。人永远生活在过去现在将来的交叉点上，眷恋历史，怀念过去，让我们明白“从哪里来到哪里去”，东横浜路上的弄堂和冯雪峰故居恰好就给了我们这种“坐标”和“穿透力”。

东横浜路上的老弄堂虽然消失了，但冯雪峰故居保留下来了，留存在上海城市文化历史的版图中，成为供后人凭吊的文化历史遗迹。

轨道交通4号线

轨道交通四号线全程33.60千米，一路环穿徐汇区、长宁区、普陀区、静安区、虹口区等行政区域。2005年12月31日开通运营大木桥路站至蓝村路站；2007年12月29日开通运营环通段，是目前上海地铁唯一的一条环状线，没有起讫站，且部分站点与3号线重合，容易乘错。

“四号线”对应的不少马路有各种各样的创意园区。如莫干山路上有“M50创意园区”；哈尔滨路上有1933老场坊；荆州路上有国歌展示馆；杨树浦路上有“东方渔人码头”商务圈；半淞园路上有多处保留的世博会展馆；国货路上有“公益新天地”创意园区。

乘轨道交通 3、4 号线到中潭路站下，
向南沿中潭路走，
过宜昌路便可到莫干山路西头。

…
镇坪路
中潭路
上海火车站
…

艺术的莫干山路

莫干山路是上海苏州河边一条普通的小马路，相信有的上海人至今对它都是陌生的。因为莫干山路不是交通要道，车辆不多，人也不多。但是大约从 2005 年起，莫干山路渐渐变得时尚、前卫起来。就是在这样一条陈旧而历尽沧桑的马路上，靠近苏州河一边的老厂房、老仓库里，80 多家风格迥异装潢别致的画廊、酒吧、咖啡馆、广告公司、影像艺术工作室等，林林总总，分布其间。在这些看似落伍、陈旧的空间里，却时常有领城市风气之先的派对、时装秀、新品发布会、画展之类的大型活动举行。

苏州河自外白渡桥开始，朝西北方向上溯，突然有一段转向偏东方向，然后对着正西方向又是一个大扭转。这是苏州河在闹市区第一个河湾，这个河湾拥抱着的正是莫干山路。1918 年公共租界当局辟筑这条路，以浙江省莫干山命名。此后外商与资本家纷纷在此建厂。20 世纪 80 年代这里南侧有上海饲料厂、上海第十一化纤厂、上海第二十二棉纺织厂，北侧有上海第十二毛纺织厂、上海面粉公司、寅丰毛纺织厂等，间有阜丰里、信大里等居民点。

与上海西区的老马路相比，莫干山路同样有着深厚的历史积淀，同样弥足珍贵。上海的工业是沿苏州河两岸发展起来的，苏州河边的老厂房、老仓库、老码头都是上海工业文明的见证。但随着时代和社会的发展，这些纺织厂、面粉厂、机械厂等完成了历史使命，留下的这些厂房虽然不像外滩的楼房那样精致高雅，但同样蕴含着深厚的人文历史，同样是上海这个城市不可缺少的历史载体。苏州河水已经变清，一些有胆识的艺术家便把自己的工作室、画廊开设在这些老厂房里。外观也不加装饰，内部更不作改造，赤条条的木质房梁，毛糙的长条地板，地板上东一块西一块的“铁皮补丁”，墙上留着诸如“注意安全、消灭工伤、商品安全”的标语。一切都是原貌原样，唯一的不同是新的主人精心布置了自己的艺术作品。当人们走进这些由老厂房变身的工作室、画廊，就如同走进历史的“胡同”、艺术的“宫殿”，品字赏画的同时，老厂房也就在人们的视线下流动起来，这不是最好最安全的保护吗？

就这样，莫干山路因其独特的地理历史和众多闲置老厂房而成了上海苏州河边最具代表性的艺术之都，因而它也成为当时上海最时尚的马路之一，被越来越多的人喜欢和认识。

莫干山路并不宽，整条路呈舒缓的S形弧线伸展。2007年时，莫干山路南面全是现代化的高层大楼，北面一边还保留着上海帘子总厂、上海春明纺织厂、阜新福新面粉厂旧址和一两条老式的石库门里弄，这些高低错落的房屋顺着路形，如波浪般起伏，使莫干山路非常富有动态，人在路中央走，真好似在山路上行走。也许因为上海没有山，平坦的马路让人一览无余，而莫干山路能给人别样的体验。

莫干山路50号——原春明纺织厂的整个厂房厂区被完整地保留下来，原来的办公大楼、车间、仓库、过道及其他附属房间，外观原封不动，但是内部全都被艺术家的作品装点。这使得整个厂区成为一个个大小不一、形状不一、空间不规则的艺术展览室，迷宫般曲折，看似杂乱，但浑然天成，别有气韵，最主要的是这些场所，建于各个不同的年代，一砖一石、一草一木都有时间的印痕，你不由得肃然起敬，刮目相看。这里就像一座天然全天候不用买门票的艺术之宫，随便一件东西稍加装饰就是艺术品，就连墙上的一个洞，艺术家都会别出心裁地缀上绿叶而成为一个景观。一抬眼一转身，你就能看到时尚精美绚丽的图画、色彩飘动的文字、造型各异的雕塑等。徜徉其间，如同沉浸在艺术的海洋里，随意放松休闲，只觉得眼睛不够看，耳朵不够用，脚步却又停不下来。最时尚的艺术产生在最老旧的厂房里，新与旧融合在一起，现实的、历史的、具象的、抽象的、单一的、重复的、想象的、印象的等，组合叠加，有一种奇妙的艺术魅力，置身在这样充满艺术细胞的“气场”中，很希望自己被融化，成为一抹红色停留在画布上。

在一条夹弄搭成的“半度音乐酒吧”里，棚顶是钢化的玻璃，可以看见天空的星星，人仿佛既在室内又似在室外，吧台、桌子、椅子全是原木的，地坪是原来的水泥地。一切是随意的，人当然更是随意的。晚上有音乐学院学生演奏二胡独奏，老板就坐在吧台前，充当作品的讲解员，半是生意半是爱好。当行云流水般的二胡声流淌在深夜寂静的空气里，听众全被一种气息和氛围感染。当时的莫干山路被越来越多的人所认识，许多人相信它的明天会更加时尚。

如今“M50创意园区”仍然完好地挺立在苏州河湾自然形成的“叉袋角”上。办公楼、车间、仓库、附属空间等50余幢建于20世纪30—90年代各个时期的工业建筑，外观依旧，格局未动。传统构架的老厂房，明亮的茶色玻璃棚，斑驳粗糙的水泥墙，艳丽的涂鸦和招牌，看似风格不一，杂乱无章，实则错落有致，诙谐有趣，心随笔运，独有韵味。每一处空间所折射出来的意象，给人强烈的视觉冲击和心灵震撼。至今这里仍然吸引着十几个国家和地区的130余位艺术家，还有世界知名画廊、平面设计、建筑师事务所、影视制作、环境、艺术品设计等入驻。这里每个画廊或展室，都敞开着大门，你可以尽情地饱览最美丽时尚的艺术品。2015年这里被命名为“上海市文化创意产业示范园区”，成为集艺术、创意、生活于一体的艺术社区，也是全国工业旅游示范点、国家AAA级旅游景区和众多团体的艺术实践基地。

其实，这些年来M50的发展也遇到过瓶颈。为此，园区在抓牢画廊和艺术家工作室等主题业态的同时，引进不少平面、产品、服装、建筑设计，开发生产各种创意产品。如今，M50已经成为集艺术家创意工作室、画廊、艺术机构、设计品牌店、咖啡餐饮等一体的艺术社区。

园中4号楼原为建于1938年的纺纱车间，钢混结构，共两层。2007年的时候这里从上到下布满了画家的各种工作室，如今从上到下都是各种文化传播公司、平面设计公司、手工制作工场，还有崇真艺术网、蛮像艺术车间、婚礼定制机构等。眼下的“M50弄堂计划”，就是利用这里的公共走道，将新媒体、壁画、灯光装置、声音、动画、网络艺术等不同媒介融合起来，为年轻人提供创作空间，留下艺术作品。

令人意外和惊喜的是16年前的那个“半度音乐”棚竟然还在！不过，棚已经变厅，除了供应各种快餐、甜点、咖啡外，还有书吧、唱片厅，设置了钢琴等器乐演奏区。忽然发现，屋内东北角的天花板仍然是钢化玻璃做的，粗糙的水泥墙、老式的宫灯、简单的垂直绿叶、原木的桌椅和柱子，这一角就是16年前最初的“半度音乐”棚。难得的是历经16年光阴的淘洗，这里还能保持最初的模样。真好，夜晚在这里仍然能看到天幕上的星星或月亮！

乘轨道交通 4、10 号线到海伦路站下，
向东沿海伦路
便可走到哈尔滨路北端。

…
宝山路
海伦路
临平路
…

哈尔滨路有“子夜”

哈尔滨路建筑于 1913 年，是虹口境内一条由北偏西方向的马路，北起海伦路，与九龙路、溧阳路、嘉兴路相交，与五台路、辽宁路丁字相会，南止于吴淞路，全长 600 多米。哈尔滨路是公共租界当局“越界”修筑的马路，当时以外国人名命名为汤恩路。1943 年改名为哈尔滨路，与附近的辽宁路等有地理方位上的对应。

如今从海伦路进入哈尔滨路，西边的瑞康里和东边的瑞源里都是建于 20 世纪二三十年代的石库门弄堂。这些房屋都老旧了，瑞源里的房屋已经列入拆迁范围，人去楼空，或将在哈尔滨路上消失。但哈尔滨路、海伦路东南角上一幢清水红砖、砖砌拱圈窗洞、特色木门、具有简洁装饰风格的两层小楼却引人注目。这就是原嘉兴路巡捕房，1949 年后成为嘉兴路街道办事处所在地。1907 年公共租界在此设警务处，1913 年更名为嘉兴路巡捕房。此巡捕房因逮捕过中国共产党创始人之一的陈独秀而曾经名噪一时。如今这幢建筑经过修缮，仿佛是哈尔滨路的历史见证，告诉你哈尔滨路的“年轮”。

到了嘉兴路段，地势陡地增高了，哈尔滨路第二桥近在眼前，沙泾港在桥下非常生动地拐了个弯与虹口港汇合，依河曲线而建的辽宁路则优雅地与哈尔滨路相交。站在桥上向东看，依沙泾港河岸线所建的楼房高低错落，逆光中只显露出影影绰绰的轮廓线，曾经是远东最大的屠宰场附房上一根巨大的烟囱直冲天空，非常醒目。当然屠宰场早已废弃多年，烟囱早就不冒烟了。

从 1929 年建成起，这座当时远东最大的屠宰场就成了公共租界乃至

整个上海市区主要的肉类供应地。虽说是屠宰场，但是整个厂房设计却非常精致典雅，沿街立面全是花纹精美的镂空小方格花窗。每层楼结构复杂，许多细节设计却更加科学艺术，地面铺着马赛克，全部材料都从英国进口。

如此独一无二的屠宰场，却“养在深闺人未识”，长期以来一直处于空置和废弃状态。2005年，这幢独特的建筑终于引起有关方面的注意，一个以“1933老场坊”为名的创意园区在此打造。如今，连同屠宰场附房在内的创意园区早已对外开放。

记得2007年，走过哈尔滨路第二桥时，曾见东边沿街的店铺里正在出售各种冷冻的牛羊肉及制品，这里是上海牛羊肉公司冷库的门市部。但2010年之后牛羊肉公司已经迁往他处，这里经过装修后，成为“老洋行1913”创意园区。现今它延续了建筑本身的欧洲风尚和英伦格调，有意保留了百年前的英式钢柱、水泥立柱和水泥地面，并将之打造成为上海有影响力的数字化音乐园区。

“老洋行1913”对面是一幢三层楼老建筑，曾称哈尔滨大楼，建于1929年。2013年成为半岛文化时尚产业园对外开放，一度成为上海音乐时尚之地，被称为“上海新地标”之一。

走到哈尔滨路桥时，虹口港流水悠悠地从桥下穿过，贴着虹口港而建的分别是溧阳路和九龙路。东南角上的建筑外墙为黄色的拉毛水泥，沿街挑出的阳台栏杆是酒瓶式的，这是建于20世纪二三十年代“兰威里”弄堂的街面房。

1980年9月的一天早晨，这里街角处突然矗立起一块“白金龙香烟”的巨幅广告牌，三岔路口三支游行队伍突然喊着口号会集于此，一架摄影机平地升空，将这声势浩大、群情激愤的场面拍摄了下来。原来这是根据茅盾小说改编的电影《子夜》在此拍摄工人罢工游行的场面。因为溧阳路、哈尔滨路一带的楼房大都是20世纪20年代建造的，与《子夜》的时代背景非常吻合。所以导演桑弧经过细心考察，选择在这里拍摄“重大场面”。事实证明，导演的眼光是正确的，这里的建筑不但符合历史真实，而且具有电影美学的特点，远比如今在影视基地里拍摄出来的“旧上海”要来得逼真。

最初这里多为荒滩、农田、小水浜和自然村落。1848年这里被划为美租界，租界当局在此地建筑了狄思威路（今溧阳路）等多条道路。20世纪20年代之后，沙泾港周围各种缫丝厂、造纸厂、机器厂、食品厂和以瑞康里、瑞源里为代表的石库门居民住宅区兴起，一时间此地成为人口集中、商业繁华之地。但在1937年淞沪战争中，此地部分民居和店铺被

吴淞路 560 号
虹口区虹口消防救援站
（原虹口救火会）

炸，市面萧条。1945 年抗战胜利之后，一部分从重庆“大后方”来沪的中小职员、新闻工作者、书画家、法医等纷纷选择在此落脚，瑞康里等弄堂又成了文人荟萃之地。

哈尔滨路 258 号是一座两层砖木结构的普通楼房。抗战胜利后，出版家、翻译家赵家璧一家到这里居住。他白天在报社上班，晚上在自家屋里筹建晨光图书出版公司。钱锺书著名的长篇小说《围城》初版本就是在这里面世的。当时赵家璧房屋对面就是建于 1932 年的嘉兴大戏院。如今经过精心修复改造，已是中国本土大型女子偶像团体“SNH48”的专属剧场。这也是哈尔滨路这条沉寂马路上的一道亮丽风景线。

现在的哈尔滨路 1 号，是一幢水泥结构的 5 层大楼，原是日本上海每日新闻社旧址，后又成为前线日报社编辑部。1931 年 6 月，在鲁迅先生的帮助下，中国当时进步的美术团体一八艺社在这幢楼里举办了木刻习作展览会。开幕第二天，鲁迅就前去观看，还捐款 15 元。由于有鲁迅等人的支持，这个展览会举办非常成功，这幢大楼也成为鲁迅在上海虹口活动足迹的见证之一。

大楼对面的一幢建筑也非常有特色，最初称“虹口救火会”，现在是虹口区虹口消防救援站。这是一幢建于 20 世纪 20 年代典型法国风格的公共建筑，整个立面呈半拱形，红白相间的外墙三层楼上有高高的瞭望塔，整个建筑造型远看犹如一只展翅翱翔的和平鸽。这幢房子在许多电影里经常出现，已经成为 20 世纪二三十年代上海虹口的一个“地标”建筑。

乘轨道交通 4、10 号线
到海伦路站下，向北沿四平路走，
过天水路即到溧阳路东端。

…
宝山路
海伦路
临平路
…

溧阳路的幽思

许多人熟悉溧阳路，是溧阳路北段有 48 幢双拼式花园洋房，这些老洋房里因居住过不少我国现代史上知名文化大师而闻名。但其实溧阳路很长，溧阳路的起点在黄浦江畔的虹口港，经嘉兴路桥，北至四平路，又西北向至四川北路，全长 2 300 米。1943 年前溧阳路称狄思威路。沿路与东大名路、东余杭路、鸭绿江路、天水路、北四川路相接，与海伦路、哈尔滨路等相交。

溧阳路开辟得较早，沿路建筑主要是旧式里弄和仓库堆栈。溧阳路是由南向北渐渐延伸辟筑的。当四平路以东的溧阳路已经“城市化”后，四平路以西的溧阳路尚属郊区，所以 1911 年租界当局或房产商才选择在这里造 48 幢双拼式花园洋房。

2010 年，建在溧阳路与宝安路口的名为“溧阳华府”的高层建筑，以能俯瞰上海最大的早期花园别墅为看点。这使很多人突然明白，原来以往看到的溧阳路两侧的花园洋房只是其中的两排，这样的花园洋房在这里有 48 幢，分好几行排列。于是后来在一个初秋的下午，行走在这些弄堂间，霎时就有多重感受。看着斑驳的花园围墙和生锈的铁门，想象昔日的奢侈、华丽、宽敞、高贵。

弄堂两边是成排高大的水杉、如盖的雪松、密集的爬山虎，还有凌霄花。因为疏于管理，所有的植物显得茂盛无比而肆无忌惮。其实，这些楼房的外观格局虽然还没有走样，但其内部已经是 72 家房客了。有的楼房上窗户玻璃已经残缺，有的则变成铝合金的窗框，还有的底层已经租借给外来人员作为小作坊或小生意的加工场了。然而，还是喜欢这里的氛围。看惯春风秋月，历经风霜雨雪，老房子历经100多年风雨依然屹立不倒，它无须刻意涂脂抹粉，即便是满目沟壑，斑斑驳驳，那也是时间的历练。只要骨架不倒，它就是这个城市的历史本身。

当年的开发商之所以在这里建造48幢花园别墅，因为这里曾是租界的郊区，地价相对便宜，四周环境清幽。1945年以后，不少文化人从“大后方”重庆回到上海后，就首选在这一带居住生活。很多军政机关人员、中高级知识分子及宗教界人士、归侨、侨眷等也选择在这里居住。只是后来随着城市的发展，四周才变成马路纵横、房屋密集的闹市。如今这些具有西式风格，双毗连，四坡歇山屋顶，假三层，红瓦屋面上设双坡老虎窗，清水青砖墙面嵌红砖带饰，正立面有拱券外廊的花园别墅，仿佛已成为这个城市的历史缩影，成为人们眼中的老上海风情象征。

徜徉在溧阳路花园别墅区，等于也是在这个城市的历史空间里漫步，与100年来的城市对话；与曾经生活在这里的鲁迅、郭沫若、关紫兰、曹聚仁、金仲华、巴金等历史文化名人进行超时空对话。

站在宝安路口向西看溧阳路，马路的北面是带花园的三层楼清水红砖楼房，细碎的阳光透过繁茂的梧桐枝叶洒落在半圆拱形的窗台上，反射出点点耀眼的光亮。连成一体的围墙已经被修葺一新，依次布置着鲁迅、内山完造、郭沫若、丁玲、柔石等人的石刻头像和名言。

行走在红砖铺就的街沿小道上，感觉像在看一部老电影，读一幅幅图案连接成历史的长卷，不由令人肃然起敬。这一段的溧阳路并不长，却是一条文化名人集聚的街道，有“虹口文脉缩影”之称。溧阳路1156弄10号是报人金仲华旧居。他1945年后曾任上海新闻报总编辑，1949年后任文汇报社社长、上海市副市长；溧阳路1269号是郭沫若1946年5月至1947年11月在上海时的居所。溧阳路1335弄5号，住过著名作家、报人曹聚仁一家；4号住过出版家、作家、翻译家赵家璧一家。就在5号石库门底楼的一个小房间里，曹聚仁先后编写了40万字、60幅地图的《中国抗战画史》和《大江南线》等书。1947年5月出版后轰动一时，成为国际法庭审判日本战犯的重要物证。

溧阳路1333弄1号则是我国早期杰出的女油画家关紫兰的故居。1903年，关紫兰出生在一个富商家庭，自小接受良好的教育和艺术熏陶。年轻时先后学艺于上海神州女校图画专修科和上海中华艺术大学。她是中国第一代出国留学的女画家之一，也是30年代上海画坛上引人注目的女画家之一。1930年回国任教，并在上海华安大厦举行个人画展。她的《水仙花》等作品受到专家和绘画爱好者的推崇。

1943年关紫兰和家人住进这里。1949年后她选择留在上海，加入中华全国美术工作者协会（简称“全国美协”），成为上海市文史馆馆员。在女儿梁雅雯的眼里，母亲一直那么美丽、端庄。在不能打扮的日子里，她依旧在朴素的外套上围上苏格兰格子围巾，去常德路咖啡馆喝咖啡。如今斯人已去，但关紫兰留下的馨香似乎还留在屋内。

从1333弄出来，向西沿着溧阳路就到了1359号门口，这是一幢灰墙红瓦三层新式楼房，斑斑驳驳的墙壁上堆积着时间的沧桑。这让人依稀想起以前中学语文课本上标注的鲁迅藏书室旧址。果然，外面围墙上有一块铭牌“鲁迅先生藏书室旧址”。

据说当年的鲁迅从拉摩斯公寓搬入大陆新村时，就将他的全部藏书搬入了狄思威路799号（今溧阳路1359号），也就是现在这幢房子二楼靠街的一个房间里。那是鲁迅以内山完造的名义租借的，当时的邻居都是日本侨民。在白色恐怖中，鲁迅不得不为自己的处境和写作多做考虑。据说藏书室的书架合拢后就是一个个箱子，装上卡车拉了就能走。

许多人一定还记得一幅鲁迅在藏书室看书的木刻画。冬天的夜里，一灯荧然，鲁迅专心地在灯下捧卷长

溧阳路1359号　鲁迅先生藏书室旧址

读。想来读到兴奋处，一定会点上一支烟，让袅袅烟丝来平息自己的思绪。但后来据鲁迅先生的儿子周海婴回忆说，此屋室内光线很不够，几乎看不清里面东西，也没有可供长时间阅读的桌椅。这里只是鲁迅主要的藏书处。

站在弄堂口，禁不住又一次打量溧阳路。路两旁有几十年树龄的梧桐树遒劲挺拔，枝繁叶茂，它们是溧阳路兴盛交替的见证。这一段的溧阳路在2012年被评为上海53条林荫道之一。因为兴建轨道交通4号线海伦路站，溧阳路、四平路口的浙兴里拆去了部分房屋，马路对面巴金写小说《春》时住过的麦盛里楼房也已拆除。但不管如何，溧阳路大部分老洋房历经沧桑，几经修缮，外观依旧。对比繁华的四川北路这里处处显示的是一种宁静和低调，这更使得溧阳路弥漫着一种独有的老上海风情。

乘轨道交通 4、10 号线到海伦路站下，
向南沿四平路走
即到吴淞路北端。

…
宝山路
海伦路
临平路
…

风风雨雨
吴淞路

吴淞路南起北苏州路，北至虬江路。吴淞路在上海可以说是一条历史悠久的马路了。早在清咸丰年间，吴淞路就是吴淞江北岸一条由小河浜填埋后产生的小道，后来进行拓宽变成大马路，因南达吴淞江（今苏州河）而得名吴淞路。

吴淞路两头曾经都有桥。南边是横跨苏州河的吴淞路闸桥，闸桥大约建造于 20 世纪 80 年代，紧靠着同样横跨苏州河已经有一百多年历史的外白渡桥。这座桥的建造，一方面将中山东一路与吴淞路连接起来，车辆可以直接行驶到四平路至江湾五角场；另一方面也减轻了百年老桥外白渡桥的负担和压力。不过，2007 年之后，由于周边马路交通状况的变化以及彰显历史建筑的需要，吴淞路闸桥在完成历史使命后被拆除。

外白渡桥建于 1856 年，初为木结构桥。1907 年，工部局将此桥改建为钢桁桥，也是全中国第一座全钢结构的桥梁，成为跨越吴淞江两岸的交通要道，曾经是上海运载量最大、交通频繁的大桥之一。2008 年 3 月，此桥被移位进行大修后又复原，成为上海大厦、黄浦江与苏州河之间承载老上海风情的城市地标，凝聚着一种超越时空的淡定和奢华，继而升华为许多上海人眼中的集体乡愁。

从吴淞路桥向北走，一路经过天潼路、武昌路、塘沽路、汉阳路、海宁路等马路。因为这里离苏州河、黄浦江不远，东又靠虹口港，地势由北向南、向东渐高，更显得马路弯曲起伏，纵横交错。虹口之称起源于虹口港，最早虹口之称即指今天的吴淞路、长治路两地区。1893 年吴淞路被辟为租界的干线之后，美籍、日籍等国侨民遂以汉阳路、吴淞路、塘沽

外白渡桥，北苏州路 20 号　上海大厦（原名百老汇大厦）

路等为中心集居，很快这里便成了人烟稠密的住宅区。这里的建筑形态丰富，有大厦和公寓大楼，有清末建造的旧式里弄房屋以及新式里弄建筑。

上海开埠后，不少随洋行迁移上海的广东人选择虹口武昌路、塘沽路一带作为居住区。于是，这里居民的生活方式基本也沿袭了广东的习惯，被人们称为“广东街”。这里以广东话为第一语言，附近多为广东人开设或经营的商店和行业，这里“广茂香”的烤鸭、叉烧等至今还受上海人民欢迎。这里曾有广东教堂、广东道观、专门吸收广东籍学生的广肇中学，还有专演广东戏的戏院。平时沿街店铺常播广东粤剧、广东音乐，春节期间还有广东特色的文艺活动，如街头狮舞、南拳、丝竹、粤剧彩唱等，身处这些街头，如入广东地区的城镇。

我国无声电影时代最著名的女演员阮玲玉原籍广东省，1910 年出生在武昌路附近的朱家木桥祥安里，从小在广东人办的崇德女中读书。著名作家任溶溶原籍也是广东省，1926 年出生在这里的闵行路上，从小上的是广东小学，第一次看电影也是在这里的虹口大戏院里。老作家 90 岁高龄时还清晰地记得武昌路上曾有一座广东寺庙——三元宫，在闵行路上做纸生意的父母曾带着他前去焚香磕头；当时武昌路、峨嵋路转角空地上常有广东来的流浪艺人在此表演魔术和武术。

现在的塘沽路曾经有多个路名，这在上海的马路中也是比较独特的。曾有人称此路为“篷路”或“文路”，也有人叫它为“文监师路”或“文惠廉路”。因为这条路是美国圣公会传教士文惠廉于1848年来上海后，以传教士的身份代替美国政府要求把虹口一带辟为美租界，租界当局为纪念他而命名的。

吴淞路从塘沽路到海宁路一带，在20世纪二三十年代曾有大量日本人集聚居住，至抗日战争期间沿街开设的全是日本商店，有日式料理店、生鱼店、点心店、木屐店、绸缎店、和服店等，五光十色，东洋情调浓郁，遂有“小东京”之称。

而今这一切也已散尽消失了，吴淞路的东边已经是一大片新建的高层楼宇，分别是宝矿大楼、耀汇国际广场和太平洋保险公司的大楼。这些建筑的外观非常别致，全部采用黑色的大理石作外墙，各种式样的裙楼、主楼相应配套，色泽稳重而不失典雅，楼姿高耸又不乏雄浑，成为吴淞路上一道现代楼宇风景。而这片楼宇的前身就是建于1916年的三角地菜场，这是上海最早的大型室内菜场。现在楼宇南面的塘沽路上建于1912年的公安大楼“修旧如旧”，仍然具有居住和使用功能。不少影视剧还在此拍过内外景。

这片楼宇的西面原来也都是些建于20世纪二三十年代的石库门楼房，2007年的时候，外观风貌基本保存完好。在吴淞路407弄石库门过街楼上赫然刻有“猛将弄”三个大字，让走过去的人无不感到一点惊诧：“猛将弄”是出将军的地方吗？非也，原来“猛将弄”得名于弄内的一个“猛将堂”。猛将是江南民间传说中的“驱蝗虫之神”，过去江南几乎每个城镇都有“猛将庙”，猛将的诞辰正月十三是正月中的一个重要节日。

后来在南市的“猛将庙”被烧毁后，人们又择址在吴淞路重建“猛将堂”。以后随着吴淞路一带变成租界的闹市，城市居民对“驱蝗之神”渐渐淡薄。后来花会赌博从广州传入上海并盛行一时，因为在上海方言中“猛将”与“梦奖”谐音，所以“猛将堂”又成为许多参赌妇女拈香拜佛的地方，于是原先并不十分热闹的“猛将堂”又成为远近闻名的地名了。如今，吴淞路407弄靠马路的几排楼房已经拆除，包括刻有“猛将弄”弄牌在内的过街楼也已经拆除，弄堂变短，不知“猛将弄”三个字将来是否会再现。

吴淞路的北端通过嘉兴路桥跨过虹口港与四平路相接，成为上海虹口东部的南北交通要道。

乘轨道交通 4 号线到临平路站下，
向南沿天虹路至周家嘴路再向东走，
即可到安国路北段。

…
海伦路
临平路
大连路
…

有头掐“尾”的安国路

安国路是虹口境内东部的一条小马路，南起昆明路，北达岳州路，全长约 700 米。中间分别被唐山路、东余杭路、周家嘴路横穿，如果算上南端的昆明路，正好形同一个“圭”字。但是安国路在 1901 年建筑的时候却不是这样的，当时的马路还越过昆明路，直抵华德路（今长阳路），当然那时候的安国路还不叫安国路，而叫爱尔考克路。这是用英国第二位驻沪领事拉瑟福特·爱尔考克的名字命名的。由此可见，爱尔考克路是一条属于公共租界内的马路。

那么，好好一条马路，后来为了什么被“掐”去一段呢？爱尔考克路是在 1943 年租界收回之后改名为安国路的，安国是河北省的一个县名，为著名的中药之都。安国路在上海的方位，与安国县（今安国市）在中国版图上的方位相对应。所以，安国路的路名一直沿用至今。

2007 年左右的安国路是通衢大道周家嘴路东边一条相对僻静的马路。从北向南，越过周家嘴路，安国路两边基本是近年来兴建的多层公寓，一边是安康大楼，一边是安国公寓，这些大楼也为周家嘴路增添了新的楼宇景观。从东余杭路到唐山路段一百多米间，上海早期楼房的风格毕现，两边大都是一些以石库门为主的弄堂，最外面沿街房屋的山墙都朝向马路，每条弄堂口都有巨大拱形的门洞，并装有铁门。

安国路、唐山路十字路口是一个马路集市口，四周的建筑还是 20 世纪二三十年代的风格。两层楼的砖木结构楼房，有的过街楼上还有“AD1925”的字样，沿街转角处的屋顶呈三边形，屋檐挑出，二楼有带栏杆的敞廊式阳台。这些楼房让人意识到安国路是一条有些年头的马路了。

到了昆明路，两旁又是近年兴建的荣胜公寓和九联大楼高层楼房。沿街的楼房全部开店，西侧的九联大楼转角处是一家装潢别有风味的“古安居”大酒店，这里应该算是安国路的“商业中心”了。但是丁字路口的昆明路上却是另一番风景，透过一道高而密不透风的灰砖围墙，可以看见围墙内一幢幢四五层楼高的建筑。这些年代久远水泥外墙的楼房窗户全用金属的百叶窗封闭了，让外界的人根本无法窥见窗内的风景。原来围墙内就是上海提篮桥监狱。

早在1901年，上海公共租界工部局就在此处设警务处监狱，不过，这时监狱规模比较小，正好处在舟山路与安国路之间，这时的安国路直抵长阳路。后来，由于关押的人犯逐渐增多，这所监狱已经容不下一定数量的犯人，只得向北面和东面扩展。

当时的安国路与长阳路的交叉口，还较为冷落，仅有几间房和一些小店。于是在工部局的批准下，过昆明路近160米长的安国路被圈进了监狱。这样从1928年起，工部局又在提篮桥监狱的东面陆续建造了多栋5层楼的监楼和一座8层高的监狱医院。到30年代中期，终于形成今天的规模。由于监狱建筑精良，设施较好，规模较大，从此有了“远东第一监狱”之称。这就是为什么安国路被“截”去一段的原因，这从另一面让人窥见上海马路变迁的历史风云。

提篮桥监狱对于以前的上海大多数人来说，是个复杂的载体，既对它感兴趣，却又不希望自己和它发生什么关系。随着时代的发展，提篮桥监狱作为监狱的功能渐渐转移。这座昔日让人望而生畏的建筑也成为记录城市历史文化的一个“容器”，被列为国家级重点文物保护单位。因此，未来的提篮桥监狱有可能变成监狱博物馆、法制教育基地等公共文化场所，从而留住特殊空间里的曲折历史和记忆。

如今，安国路从唐山路到周家嘴路一段，已经列入拆迁范围。房屋还在，但人去楼空，不知将来会建什么形态的楼房和小区。

乘轨道交通 4 号线到大连路站下，
向南沿大连路至长阳路再向东走，
便可到达荆州路中段。

…
临平路
大连路
杨树浦路
…

风云变幻的荆州路

闻名遐迩的中华人民共和国国歌是 20 世纪 30 年代的电影《风云儿女》中的插曲《义勇军进行曲》。电影是由当时的电通影片公司摄制完成的。公司的旧址就在现在的荆州路 405 号。因此，荆州路也是国歌的诞生地。

2007 年 11 月从媒体上得知，荆州路将建国歌纪念馆及纪念广场，便在一个冬天的下午来到荆州路。当时寒风凛冽，阴云密布，从霍山路拐进荆州路。放眼四周，只见马路两旁的居民住宅大部分已经推倒，到处是断壁残垣，废墟片片，"原来姹紫嫣红开遍，似这般都付与断井颓垣"。看来荆州路正遇上了旧区改造。405 号也不知在哪一段，踏入废墟，沿着原来的弄堂小路向南走。走出废墟，突然眼前一亮，马路对面铁栅栏里有一幢灰色水泥拉毛带红砖装饰墙的三层楼房。大楼坐北朝南，西面山墙上方赫然刻着红色的"1916"4 个阿拉伯数字，下面还有一行金属铸就的大字"教育缔造和谐——吕型伟"。看来这是一所有 100 多年历史的校园了。

等走到荆州路尽头，站在惠民路上才看清这所中学的正名是上海市市东中学。显然这是一所历史悠久的中学，教学大楼东西两头是尖顶造型，清水青砖外墙，嵌红砖外饰，立面采用券式廊窗与长方形窗相间，古色古香又中西合璧；而垂直于教学大楼轴线的是一排平房，金色的"教工活动中心"几个字告诉你这是老师活动的地方。因为是休息日，无缘进入该校内部，只得远远地打量这所学校，想象昔日的典雅和兴旺。

上海市市东中学是一所历史悠久的学校，系沪绅聂云台为纪念其父聂缉槼（曾国藩女婿，曾任苏松太道）

而捐地，由当时公共租界工部局建屋兴学。1916年1月始招生，校名为“聂中丞华童公学”。1941年改名“上海市立缉槼中学”。1951年学校改为现名“上海市市东中学”。新中国成立后，教育家段力佩、吕型伟先后担任市东中学第一、第二任校长，培养了大量德才兼备的人才。

2006年，上海的报纸报道了台湾作家李敖50多年前曾在这里读过初中。后来，李敖来沪返母校期间，市东中学特意找到了当年李敖读初一时的班级花名册，送给他以作纪念。

这时再看宽敞的惠民路上，不少房屋还没推倒，弄沿上标有怀意里1925、三乐里1930、德生里1925等石库门弄堂，一个紧挨一个，这些弄堂全有七八十年的历史了，可以想见当年荆州路、惠民路一带也是上海滩上的小康殷实之地。

荆州路建筑于1927年，是一条在城市化过程中由河道交织的农村地境演变过来的马路。到1932年左右，这里南北马路纵横，俨然成市，正泰橡胶厂、五和织造厂、光中印染厂等中小型企业工厂分布，寿品里、斯文里、集成坊、月华坊、人寿里等石库门弄堂密布。1935年初，一批急觅新宣传阵地的左翼电影人来此探路，这里交通方便，离市中心并不远，房价却相对便宜，于是随后便将自创的电通影片公司迁来405号一所已经停办的中学里，校内有一个风雨操场，正好改造成有声电影摄影棚。5个月后，就在这里，诞生出激励千万国人的电影《风云儿女》及该电影主题曲不朽的《义勇军进行曲》。据载，当时电通影片公司内不仅有摄影棚，还有录音工作小楼、宿舍、饭厅及办公室和《电通》画报编辑室等。

《风云儿女》的很多场面拍摄都在这里完成。据词作者田汉本人回忆，歌词最初写于电通公司的稿纸上。就是这份歌词，让聂耳兴奋得在曹家弄一阁楼上连熬两夜，谱就不朽音符。不久，因白色恐怖浓重，被组织安排出国的聂耳在途中寄回修改后的曲谱，为使歌曲更有激情与号召力，在词中添了三个“起来”和最后一个“进”字。

可惜，创办仅一年余，以创作《桃李劫》一炮打响的电通影片公司，被国民党政府视为“赤色大本营”，被迫于1935年下半年停业。电通影片公司及其建筑在1941年后成为日本人开设的兴亚钢铁厂厂房。1949年后又成为新沪钢铁厂厂区。2007年后新沪钢铁厂随荆州路大规模拆迁变成大连路绿地。后来经杨浦区文物委员会细致考察，终于确定，荆州路西侧、大连路东侧、长阳路南侧、霍山路北侧区域，现大连路115号附近，正是昔日电通影片公司遗址处。

2009年，一个占地2.5万平方米，集红色景点旅游与爱国主义教育基地于一体的国歌纪念广场及国歌展示馆，在电通影片公司旧址处建成。虽然电通影片公司的楼房早已湮灭，但一块烫金字的石碑奠定了这里的历史地位。

过长阳路，西南角绿树丛中，一幢清水红砖外饰古典廊柱的四层大楼赫然入目。原来这是中国现代国之宝艺术馆。艺术馆后面就是大连路绿地，国歌纪念广场就在绿地中央。

广场不是很大，圆形的地坪由两种不同颜色的大理石组成一道道圆圈，形似一张巨大的唱片，让人感觉动感十足韵律起伏，情绪激越神思飞扬。四周遍植松柏等常青树木而显得生机盎然，最引人注目的当然是矗立在广场中央的国歌纪念碑。此碑基座是黑色大理石，上端是经过战火、风云洗礼的红旗和军号组合体，象征不倒的信念和奋起的号角，仿佛跳动的时代的强音，鼓舞着国人向着中华民族的伟大复兴前进！进！

广场左前方有一道下沉的楼梯，走近才发现，原来展示馆全部在地下。这样的设计和建造，既节省了空间，又使进入展示馆的过程变得神秘和有趣。整个展示馆外观是仿石库门建筑，一律的清水灰砖或清水红砖镶白线立面，老式的搪瓷罩路灯，汉白玉雕花门楣、门框，但是门窗和雨棚却又都是深色铝合金和新型建材组合。

展示馆由国歌诞生厅、国歌纪念厅、“我”和国歌厅、国歌震撼厅，及世界各国国歌厅6部分组成，展出文物和历史照片400余件。通过图片展览、实物和多种先进的声光技术，带领观众回顾国歌诞生的历史过程。最令人感兴趣的是馆内模拟的电通影片公司拍摄《风云儿女》的场景，人物蜡像惟妙惟肖，栩栩如生；还有模拟当年电通影片公司周围环境的建筑模型，更使观者身临其境，仿佛穿越到1935年风云变幻的荆州路。

如今的荆州路是一条集现代化商务大厦与时尚美食于一体的马路。北通周家嘴路，南止于惠民路，全长800多米。从唐山路进入荆州路，东面是宝地东花园高层住宅小区，西面是宝地广场商务楼群，黑色玻璃幕墙外观的楼群透露着典雅时尚新潮的商业气息。过了昆明路，东面是由原新沪钢铁厂办公楼改建的“荣广商务中心”，沿街店铺美食飘香，西面是集合安莲芳、西门子等中外合资企业办公写字楼，以“北美广场”命名的商务区，荆州路已没有当年老马路的一点“蛛丝马迹”了。

乘轨道交通 4 号线到
杨树浦路站下，
即可到达杨树浦路中段。

…
大连路
杨树浦路
浦东大道
…

杨树浦路有“创意”

杨树浦路是一条沿黄浦江曲线向东北方向伸展的马路。西连接于提篮桥附近的东大名路，东北直到黄浦江西边的军工路。全长 5 500 米左右。

在 2007 年以前，杨树浦路是一条有点特殊的马路。它不以两边的建筑特色吸引人，在这条路上你看不清黄浦江沿岸的风光。因为靠江的一边全是各种各样的工厂、码头、仓库等建筑。它们灰色的建筑立面正对着杨树浦路，使杨树浦路看起来低沉压抑。这是一条上海的工业之路，早在它开发之际，就承担了偌大一个上海的能源、原料、日常用品的制造和供应任务。

1869 年，租界当局从提篮桥沿黄浦江修路直至杨树浦，故称为杨树浦路。之后外商就纷纷在杨树浦路两边开设工厂、建造码头，杨树浦路也就逐渐成为上海有名的工厂之路和住宅区了。

1878 年，李鸿章在此开办上海机器织布局；1880 年，英商杨树浦水电厂在此建立；1890 年，伦章造纸厂在此开办；1896 年，英商怡和纱厂在此开办。这里的每一家工厂，几乎都是中国某个行业的“鼻祖”。到第一次世界大战前后，杨树浦路沿线已经有纺织、公用、缫丝、造船、造纸、制药、制皂、啤酒、烟草、有色金属、机器制造等大型工厂数百家。可以这么说，大上海曾经的繁华是建筑在杨树浦工业园区源源不断的生产之上的，大上海夜空里闪亮霓虹灯光管的电也是从杨树浦电厂里输送出来的。

当时沿着杨树浦路向东走，可以看见许多工厂的大门向北朝向路中心；码头无一例外地设在黄浦江边，吸纳由内地输送和从国外进口的原料，又向内地和国外输送产品。还可以看见许多既短又直，一眼就能望见黄浦江的小马路，这些小马路取的大都是与江海有关的城市名，如秦皇岛路、川沙路、丹东路、洞庭路等，它们都是通向江边大厦和码头的道路。

杨树浦路已经有160多年的历史了，其路形基本没有变，但是随着上海城市建设的发展，特别是工业现代化的进程，两边许多劳动密集型的企业不可避免地被关停并转，因此许多工厂的门面已经破败蒙尘，罕见人迹。

在僻静的杨树浦路上不经意地扫描这些老厂老房，会有一种历史沧桑感扑面而来。那些工厂的楼房跟现代化的厂房迥然不同，它们的用料、造型不同，窗户、门洞等细节的处理更是不同，正是这点点细微之处，让你感觉到劳动密集型大工业时代的某些独到和精致。工业建筑用房同样充满了艺术的审美情趣和想象，那也是鲜活的历史。你会发现杨树浦路上的建筑其实并不是想象中的刻板古旧，它既见证了过去年代的沧桑，又体现了属于那个时代不可复制的精致与辉煌。

杨树浦路上最让人萦怀的是建于1928年的杨树浦水厂大楼，这座宫殿式大楼带有哥特式建筑风格，立面承重墙用清水砖砌筑，镶红砖腰线，檐部又为英国传统式的古城堡风格，真实地反映了当时工业建筑的规划和水平。只是这种建筑风格在工厂建筑中较为少见，从外观看简直像一座宫殿。所以直至今天它都受到人们的青睐，又重修如“新”，让走过它面前的人赞叹工业建筑也是可以这样赏心悦目艺术化的。

相比较之下，上海船厂修造分厂的三层大楼就没有这么受人垂青眷顾了，尽管三层的半圆形立面大楼，门窗处有石刻花雕，但仿佛好景不再，只好任由灰尘和时光剥蚀。不过，随着时间的流逝，许多有识之士也认识到了杨树浦路上许多工业老建筑的价值，于是纷纷将自己的创意带到这些老建筑中去，杨树浦路上刮起一阵时尚的怀旧风。历史就是这样，许多看似没用的东西，换一个角度看的时候，它又会成为不可复制的珍宝，是时间在铸造历史和价值。

2006年左右，位于杨树浦路2218号的原上海电站辅机厂改造成了“滨江创意产业园区”，斑驳的铁门已经不复存在，随意搭建的几根立柱就构成了园区敞开式的大门。摇曳的风荷、大丛的云竹，连着斑驳旧墙上绿色的藤蔓植物，充满一种生命的宁静与安然，仿佛过滤了周遭的喧嚣和烦躁。

据来自中国台湾的打造这个园区的设计师登琨艳说，这里30座五花八门的厂房、200米长的黄浦江岸

杨树浦路 830 号　杨树浦水厂

线将百分之百地保留，近代工业生产的特色就以粗糙的原生态样子保留下来，很形象地告诉后人，我们的前辈曾经是这样工作的。

非常能说明登琨艳这种理念的是他对自己办公室的设计。他的办公室在园内一间两层的厂房内。他喜欢光亮，却又不喜欢太多的灯，于是就在屋顶开窗，两面墙壁被改成巨大的落地门。地上随意铺设着旧地板，工作台是旧木料拼成的，凉椅是藤编的，都不曾沾染任何油漆，一切显得古朴自然。

在滨江创意产业园区内，设计学院、咖啡馆、旅馆、展厅一应俱全。登琨艳力图在空间里保留对历史的记忆，营造出分属不同年代、富有变化的各种场所，把属于人们的自由的创造力找回来。怀旧和时尚将是这里的艺术家们创作的母题，就如同浦江落日与浦江旭日同时进入他们的作品，成为无穷创意的源泉。

随着时间的流逝，杨树浦路两边的民居和厂房也随之老旧衰败，不少路段先后列入拆迁改造范围。如今的杨树浦路南面厂房建筑除保留了上海机器造纸局旧址、原英商老公茂纱厂和德商瑞塔厂办公楼、杨树浦水厂大楼、1403 号木行大班洋房住宅、原日商上海纺织株式会社办公楼、原国棉十七厂厂房等老建筑，北面保留了几幢有年代特色、结构尚好的老洋房外，大部分建筑拆除，昔日人烟稠密、车轮滚滚的杨树浦路一下子显得空荡荡了。

不过，世事总是此起彼落，陵谷变迁。上海是中国近代工业的发源地，而杨浦区则是近代上海工业的摇篮。杨浦滨江段浓缩了160多年的上海城市工业记忆，历史文脉和城市记忆都在这里烙下了印痕。黄浦江沿岸的杨浦区老工业区，曾被联合国教科文组织专家称为“世界上仅存的最大滨江工业带”。随着杨浦区进入近年来的转型发展，这个“最大滨江工业带”也就发生了巨大的嬗变。

杨浦滨江带长约15 000米，大致可分为南中北三段：南段，秦皇岛路到定海路桥；中段，整个复兴岛及周边区域；北段，军工路沿线。而南段全长5 000米左右，与杨树浦路的曲线重叠。其中从怀德路到杨树浦水厂约550米的“示范段”经整治已于2017年左右开放。原来这里曾是上海第一毛条厂和上海水产品中心批发市场所在地，而今变身为“生态复合型滨江公共空间＋雨水湿地公园”。

经过精心构思设计，开阔的亲水岸线，使滨江景致一览无余。这里有可以慢跑、步行的健身道，也有造型如同小船的休息座椅。同时将原江浦路水产中心批发市场、上海第一毛条厂的生产场所和码头，进行了脱胎换骨式的改造，但又尽可能地保留了原工业元素和历史记忆。当年上海最大的江浦路鱼市场，如今已华丽转身为东方渔人码头的主体部分。

当年鱼市场留下的建筑已经修缮改建，成为通透的公共空间，又运用雕塑和文字，营造了“人头攒动、交易兴旺”的渔港繁忙场景。人们在这里既能了解历史，留住记忆，从而激活老工业历史文化遗存；又能观景休闲娱乐，聚集人气，引领时尚，带动文化产业的发展。

漫步其间，清风徐徐，天蓝水清，江潮涌堤，视野开阔，心旷神怡。坐在工业之舟上，眺望对岸的金茂大厦、上海环球金融中心和上海中心大厦高耸挺拔的身姿，又见黄浦江里一艘白色的游轮从眼前缓缓驶过，极目沧波吟不尽，一种历史的跨越感和自豪感便油然而生。杨树浦路一带仍然是人们追求时尚的好地方。

乘轨道交通 4 号线到杨树浦路站下，
向东沿杨树浦路走，
经过通北路便可到许昌路南端。

…
大连路
杨树浦路
浦东大道
…

许昌路的拐角风情

许昌路是今杨浦区一条南北向马路，南起杨树浦路，北至控江路。许昌路始筑于 1874 年，初名叫华盛路。这是美租界时期较早开筑，并随租界扩张和各类工厂兴建不断向北延伸的马路。1943 年，改以河南省许昌市命名。1949 年后，许昌路又向北扩展延伸，才成现状。

许昌路的路形基本是一条直线，但它在杨树浦路上的开端却是一个优雅的“S”形弯道，周围的建筑和树木因马路的“变形”而变得风情十足。站在杨树浦路口看许昌路，三岔路口行人稀少，许昌路在你眼前画一个半圆弧就深入浓荫深处，让人不禁产生“林茂路深、曲径通幽”的神往。

马路东面是上海水表厂敞开式的水泥栏杆围墙，透过栏杆，可以看见这个工厂蓝色的水泥外表厂房和同样蓝色却是玻璃幕墙的试验室。上海水表厂是一家具有 50 多年历史的中国最早专业制造水表的企业，生产各类民用水表和大口径的工业用表，满足了中国市场的需求，部分产品已进入国际市场。厂区内绿草如茵，鲜花盛开，是一座花园式工厂。

沿着上海水表厂的外围向北走就是龙江路口，马路呈倾斜的东西向，东北面是欧洲凯城园，现代化的高层大楼小区；而东南面则是两排 9 幢英式联排住宅，前排二层后排三层，红色机平瓦陡坡屋顶，黄色拉毛水泥外墙，有红色烟囱高出屋顶，檐部有欧式精良细腻的线脚装饰，带有英国哥特式复兴风格，华丽优雅。

如此精美的建筑，前后错开，左右毗连，一字排开，有一种独特的气势。原来这是 1931 年由杨浦树路上的自来水厂建造的供外籍职员居住的宿舍楼，如今属于上海城建水务工程有限公司。

许昌路左边是一道蜿蜒的清水砖封闭式围墙，墙内像是一个住宅小区。但是走到大门口就看见正对小区大门的是一幢高大的有廊有柱的西式建筑，在工人居住集中的杨树浦周围怎么也会有花园洋房式的小区？细细打探才明白，原来这里是上海第三纺织厂工人宿舍区。

追根溯源，这个宿舍区是日本厂商20世纪20年代建造的。当时小区内还同时建有小学、浴室、游泳池和网球场，还有日式庙宇一座。居住者当时全是在纺织公司工作的职员。杨树浦路这一带原是工厂集中之地。如今这个小区的建筑大都成了保护建筑，但由于年久失修，内部设施老旧，嘈杂拥挤，里面的人想拆迁，外面的人却觉得独特而有韵味。但无论如何，这个小区是杨树浦一带由农村田野变工厂城市的历史缩影，值得记忆书写。

这时候，回看杨树浦路，吸引人视线的是马路对面镂空式的铁铸栏杆内一些或连体或独立的楼房。这些楼房不高，至多只有两层，外墙不是清水红砖镶白线，就是清水灰砖勾白线，山墙上还有一些红色的“1902”或是“1921”浮雕似的字样。原来铁铸栏杆围墙内的建筑是上海市自来水公司杨树浦水厂的厂房。

这才看清主楼楼房上有个英国哥特城堡式的门头。红砖的墙面，镶嵌着条状的青砖线脚，迎面就是一个三个大小券连在一道的门洞。白色的线条清晰活泼。女儿墙做成锥状形，还有斜向的变形。山墙后还露着一些大大小小的拱门，做成火焰状的样子，合在一起像舞台上的布景。这哪里像一个自来水工厂，分明是欧洲的一座宫殿。

上海市自来水公司杨树浦水厂原是英商杨树浦自来水厂，建成于1883年6月，曾号称“远东第一大水厂”。水厂在1926年扩大，现在的主楼、围墙都是1928年重建的，由于这些建筑采用的是英国传统古典哥特式城堡风格，周围的墙身压顶均为雉堞缺口，不露屋檐，看上去宛如古城墙，别具艺术匠心。

不能忘记的历史是1930年5月6日，中共早期工人运动领导人恽代英一身工人装束，来到这里（杨树浦路670号）的老怡和纱厂门前从事党的秘密活动，突遭外国巡捕盘查。最后被引渡关押在南京国民党军人监狱。由于叛徒指认，国民党诱逼不成，1931年4月9日，恽代英牺牲于南京雨花台。1989年，共青团上海市委将许昌路与杨树浦路口确定为上海青少年教育基地。

许昌路的拐角不是公园，也不是纪念馆，但是景物丰富，意象纷繁，常常令人百感交集，回味无穷。

乘轨道交通 4、14 号线
到浦东大道站下，
即可到达浦东大道西段。

…
杨树浦路
浦东大道
世纪大道
…

开阔大气的浦东大道

浦东大道是位于上海浦东新区北部的一条通衢大道。西起浦东南路接陆家嘴东路，东北止于浦东北路东靖路口接东塘路，全长 9 000 多米。这是一条全新的马路，却又是一条修筑得很早的老马路。

说它“老”是因为早在 1930 年，为了打通浦东的南北交通，当时的上海市政府从上南路向东沟，与黄浦江平行，辟建了这条“厂”字形的主干道，1935 年建成后命名为浦东路。1955 年浦东路一分为二，南北向改为浦东南路，东西向即改名为浦东大道，成为浦东沿黄浦江东西向的交通干道。说它“新”是因为随着浦东的开发开放，浦东大道的西段因紧贴陆家嘴中央商务区，而迅速发展成为浦东的又一繁华地段，高楼群起，展现出现代化都市的宏大新气象。

浦东因位于上海的母亲河——黄浦江东面而得名。20 世纪 90 年代以前，这里曾经是大片的农田、渔村，经济社会发展远远落后于浦西。1990 年国家实施开发开放浦东战略。1993 年浦东新区管委会正式挂牌成立。历经 30 多年的开发建设，浦东已经建立起外向型、多功能、现代化的新城区框架，成为中国改革开放的窗口和上海现代化建设的缩影。

沿着浦东大道向前行，就能看见与浦东大道南侧呈 45 度角方向伸展的世纪大道，两条“大道”又是一新一老，在陆家嘴绿地边交会后“分道扬镳”，各奔东南和东北。

世纪大道西北起于陆家嘴西路，东南止于世纪公园门前，全长约 4 000 米，宽阔笔直，设双向 6 快 2 慢 8 车道，为上海道路宽度之最。大道于 1998 年动工，作为上海跨入 21 世纪之际所开发的道路而命名为

陆家嘴
上海环球金融中心
金茂大厦　上海中心大厦

世纪大道。大道建成后大大提高了浦东新区中心地区东西交通车辆的运行速度，还迅速带动了周围金融、商贸等各种市场功能的开发。特别是路西段一侧辟有面积广大的陆家嘴绿地，沿路有金茂大厦、上海中心大厦、上海环球金融中心、世界金融大厦、上海招商局大厦、中国保险大厦、世界广场、汤臣金融大厦、上海科技馆等大批现代化的建筑。这里是集观光旅游、商贸办公于一体的现代化城区。漫步在这里，你会感到眼睛不够用，一幢幢超高层的大楼气势雄伟直插蓝天，阳光在楼宇间闪耀，到处流动着一种明快的现代化城市韵律。

在 2007 年之前，金茂大厦是这里的最高建筑，建于 1994 年，楼高 420.5 米，88 层主楼、6 层裙房和 3 层地下室组成，是融办公、商务、宾馆等功能于一体的智能化高楼。大厦外观呈中国密檐宝塔形，上小下大，简单而有节律地向上伸展，犹如摩天宝塔，巍峨壮观。金茂大厦是经典性的建筑，更是建筑中的经典。

上海环球金融中心虽然早在 1997 年就动工兴建，但由于受各种因素制约，直到 2008 年初才竣工。大厦高达 492.5 米，地面 101 层。大厦的造型来源于“天地融合”的构想。主体是一个正方形柱体，由两个巨型拱形斜坡组成，逐渐向上变窄，顶部相接。为减少风的阻力，建筑物顶部有一个巨大的圆形风洞，形同中国庭院建筑的“月门”。

上海中心大厦动工于2008年，但完工却在2014年，后来居上，总高为632米，建筑主体为119层，是目前浦东的最高建筑，也是上海的“第一摩天大楼”。该大厦造型更为独特新颖，外形类似一本卷起来的书，每上升一层扭曲近1度，呈螺旋式的外观。在118层还设有“世界之巅”功能体验区，在360度全视角观光厅里，人们犹如云中漫步，近看东方明珠、金茂大厦、上海环球金融中心，远眺世博园区、八万人体育馆等，黄浦江两岸美景尽收眼底，整个城市仿佛在脚步下流动。

如今金茂大厦、东方明珠电视塔、上海中心大厦、上海环球金融中心四足鼎立，成为整个陆家嘴金融贸易区的标志性建筑。

看到这些光鲜亮丽的建筑，你很难想象这里原来是一个住宅陈旧、厂房低矮，还有阡陌交错的地方。据上海地方志记载，迤逦而来的黄浦江在这里拐了一个近90度的大弯，留下一片凸出的冲积滩地。从黄浦江之西向对岸眺望，这一块滩地犹如一只巨大的金角兽张开嘴巴在这里饮水。由于明代大文学家陆深一家居住在这里，后来的陆氏祖茔也都建在此地，人们就称这里为“陆家嘴”。

陆家嘴在浦东开发开放前，曾是黄浦区东昌街道、杨浦区和川沙县（今上海市浦东新区）的交界之地，有浦东公园、上棉十厂、造纸厂、机器厂等。陆家嘴路、烂泥渡路、东昌路是这里的三条主要马路。如今的陆家嘴已成为可与纽约曼哈顿、东京新宿相媲美的中央商务区，上海的新地标和“名片”。“烂泥渡路”已变身为银城中路，真是沧海桑田，万象更新。

陆家嘴中心绿地位于陆家嘴金融贸易区中心，处于陆家嘴环路、银城路、银城中路之间，地形为三角形，面积约10万平方米，1997年7月1日建成开放。绿地总体设计以呈现自然风格，面积较大的草坪来充分展示绿色主题。入口处是一座以“春”为主题的雕塑，由8朵绽放的钢结构“鲜花”组成，具有强烈的现代色彩，充分展示了浦东新区蓬勃向上的生命活力。

2014年，陆家嘴商圈“空中步行连廊”（一期）工程建成。工程由“明珠环”“东方浮庭”“世纪天桥”“世纪连廊”4部分共同组成。此后人们从陆家嘴轨交站出来后，不再需要横穿马路，而是可以通过二层步行连廊，到达正大广场、东方明珠、金茂大厦、上海环球金融中心等商贸大厦和旅游景点。楼宇互通，既有效缓解了地面交通，又具有巨大的经济效益。“空中连廊”本身也成为陆家嘴地区一道独特而别有韵味的景观。

相比世纪大道的“光鲜亮丽”，浦东大道相对“低调沉稳”，充满人间烟火气，一路有不少小旅店、小店铺、小饭店，甚至能闻到胡记锅贴和黄山菜饭的香味。浦东大道的西端与浦东南路十字相交，这里西北角是中国人民银行总部大厦、东北角是中国船舶大厦，西南角是国家开发银行大厦，东南角则是东方医院。气势恢宏的大厦使浦东大道有了一个热闹的开端。

在 1990 年之前，浦东大道南侧多为 1949 年后建造的新村居住区。崂山东路以西段，因靠近与浦西较近的陆家嘴而商业比较发达。这里商店毗连，门类齐全，市面繁荣。还有东昌电影院、黄浦区浦东文化馆、黄浦区少年宫等文化娱乐设施。当然那时的繁荣与今天的兴旺不可同日而语。

当时的浦东大道横跨黄浦区，杨浦区和川沙县，还是两区的界路。从西到东，经即墨路、崂山西路、崂山东路、荣成路、文登路（今改东方路）、钱仓路、源深路、民生路等。如今路基本还是这些路，但经拓宽改造修整，路景路况都发生了巨大的变化。轨道交通 4 号和 14 号线也都在此设“浦东大道”站，浦东大道依然是浦东地区一条东西向的大动脉。

其间的民生路原为黄浦江至沈家弄路之间的一条乡间泥路，1922 年修建为片弹街路，以三民主义中的“民生”两字命名。民生路东侧黄浦江边的民生码头，曾是上海港散粮、散糖装卸专用码头。其中建于 1995 年的八万吨筒仓，是当时亚洲最大的粮仓。如今民生码头已淡出人们的视线，但是这里的仓储建筑却成了极具震撼力的工业遗产。2017 年，八万吨筒仓经改建开放，成为城市空间艺术秀场，也是上海城市和浦东地区近代工业发展历程的见证。

浦东大道超高层的大厦虽然不多，但是也有不少引人瞩目的建筑。还有建于 1990 年后的各种住宅大楼，从西向东，有永华大厦、耀如大厦、金隆星地大厦、同科公寓。中间间隔有浦东文化馆东昌·弈空间（原东昌电影院）、昌邑小学、梅园小学、浦东实验中学等，以及傅家玫瑰圣母堂等富有文化历史色彩的建筑，它们为浦东大道增添了人文历史气息。

浦东大道 143 号是两栋普通的楼房，现在是浦东开发陈列馆，但原来却是东昌工人俱乐部、浦东文化馆旧址。1990 年 5 月 3 日，上海市人民政府浦东开发办公室在此挂牌成立，使这里成为浦东开发开放的起点，因而成为如今浦东大道上地位十分独特的人文历史坐标。

乘轨道交通 4 号线到
南浦大桥站下，
向东沿外马路走可到达半淞园路北端。

…
塘桥
南浦大桥
西藏南路
…

半淞园路世博缘

第 41 届世界博览会于 2010 年 5 月至 10 月在上海举行。2010 年 5 月 29 日，第一次来世博园，是从浦西园的一号门，也就是西藏南路处进去的。进去之后，才发现世博园的选址很有意义。它用金属格网将浦东、浦西约 5.28 平方千米的土地划进一个圈，把新旧上海连成一体。

无论是浦东还是浦西，被划入世博园的许多马路的走向、尺寸，甚至路名都没有变，如浦西园内的龙华东路、局门路、半淞园路、苗江路、望达路等依然如故，原封不动。因为世博园太大了，馆舍林立，道路纵横，为了区分记忆这些场馆，无须重新命名道路，保持原有的路牌就行了。所以在世博园内行走，既有游园的感受，又有逛马路的感觉。

光阴似箭，倏忽间 12 年过去。2022 年，又来到半淞园路一带，当年围园的铁丝网当然早已拆除，马路格局基本没变，当年作为世博会“最佳城市实践区”而设立的主要城市案例馆和博物馆，以及在原南市水厂、南市发电厂和江南造船厂等老厂区地基上建造的船舶馆等场馆全部保留。同时又新建造了上汽荣城儿童文化中心、南部滨江商务综合楼等建筑。

半淞园路当年整个被“圈”进浦西世博园，是园内一条主干道。所以如今漫步半淞园路，既有一种旧地重游的熟悉感，又有一种今非昔比的疏离感。北面是掩映在绿树丛中的各种造型奇特、令人遐想的建筑和雕塑作品；南面是烟囱高耸、老厂房林立的创意园区，以及绿树荫浓、江水奔流的黄浦江滨江地带。感觉这里蓝天白云，绿树成荫，水声鸣珮，空气清新，形同一个天然的大花园。

半淞园路是上海黄浦江南段江边

码头附近的一条马路，略有弯曲，南北向偏东呈弧形，全长 1 300 多米，南起于西藏南路原江南造船厂大门口，东北止于陆家浜路。

半淞园路扩建于 1918 年，顾名思义，路名得自建于清道光年间的沪上名园半淞园。半淞园最初为上海吴姓人家的私人花园，以种植出产水蜜桃而闻名上海滩。清末民初，被沈姓人改建为同昌公司花园。1919 年又被人收买而改建为公园对外开放。

当时的公园内有人工河，河中有一座岛，岛上建有当时上海最大的假山。由于园内水域面积大，且靠近黄浦江，园内之水基本上引自黄浦江，就取唐代诗人杜甫“剪取吴淞半江水”的诗意，把公园定名为半淞园。半淞园南临黄浦江，气势宏伟，信步登上假山顶，黄浦江的景致就尽收眼底，令人心旷神怡。因此一条通向公园的路自然就被称为半淞园路。

在 20 世纪初，半淞园经过多年建设，已经是上海一座有名的公园了。园内的自然风光得天独厚，游客既可尽情饱览淞江半水，欣赏绿草碧波，又可以尝遍园内中西餐馆里的美味佳肴，还可以去弹子房、游艺所领略时尚新潮的玩意，再加上附近还有华商电车公司、江南造船所、机器制造总局等工厂，1 路和 4 路有轨电车都把终点站设到半淞园门前，交通比较便利，所以园内整天熙熙攘攘，游人如织。

据史料记载，1920 年 5 月，毛泽东从北京来到上海，为驱逐湖南军阀张敬尧开展活动。5 月 8 日，毛泽东和旅沪的新民学会会员共 12 人来到半淞园举行会议，欢送赴法国勤工俭学的会员，并讨论学会会务。

可惜这样一座名园，在 1937 年“八一三”事变中也难逃日本侵略者炮火的狂轰滥炸，美丽的半淞园被炸得连半点影子都没有留下，全部化为废墟。后来人们在半淞园遗址上建起了南市发电厂，扩建了南市自来水厂。曾经位于半淞园路 500 号的上海电力修造总厂有限公司的大门，正对着原来半淞园的后门。

记得世博会召开的前几年，半淞园路人流已不多，这里虽然还有黄浦外国语小学、一个公共汽车终点站，但江南造船厂和电力修造厂、南市发电厂等已经搬迁出去了，只留下年代久远的一座座空厂房在黄浦江边伫立着。

江南造船厂的前身是江南造船所。这是清政府在上海最早经营的机器造船厂，原也是江南机器制造总局的分部。1867 年开始试制船只，1868 年造出了中国用机器作为动力的第一艘木质船“恬吉”号。1905 年清政府将船坞部分从江南制造总局中划出，另外成立江南船坞并属海军部。1911 年以后，江南船坞由北洋政府海军部接收，改称江南造船所。1927年以后，这里成了国民党海军修造船只的主要基地，抗日战争期间又部分为日本人所占。新中国成立后，改名为江南造船厂。

尽管2007年时江南造船集团整个造船基地已经搬迁到长兴岛，但是这个百年老厂仍然在这里留下了一系列优秀历史保护建筑，其中包括最早的1868年设立的“翻译馆”，以及曾经修理过许多万吨远洋轮的“二号船坞”“海军司令部”“飞机库”“将军楼”“黄楼”等代表性历史建筑，在国家文物局、上海文管会专家和世博局专家鉴定论证后得以全部保留。

船厂西边的一幢中西合璧风格，门前有4根大圆柱，支起一个哥特式尖顶门顶，中间有大红五角星的建筑，正是当年的海军司令部。北面掩映在绿树丛中的黄色两层楼房，曾是新中国成立后许多中央领导和外国元首来厂视察、参观的小憩之处，这里曾留下无数国家政要的足迹。

而南市发电厂和电力修造总厂全部厂房及格局也没有动，内部则已经搬空并打通，都成为世博会的展馆。最有意味的是，南市发电厂那根大烟囱被保留下来，成为浦西园区内最高和最醒目的标杆。

几经沧桑的半淞园路及周边地区，在2007年以后，先从老工业基地变身为世博园浦西亮点展区。2010年以后再经后世博的改造传承，成为工业遗存、世博遗存十分丰富的街区，成为见证浦江两岸和上海改革开放变化的一个缩影。

可喜的是，当年为世博会而建造的各种场馆都是永久性的，所以世博会结束后，整个浦西园区包括上海案例馆、伦敦案例馆、汉堡案例馆，以及成都案例馆（活水公园）等具有生态价值的世博场馆都得到完整保留。这些建筑因其独特的人文历史内涵而成为“可以阅读”的新景观，同时也是人们游览休闲、品茗交流的极佳场所。

以原南市发电厂大烟囱为标志的老厂房改造成上海当代艺术博物馆，四周成为一个具有百年历史文化底蕴的创意产业园。而沿花园港路、苗江路等沿黄浦江滨江的腹地，则屹立起一栋栋集合了现代科技、绿色生态内涵的崭新大楼，成为金融产业、时尚设计、低碳环保及创意产业企业落户的园区。

后世博时代的半淞园路地区已是一个集商务办公、文化艺术、商业主题零售、休闲娱乐为一体的复合功能街区。当年世博会“城市让生活更美好”的主题思想在这里获得了最佳实践。优美舒适的办公环境、风格迥异的建筑空间，既保留了大家对世博会的集体记忆，又成为人们休憩游玩的“家门口公园”。

乘轨道交通 4 号线到
南浦大桥站下，
即可到达国货路东端。

…
塘桥
南浦大桥
西藏南路
…

国货路感怀

记得 2007 年的一天，从地图上看见“国货路”三个字就觉得这一定是条有掌故的马路。因为上海的马路名大都取全国各省市名，像这种以特定名词命名的马路肯定有特别的含义。果然如此，从《上海市地名交通指南》一书中获悉：1928 年夏秋之际在当时位于南市煤屑路上的一幢新普育堂建筑里，举办了一个国货展览会，盛况空前，影响很大。新普育堂大楼因此被称为“国货大楼”，上海人民为纪念这一爱国行动，就把煤屑路改名为“国货路”。

于是第二天，就赶往国货路，想看看 80 多年后的“国货大楼”——新普育堂建筑是否安在？国货路并不长，位于上海的东南面，西与斜土东路相接，东与海潮路相交，有 700 多米。记得当时的国货路上，已经有像海洲国际花园、惠国公寓那样新建的现代化高层小区住宅，也有一些二层楼木板结构的楼房，那些楼房看来都显得那样的矮小和简陋，有“都市村庄”之感。沿街当然有许多各式各样的店铺，从斜土东路开始，许多商场的门上大红招牌写着金黄的大字，什么上海鞋都、金融鞋都、卢南鞋城等，还有许多经营建材和钢材的商铺。在国货路与南车站路口居然还有一栋两层楼木板墙的房子，楼上绿色的木墙板上清晰地书写有“百花日用杂品店”7 个白漆大字。

果然在普育西路转角上看见呈“山”字形矗立的一组三层的红砖外墙大楼。中间的一幢建筑立面上部是半圆形，下部有半拱形的大门，看上去既像教堂又不像教堂，半个墙面被绿色浓密的爬山虎覆盖着，“犹抱琵琶半遮面”，让人觉得年代久远。无疑这里就是曾经的新普育堂建筑群。

当时分别是瞿溪路幼儿园和一所民办中学的办公用房。据说像这样的“红房子”在这里曾经有90多幢。

原来普育堂是中国人创办于清同治年间的一种慈善机构，最初设在上海老城厢的文庙附近。它一改以前民间善堂的传统，除了把老弱病残者作为救济对象外，还设立习艺所，收留流落街头无家可归的儿童进习艺所，再以习艺演出的收入扩大救济面。用今天的话来说就是“借鸡生蛋、以堂养堂”，这种救济方法和形式后来迅速被其他慈善机构仿效。

到了清末，普育堂的资金积累日益增多，救济对象和范围继续扩大，原有的房子已经不够用了，于是就在陆家浜南，也就是现在的国货路北面的土地上建筑了新的三层楼房，后又建筑一些二层楼房，统称为“新普育堂”。围绕着新普育堂的几条马路也分别起名普育东路、普育西路等。但是唯独新普育堂前一条由煤屑铺成的小路还没有正式命名，人们就叫它“煤屑路”。

时值20世纪20年代后期，虽然上海的民族工业在夹缝中顽强发展，但是“国货”与“洋货”相比，还是缺乏相应的市场。于是许多有识之士怀着一种朴素的感情，开展了提倡用“国货”的运动。

1928年5月，国民党政府为顺应这种民意，特派工商部人员来沪筹备中华国货展览会。但是，到上海后却为展览地点选在何处而发愁。因为提倡用“国货”，就等于抵制“洋货”，把展览会放在租界，租界当局一定会找麻烦。无奈之中，发现1925年刚建成的新普育堂三层楼的大房子及大操场等都还空着，正适合举办国货展览会。于是经过两个月的筹备，1928年夏秋之际，中华国货展览会终于在此开展。各种由中国人自己制造的机器、纱布、绸缎、服装、文具用品和日常用品云集此地，一时间，来这里购物的上海市民把新普育堂围得水泄不通，小小的煤屑路上整日人来人往、川流不息。

“要买国货，请到国货大楼去”的说法迅速在上海人民中间流传开来。就这样，展览会持续了整整两个月，前后有5万多市民前来观光购物。人们发现煤屑路上的“国货”并不比“洋货”差，价格却相对便宜，于是展览会结束后，人们就把新普育堂前这条还没有正式名字的马路定名为国货路。

2020年6月，又来到国货路，距离上次到访又过去13年，陆家浜路、海潮路一带高楼连云，商铺兴旺，没有昔日一点旧建筑的踪迹。这里临近世博会会场，早在2010年前后就经历过新一轮拆迁建设。于是急切地往普育西路走去，想看看新普育堂大楼是否安在？普育西路至普育东路口早已旧貌换新颜。“新颜”就是建于2018年左右的第九人民医院黄浦分院大楼。虽然还是红砖饰面的大楼，但巍峨壮观、气势恢宏，可以说是国货路上的地标了，昔日的新普育堂与之不可相提并论。

面对被拆除的老建筑，心里不免有点怅惘。再向普育西路北面走去，就在第九人民医院后面，忽然绿树丛中多栋红砖外墙、有外露走廊的老式两层楼跃入眼帘。走近一看，门口的石碑上刻有“公益新天地”5个红色大字，再看门口挂着的铭牌，原来这里也是过去新普育堂的一部分外围建筑，风格样式延续了新普育堂的建筑风格，中西合璧，清水红砖，敞廊方窗，局部带有哥特式建筑风格。1956年之后，这里成为上海儿童福利院，国货路前的大楼则成为蓬莱中学等校舍，后来又成为幼儿园和民办中学的校舍。

2012年上海民政博物馆就建在原儿童福利院1号楼内，整个儿童福利院则成为“公益新天地”创意园区，让人们走近老建筑的同时，了解到上海源远流长的民政史，以及远东最大的留养类慈善机构新普育堂的历史，也了解到国货路的起源和当年上海人民的“国货情怀”。

据说，当年国货展览会结束之后，有识之士还在离国货路不远的蓬莱市场长期开设国货市场。从国货展览会到国货路的命名，我们能清晰地感受到，国货市场能够生存下来，与当时上海人民的认同支持是分不开的，这是我们今天不应该忘记的！

轨道交通 5 号线

轨道交通五号线起讫站莘庄至闵行开发区和奉贤新城，全程累计 32.7 千米，一路穿越闵行区和奉贤区两个行政区域。2003 年 11 月 25 日开通运营（莘庄站至闵行开发区站），又称莘闵线，是上海第一条真正意义上的轻轨。2018 年 12 月 30 日开通运营南延伸段（东川路至奉贤新城站），成为首条从黄浦江上横跨的轨交线路。

“五号线”对应的马路正好是五号线的一头（春申路）一尾（江川路）。春申路是莘庄一条与春申塘平行的东西向马路。1958 年，十万劳动大军建设“闵行一条街”，命名为“一号路”。1980 年改名江川路，至今仍是老闵行“一号路”。

乘轨道交通 5 号线到
春申路站下，
向南即可到春申路各段。

…
莘庄
春申路
银都路
…

都市
春申路

春申路是如今上海莘庄地区一条与春申塘平行的东西向马路。众所周知，“申”是表示上海的地域符号，也是本地人对上海地域文化认同的依据。“申”和“春申”都源自“战国四公子”之一的楚国春申君黄歇。太湖流域，包括上海一带都曾是他的封地，留下不少遗迹。相传，黄浦江就是在春申君主政下拓展的，故黄浦江又有“春申江”“黄歇浦”之称。所以作为昔日上海县“县府”的莘庄地区有着明显的春申文化符号，如春申道院、春申君庙、春申阁等，甚至还有春申君后裔。春申塘就是当今莘庄地区最有“春申”历史意味的符号。显然，春申路与春申塘“一脉相承”，凸显了莘庄地域历史的悠久。作为莘庄曾经所属的上海县，已有 700 多年的县史了。

连上都市路以西的沁春路，从西到东大约有 7 000 米，算得上是莘庄地区东西向的主干道之一了。沁春路两边有闵行烈士陵园、春申塘绿地、沁春园一至三村、美丽家园及春申府邸等绿地、小区；春申路两边则有郊野绿园和春申万科城、春申玫瑰园、上海春城、春申景城等绿地、小区，还有学校。这里几乎所有的公园绿地和小区都与“春申”有关联。

同样，都市路北起莘朱路，直接连通轨道交通 1 号线、5 号线莘庄站南广场，南达剑川路，全长约 10 000 米，一路穿越春申路、银都路、梅州路、金都路、贵都路等这些莘庄新城区的黄金地段，是一条与南北向沪闵路平行的次干道。

莘庄镇现处闵行区境中西部，在 1992 年之前是上海县政府所在地。莘庄镇因莘溪而得名，明万历年间，因布业兴盛而成集镇。崇祯年间，莘庄镇已有居民数千人，集镇富有江南水乡风貌。20 世纪 50 年代时，莘溪呈东西向横贯全镇，狭窄的东西市街沿莘溪北岸而建，绵延千余米。1960 年，上海县政府迁到这里，辟莘建路。1965 年填埋莘溪，改建成莘浜路。

1978 年后，莘庄镇加快改造旧街步伐，镇貌开始大变样。拆除南北街旧房，在镇北、镇西兴建多幢五六层居民住宅楼，并建成一连串路名中带“莘”字的马路。东西向的有莘南路、莘建路、莘浜路、莘松路、莘潭路等，南北向的有莘东路、莘凌路等。其中以莘浜路、莘建路、莘松路为骨干道路，莘浜路为商业街，莘建路上有县政府及县级机构和莘庄乡政府；莘松路有县医院、体育馆、文化馆、工人俱乐部等。但是有意思的是，当时许多莘庄人尽管身处“上海县”，却总是下意识地把到上海市区去说成是“去上海”。

1992 年，上海县和闵行区“撤二合一”，建立新的闵行区，莘庄镇就此快速步入城市化发展轨道。一张白纸正好画最新最美的图画，在七莘路和沪闵路以东的农村田野里建设新城区。1996 年，随着轨道交通 1 号线南起点站在莘庄开通，四周诞生了很多新的马路。这些新马路命名没有用“莘”字打头，而是汲取地区历史元素，糅进现代都市概念，设计出具有现代城市色彩的路名。春申路、沁春路、都市路、贵都路等就是这种思路的体现。

春申路与都市路十字相交，构起莘庄新城区的腹地，轨道、公交、高架一样不少，各种都市生活元素在此交会。依托原莘庄和老闵行的先天优势，卖场、学校、医院，酒店等生活设施一应俱全，为区域的各项发展奠定了良好基础。

如今漫步在都市路上，整洁而宽阔的道路两旁分布着一个个低密度高档小区。这些小区都有一个时尚洋气的门楼和名称，从南到北依次有招商·雍华府、圣特丽墅、兴银花园、贵都新村、好世樱园、银都苑、春申复地城、春申新村、都市星城等，都为多层小区和别墅区。

早晨或是傍晚，阳光透过路旁的枝叶斑驳地洒下来，就仿佛上海西区的老马路，散发着幽雅静谧、奢华雍容的气息。

2008 年建造的招商·雍华府别墅区就是其中的代表性楼盘，它坐落在都市路与沪光路口，由北面 6 至 8 层的海派电梯花园洋楼和南部别墅群构成。具有现代装饰艺术风格的建筑掩映在绿树浓荫间，更凸显出内敛、理性、优雅、经典的老上海味道。法式景园与英伦风格的楼房交相辉映，营造出一种奢华雍容的异域风情。

同样位于贵都路、银都路西北角

上的“圣特丽墅”，由联排、独栋别墅等多种建筑形态组成。整个小区以老上海花园洋房为参照，采用拱券线条，铸铁花栅和墙面浮雕、烟囱等点缀。此外整个小区有河流贯穿，并以坡地造景，地势起伏，营造出古朴而安宁的生活意境，让人乐不思蜀，流连忘返。

行走在都市路上，有种远离喧嚣的意趣，而这份意趣既是“都市路”这个路牌所暗示的，又是周围环境所营造的。优雅都市路，与传统老上海风情有着一脉相承的气质，从道路两旁的高大梧桐树，掩藏在树荫后精巧的门窗、简洁或繁复的屋檐，到一角雅致的阳台、花园，都市路的每一处看似不经意的小景、小点，大都充满情调。

从贵都路到银都路 2 000 多米长的道路两旁，开满了各种酒店、餐馆、咖啡馆、手机店、小超市、宠物诊所、养生美容院等，这些店面都隐身在城堡样的券式门洞里，颇有老上海金陵东路沿街的骑楼风情。门面装修色泽淡雅，各种店招却“弹眼落睛”，自有一种热闹世俗而恰到火候的烟火气。

精致的生活就从这里开始。对于不少成功人士来说，家的设计装修固然重要，但有风貌有情调的外部环境也是对家的延展，生活氛围在很大程度上决定了生活的品质。如今，所有对美好生活的向往，都可以在都市路的氛围里找到依托。

春申路、都市路的魅力在于其动静皆宜、快慢相宜的特色。在这里，你既可看到城市中常见的繁华一面，又可感受到城市中少有的宁静与浪漫。在这里，你既可扮演步履匆忙的白领精英、职场达人，亦可扮演古代的书生侠客、文人雅士，放慢脚步，在春申塘边的绿地里与“春申君”约谈，尽享悠闲一刻。这里的生活有张有弛，游刃有余。

乘轨道交通 5 号线到
江川路站下，
即可到达江川路东端。

…
东川路
江川路
西渡
…

老闵行“一号”江川路

许多老闵行人都知道，1981 年之前的老闵行有条“一号路”，又称“闵行一条街”，辟筑于 1959 年 4 月。此路从规划动工到路面、沿街建筑完成，前后只用了 78 天时间，可谓是那个时代特有的传奇了。

既然有“一号路”，应该后面还有“二号路”“三号路”……没错，在当时的闵行区中心区域内，马路从“一”路编到了“十二”路。为什么这里的主要马路要用数字编号呢？这很像是一个大工厂内部的通道名，本地居民好懂易记，外地来客却不知就里。但这个谜要到多年之后才解开。

1958 年，这里就是一个热火朝天，只争朝夕的“大工地”。此块地域处于现闵行区西南部，东起淡水河、西至西河泾，北抵新闵铁路支线，南靠黄浦江，与奉贤区隔江相望。此地域已有 700 多年的历史，自元至元二十九年（1292 年）上海建县后，属上海县。明弘治年间始有敏行之称，正德七年（1512 年）始称闵行。后来建镇，自然就称闵行镇。再后来建区时，仍沿用“闵行”之称。为了区别于今天闵行区的其他地方，如今这里被称为“老闵行”。

1956 年，上海市政府决定在上海周围建立卫星城镇，分散一部分工业企业，以减少市区人口过分集中的压力。1958 年，上海县由江苏省划归上海，正好“老闵行”为上海卫星城的建设提供了空间。作为上海县一部分的闵行卫星城，就是在这样的背景下兴建起来的。

1958 年 5 月之后，以“生产钢铁和机电工业为主”的闵行卫星城，发展迅速。在原有的上海电机厂、上海汽轮机厂基础上，又新建了上海锅炉厂和上海重型机器厂。这四家重工业大厂被人们形象地称为闵行的“四大金刚”。它们试制成功了我国首台12 000万吨自由锻造水压机，试制并安装了我国第一台6 000千瓦汽轮发电机组，打破了中国不能制造汽轮机的魔咒。

然而，当时方圆四周，除了黄浦江边一个闵行老镇以外，其余全部是农田、小河和自然村。到了1958年底，闵行老镇人口猛增至8万多，而大型的工人新村还在陆续建造中，镇上简陋的基础设施实在不堪重负。

为了改善基础设施，解决工人生活不便的问题，同时也为了向新中国成立10周年献礼，有关部门便组织了10万劳动大军在这里开始建设“闵行一条街”。因为当时这里许多企业都属于保密单位，不便公开马路名，所以确定这里的马路名以数字代替。“闵行一条街”是闵行卫星城内的第一条正式马路，自然以“一号路”命名，这标志着原先的乡镇闵行，正在转型为工业闵行。

1959年4月，“一号路”一期工程正式破土动工。10万建设大军热情高涨，夜以继日，马不停蹄，按“先成街后成坊”的施工理念，仅用78天时间就铺出一条550米比当时的南京路还宽两倍的柏油大道，同时建造出沿街10余栋主建筑和商业设施。于是，包括闵行饭店在内的16家商店，在“十一”期间开始营业，向国庆10周年献了份隆重的厚礼。

“闵行一条街”沿街设有百货、食品、书店、服装、照相、理发、药店等店铺，比较著名的有可容纳几百人同时吃饭的本帮菜馆、6层楼的闵行饭店和国营闵行第一百货店等，真是门类齐全，物品丰富。此后又逐步增加了图书馆、电影院、公园（红园）等公共活动设施，完全改变了当地居民生活不便的状况。闵行人高兴地称百货公司为“闵行中百一店”，当然闵行一条街就是“闵行的南京路”了。

当时“闵行一条街”两旁的行道树是白杨树，但此树冬天没有叶子，夏天又闹虫害，与“一号路”的路况不符。于是1961年在一位中央领导同志建议下改种了香樟树。从此“闵行一条街”两边四季常青，花木扶疏，清香袭人，景色幽雅。

更可喜的是后来两旁的香樟树如亭如盖，繁茂葱郁，树冠相触，遮天蔽日，完全能与上海西区老马路上的梧桐浓荫媲美。“闵行一条街”也因此斩获了“中华香樟第一街”的美誉。

1981年之后，老闵行工业区迎来新的发展机遇，西部地区率先兴建了占地213公顷、以外向型工业为主的“闵行经济技术开发区”。此时的老闵行区域内马路纵横、工厂林立。

时过境迁，再用数字编号马路已经不合时宜，也不便于人们记忆方位。遵循上海马路用全国省县名命名的原则，这里地处上海南部，就采用云南省的主要县市名为马路名。于是，一号路改名为江川路，二号路改名为华宁路，三号路改名为剑川路，四号路改名为临沧路，五号路改名为景谷路，六号路改名为昆阳路，七号路改名为鹤庆路，十号路改名为瑞丽路，等等。

1992年原闵行区与上海县撤二合一，建立新的闵行区，轨道交通5号线从莘庄至东川路拐弯，一路沿东川路通向终点站闵行经济技术开发区。

如今从轨道交通5号线“闵行开发区站”下来，沿东川路向东走，一路可以看见闵行生态公园水生园、西洋园、强生（中国）有限公司、上海华昌纱线厂有限公司等建筑设施，让人领略到开发区特有的人文环境风貌。

临沧路北通东川路，南达江川路，是老闵行地区一条次干道。现临沧路148号是一个古色古香、景色幽雅的古藤园。有意思的是，此公园所处的位置正是上海成陆前的古海岸沙冈之地。原址曾是一个乡间小集镇，俗称“紫藤棚”，得名于镇上一株有470年历史的紫藤。相传此紫藤系明嘉靖年间诗人董宜阳亲手种植。几百年来这株紫藤蟠根虬枝，却依然生机盎然。为保护这株沪上最古老的紫藤，开发旅游文化资源，闵行区相关部门围绕这株紫藤兴建了“古藤园”，于1999年12月正式对外开放。

古藤园呈江南园林风格，虽然占地面积不大，但园内亭台楼阁、桥榭廊架，一应俱全，且建筑尺度适宜，花木水石错落有致，移步换景，既小巧玲珑，又朴实无华。更妙的是还把原先散见于区内外的宋代八棱石井栏、明代雕花旗杆、三门石牌坊等古迹汇集于园内，既保护了文物，又增添了公园的历史内涵，还使这里的人们在紧张工作之余得到休憩。

同样，江川路在这60年里，从短短500多米的“闵行一条街”，一路向西不断延伸直至“韩湘水博园”，与瑞丽路、碧江路、华宁路、昆阳路、天星路等十几条大小马路相交、相通，长达7 500多米，成为各种重型卡车和公交车辆的必经之路。沿线的上海重型机器厂、上海电机厂、上海汽轮机厂等当年的闵行“四大金刚”都翻牌成为有限公司，虽“廉颇老矣”，但“老当益壮”，依然在为国家作贡献，还成为年轻人“红色旅游”的打卡地。

江川路上最引人注目的建筑，是三菱电梯有限公司内两个一高一低的电梯试验塔。高的那个是高速电梯试验塔，高达235米，也是目前闵行区域内的最高建筑。它垂直而又挺拔，形同一架电梯直插江川路的天空。有了这个“地标”型建筑，江川路仍是老闵行的“一号路”。

从沪闵路到兰坪路这一段的江川路，仍保持着昔日“闵行一条街”的特色，六车道在今天看来仍是那么宽阔通畅，人行道自然也很宽敞，非常适宜今天人们的慢行。两旁各式商店与时俱进，从店面装修到商品销售，皆与市中心的商店无异。两旁遒劲挺拔、枝繁叶茂、亭亭如盖、林荫蔽天的香樟树就像是见证“闵行一条街”60多年历史的老人。绿化带里增添了各种造型的动物石雕，个个惟妙惟肖、憨态可掬，为行人带来乐趣。

轨道交通⑥号线

轨道交通六号线起讫站东方体育中心至港城路，全程33.50千米。2007年12月29日开通运营港城路站至灵岩南路站；2011年4月12日开通运营灵岩南路站至东方体育中心站，全线呈东北—西南走向，贯穿整个浦东新区。

“六号线”对应的是浦东新区多条“外国马路”和东方路。“外国马路”是外高桥保税区的美盛路、法赛路、英伦路等。从某个路名，可知是什么国家的货物区域，体现了现代贸易时代的高效和透明。东方路与世纪大道、张杨路三条马路交叉，正好形成“东方世纪张杨”的词语组合，蕴含着人们的乡土情怀和美好愿望。

乘轨道交通 6 号线
到外高桥保税区南站或北站下，
即可到达各“外国”马路。

…
洲海路
外高桥保税区南
航津路
外高桥保税区北
…

保税区里的“外国路”

陆家嘴金融贸易区、张江高科技园区、金桥出口加工区、外高桥保税区是当今浦东最大、也是最著名的四个开发区。

但如果从一般市民的认知角度排列，也许外高桥保税区的“知名度”排在最后。是的，陆家嘴有各色旗帜飘扬的中外银行，张江有宽阔欧化的通衢大道，金桥有中外知名企业标志性建筑，那么外高桥保税区内有什么？

简而言之，陆家嘴是金融，张江是科研，金桥是生产加工，外高桥就是仓储、货运的进出区域，多的是各类厂房和仓库。

相对而言，前三个功能区都集中在浦东新区中部地带，隔江靠近浦西繁华地带，而外高桥保税区则在浦东的最北端，相对遥远僻静，且四周有铁丝网围合隔离，因此一般很少有人想到此观光。

外高桥保税区于 1990 年 6 月经国务院批准设立，同年 9 月正式启动，规划面积 10 平方千米。它位于浦东新区高桥镇东部，濒临长江入海口，地处黄金水道和黄金岸线的交汇点，紧靠外高桥港区，是全国第一个也是经济总量最大的保税区，是设有隔离设施的“经济特区”，货物可以在区域与境外自由出入，免征关税。

经过 30 多年的建设，外高桥保税区已经发展成为集国际贸易、先进制造、现代物流及保税商品展示交易等多种经济功能于一体的综合型保税区。

如今外高桥保税区依托浦东开发开放的优势，开展进出口贸易的公司、企业达到 3 000 多家，这些公司、企业分布在保税区内纵横交错、四通八达具有“外国”色彩的马路内。

这些马路都是“无中生有”，在原浦东田野乡村的地基上设计、开筑，并根据区域功能在命名上赋予外国及地区色彩，通俗形象，仅看路名就让人感觉仿佛置身在“世界之城”。

宽阔的洲海路是保税区内一条东西向主干道，将保税区分为南北两大区域。北区的北端到航津路前后，南区的南端到五洲大道前后，这些马路划归了保税区的“疆域”。富特北路、富特中路、富特南路、美桂北路、美桂南路、日樱北路、日樱南路等南北次干道交织东西主干道，组成棋盘式的版图。

而日京路、美盛路、泰谷路、加太路、荷丹路、韩城路、意威路、法赛路、英伦路、德堡路、澳尼路、巴圣路、日阪路等，这些马路则组成了保税区内的道路网状格局。

令人感到有意思的是这些用“组合法”命名的马路简约明快，既形象生动，又易懂好记，既有国际视野，又有独特人文意境。路名命名法基本分两类：一类是从一个国家或地区的名称中抽一个字，再从该国城市的名称中抽一个字组成路名。如马吉路对应的是马来西亚吉隆坡，日京路对应的是日本东京，菲拉路对应的是菲律宾马尼拉，奥纳路对应的是奥地利维也纳，英伦路对应的是英国伦敦，等等；另一类则从一个国家或地区名称中抽一个字，再从该国或地区代表性建筑或风物名称中抽一个字组成路名。如加枫路、日樱路、法赛路、芬菊路等，仿佛该国或地区风情款款而来。因为有规律可循，只要看到某个路名，就可以大致知道这是什么国家或地区的货物区域，充分体现了现代贸易时代的高效和透明。而富特路，则取“FREETRADE”发音中的“F”“T”两个字母谐音，含有先富起来的特区意思。

保税区还有配套的生活区，但不在围网内，在保税区的西北部，以“富特新村”为名独立成区。区内规划了5条马路，东西走向4条，南北走向1条，5条道路构成了生活区完整的道路体系。以春夏秋冬命名东西向马路，从北往南依次为春晖路、夏碧路、秋霞路、冬融路。南北走向的马路取名“季景路”，使人们真的可以在瞬间就“穿越”春夏秋冬四季，一季一景，诗意盎然。

沿洲海路向东，过张杨北路，便可以看见建于2014年，2020年竣工的森兰·美奂国际大厦。有淡蓝色玻璃幕墙装饰的多组流线型大厦在阳光下熠熠闪光，显得高雅大气，时尚亮丽，具有独特的绿色地标形象。这是保税区内面积最大、高度最高、配套最齐、商业最集中的综合办公体，预示着保税区新一轮的机遇和发展。

过杨高北路不久，便可以看到一

个棕红色反向“W”字造型的大门，上面耸立两个金色大字：“海关”。原来这里是保税区5号门。外高桥保税区共有9个出入大门，其中最早建成的是日京路3号门和基隆路2号门。让人意外而又兴奋的是，目前行人和车辆可以自由出入5号门。

于是继续沿洲海路向东，在西南面有一家宽银国际金融大厦及新发展银行外，环形路中间却是一大片绿地：外高桥保税区中心南绿地。原来此绿地是外高桥保税区内仅存的绿地中最大的一块，历经改造，于2020年初建成对外开放。绿地以保税区再发展为背景，以“航海”元素为设计灵感，通过简化、抽象组合，以浪、舵、帆为符号，打造了一座以扬帆起航为主题的休闲公园。绿地里设有休憩廊亭、景观草坪、帆形雕塑、海绵旱溪以及具有保税区域特色的景点，是保税区中的“天然氧吧”。

望着眼前绿意葱茏、鸟语花香的绿地，再仰望高远的蓝天，环视四周寂静却车流涌动的区域，你会忘却都市的喧嚣，为这片神奇土地上所体现出来的“中国速度”而兴奋感慨。

沿新伦路向南不久，便到了英伦路，这里南北两边曾分布着朗讯科技有限公司、新发展国际物流有限公司、飞利浦电子元件有限公司、扎努西电制冷机械有限公司、英特尔产品有限公司等。如今这些公司有的保留，有的易主，有的更新、有的则消失。一切都是外高桥保税区发展变化的印迹。英伦路由西向东，一路又与加枫路、美桂南路、日樱南路、芬菊路等相交，与德堡路、澳尼路等平行，构成了保税区南部欣欣向荣的区域版图。

窥一斑而知全豹，这个全国规模最大、启动最早的保税区，仍然活力十足，方兴未艾。

乘轨道交通 4、6、9、12 号线
到世纪大道站下，
沿世纪大道向北走即可到东方路中段。

…
浦电路
世纪大道
源深体育中心
…

东方路与文登路

东方路是如今上海浦东新区中部的一条南北向，横穿浦东大道、栖霞路、乳山路、商城路、张杨路、世纪大道、龙阳路等十几条大小马路的主干道。

它北起黄浦江边的滨江大道，与大连路隧道接通，一路向南延伸，全长 7 000 米左右，在南端呈现一个优雅的弧形之后，最后归于浦东南路。

崂山新村、梅园新村、乳山新村、汤臣金融大厦、九六广场、齐鲁万怡酒店、浦东假日酒店、中油阳光大酒店、洋泾中学、东方路锦馨灯饰城、好百年家居、塘桥公园、东方电视台等现代化的小区、商城、酒店、饭店、写字楼和绿地、雕塑小品、公园等依次矗立在马路两边，都是浦东改革开放 30 年伟大成果的见证。

在东方路漫步，触目所及的都是现代化的高楼大厦、商城和大型广场，马路宽阔、车如流水，人行道宽敞，时令鲜花点缀，大型绿地成片。尤为独特的是位于东方路黄金地段的塘桥绿地，北临张家浜，绿地以树木、草坪为主，内部河道与张家浜贯通，游船可直接进出。此外绿地还专为老年人晨练和儿童活动提供系列场所，真是生机盎然，气象万千，令人赏心悦目，百感丛生。

在东方路、世纪大道、张杨路三条马路交叉口，东北有浦东市政大厦；东南有轨道交通 2、4、6、9 号线交会的世纪大道站；西北有张杨路市级商业街：中融国际商城、上海第一八佰伴新世纪商厦、新上海商业城、锦江汤臣洲际大酒店等都在列其中；西南有汤臣金融大厦。这里俨然是一个“六角场”，交通四通八达，商业欣欣向荣，人流终日不息。尤其是建于 2000 年左右，长达 5 000 米的世纪大道，斜穿东方路和张杨路，犹如浦东新区版图上的“中轴线”。这是上海第一条真正意义上的景观道路，被称为“中国的香榭丽舍大街”。

站在“六岔路口”，可以看见东方明珠广播电视塔、金茂大厦、上海中心大厦、环球金融中心大厦的身影……这是一条充满空间想象、园林景观与文化地标的现代化大街，浦东新区30多年改革开放的历史影像仿佛尽收眼底，令人触景生情，思绪万千。

然而“老浦东”们都知道，东方路原名叫文登路。文登路为什么易名为东方路？东方路又有何寓意？还是让我们先来了解文登路的“起源”。

文登是我国东部山东省的一个县名，因为浦东在上海东面，在中国地图上正好对应山东省，所以20世纪50年代这里为数不多的几条马路在建设伊始，就以山东省几个主要县市名为名，如崂山路、潍坊路、乳山路等，文登路正是其中之一。

追根溯源，这里古时为海隅荒地，地势平坦，大浜小沟，纵横全境。清乾隆时期，由于水上交通便利，陆续有各地船民到此定居，形成了毛家宅、朱家宅、梅园宅、沈家弄等自然村。从19世纪60年代起，外商在浦东沿江地区建造工厂、码头、堆栈等，这里又形成了以外地工人为主的人口密集的棚户区。20世纪30年代这里建有源深路、浦东南路、浦东路等石板路或简易公路，人口增多，商业也日趋兴盛。但东部仍是大片农田，西部一带多为小块菜田。此外，还有大片义冢地、坟墩星罗棋布。

1953年起，人民政府在此移去坟墩，填没沟浜，在浦东大道南侧开始建造大型居住区崂山新村。崂山新村是与曹杨新村等齐名的上海最早的工人新村之一，都是在绿野平畴中辟筑的工人住宅区，文登路是它的“配套工程”，当时还很短，南北向，自浦东大道至栖霞路，才500米左右。

据一些老居民回忆：当时文登路的西面是红瓦红墙的崂山新村，东面由北向南，依次是上海灯塔软木厂、上海建筑三公司石灰仓库，有很多露天的石灰池等。因此文登路上每天都有厢围严实的车运走稀释了的湿石灰。车子开过，扬起一路灰尘并留下两行石灰水，空气里仿佛永远有一股淡淡的呛鼻味。

1990年4月18日，国家批准开发开放上海浦东。仿佛一夜之间，全国数万名建设者齐聚浦东，挥汗如雨，修桥铺路，拆迁造房，填河埋管，浦东的整个版图被重新规划。文登路恰好处于当时“新浦东”的南北纵轴上，因此延伸、扩展文登路顺理成章。

其实，文登路之前就因浦东南路

以东地区住宅新村大批兴建，已分段向南延伸至如今的塘桥公园蓝村路附近，不过路宽只有20米。

1990年之后，随南浦大桥的建设，文登路自乳山路至张杨路，路宽扩至40米，其中机动车道宽16米，两侧分隔带各宽2米，非机动车道各宽5米，人行道各宽5米，这也就是今天宽阔的张杨路与东方路、世纪大道的交会处。

1994年左右，文登路继续延伸扩展直至与浦东南路相通，才算完工。此后文登路便改名为东方路。为什么改名？有人说，因为“文登”在上海话中与“坟墩”相似，容易引起歧义所以改名。但也有人认为，与其说“文登路”路名不合时宜，不如说浦东新区需要一条从路名到路长、路况都与之相匹配的代表性马路。

浦东开发开放之后，随着陆家嘴金融贸易区、外高桥保税区、张江高科技园区、金桥出口加工区的崛起，不可避免地带来马路版图的重新规划，路名的重新审定与修改归并。路名有着和人名一样丰富深刻的含义。扩展延伸后的“文登路”既然已经成为纵横浦东新区南北的交通干道之一，也是一条代表浦东新生的马路，它的重新命名为它起一个更响亮、更有时代气息的全新路名，应该说也是水到渠成的事。

浦东位于黄浦江东岸，也是上海的“东方”。放眼四周，东方明珠电视塔、东方电视台、东方医院、东昌路、东城路等比比皆是。东方是太阳升起的地方，象征温暖，充满生机和活力。而浦东的改革开放正如一轮初升的朝阳，具有蓬勃向上的生命力，必将越来越兴旺发达。

从某种意义上说，东方路是一条代表浦东新区气质的马路，将文登路改名为东方路也是因缘际会、众望所归的事。而且东方路、世纪大道、张杨路三条马路交叉，正好又形成“东方世纪张杨”（腾飞）的词语组合。路名从来就不是没有情感色彩的文字符号，它其实蕴含着规划者和建设者们强烈的乡土情怀和美好愿望，不是吗？

轨道交通7号线

轨道交通七号线起讫站花木路站至美兰湖站，全程43.40千米，一路穿越宝山区、普陀区、静安区等行政区域。2009年12月5日开通一期（上海大学至花木路），2010年12月28日开通二期（美兰湖至上海大学），穿越美兰湖、顾村公园、静安寺、龙华镇等人文旅游景点。

“七号线”所对应的马路，既有建筑历史较短的马路，也有建筑历史漫长的马路。如千禧年后打造“罗店北欧新镇”时修筑的马路美兰湖路，以“张爱玲公寓”闻名的常德路，见证上海百年流变的华山路等，这些马路由北向南，从“郊区”向“市区”行进，由“古镇”到达“城区”。

乘轨道交通 7 号线，到美兰湖站下，
沿沪太公路向南
即可到达美兰湖路中段。

美兰湖
罗南新村
潘广路
…

美兰湖畔
美兰湖路

美兰湖路是上海罗店北欧新镇里的一条马路。从轨道交通 7 号线美兰湖站下来，沿美兰湖岸向南走过一百米左右，看到高高矗立的“罗店北欧新镇”石碑时，也就到了美兰湖路口。

顾名思义，美兰湖路因靠近美兰湖而得名，这是一条东西向的马路，全长 3 000 多米，但是一半在“北欧新镇”里，一半却在镇外的沪太公路对面。镇内的美兰湖路中段跨荻泾河，因而路面隆起，高低起伏，小桥流水，步移景异。穿过罗芬路、荻泾河、罗迎路、抚远路，正好到达美兰湖高尔夫球场正门。

美兰湖路并不宽，机动车道与非机动车道之间有绿树间隔。走在宽阔的人行道上，很少见到其他行人，空气像被过滤过一般干净清新，四周没有噪声，汽车的引擎声像风一样在耳边呼啸而过，反倒使人内心有一种贴近自然的安谧与恬静。放眼美兰湖，湖面宽阔，清风徐来，波光浩渺，水天一色，令人胸怀顿觉舒旷。更让人感到温馨的是，不少新人正在湖边拍摄婚纱照。美丽的新娘和英俊的新郎在摄影师的“要求”下，不断变换表情和造型，在远处北欧风格的楼房映衬下，仿佛个个都是安徒生童话中的公主与王子。

走在荻泾桥上，南面是美兰金邸和琥珀臻园别墅区。这些有着法国风情的楼房不同于老上海的花园洋房，外观均采用干挂石材、雕花铝板饰面，铁艺栏杆、精细勒脚和标志性的老虎窗，更像是童话中的城堡，有着令人遐想的意趣；而北面却是一组或红色、或黄色、或褐色的外墙，有大斜坡顶或尖顶的房屋，其中还有一座灰色尖顶红墙的钟楼，高高低低组合在一起，色彩明快跳跃，带有鲜明的异域风情。转身下桥，走进与美兰湖路相交的罗芬路，原来这里正是新镇最具亮点的“北欧风情街”。

2001 年，为了体现现代化国际大都市的风采，上海市政府打破城市规划上的“千镇一面”模式，拟定了“一城九镇”计划。罗店作为北上海的重镇，被定位为“北欧风情小镇”。为了区别北面的罗店老镇，这里就称“罗店北欧新镇”。整个新镇由瑞典某集团规划设计，是以瑞典最大的湖梅拉伦湖畔的小镇西格图经纳为蓝本打造的一个纯生态，浓缩北欧精华建筑特色的景观区。

美兰湖 3 个字似乎就是“梅拉伦湖”的中文谐音和快读，难怪这里的东西向马路也大都以“美”字打头，美艾路、美兰湖路、美丹路、美诺路、美丰路、美康路、美安路、美文路等。南北向马路以“罗”字打头，罗芬路、罗迎路、罗和路、罗南路、罗真路、罗贤路等，既有当下意蕴又含历史文脉。

光阴似箭，20 多年过去，美兰湖作为一个生活着的小镇，各方面越来越完善，因为美兰湖走的是一条“先环境，后开发”的创新思路。目前新镇内有总长 1 800 米的 10 条市政道路，1.2 平方千米的核心特色风貌区、上海第二大人工湖泊美兰湖、美兰湖国际会议中心、北欧风情街、诺贝尔科技公园、36 洞高尔夫球场、高尔夫俱乐部等，还拥有高标准的学校、幼儿园、医院、百联超市、美食广场，以及具有北欧特色的居住区。其中的香岛别墅、顺驰美兰湖、美兰湖颐景园、美兰湖金兰雅墅等都是联排和独立别墅，形成了城依林而建、人临水而居的美好新城镇。早在 2009 年，该镇就已加入欧洲新镇成员联盟，成为亚洲唯一的小城镇成员代表。

2020 年 4 月，作为上海市 5 大生物医药产业特色园区之一的宝山北上海生物医药产业园在罗店新镇揭牌。3 年之后，宝济药业集团入驻罗新路 28 号，300 人的团队已进驻生产，同时不远处的国盛产投·宝山药谷一期项目也完成竣工验收。通过“以商引商”，越来越多的生物医药、医疗器械企业选择落户美兰湖，“美兰湖 + 创新药”的空间新格局正在形成。

区域活力离不开要素聚集的人才流动。丰富的生产、生活、生态空间，为科技创新提供了土壤，为人群对话、交流、碰撞提供了可能。从这个意义上说，美兰湖要打造科创湖区，真正吸引、留住年轻人，还要补上缺失的“拼图”，营造整体的氛围。

罗芬路可以说是罗店新镇里最具代表性的一条马路，西边就是美兰湖及美兰湖国际会议中心大厦、美兰湖美术馆，东边是北欧风情街。

漫步在岸线长达 1 600 米的美兰湖边，波光粼粼，烟水空蒙，宽阔平坦、曲线曼妙的沿湖大道与随风摇曳的常青乔木相映成趣。白色的海鸥在北欧风情浓郁的建筑群上空悠闲飞翔，真的好似一幅简洁流畅、色彩明快的水彩画，让人如痴如醉，流连忘返。

北欧风情街总建筑面积约为 7 万平方米，由品牌展示、美食、娱乐、“上海画家村”等四大功能区组成，集购物、娱乐、餐饮、休闲、商务、会展等功能于一体。建筑都是典型的北欧围合式建筑，每栋建筑高度不等，采用不同的立面材料和细节处理，使每栋建筑呈现出不同的个性。沿街有咖啡馆、西餐厅、烧烤店、酒吧、画廊、婚纱摄影、鲜花店等。不少店家都在门口撑起太阳伞，摆上桌椅，让顾客随意坐着喝茶、喝咖啡、聊天。

如今咖啡业在上海中心城区已经格外发达，但在偏远地区，咖啡店布局的速度与数量，仍影响着人们对区域发展的判断。2023 年 10 月，在宝山药谷主楼前最显眼位置处，一家星巴克店开业，自此园区办公人士不用走出去就能喝上一杯热咖啡。此后，美兰湖畔，罗芬路上，咖啡、轻食业态开始进入“井喷期”，一尺花园、麦当劳、星巴克、Manner 咖啡、棒约翰等沿街商铺一字排开，为人们提供了更多的选择。此外，读者·壹林文化空间、大隐书店、陈伯吹儿童图书馆等一批家门口的“文化艺术空间”也在罗芬路上赢得知音。

境由心造，心随境变。在北欧风情街漫步，最大的惊喜是：透过路边重重绿树，可以看到具有异国情调的街头雕塑、花园栅栏、墙头藤蔓、大斜坡的或尖尖的屋顶，还有红墙黄瓦或红瓦黄墙。在此漫步，每个人都能遇到属于自己想象中的北欧建筑细节。试想一下，周末约上几个好友，来到此地，傍晚时分，坐在太阳伞下，边喝咖啡边欣赏美兰湖边的落日，然后看着余晖在北欧风情的房顶上一点一点地隐去……看花饮美酒，听鸟临晴川，这样的生活不正是许多人所向往的吗？

乘轨道交通 7 号线，到刘行站下，
沿陆翔路向南走，
过宝安公路便可到菊太路中段。

…
潘广路
刘行
顾村公园
…

顾村公园
樱花盛景

刘行如今是宝山区中西部顾村镇名下的一个片区名。但在 2000 年之前，刘行是以独立的“刘行镇”建制与顾村镇毗邻并肩的。

据有关乡志记载，刘行镇原名刘家行，相传因明嘉庆年间刘姓人氏聚居于此开店设铺而得名，又名华井里。集镇街区起于荻泾河西畔，由明代昆山人顾鼎臣的姨母建“布场”，后逐渐向东扩展，俗称“刘行老街”。至 1937 年前，刘行镇有 25 个商行、90 余家商铺和摊贩，市井繁华，人文兴盛，远近闻名。但在 1937 年“八一三”淞沪战争中，刘行地区沦为战场，房屋全毁，百业凋敝。

新中国成立后，刘行镇渐渐恢复元气，农业和乡镇工业得到发展，成为宝山县（今上海市宝山区）中西部一个比较有知名度的农业重镇。当时市区不少学生都到刘行参观、“学农”。镇中的刘行老街和刘行中街是当时刘行镇的商业行政中心。虽然刘行老街和刘行中街均形成于清朝中期，但几经战乱，古迹荡然无存，街两边基本是当地农民自建的平房和两层楼房，中间有一些商店。20 世纪 70 年代，刘广路（后改称宝安公路）建成之后，商铺便从刘行老街向南迁至沪太路西侧刘广路东段两边，形成一条新街。

1986 年，刘行镇镇政府在宝安公路、沪太路以西辟筑菊泉街和菊太路，街和路呈“L”形相交，菊泉街及菊太路沿路有华宝机芯厂、农业银行营业所、信用社、邮电支局、学校、幼儿园、敬老院等，这里渐渐成为刘行镇新的行政商业中心。而原刘行老街真的成了“老街”在原地滞留，直到 2008 年以后被成批新建的商品房所覆盖，“老街”最终消失。

而说起菊泉街的命名，这里又有掌故，原来菊泉是刘行的另一个“雅称”。相传在刘行镇西南部，也就是距沪太公路、宝安公路西北侧30米，白荡桥西侧10多米处的白荡河中，原有泉水泛起，形如菊花，故名菊泉。当时此地的关帝庙上曾有一副对联“菊泉保障，荻水屏藩”。在白荡桥旁有一块石头，上面刻有“菊泉在此咫尺”字样，似乎可以证明这里曾有菊泉存在过。1909年这里的学校就以“菊泉初等小学堂”命名，后来又改称菊泉国民学校，即后来的刘行中心小学前身。相传饮用此泉水能延年益寿。

2000年后，随着上海城市化建设的发展，刘行镇撤制与顾村镇合并，形成新的顾村镇。但菊泉这个富有诗意和悠久历史的名字作为这个地区的“文脉”而保留并衍生开来。筑路建房，命名大都围绕“菊”字做文章。

短短几年间，菊盛路、宝菊路、菊联路，加上拓宽延长的菊泉街、菊太路等，构成刘行这个大型居住区内纵横的道路网络。菊翔苑、采菊苑、菊泉小区、海尚菊园、菊泉新村等住宅小区像盛开的菊花，遍布在这些马路四周，形成北上海又一个大型宜居区。

2008年之后，轨道交通7号线纵贯刘行南北，南端的镜泊湖路一侧又建造了上海最大的郊野公园——顾村公园，还有华山医院北院。便利的交通商业环境和地域优势使周围的房地产进入新一轮发展。

顾村公园北面，宝菊路两侧以“保利·叶语”为名的别墅和高层楼房小区尤为引人注目。英式、法式两种风格的别墅及小高层楼房错落有致，造型瑰丽典雅，新颖独特，满足了人们对欧式风情街区的想象。更成为“亮点”的是，保利·叶语小区南端几乎零距离“嵌入”顾村公园，与公园之间仅相隔一条“镜泊湖”路。

顾村公园占地435万平方米，面积相当于3个世纪公园大，是上海环城生态规划系统的重要组成部分，也是上海的绿色生态核心之一。每年的三四月间，樱花盛开，灿若锦霞，这里游人如织，交通拥堵，但保利·叶语小区住户不出家门，便能享受顾村公园内的樱花盛景，真是不离繁华而获自然之怡，大隐于市而有清新之致。

宝菊路与菊联路、菊太路十字相交，构成了宝安公路以南区域的商业中心。如今菊联路上有大型的宝菊路广场绿地、昊元生活广场商业综合体、办公楼、大型卖场、精品SOHO以及各种创意小店和网红小店，全方位地满足居民休闲、文化娱乐、餐饮、购物等各种需求。菊泉新城、好日子大家园等，这些小区名便是百姓生活的最好写照。

2015 年 12 月，宝山顾村大型居住社区拓展区基地正式启动建设。这里变成了一座产城相融合、配套高标准、功能有特色、宜居多元化的“新顾村城”。

宝安公路以北原刘行地区，建设打造了上海最大的经济适用房和商品房居住区——上海馨佳园。没几年工夫这里除了原菊泉街、菊盛路外，又增添了黄海路、韶山路、丹霞山路、沪联路等纵横马路，这些马路承袭刘广路、潘广路等路名的文脉，以广东韶关地区地名为路名，黄海路、韶山路、丹霞山路等又给人新的联想。

然而更大的手笔还是在宝安公路北面、周家浜以南沿线。为传承历史，梳理挖掘文化遗产，打造文化名片，2018 年顾村镇政府在此建造了“菊泉文化一条街”。以菊盛路为界，东部为菊泉故里历史景观带，这里正是“菊泉”传说的发源地，西部为龙现代艺术中心，两者构成了刘行版的“清明上河图”。龙现代艺术中心以江南水乡式建筑布局为主，亭台楼阁、粉墙黛瓦，是一座历史与艺术并重，集收藏、工艺、研究、拍卖、教育、文化交流、作品展示交易、国际巡展于一体的综合性艺术馆。

“菊泉故里”面积有 8 000 多平方米，同样也是以亭台廊榭、朱檐斗拱、粉墙黛瓦、江南街坊为主的建筑群，并辅以大型牌坊、古井石刻、碑文雕塑，字画楹联等，营造出一种久远的明清历史氛围。让人体会到刘行地区源远流长的历史文脉，人们在此漫步，仿佛真有一种回归故里的情怀在心头积淀。

寻根溯源，这里才是刘行的“原点”，菊泉才是刘行最初的本名。菊泉街、菊盛路、菊联路、宝菊路等，都是“菊泉故里”的余脉。

乘轨道交通 7 号线，到场中路站下，
向东沿场中路走，
便可到守仁桥街北端。

…
上大路
场中路
大场镇
…

守仁桥街
大场镇

2023 年初，位于沪太路与场中路交界处的大场老镇，在经过几年的封闭改造后终于抖开神秘“面纱”，向公众开放。说是“老镇”，其实是一个重新打造的综合商业体。它将原大场镇的西街，划分成“欢乐长廊”“牌坊广场”“幸福坊”“时光里”“鲲鹏广场”5 大主题空间，赋予不同的功能，将历史元素融入其中，承老镇百年商脉，启城市新镇繁荣，以满足当下人们游览、购物、餐饮、住宿、医疗，以及养老等需求。

由于不少商店还处在招商阶段，大场老镇虽已成型，但目前人烟稀少，致使许多人认为大场老镇改造失败了，原大场老镇不宜全部拆除，应该保留黑瓦白墙小桥流水的江南水乡格局。但是原大场镇的面积并不大，没有地缘纵深，原来的河流又早在 1980 年左右填没，整个大场镇早与市区融为一体，再要恢复小桥流水的镇貌其实已经不可能。许多东西失去就是失去了，另辟蹊径，倒有可能是另一片新天地。

改造后的大场老镇在镇口打造了牌坊广场，将建造于清代、历经沧桑的原大场镇口的一座石牌坊重新竖起，并辅以简短的说明文字，使人恍惚时光倒流，昨日再来。30 多年前，守仁桥街两边分别是大场镇的银杏街、大场东街、大场西街、北弄街、大场河路等，以及由这些街路贯穿起来的密集居民房屋和毗连的大小商店。

大场镇成陆于唐代之前，建镇于宋代，当时是生产加工买卖盐业的重要场地，故名大场。由于靠近走马塘，水陆交通方便，形成集镇。传说走马塘是宋代抗金名将韩世忠来回“走马”的河道。至今走马塘还是基本与场中路平行横穿三个地区的一条河道。

大场镇在明代形成规模，有“三里东西一条街，南北九桥十八弄”之称，是土布、粮食、日杂物、铁器交易买卖的集镇。大场镇的地理位置决定其成为南北货物的集散之地，也成为历代兵家必争的要冲。1937年10月，中国军队为抗击侵华日军的进攻，最后以血肉之躯在此与日寇搏斗，非常惨烈，最后大场失守，团长引咎自戕。为此大场镇中曾立有一座纪念牌坊以纪念“大场浴血战”。

大场镇在漫长的岁月里几经兵燹又几度复原重现生机，在20世纪80年代之前大场镇还有“小桥流水，人家尽枕河”的景象，《一江春水向东流》和《大桥下面》等新老电影都曾将镜头聚焦于大场古镇，留下难忘的影像记录。1982年填河筑路，江南水乡风光消失殆尽。但是守仁桥街、大场河路这些填河之后留下的路名，以及道路房屋巷道格局，仍然能让人感受到江南小镇的风情。这时候的大场镇是宁静古朴、清雅恬淡的。特别是大场东街，很少有商店，基本全是居民的住房。午后在东街两旁屋檐相向、石板铺路的窄巷里行走，不时会有糯软的苏州评弹和缠绵的越沪曲调飘来。这种曲调在别的地方听来好像没什么感觉，但是有深巷幽宅做背景，就显得特别的空灵儒雅有韵味，像一根羽毛捋撩心扉，让人心境舒坦。

还有春夏之交、细雨飘飞的时节里，撑一把伞走过大场东街，会情不自禁地转身穿过正对着巷子的过街楼道，看里面用竹篱笆围起来，四周种着树开着花的粉墙黛瓦人家。这时脑海就会想起陆放翁的诗句：“小楼一夜听春雨，深巷明朝卖杏花。”

当时大场东街、大场西街的房屋大都已经居民翻造过，高低参差不齐、色泽样式不同，但总体还保持着昔日江南小镇的格局。有些低矮屋顶的瓦楞间还伸出一根根枯黄的“瓦松”，仿佛时光就此停滞。那时大场镇街上每间隔十几步就有一个公共水龙头，四周是用水泥砌起的浅水池，池底都被自来水冲洗得光滑如镜。许多人洗衣、洗菜都喜欢把东西摊在水池里；有些老妪还用木棒敲打衣物，宛如在河边洗衣服，这种古老的洗涤方式真令人有一种穿越时光的新奇感。

到了大场西街，就像步入另一个世界，这里两旁鳞次栉比的店铺令人有眼花缭乱、目不暇接之感。有百货店、食品店、点心店、粮油店、杂货店、竹器店，还有照相馆、书店等。有一阵美发店特别多，几乎隔三岔五就新开一家。每次路过这些装潢简单，却又宾客盈门的美发店，感觉大场镇的人在追求时尚这一点上永远与市区同步。

不过，大场西街上给人印象最深的还是一家书店。这家书店位于大场西街537号，正好处于大场西街与北弄街十字路口，店堂面积并不大，但布局紧凑，井井有条。图书品种丰富，既有中外名著，人文历史，也有大中小学教材，还有地图画册和各种文化用品。书店可说是大场镇最有文化气息的地方，也是远近村民和附近部队机关工厂人员喜欢光顾的地方。

当时许多人逛完书店，还会顺便再去大场西街南面的大场河路上逛逛。这里有大场集贸市场、书场和大小饭店，还有各种小摊小贩，呈现的是另一种热闹嘈杂的市井氛围。那时候的大场镇虽然日渐陈旧衰败，但那淳朴的民风、拥挤密集的街巷、安闲恬静的古镇氛围，甚至带土味的“上海大场话”等，都给人留下亲切温馨的记忆。只是这世界变化太快，回不去的大场岁月只能在记忆里复活。

如今新的大场老镇分上下两层，上层与地面平行，下层沉入地下数十米，如一条蜿蜒曲折的河流。“河面”上分别设置有5座“桥梁”，连通“两岸”和地下的超市、饭店、健身场馆及小吃、咖啡、文创小店等。有创意的是5座“旱桥”分别以“中心桥”“亭荷桥”“义学桥”“蒋家桥”“利济桥”命名，桥中心有石刻图案，颇具古意。而这5座桥名正是昔日大场镇“九桥”中的5座，显然这是模拟昔日大场镇的格局，让人们在“小桥”和“黑檐粉墙”之间穿梭往来，缅怀江南水乡、小桥流水的意趣。尤其是夜晚，变幻的光影在地面上流泻出荷花、浮萍、水草等图案，灯火阑珊，光影交错，人在桥上走，恍如水在桥下流……看来，即使真的弄个实境的江南水乡也未必有这样的意境。

许多人也许会想，如今大场镇四周经过几番拆迁，居民渐少，未来大场老镇的人气何来？但大场老镇不只是一个“老镇”，它其实是个包含商业、居住、医疗、办公的综合体。这样的规划和布局，就使吃喝玩乐等商业功能与居住办公休闲医疗等生活设施配套在一起，具备了基本的人气，再通过各种有效的招商手段和营销方法，一定能吸引四面八方的游客。如今经商不易，期待大场老镇的“嘉年华”能够早日到来。

乘轨道交通 7 号线，
到行知路站下，
向北沿沪太路走即到行知路东段。

…
大场镇
行知路
大华三路
…

陶行知与行知路

行知路是上海宝山区大华新村北部一条东西向马路，全长 1 600 米。行知路与大华路、真华路、真金路相交，与华灵路、大华一路、大华二路、大华三路平行，这些纵横相交的马路构成了大华新村地区版图，四周基本是新建的小区住宅楼。一条名为大场浦的河道由北向南从地区中部穿过，为滨江雅苑、远景佳苑、行知家园等小区带来滨江风光，也为行知路平添了一份小桥流水的诗意。

行知路建于 1992 年，原名行中路，以这里的行知中学为名。而说起行知中学渊源就长了。原来，行知路所在区域，在 1989 年之前属于大场镇名下的东方红村、场南村、新华村等地域，当时这里一派市郊农村风光，小河田野自然村遍布。

陶行知，原名陶文濬，后改名知行、行知，安徽歙县人，中国近代史上伟大的教育家、思想家、民主主义战士、爱国者。他一生致力探寻中国教育的出路，是乡村教育的先驱。

而早在 1932 年，陶行知先生就在这里的孟家木桥创建山海工学团，成为陶行知乡村教育理念的上海实践基地。工学团旨在“工以养生、学以明生、团以保生”，意在唤起民众，救亡图存。1946 年 7 月 25 日，陶行知先生因积劳成疾而病逝，但是先生“爱满天下”的崇高品德和自强不息的精神，却永远地镌刻在人们的记忆里。1947 年 5 月，陶行知先生于 1939 年在重庆创办的育才学校迁抵上海，当地余庆桥赵家花园主人赵竹林，慷慨以自置的花园土地无偿相赠作为学校校园。

1949 年后，育才学校改名为行知艺术学校，另迁他处，此地便成了行知中学。1966 年前后，行知中学先后易名为东方红中学、大场中学、风庆中学等。1978 年又恢复原名，并定为市重点中学。

1992 年前，行知中学前后左右都是农村田野，门前只有一条从沪太路通向赵江巷村的几百米长的煤屑土路。1993 年行知中学迁往宝山县（今上海市宝山区），原校园变成行知实验中学。随着地境向城市的演进，四周河流田野村庄渐渐消失，行知实验中学门前的这条土路变成水泥沥青马路，并不断向西延伸，因为有行知实验中学，故此路便取名行中路。

1994 年 7 月，随着行知实验中学的发展，陶行知先生的崇高精神和伟大人格为越来越多的人所熟知推崇，行中路便改名为行知路。虽然只是一字之改，但寓意却比之前深广。因为陶行知先生是一位万人景仰的教育家、思想家，将陶行知先生足迹所涉的道路命名为行知路，是对他最好的纪念。

行知路的南面，真华路的西侧是大华行知公园。公园建成于 2000 年，与大华新村的建设几乎同步。步入公园大门，高高座基上一尊陶行知先生的雕像赫然在目，陶先生深沉的目光仿佛永远在注视着他视为第二故乡的宝山大华地区。公园的西南角便是陶行知纪念馆。该馆建于 1986 年，但最初馆舍不在公园内，而在行知路北面的场南村沈家楼。

公园初步建成后，陶行知纪念馆才迁进公园，这是大华行知公园内最具人文历史底蕴的景点，也是展示陶行知先生“捧着一颗心来，不带半根草去”一生比较全面的展览纪念馆。纪念馆由山海塘、行知堂、展览厅和学生互动体验区组成。馆内荷塘、水榭、曲桥、曲廊、馆舍楼阁高低错落有致，既有徽州民居的古老质朴，又有苏州园林的玲珑精致，清新雅逸，景物宜人。

从大华行知公园出来，向北沿真华路前行数百米，便又到了行知路。一路上，不断看到陶行知纪念馆、陶行知雕像、行知实验幼儿园、行知家园、行知实验中学等。陶行知的名字不时出现，就连街头的雕塑也是陶行知先生精神内涵的体现，陶行知先生的身影仿佛无处不在。

转眼就到了沪太路，行知路已接近尾声，但是沪太路上一栋如航行大船的商业大厦又跃入眼帘，这栋综合性的大厦取名为山海大厦，依然是陶行知先生的文脉所传。因为陶行知先生创建的山海工学团遗址就在附近的龙珠苑里，如今已是上海市文物保护单位。不仅如此，山海大厦的南端是轨道交通 7 号线“行知路站”，行知路真的是一条处处有人民教育家陶行知先生踪迹的马路。

乘轨道交通 7、13 号线
到长寿路站下，
即到长寿路中段。

…
镇坪路
长寿路
昌平路
…

长寿路的健康“物语”

上海人对长寿路不会陌生。因为长寿路曾是上海市区西部普陀区内最繁华的商业大道，也是上海市“三横三纵”交通网络中的北横。20 世纪 90 年代前，马路两边民居、商店、大小工厂毗连交错，星罗棋布，充满平民烟火气。而“长寿”这个路名，似乎就有一种健康吉祥的意味，通俗易懂，让人过目不忘。

其实，长寿路最初并不叫长寿路，而叫劳勃生路，像一个外国人名。是的，劳勃生正是当年英国驻厦门、上海等地的领事。劳勃生路由公共租界当局建筑于 1900 年左右，至今已经有 120 多年了。1943 年劳勃生路改名为长寿路。长寿是我国四川省的一个县名，因为普陀区对应中国地图上的西部省份，所以路名取四川省地名的居多。细细琢磨，“劳勃生”与“长寿”似乎也有一种字韵意蕴上的关联。

长寿路东起长寿路桥，经昌化路、江宁路、陕西北路、西康路、常德路、安远路、武宁路，西南向又通万航渡路，接长宁路，全长 2 800 多米。如果把长寿路北面弯弯的苏州河比作一张弓，长寿路就是弓上的弦，两者相交形同一轮新月，坐落着一大片“近水楼台”。

当年路筑成之后，外商与民族资本家纷纷沿路开设了洋烛、电器、纺织等各类工厂，其中以日商开设的纺织厂最多。同时陆续建造了养和村、九如里、永安里、裕庆里、鸿寿坊、菜市弄、德隆坊等住宅。随着民居聚集，商肆日增，小沙渡（今西康路）一带逐渐成为沪西重要的商业中心。1925 年，日本人在该路中心建造川村纪念塔，顶层嵌大钟报时，人称“大自鸣钟”。站在塔顶遥望苏州河，几乎所有的纱厂都一览无余，此塔在当时的沪西地区属于最高建筑。后来大自鸣钟竟然成了此地的片区名，一直流传沿用至今。

1953年，东端苏州河边拆渡建桥，长寿路与老闸北的天目西路相接，交通更为畅通，长寿路两边店铺林立，成为普陀区内的主要商业街。特别是江宁路至胶州路口一带，各类商店齐全，市面繁荣，有上海第四百货商店、恒大绸布商店、嘉羚时装商店、红花家用电器商店、同大昌文化用品商店、天真照相馆、悦来芳食品店、魁元斋清真食品店、聚兴园酒菜馆等，陕西北路口南侧还有小商品市场。长寿路有“上海西大堂”和“沪西南京路”之称。

当时的长寿路两边以两三层砖木结构楼房为主，到了20世纪80年代中后期，叶家宅路口一带，兴建了

安远路170号　玉佛禅寺

一批多层住宅。江宁路口西北侧有10层高的上海纺织工业设计院大楼，西康路口西南侧有24层高的银行大楼。沿路还有区妇婴保健院、胶州路街道医院、普陀区业余大学、普陀二中等单位，胶州路口西北侧有燎原电影院等。但是长寿路与上海一些主要商业街不同之处在于，长寿路不仅是繁华的商业圈，还是沪西工业区工厂的集中之地。

长寿路东段与江宁路十字相交。江宁路是一条横跨静安与普陀两区的老马路，由公共租界“越界”筑于19世纪末，初名戈登路。20世纪80年代时沿路居民住宅和工厂相间，长寿路口东侧商店较多，西侧有7层革新电机厂楼房与10层上海纺织工业设计院大楼南北对峙。江宁路、安远路口有著名的玉佛禅寺，重新建成于1928年，内有整块白玉雕成的坐佛像、卧佛像各一尊，皆为国内稀珍。2014年玉佛禅寺启动了建寺以来最大规模的一次修缮，是沪上名刹、海内外闻名的佛教寺院。

20世纪90年代之前，长寿路由东向西就有上棉十四厂、上海粮食机械厂、上海筛网厂、革新电机厂、纺织轴承厂、第二绢纺厂、上棉一厂、上钢八厂、上海灯泡厂、上棉六厂等近20家知名工厂，如果再把邻近长寿路周边的大小工厂算进去足有100多家。每当上下班时间，近3 000米

长的长寿路上车水马龙、人头攒动，挤满上班族的13路、16路电车慢吞吞如龟而行。自行车倒汇成了一道永远望不到头的车流，前呼后拥，如万马奔腾，蔚为大观。

进入20世纪90年代后，由于纺织行业产业结构的调整，长寿路上的纺织厂先是被拆除或置换。90年代中期，长寿路再次拓宽，非纺织业的一些工厂也开始迁出长寿路。直至1997年，长寿路19号的粮食机械厂迁出后，长寿路上就再也没有一家工厂了。自此长寿路沿线进入大规模的发展改造，速度之快，变化之大，用日新月异、蒸蒸日上来形容是恰如其分的。仿佛一夜之间，一幢幢新颖别致的现代化大厦取代了一片片陈旧衰败的棚户简屋；马路几经拓宽，却依然弯曲有致，路景开阔，步移景换；轨道交通7号、13号线在长寿路分别设江宁路站和长寿路站，车流、人流终日不断。长寿路成了一条集观光旅游餐饮购物于一体的现代化通衢大道，也成为住宅市场和办公、写字楼市场的聚居地。

目前，长寿路上集百货、餐饮、娱乐、服务等多功能于一体的大型商场，有亚新生活广场、巴黎春天陕西店、旭辉里、189弄购物中心、纬陆V6时尚广场、新四百商场、新百安商场、鸿寿坊等。这些商场开业年代不同，经营状况也不同，共同撑起了长寿路商业天地的半壁江山。

位于长寿路武宁路的家乐福超市，是中法合资的超大型购物中心。2023年底，家乐福超市关闭拆除。原址拟建新的商业体。2023年9月开业的鸿寿坊，并未按照常规化的模式来进行商业布局；相反，它把所有的注意力都集中在普通百姓的“一日三餐”上，将60多个富有日常生活气息的美食品牌组合在一起，形成一处小而美的属于附近日常的消费场所。

改造后的鸿寿坊，保留了几条建于1933年的石库门老弄堂，通过空中连廊与现代化的商务大厦衔接，既有传统弄堂的“鱼骨状肌理”，又有现代商业综合体的构造和氛围。人群可以从四面八方轻松进入，如同在上海的弄堂里自由行走，品味一种“精致的烟火气”。老年人觉得亲切怀旧，年轻人又觉得新奇时尚，追寻城市历史记忆的同时，也为鸿寿坊注入了新的生命力。

如今长寿路西段是著名的曹家渡商业圈，中国移动公司大楼屹立在长寿路陕西北路口，不少金融机构驻扎在长寿路上。从西向东，有水岸茗苑、上海知音苑、达安花园、阳光新苑、汇丽花园、上海苏堤春晓名苑、西部俊园、秋水云庐、音乐广场、玉佛城等新型住宅大楼，还有悦达国际大厦、丽晶阳光大厦、中环大厦、沙

长寿路 200 号　中国移动长寿路旗舰店

田大厦、财富时代大厦等众多商务写字楼。

近年来，长寿路已经有“市中心商住一条街”的美誉。宽敞的马路，林立的楼房，绿色的环境，合理的布局，富有历史底蕴的建筑点缀其间，长寿路成为人们安居乐业的美好家园，楼宇经济也随之红火起来。

早在 1997 年，普陀区政府就将长寿路的道路环境建设，定位为雕塑一条街，以提高长寿路的文化品位。当时安远路至江宁路道路中间的绿化隔离带里设置了分别名为日月、飞速、普天同庆、水琴、年年有余、团团圆圆、向往、长寿的 8 座雕塑和 1 组水景，收尾处还有一组可爱的鸭子雕塑。还在胶州路、西康路等主要路口设置主题雕塑和绿化景点等。同时把绿化与雕塑有机结合起来，产生了“一加一大于二”的景观效果，对提高市民的文化修养和陶冶情操也起到了潜移默化的作用。近年来，由于周边建筑和道路建筑的变化，长寿路两边的雕塑不少已搬移归并到长寿健康主题公园内，这使长寿路呈现另一种返璞归真而又自然的都市风情。

长寿路西康路东北角是一个占地 4 万平方米的公共绿地——长寿健康主题公园，也是上海市首家城市主题雕塑公园。这个公园建成于 2001 年，最初叫长寿公园。面积虽然不大，但设计巧妙，布局新颖，既有传统园林韵味，又有西洋景观要素，园景多变，层次丰富，一年四季常绿。2012 年 7 月公园进行全园改造，命名为“长寿健康主题公园”。

改造后的公园最大特色是寓科教于赏景，营造了人与自然和谐的景观氛围。将长寿健康的“物语”融化在各种具象的雕塑作品中，诙谐幽默，轻松有趣，别具文化底蕴。使人在莞尔一笑之余脑洞大开，思索生命的意义，也使“长寿”这个路名入脑入心，仿佛“长寿路”就是人们健康长寿的福地。

乘轨道交通 7 号线，到昌平路站下，
向北沿常德路走
即可到余姚路东段。

…
长寿路
昌平路
静安寺
…

余姚路上“梦工厂”

余姚路是上海西部一条东西向的马路，东起西康路，西至曹家渡万航渡路，全长有 1 600 多米。余姚路建筑于 1907 年，它是英美租界越界筑路的“产物”，原名星加坡路，也叫新加坡路。因为处于越界筑路的范围，租界当局疏于规划管理，所以余姚路马路弯曲多变，两旁的建筑式样和风格也呈多样化，既有花园洋房、公寓、石库门弄堂建筑，也有棚户简屋，更多的还有一些弄堂小工厂，是一条充满市井烟火气息的马路。

余姚路的西端就是素有“小五角场”之称的曹家渡，这里曾经是店铺林立，小商小贩云集之处。但 2007 年时，这里只有康定路的南边还留存一点 20 世纪石库门弄堂的风貌，沿马路一侧的小店基本上全是两层楼砖木结构的楼房，有兰英子假日旅馆、华民床上用品商店、雷西大药房，中间还有一家红漆门板的凯司令糕饼店曹家渡分店。原来由老西门直达忻康里的 23 路无轨电车终点站还在，只是忻康里已经没有了，原址上建起了数幢由一排排淡蓝色玻璃窗和淡黄色釉面砖的组成的高层大楼，并命名为鑫康苑。在余姚路与康定路的交集处还兴建了一个小小的三角绿地，该绿地采取的是抽象板块线条组合，有假山、水池、照壁、玻璃亭等，从任何一个角度看，都有一种异域情调。

沿着余姚路向东走，沿途的三鑫花苑、静鼎安邦府邸、宏安家园、新都城公寓、静安恬园、君子兰花苑等新型的住宅大楼，彻底改变了余姚路西段的面貌，特别是从武宁南路到万航渡路这一段，各种拱形、圆形、长方形造型的现代化大楼千姿百态，色彩缤纷，争奇斗艳，加上毗邻的长寿路上许多崭新的大楼，这里的天空当中仿佛有一种无声的韵律。沿着绿色地砖铺就的人行道行走，抬头就见绿树间一盏盏由黑色铸铁装饰的白色“宫灯”，像一只只小鸟一样整齐划一地排列着。穿过武宁南路，就到了余姚路胶州路口，东南角上一幢高层公寓整栋楼被水泥封住了。2010 年 11 月 15 日那场大火是上海人心中永远的痛，愿逝者安息。

相对余姚路的西边，东边在拆迁改造中较多地注意保留了一些具有历史文化底蕴的弄堂和建筑。余姚路 331 号，是一幢 5 层楼营房式的楼房，楼下有一个过街口，从过街口上的石牌看，“晋元里”三个字赫然入目。可向弄内看，里面是 4 幢 5 层楼的楼房，并没有什么特别之处。

原来，这里曾经是当年带领“八百壮士”死守四行仓库的抗日英雄谢晋元最后的归宿地。谢晋元是广东蕉岭人，1925 年进黄埔军校第 4 期政治科。1937 年淞沪抗战时任副团长，后接任团长。10 月 27 日至 30 日夜，率 400 余名士兵坚守上海苏州河边的四行仓库，击退日军进攻。后来率部队撤入公共租界，被送进“孤军营”软禁。晋元里后面的胶州公园，就是“八百壮士”当年的屯兵之处。谢晋元等将士入驻此地后，上海人民纷纷前来慰问，捐款捐物。但在 1941 年 4 月 24 日，谢晋元被日伪收买的叛徒杀害了。死后就葬在晋元里。

谢晋元的墓园建于当年 7 月，呈长方形。前有四行壮士合立的花岗石墓碑，后为上海云飞、祥生、泰来、银色 4 家汽车行的员工共建的大理石纪念碑。后来周围陆续有老百姓在这里建房居住。抗战胜利后，胶州公园改名晋元公园，这条弄堂也就成了晋元里。1983 年，因这里改造旧宅，有关方面将谢晋元的墓迁往万国公墓，并进行重建。

余姚路上曾经工厂众多，但是最集中的要数余姚路海防路一段，加上前面的西康路正好形成一个三角地带。这里原是石库门弄堂同乐坊的所在，20 世纪二三十年代至七八十年代，弄堂里还开有许多大小工厂，当时居民与工人同出同进，创造了那个时代的产业辉煌。

进入 21 世纪后，随着时代的发展，许多产品不可避免地被淘汰和更新换代，许多工厂也因此退出历史舞台，这里又成了老弄堂和闲置的老厂房聚集之地。

山不转水转，早潮才罢晚潮来，老厂房老房子的价值在 21 世纪又被人们赋予新的意义。2006 年 6 月，这个三角地带再度挂上了 80 年前的“同乐坊”招牌，但这里不再是机器轰鸣之地，老厂房的外壳虽然原封未动，内里已经变成众多业态丰富的娱乐场所，其中的酒吧、中西餐饮店、时尚展示发布会、个性零售店等成为年轻的都市男女自由出入的地方。

同乐坊在“整旧如旧”的基础上融入了后现代设计元素，拆除了破旧不堪的水泥墙，保留了20世纪的钢制框架和人字形、众字形、齿轮状等带有当时工业机器时代的建筑构件，再加以鲜亮的色块和大面积的玻璃幕墙及带有质感的金属装饰。徜徉在这里的每一个角落，让人感觉明亮与陈旧、简洁与繁杂、历史与现实、传统与时尚是如此和谐奇妙的统一，更让人欣喜的是这里还有一个由原芷江大戏院改造而成的芷江梦工场。

在这个由日本设计师设计的当时上海最新的小剧场内，有锯齿形屋顶、青砖墙壁、回廊铁栅。这里的舞台与观众的距离不再遥远，甚至整个剧场的空间可以根据剧情组合延伸变幻，可以让观众在欣赏艺术的同时，品味香浓的咖啡。

芷江梦工场成功上演了多部戏剧，还定期举办戏剧沙龙、主题派对等活动，成为许多年轻的寻梦者趋之若鹜的地方，也是广大市民享受高雅艺术的场所。

如今余姚路西端万航渡路、康定路街头花园中央增添了曹家渡市民园艺中心亭，还卖起了咖啡饮料，让市民在观赏花卉之余能品茗休憩一下。过街楼上“太平坊”“积善里”“志诚里”的字迹还清晰可见，但“兰英子假日旅馆”“凯司令糕饼店曹家渡分店”等招牌荡然无存了。看来这几排老房子有望保留，成为昔日曹家渡一带仅有的旧时情景，多少也令原居民有一点欣慰了。

东端同乐坊格局没变，各种工作室已经几易其主，这从十几栋老厂房门口的铭牌上便可知端倪。而从如今同乐坊内部的办公室、咖啡馆、餐馆、零售店、停车场等的景象看，整个园区经营状况似乎还不错。

个性化的玻璃幕墙、怀旧气息的水泥灰墙、锯齿形的屋顶、纵横交错的管道……格局依旧，干净整洁。园内流动人员不少，其中还有外国人，他们或喝咖啡，或聊天，或在办公。园区主要通道上布置了同乐坊历史和老产品橱窗展，外围有醒目的涂鸦和大型雕塑、花坛，这里成为远近市民的休闲之所。

2014年，巴塞当代美术馆入驻同乐坊，成为国内专门收藏、展览、研究当代艺术的机构。2016年，该馆专门为小朋友搭建了一个艺术交流平台，通过公开展览的方式让孩子们展现自我，使更多的孩子喜爱上绘画。这些活动更贴近同乐坊的气质和寻常百姓的艺术生活，因而受到广泛地欢迎。

乘轨道交通 7 号线，到昌平路站下，
向南沿常德路走即可到新闸路西段。
乘轨道交通 1 号线，到新闸路站下，
即到新闸路东段。

…
长寿路
昌平路
静安寺
…

新闸路的“星光”

新闸路是上海市中心一条相对低调的马路。它东起西藏中路，西止万航渡路，横跨黄浦、静安两区，长 3 700 多米，前半段依苏州河曲线蜿蜒伸展，与北京西路、南京西路大致平行。

该路是 1862 年英国租界当局为攻打太平军而在田野间辟筑的一条军用马路，因靠近新闸桥而得名。新闸路最初是一条土路，但战事结束后，1868 年租界当局就趁势铺设碎石路面而接管了这条马路。因靠近苏州河，拥有水上运输的方便，众多大小工厂和民居便沿路建筑。从 20 世纪 40 年代起，新闸路商业开始繁荣，路两侧有经营服装、鞋帽、南北海味、酱油、烟杂、糖果、五金、棉布、百货、铜锡等各类商店 400 多家，而在这些沿街的商铺后面，则分布着大量的弄堂，鸿福里，福瑞里，育伦里，同安坊，东斯文里、西斯文里，经远里等。这些弄堂房屋大都为两层石库门式楼房，万家灯火构成了上海城市的肌理。

20 世纪 90 年代之后，新闸路进入上海城市发展的快车道。轨道交通 1 号线在新闸路东段设新闸路站，成都路上南北高架路建成，新昌路、石门二路、江宁路、常德路等十字路口，现代化的高层小区和大厦拔地而起。“上海滩新昌城”、静安枫景苑、静安国际广场、新福康里、新江大楼、石油天然气大楼等众多由现代石材和玻璃幕墙装饰的大楼挑高了新闸路的天际线，也为黄浦、静安两区创造了经济上的“楼宇传奇”。

历史上的新闸路是一条不断由东向西拓展的马路，因此马路东段多为一些老式的石库门弄堂，西段则为新式里弄和独立式花园住宅。这些建造年代不同的建筑里分布着医院、机关、学校、教堂、食品厂等。如今它们都成了海派人文历史的星光或坐标。

新闸路上的东斯文里、西斯文里就是建于1918年，占地较大的石库门里弄住宅，共有两层砖木结构房屋249幢。“斯文”在汉语里指的是有文化，文化给人带来文雅。文雅的人就是“斯文人”。但是到了2000年以后，斯文里已经进入“耄耋之年”，房屋陈旧，居住条件越来越差。在旧城改造中，西斯文里被拆除，东斯文里也已是一座“空城”了，新闸路上的老建筑何去何从，成为居住在这里的人们关注的话题。人们在这些空置的石库门外围墙上勾画了精练的文字和丰富多彩的图案，有的角落还摆上照片和实物复制品，还原了新闸路的前世今生和历史人物风采。所以漫步在新闸路上，一个转身，一个回头，便会发现自己正与一桩历史风云“相会”，或与一个历史人物“同框”。

1941年，素有“人民音乐家”之称的贺绿汀先生就在新闸路的一间亭子间居住过。当时已经红遍上海的“金嗓子”影星周璇找到贺绿汀，想随贺绿汀去新四军工作。虽然最终周璇没能如愿，但是新闸路却因为贺绿汀、周璇曾经的短暂邂逅而在中国现代音乐史上留下一段佳话。

我国无声电影时期最杰出的电影女演员阮玲玉，就在西段的新闸路1124弄沁园村9号居住过。沁园村取名于著名的词牌名沁园春，建于1932年，是一条主弄前后两旁分布着八排五幢联排三层楼房的新式里弄。砖混结构的楼房，钢窗阳台，米色的拉毛水泥墙角由棕色的隅石装饰，户户门前还有一个带铁门的小花园。1933年8月入住沁园村的阮玲玉早已是联华影业公司的当家花旦，拥有无数的影迷。但红颜薄命，流年不利。阮玲玉新主演的电影《新女性》遭舆论围攻，前夫张达民向法院控告阮玲玉，小报飞短流长，人言可畏。1935年3月8日凌晨，阮玲玉被迫在此服药自杀。一代影星就此香消玉殒，含恨九泉。

阮玲玉虽然只活了短短25年，但前后出演了《三个摩登女性》《神女》《新女性》等29部影片，她细腻隽永的表演艺术，撼动了千百万观众的心灵，也使早期的中国电影因为有她的参演，而自傲于同期的世界电影之林。其实，沁园村里还住过邹韬奋、李国志等多位历史文化名人。沁园村22号曾是中国共产党地下组织的活动点。如今的沁园村因为阮玲玉而变得更加“知名”也是事实。沁园村的外观内景一如既往，昔日是中产人士居住的新式里弄，而今已成为怀念老上海风情的海上名里，门口的房墙上绘有电影胶片图案，仿佛阮玲玉

新闸路 613 弄　经远里

的经典影像永远在播映。

上海是中国共产党的诞生地，传承着红色基因和文化。新闸路作为一条中心城区的马路，自然也留下了众多的红色遗址和遗迹，至今让人感慨缅怀。

新闸路 613 弄经远里 12 号是一幢砖木结构，坐北朝南的旧式石库门里弄住宅。1928 年至 1929 年间，这里既是中共中央军委机关所在地，也是杨殷、彭湃、颜昌颐、邢士贞四烈士被捕处。新闸路成都北路口西南角上有重建的中国劳动组合书记部旧址陈列馆。原址是一幢沿街砖木结构一开间两层坐西朝东石库门里弄住宅。1999 年，因成都路高架路建设需要，在成都北路 893 弄 7 号易地重建。

中国劳动组合书记部是中华总工会的前身，成立于 1921 年 8 月 11 日。整个陈列馆通过现代化的演示形式，艺术地再现了中国劳动组合书记部在 1921 年至 1925 年间，举办工人夜校，帮助工人组织工会，掀起第一次工人运动，从胜利走向胜利的历程。

1946 年有“上海女儿”之称的已故女作家程乃珊，就出生在新闸路与西康路拐角上的犹太人医院里。此后她的人生轨迹基本在新闸路一带转圈，留下了数百万字叙述上海的文学作品。沪剧表演艺术家杨飞飞生前也长期生活在新闸路 1039 弄内，她的杨派唱腔艺术在这里成熟并传遍申城。

由石门二路向西，泰兴路口的中华新村 187 号处曾经是海上名园辛园的遗址，也是清末民初维新派思想家康有为归隐上海 13 年之久的地方；1312 号是书法家、篆刻家黄葆戉故居，由他书写的“慈孝邨”三个字，至今仍高悬在 1316 弄的过街楼上。对面 1321 号是晚清重臣之家、著名银行家、藏书家刘晦之故居。故居是一幢简化古典主义风格的三层楼，楼房的南面则是一幢建于 1912 年，砖混结构，由绿色琉璃瓦饰檐，模仿中国传统藏经阁样式的两层塔式六边形建筑。这是昔日刘晦之的藏书楼——小校经阁，也是目前上海仅存的一座近代私家藏书楼。20 世纪 50 年代初，刘晦之将他的毕生收藏全部捐献给了国家。虽然昔人已乘黄鹤去，此地空余藏书楼，但刘晦之的这份悠悠爱国之情仍在新闸路的上空绵延回荡。

建筑是时光的贮存器，走在西康路与常德路这些老建筑之间，年代感便油然而生。这里有创建于 1912 年的圣约翰大学附中，如今的五四中学校园；有原沙丽文饼干厂，而今的冠生园有限集团公司；有为“振兴女学”而于 1925 年创办的培明女子中学，如今的培明中学校园；还有在基督教堂原址上建造的上海儿童医院。在这些建筑中最引人注目的便是原海关图书馆大楼，此楼 1936 年建成并对外开放，4 层钢筋混凝土结构，正门口处用高大的花岗岩砌边，并凸出于主立面，大门为铸铜的工艺木门，两扇门上各有“海关图”和“海关书”篆字图样。建筑外墙用防火砖，立面呈红褐色，具有英伦建筑厚重沉稳的风格。1958 年后，此楼归属静安区图书馆。1982 年静安区图书馆又在此楼的东侧建造了一幢外观风格相似的 4 层大楼，作为图书馆新馆，而此楼则成了历史保护建筑，成为图书馆举办各种展览的展馆。

从 1862 年到 2023 年，新闸路积淀的其实也是上海这座城市 160 多年的历史。

乘轨道交通 7 号线，
到长寿路站、昌平路站、静安寺站下，
分别可达常德路北中南各段。

长寿路
昌平路
静安寺
…

常德路的情怀

2007 年 6 月，根据张爱玲同名小说改编的电影《色·戒》上映后，每天都有来自各地的“张迷”涌到位于上海常德路口的爱丁顿公寓寻访。

张爱玲是 20 世纪 40 年代红透上海，极富传奇性的女作家。她的成名作《传奇》《流言》《金锁记》《倾城之恋》等小说，都是在这栋公寓 6 楼的一个房间内完成的。

岁月不居，物换星移。赫德路早已改名常德路，爱丁顿公寓也改名为常德公寓。但是公寓的内外观基本没有变，“由”字形的 7 层楼。轴线两边是宽阔得近乎奢侈的阳台，越往上阳台越小，形成流畅的横线，简洁细腻而高贵，像一艘在都市中停泊的舰船。夕阳的余晖涂抹在左侧的楼顶上，更显得大楼的表面有些斑驳暗旧，在四周耀眼的新楼包围中显得有些沉默，别是一种“鸡立鹤群”的意味，仿佛沉醉在对往事回忆的烟尘之中，但这也让人感觉到它那种老派的稳重与典雅。

其实，公寓姓“公”，常德公寓并不是张爱玲家祖传的私宅，当年张爱玲也只是花钱在常德公寓租借了一段时间。因此张爱玲搬离后，又有别的房客住进，正所谓铁打的公寓，流水的房客。几十年来，常德公寓内的房客不知换了多少代，但门口一直挂着“闲人免进”的招牌，这让许多张爱玲“粉丝”只能望楼兴叹。

2009 年 3 月，常德公寓北侧底部开了一家名为“千彩书坊”的书店，不仅卖书，卖张爱玲的书，还在庭院里设座卖咖啡。这使许多“张迷”兴奋不已，毕竟书店的开设让人走进了常德公寓，走近了“张爱玲”。心由境造，许多人觉得在此捧一本张爱玲的书，再喝一杯咖啡，心里会特别温馨宁静，因此定期来此打卡。常德公寓和“千彩书坊”因为张爱玲更加闻名遐迩，声名远播。确实，张爱玲文字的光芒盖过了常德路，好像常德路只是为了成全“张爱玲的公寓”而存在似的。

其实，许多人有所不知，常德路本来就是一条有深厚上海历史底蕴的老马路。常德路南起延安中路，靠近延安中路 1000 号上海展览中心（昔称中苏友好大厦）西侧，北达苏州河边的宜昌路，横穿静安和普陀两个区，全长 2 500 多米。常德路建筑于 1913 年前后，最初属于英租界里的马路，初名赫德路，以主持大清海关长达半个世纪的英国人赫德名命名。1943 年租界被收回后才改名为常德路。赫德与常德虽只有一字之差，寓意却完全不同。前者是人名，后者是

延安中路 1000 号
上海展览中心（原中苏友好大厦）

我国湖南省西北部的一个城市名，不过因为都有一个“德”字，念起来两者好像又有某种“渊源”。

沿这条路由北向南走，可以见证上海近代建筑的发展历程。北部是以旧式里弄房为主，中段为新式里弄房，而南部则有成片的花园住宅及公寓大楼。张爱玲曾经居住过的“常德公寓”即其中有代表性的公寓。

现在常德路 80 号曾经是著名的英商上海电车公司停车场。1908 年，上海第一条有轨电车线路——静安寺至上海总会大楼（今广东路外滩）就在此开通。张爱玲曾在她的《公寓生活记趣》一文中生动地描写过电车晚上“回家”的情景。所以从另一个角度讲，也正是常德路浓郁的人文风情给了张爱玲许多灵感，充实丰富了她的文学世界。

常德路南端的安义路，原名安南路，是一条僻静的小马路，两旁都是上海早期的石库门弄堂房子，有嘉禾里、正明里、福德坊、泰盛坊、慈厚南里、慈厚北里等。2000 年以后，随着上海城市建设的发展，这里的许多老房子都拆掉了，成为“静安嘉里中心”和“越洋国际广场”商务区，高楼大厦光鲜亮丽，出入的都是高级“白领”。

但是沿街的两幢石库门老房子却被保留下来了。其中的 63 号，就是毛泽东在 1920 年 5 月 5 日率“湖南

驱张运动请愿团”来沪时居住过的楼房，原门牌号码为哈同路（今铜仁路）民厚南里29号。现在这里被列为市级文物保护单位。

此楼房为砖木结构，大门为普通的排门，底层前半部是客堂，后部右侧为灶间，左侧为小天井。前楼是宽敞明亮的正房，房外有一小阳台；后楼为一小亭子间，上有晒台。房间里的门、窗、楼梯、墙板都是木制的且都漆成了暗红色。在短短两个多月里，毛泽东在这简陋的房间里写下了许多讨伐封建军阀的檄文。

追根溯源，慈厚南里在20世纪30年代前叫民厚南里，那时大批文化名人曾经在民厚南里和民厚北里生活居住工作。各色人物、各种思潮和主义都在此留下雪泥鸿爪，它们互相碰撞、裂变，造就了中国现代文学史上的辉煌。

据史料记载，民厚里原属犹太人哈同的地产，始建于民国初年。沿安义路至铜仁路，南北有连列式石库门样式的楼房300余栋。这里北有菜场，西有电车停车场，交通便利，环境幽雅，房价适中，很快便成为店铺林立、人口稠密的中产阶层住宅区了。

1921年6月下旬，中国现代革命文学开创者之一的郭沫若，顶下民厚南里东弄121号一楼一底的房子，作为《创造》月刊社本部，从此创造社同仁便与民厚里结下不解之缘。他在这里的泰东书局出版新诗集《女神》，给诗坛带来了崭新的诗风。1922年7月，郁达夫结束10年留学生活，从日本回国，一度也在民厚南里居住，主持创造社工作。《创造》季刊、《创造月刊》《洪水》《文化批判》等书报刊从这里的书局和印刷厂飞往全上海和全中国，将五四文学的浪漫精神推向高潮。此后现代文学史上有名的文人学者成仿吾、施蛰存、叶灵凤、田汉、丁玲、胡适、徐志摩、梁实秋，以及一些左翼人士等也先后前来民厚里居住或以文会友。

郁达夫是20世纪最有才华、最有民族气节的诗人、小说家之一。1927年，他与王映霞在淮海中路上的尚贤坊一见钟情之后，就租了位于民厚里西侧常德路上的嘉禾里房子结婚。此后他们就在这里生活，写下许多浪漫的诗篇。鲁迅先生也跟他们有文字往来。郁达夫曾写过一篇著名小说《过去》，他将男女主人公的“过去”安排在上海的“民德里”，而“民德里”的原型显然就是民厚里。

往北走经过南京西路口，东边转角处是静安区公安分局。这里原来是旧上海“房地产大王”程霖生的公馆，是一幢中西结合的花园住宅。主屋外围封闭，内绕游廊，庭前配以回楼，并有一对石狮子。楼前的花园有5 000余平方米，是上海滩数一数二的大花园。据说宅内曾专辟了书画厅，古玩名画一应俱全。1965年电影《舞台姐妹》曾在这里拍过外景。

走过愚园东路，2007年的时候，马路西边是两条名为安庆坊的老式石库门弄堂，但弄堂很短，每条弄堂只有3户人家。1928年，现代著名散文家梁实秋全家5口曾在这里居住过一段时间。房屋临街，叮叮当当的电车行驶声和其他各种车辆驶过发出的嘈杂声，从早吵到晚，时时有"地动床摇"的感觉，让人不得安心，所以梁实秋一家很快就搬离此地。2015年以后，安庆坊原址上建造了一座现代化的晶品商厦。这里处于愚园路与常德路交界的西北角，交通四通八达，整日车马喧阗，历来是上海商业繁盛之地，当年安庆坊每条弄堂都很短，所以各种车辆就像在门前驶过，难怪梁实秋一家实在不习惯。

走过武定路，又见多条石库门弄堂和新式里弄的弄堂口正对着常德路，其中663弄恒德里65号一栋三层楼房，曾是我国20世纪二三十年代由黎锦晖创办的明月歌舞团的所在地。明月歌舞团堪称我国现代流行音乐的鼻祖。当年这个歌舞团在动乱的社会背景和严酷的市场竞争中硬是闯出了一条属于自己的音乐之路，并为抗日宣传做出了贡献。周璇、王人美、白虹等30年代著名的歌星都是从明月歌舞团登上中国流行乐坛的。中华人民共和国国歌的作曲者聂耳最初也曾在这个歌舞团工作过。

当时这栋房子的布局是这样的：楼下东西厢房是乐器和排练场，二楼是男演员宿舍，三楼是女演员宿舍。楼上的几个单独的亭子间里分别住着歌舞团的"台柱"演员王人美、黎莉莉等。上海的流行音乐文化最初就是从这些石库门楼房中产生的。

有"金嗓子"之誉的电影演员周璇，她的名字就是得自歌曲《民族之光》中"与敌人周旋于沙场之上"一句。从小就得益于明月社的哺育，使天赋的歌喉得到锤炼，一举成为全国闻名的大牌歌星和影星，她所演唱的歌曲和表演的电影至今都魅力无限。

常德路上的老弄堂形形色色，藏龙卧虎，人才荟萃，铸就了上海文化的底色。常德路上不是仅有"张爱玲公寓"，还有众多文化大师们所留下的踪迹。虽然许多建筑消失了，但是这些记忆，都是上海这座城市留给我们的宝贵精神文化遗产。

乘轨道交通 7 号线，到静安寺站下，向南沿常德路至延安西路向西走，便到延安西路与华山路口。
乘轨道交通 2 号线，到静安寺站下，向西沿南京西路至华山路向南走，便可到华山路与延安西路口。

…
昌平路
静安寺
常熟路
…

走过延安西路华山路口

初春的傍晚，站在延安西路、华山路口的人行天桥上，放眼望去，新旧建筑层峦叠嶂，桥下东南角上，原福熙坊几幢清水红砖的三层新式里弄楼房，显然属于市政工程中的幸存物。原来的过街楼和沿街房屋拆掉了，上海老弄堂那种狭长幽深的格局不见了，因而好像少了点韵味。

但是走过这样的楼房，还是忍不住地往里头看，总觉得有一股久远而绵长的氤氲气息吸引着你。福熙坊也曾是一条海上名里，著名越剧演员张云霞、女书画家陆小曼等人都曾在这里居住过。

而抬头朝上看，头上的延安高架路上车来车往，川流不息，气势如虹，一种当下城市动脉的气韵感染着你。就这样，新与旧的组合、动与静的交织、暗与明的变幻，让人感觉到一种在城市心脏行走的兴奋和踏实。

这一段的华山路正好是延安西路与延安中路的分界线。延安西路东起华山路，西讫虹桥国际机场入口处，全长 6 000 多米。

据有关史料记载，现延安西路华山路至武夷路一段，原为柴兴浜。1910 年，英工部局填浜筑长浜路。附近地区多为马房，每当晨昏之际，路两旁的遛马者络绎不绝。今江苏路东首有英国兵营，占地约百亩，沿路还有多家白俄人开设的酒吧。1930 年左右修建沥青路面，原有马房迁往西面，沿路又陆续盖起平房，营建花园住宅，开设商店、工厂。1943 年 10 月以后，长浜路曾先后更名为长安路和中正西路，1950 年改名延安西路，以革命圣地延安为名。

延安高架路是横贯市区东西的一条重要快速干道，按延安西路、中路、东路分别对应西段、中段、东段三部分，于1999年9月15日全线建成通车，并与南北高架路、内环高架路连接，构成上海“申”字形高架立体交通网络，大大缓解了市区东西交通和市中心至虹桥机场的交通紧张状况。而延安西路这一段高架路也成为上海的“西大门”。

延安高架路沿线建筑既有现代化的虹桥开发区，也有二级旧里。为了凸显“迎宾大道”的主题，沿线建筑以现代建筑风格为主，保留传统建筑特色，色彩上则以金黄色为主基准，以达到典雅、明快的效果。如今许多人都说“西大门”靓了，延安高架路变大气了。

华山路只是在静安寺至常熟路这一小段显得宽阔笔直，东面有福熙坊、大胜胡同、民国学界泰斗蔡元培故居等海上旧里名宅。西面有国际贵都大饭店、静安昆仑大酒店、御华山大厦等新老建筑。

华山路在与常熟路擦身之后便由东向西再向南，呈标准的“S”形，狭长弯曲，有4 320米，像一条蛇，一路穿越乌鲁木齐北路、长乐路、武康路、江苏路、复兴西路、湖南路、康平路、淮海中路、淮海西路等，最后与徐家汇汇合，横跨了静安、长宁和徐汇三个区，有的路段马路两边分属两个区。

华山路是19世纪60年代初期，英租界当局为防御太平军而建的“军路”之一，时断时续，弯弯曲曲。战事结束后，后来的公共租界工部局乘机接管，因通徐家汇，故名徐家汇路。1920年因纪念英国将领海格，改名为海格路。1943年改名华山路。

走多了宽阔平直的上海大马路，弯曲的华山路常常使行人有步移景换、目不暇接的感觉。尤其是它一路穿越的都是老上海的经典马路，“前树未回疑路断，后山才转便云遮”，顾盼回首，相映成趣，这在上海的市中心马路中是罕见而独特的。

华山路自20世纪20年代起就已成为上海名门望族及富商巨贾的择居首选之地。改革开放后，又兴建了不少高档宾馆和楼盘，所以其他马路罕见的花园洋房和现代化楼盘在华山路随处可见。行走其间便可尽情领略上海今昔的万国建筑风情，怀念和憧憬并存，每一幢楼房都有一段传奇故事，因而华山路也是一条海派文化底蕴深厚的马路，它宠辱不惊地见证了上海的百年流变。

从乌鲁木齐北路到长乐路、镇宁路这一段，有“上海戏剧大道”之称，沿路有上海戏剧学院、上海戏剧学院实验剧场、新实验空间、端均剧场、中国福利会儿童艺术剧院、马兰花剧场等，与华山路一路之隔的安福路上还有上海话剧艺术中心剧场、小剧场、多功能剧场等。2010年之后，静安区打造“上海现代戏剧谷”，通过各种戏剧演出，举办国内外演艺名品演出、主题节庆、行业会展、高端论坛等活动，力争使之成为与纽约百老汇、伦敦西区齐名并肩的戏剧产业文化品牌。而这一带的华山路以其深厚的历史人文底蕴和丰富的戏剧资源，成为“上海现代戏剧谷”的焦点纽带和活动枢纽。

这个角上的华山路699—731号枕流公寓，初为英文名，译作“溪边公寓”。公寓1930年由美商哈沙德洋行设计、陶馥记营造厂承建。原为李鸿章之子李经迈的产业，建成后即有“海上名楼”之称。公寓内房间宽敞、装修讲究，设施为当时一流，多为外侨租赁。公寓平面呈“八”字形，美国近代立体建筑形式，屋顶带有西班牙风格建筑样式，阳台栏杆采用中国漏墙纹样，门厅装修讲究，属折衷主义建筑风格。公寓南面还有2 500平方米的花园草坪、山石流水及地下游泳池，故又称为“枕流公寓”。

从20世纪40年代中期起，“金嗓子”影星周璇入住这幢公寓6楼的一个套房里。周璇的歌声和琴声经常流泻在枕流公寓寂静的上空，至今仍回荡在无数市民的记忆里。越剧演员傅全香、范瑞娟、王文娟，报人徐铸成，作家叶以群，电影演员于飞，话剧演员乔奇、孙景璐等也都先后在这里居住过。2008年，枕流公寓被挂上上海市首个“文化名人楼”的铭牌。

此后的华山路上还有工商业者郭棣活的“玻璃洋房”、工商业者孙伯

华山路849号　丁香花园1号楼

兴国路 78 号　兴国宾馆 2 号楼

群的范园、原中国银行董事长李铭的私邸和李鸿章后裔的丁香花园等。这些建筑风格不同，体量也不等，但都是华山路传奇老建筑的代表，流传在它们身上的故事至今仍让人津津乐道。

丁香花园是上海滩最负盛名、保存最为完好的老洋房之一。丁香花园的盛名，不仅在于其建筑本身，还在于洋房主人。相传丁香花园系李鸿章任江苏巡抚时为取悦宠妾丁香而建，所以称丁香花园。花园占地 40 亩，园内盛栽丁香树，环境幽雅，为英式花园住宅，有三栋楼房，其中 1 号楼就是丁香楼。后来几易其主，一直作为私人府邸。如今对外开放，早已列入上海市优秀近代保护建筑，归兴国宾馆管理。

来到华山路、兴国路路口，没有人不会注意到西南方向那一片庞大的建筑群——兴国宾馆。兴国宾馆全称为“上海兴国丽笙宾馆”，是上海市区少有的花园别墅宾馆之一。兴国宾馆主要由风格迥异的法、英、德、西班牙、加拿大式别墅楼组成。其中建于 1925 年的 2 号楼，是英国乡村式的花园住宅，曾为洋行大班居住。园内花木葱茏，飞瀑流泉、奇峰异石，闹中取静，景色优雅。各式别墅掩映在鲜花绿树丛中，形成一种独特的园林景观。

而丁香花园对面，一栋具有现代风格的半圆形三层小白楼，是新中国“22 大电影明星”之一白杨的故居。1937 年，17 岁的白杨便以饰演影片《十字街头》女主角成名，被誉为“中国的嘉宝”。直到 70 岁高龄又以宋庆龄一角再获赞誉。因此这栋小楼多少又将人们的思绪从以往拽回到现代。而距离白杨故居不到百米，华山路 1006 弄华园 11 号又是我国当代昆曲大师俞振飞和京剧名旦言慧珠夫妇的故居。

此后华山路一路又与华山绿地、上海复旦中学、交通大学等相遇。马路是城市的年轮，华山路是一条既可追怀老上海繁华旧梦、又可憧憬新上海荣耀理想的马路，华山路的故事真是说也说不完。

乘轨道交通 7、1 号线，
到常熟路站下，向东沿淮海中路走
即可到达华亭路南端。

…
静安寺
常熟路
肇嘉浜路
…

风光依旧 华亭路

华亭路是风光的，像一座欧洲的小镇优雅地横卧在淮海中路与长乐路之间。华亭路直而短，全长大约 400 米，从淮海中路这一头可以一眼看见那一头。华亭路虽然紧靠着淮海中路，但不是交通要道，闹中取静，中间店铺不多，行人很少，显得干净整洁而安静。马路两侧的树也显得很安静，仿佛凝固了，偶尔有风吹来，树叶才簌簌作响。树后面是一栋栋形状各异的三层小洋楼，这些楼房的样式大都是地中海式，前面有带券柱廊或半圆形敞廊，廊上面为阳台；小楼的背面则有直通二楼的室外扶梯，外观不是灰色就是黄色的拉毛水泥墙，或棕色的细卵石墙面，它们的漂亮和华贵让你感到有点落寞和意外。

华亭路 72 号　花园住宅

华亭是一个地道的上海名字，古时候的松江就称为华亭。不过，华亭路是在 1943 年租界被收回之后才改的名，法租界时期它的名字叫麦阳路，大约筑于 1910 年。

从淮海中路上走进华亭路，左边是依圆形街角而建的中间有玻璃幕墙饰面的 6 层大楼，底楼为肯德基快餐店和轨道交通 1 号线常熟路出口处，每次从轨交站出来就像是从商店里出来，因为只有这样设计，淮海中路的道路曲线才完好无损。2007年大楼的3楼以上为永隆世尊家具廊，如今却好像闲置着。而东边则是几幢屋面呈三角形的英式3层小楼，连在一起看犹如锯齿形的波浪。这些楼房都有高高的台阶，连续的券式门窗，西侧山墙面中间有高高的英国式烟囱。

记得2007年的时候，山墙朝向华亭路的楼房底层开着两家服装店，其中对着华亭路口的是一家叫作“秋水衣人”的定作坊。侧面一家门上挂的是“成衣定做”的招牌。当时这里的服装店都还延续着20世纪80年代“华亭路服装市场”私人裁缝的风格，讲究独创，所有的服装都是“只此一件”。如今服装店已统统不见踪迹，中间的楼下开了一家叫作“造啤间”的啤酒屋。店名是“灶陂间”谐音，看来老板是上海人无疑，深谙“螺蛳壳里做道场”的玄机。“一人持卡、三人畅饮”的广告语更是让人心动。

20世纪80年代，华亭路服装市场以它的物美价廉风格独特而闻名上海。尽管华亭路服装市场的许多老板最初是从贩卖打包而来的境外旧衣服起家的。当时的华亭路市场以它独特的地理位置和灵敏快捷的市场反应，一度成为上海个体服装市场的翘楚，成为领导上海年轻人流行服装的“桥头堡”。马路两旁全是简易的帐篷式店铺，小货摊上挂满了各种模式的旧衣服和私人裁缝模仿制作的衣服，还有饰品以及打火机和香烟，市场深处总好像飘浮着一种不明国籍的气味。

但是转眼之间，非常红火的华亭路服装市场就因为种种原因偃旗息鼓了，正应了那句老话，花无百日红，各领风骚三五年。2000年11月以后，华亭路在服装市场迁移之后，已无昔日的喧哗，这里变得极其安静整洁。

华亭路始终是风光的。如果说20世纪80年代它以服装市场而著名，有人为的因素，那么其后的华亭路以它宁静优雅的欧陆风情闻名于上海西区，这是它的本来面目，就像洗去了尘埃的玉壶，近观远眺都有水一样的宁静和柔美。

假如在雨天里漫步华亭路，天光云翳树姿楼影反射在马路中央，使华亭路更有一份湖水般的宁静。那些花园洋房的围墙也是别致的，有的是尖尖黑铁铸栏杆，间隔着一座座由红色条瓦装饰的三角形水泥柱，典雅活泼；还有的是漆成淡褐色的竹篱笆，足有三四米高。但是透过篱笆的缝隙，则可以看见花园内的绿树和灌木，以及地中海式的洋房前有花纹的廊柱。但如今这些洋房花园的外围墙都是高高宽宽、严严实实的竹篱笆，路人根本看不清园内的风景，一副拒人千里之外的样子。

华亭路只与一条叫作延庆路的马路十字相交。记得2007年时，西北角上是一家叫作“湘巴佬”的湖南菜馆；如今则变成一家名牌包店。东北角上一座洋房的大门依然对着延庆路，大门上挂有上海肺科医院“延庆路院区”的招牌。透过大门可以看见这是一幢通体为柠檬黄的法国古典式花园住宅，建于1928年，砖木结构。此楼主立面是对称设计的，设计者颇有匠心，底层前有凸弧形柱廊，二层退平台，三层退阳台；二层栏杆上饰花盆，平拱窗锁石上饰浮雕头像。总共三层，却一层层往后退，显得表面构造纷繁复杂，带有一种贵族气质。

据说这幢洋房原先为一个英籍犹太人所有，当时房子二楼宽大的走廊上曾有大幅的壁画。楼下的餐室里有台角可以伸缩的机关，粗重结实的桌腿至今还保留着栗色的油漆光泽和雕刻出来的菱形花纹，非常奢华。这样的洋房其实在华亭路上还有很多幢，这使得华亭路在很多年以前就已经成为上海非常优美因而非常昂贵的高级住宅区。

华亭路71弄内1—8号是一幢幢两层或三层、造型不同的独立式花园洋房。其中5号就是著名沪剧表演艺术家丁是娥的故居。据著名沪剧演员马莉莉回忆，1985年，她与丁是娥合拍沪剧电视艺术片时，常来丁家切磋表演艺术。每天早晨，沪剧院的小车总是先接马莉莉再到丁家。每当小车来到宁静的华亭路71弄口时，丁是娥总是在楼下迎候，招呼马莉莉先上楼吃点豆浆油条，这让马莉莉至今都感到非常温馨。

71弄南面的93弄内是一排砖木结构的三层联排式花园住宅，9个独立居住单元，均有花园、坡屋顶、清水红砖外墙，立面山墙有外露木构架，显得颇为典雅气派。如今已经有居民在重新翻造自己的独立花园，不久这里可能又多了一家私人酒吧或是餐厅。

如今延庆路以北的华亭路段也开了几家小店，有古玩店、点心店、小酒吧、理发店、名牌包店等。华亭路毕竟不是世外桃源，一切的变化发展也许都有其合理性。

不过，华亭路延庆路西段还是很安静的，几幢正面朝南却后门朝延庆路的三层楼洋房，也很有特点，它们的门都是券式的，有多层重叠的花饰。墙上还有圆形的小窗洞，纵向排列下来。夜晚从中漏出的灯光是足以让人遐想一晚上的。

乘轨道交通 7、1 号线，
到常熟路站下，向北沿常熟路走，
过长乐路即可达巨鹿路西头。

…
静安寺
常熟路
肇嘉浜路
…

巨鹿路的回声

巨鹿路原名巨籁达路，以法国驻沪总领事巨籁达名命名，筑于 1907 年。1943 年改名为巨鹿路。它东起金陵西路，西至常熟路，也是一条不通公共汽车的安静马路。身处繁华的市中心，巨鹿路似乎显得有些安静寂寞。

但是，巨鹿路是有回声的。这种回声不是喧嚣和嘈杂的声浪，而是内心深处的惊叹。那些陈旧却精美得让人仿佛置身于童话世界的建筑，无不让每一个路过此地的人感慨几许、赞叹连连。

如果你从东面金陵西路走进巨鹿路，南北两面都是广场公园的绿地，那是 20 世纪 90 年代拆除众多老旧弄堂建筑之后的新貌。过去这里沿路两侧，有专演越剧的九星大戏院、信谊化学制药厂、上海卢湾区妇幼保健院，以及永庆里、安乐邨、首芝坊、巨兴里、茂德里等，还有一个规模较大的巨鹿路菜场。一路上，鱼腥味和蔬菜清香味混合，让人熟悉也让人生疑。往西，过了茂名南路，巨鹿路就安静下来。

过陕西南路向北眺望，一眼就可以看见一组具有挪威城堡建筑风格的别墅，这就是建于 1936 年的马勒住宅。整组建筑由 6 栋大小不同、高低错落的房屋组成，尖塔四坡顶，尖顶嵌有彩色玻璃，墙面凹凸多变，棱角起翘，多彩多姿，很有童话意趣。据说当年以航海起家的英籍犹太人马勒，正是为了满足女儿的梦境想象，融合了多种建筑风格，建造了这么一组奇特的建筑，其内部大小 106 个房间的装饰也极尽奢华精巧之能事，真的像童话仙境一般虚幻美丽。新中国成立后，马勒住宅一度成为共青团上海市委的办公场所。2002 年 5 月

陕西南路 30 号
马勒别墅饭店（原马勒住宅）

至今，又成为马勒别墅饭店正式对外开放营业。

如果你从西面的常熟路进入巨鹿路，这里的马路虽然不是最宽阔，但是两边由绿色铁门、围墙和透空栏杆包围的各种洋房呈现出一种超乎寻常的宁静和空旷，时光仿佛静止，空气似乎凝固。

走进 889 号，可以看见 9 幢建筑风格接近的英式双毗连三层楼花园住宅。这是建筑于 1929 年的亚细亚火油公司的职员寓所。住宅的南立面底层为券廊，二层设大阳台，两侧是双坡三角形山墙，山墙上露着绿色的木构架，屋顶中间有棚式的老虎窗。西侧的入口处有罗马式的小亭，有青石台阶和红砖护栏。如果从空中俯瞰，红瓦黄墙绿窗点缀的多边形建筑平面，犹如展开在绿草丛中一枚枚精致优美的贝壳，在阳光下发出璀璨的光芒。

1949 年后这里为南京军区所有，“文革”时，林彪之子林立果选择在此办公，据说“571 工程纪要”就是在这美丽的花园洋房里炮制。2007 年这里的花园洋房曾是席家花园酒店。如今又变身为巨鹿花园，聚集了黄鱼馆、王子饭店、香港龙凤楼、蟹尊苑、御京都等饭店酒店，普通人也能随时光顾这里，让过去的时光在你的心里回味、倒流。

就在巨鹿园酒店对面的 852 弄

巨鹿路 889 号　巨鹿花园（英式花园住宅）

内，8 幢建于 1930 年的英国乡村风格的楼房，分列于弄道两侧，坡形屋顶假三层。黄色糙面水泥砂浆墙面，楼前有小庭院。楼房的部分山墙露出暗红色的木构架，坡顶上有高高的烟囱；侧门入口处有拱券形的雨棚，伴着高耸入云的水杉树，同样的美丽如画，让人在惊鸿一瞥中领略到巨鹿路那华彩乐章的开端。

如今的巨鹿路既有保留完好的成片成群的花园洋房，也有存留至今的整条整块的新式里弄住宅。位于巨鹿路 820 弄的景华新村就是其中比较有名的一条。弄内全是联立式的二层小楼，正立面以檐竖墙分隔单元，山墙上有精致的线条装饰。弄内 12 号曾是海上名画家朱屺瞻的寓所。朱屺瞻的“梅花草堂”就设在二楼南面的一排钢窗下，他的书画艺术越到晚年越臻完美，95 岁高龄时还为钓鱼台国宾馆作画，并再度越洋访美讲学。

如今富民路、巨鹿路西南的墙壁上，置有《江南画坛宗师朱屺瞻》的宣传栏，选贴了朱屺瞻《飞雪迎春图》《飞机灭蝗图》等几幅富有时代特征的优秀画作，让人们穿越时空，来一场关于“江南书画”的对话。看来，朱屺瞻的仙风道骨也为巨鹿路增添了不少书香气。

巨鹿路上还有光华里、采寿里、四成里、大德里、明德里、集美里、安丰里、巨籁邨、四明邨等海上旧里和名楼，它们同样记录着上海的历史，印证着上海的变迁。1930 年 9 月，391 弄四成里 12 号楼房门口曾挂着“上海福利电气公司工厂”的招牌，其实房内是一个红军无线电技术人员的秘密培训班。巨鹿路 211 弄同福里系建于 1912 年至 1936 年的旧式里弄，有石库门三层楼房 28 栋。1937 年 11 月，中共江苏省委在上海重建，省机关就设在弄内 16 号。但如今同福里及周边的厚德里、晋福里等一批差不多同时建的老弄堂已经列入拆迁范围。

横跨我国无声和有声电影两个时代的电影皇后胡蝶，1932 年曾在光华里 13 号居住过一段时间。直至抗日战争爆发去内地，后又辗转海外，再也没有回过上海。喜剧电影演员韩非也在巨鹿路 741 号爱美尔大楼居住过很多年，他参演的《子夜》《东方魔术师》等电影都是在此期间拍摄完成的，韩非故居斜对面就是巨鹿路626弄著名的四明邨南门。

四明邨是四明银行于1912年至1928年分三批建成的一条新式石库门弄堂，共有砖木结构的二三层楼房118栋，正好囊括了上海低、中、高三种类型的石库门房屋，可谓解读老上海弄堂的“范本”。四明邨以南北总弄为轴线，两边行列布置，总弄宽度7米，汽车可通行。机制红砖清水勾缝外墙，山墙有西式装饰，客堂、卧室、天井、亭子间、晒台、乌漆大门、铜环等石库门元素俱全，室内还有成套的卫生设备。

站在一个制高点看上海，上海的弄堂是壮观的，它是这个城市所具有的背景。王安忆在《长恨歌》开篇就用华丽而抽象的语言描写了上海的几个市民生活场景：弄堂、流言、闺阁、鸽子和弄堂女儿王琦瑶。她写得再也真实不过，里弄住宅其实是构成上海城市肌理的基本元素，它们见证了老上海从过去到现在的演变过程。没有弄堂，就没有上海，更没有上海人。弄堂之于上海，不仅是石库门建筑的载体，更是一份生活的意象，它们是繁华都市的底蕴、人生大舞台的后台，里弄生活记忆也成为上海人的特殊文化基因。

王安忆将小说主要人物安排在平安里（四明邨）里，通过几对男女充满人间烟火生活的描绘，使融智慧于世俗，集聪颖于琐屑，表面看似风轻云淡，内心却躁动不安的市民日常成为一种审美和观照，揭示了俗世生活的价值。艺术来源于生活，通过描写上海弄堂生活，王安忆达到了“为上海立传塑像”的艺术理想。

如今在巨鹿路沿街的洋房里开了不少大大小小的咖啡馆、酒吧、服饰店、新潮小店等。但是白天的巨鹿路还是显得那么宁静安谧，因为茂密的梧桐树枝叶似乎过滤了远近的市尘声，每个小店门面，都借助老洋房那独特的人文背景，加上中西风格的内外装饰，或浓烈或淡雅，充满了某种迷人的情调，让许多不同文化背景的人，在此找到了属于自己的心灵慰藉。

当然，巨鹿路也不乏“时尚”。这些年从常熟路到富民路一段的巨鹿路，藏着20多家网红小店，消费者一路吃吃逛逛、拍拍照，可以消磨一个晚上。位于巨鹿路、富民路东北角上的“JULU785”是近年开业的网红集聚地。该聚集地由老厂房厂区改建而来，2019年由一家市场化企业完成招商，一下就引入40多家品牌店，不少品牌都给人新奇特的消费体验。网红店的扎堆，给整个街区带来丰富的体验感，也带动了一些传统小店的转型。

巨鹿路675号在2007年前后是

一家挂有“文学会馆”招牌的餐厅。推开玻璃大门迎面就是一张数百人的合影照，从照片中人物的衣饰上可以看出这是一张文学界人士的合影照，其中有巴金等知名作家。2018年4月23日世界读书日，这里又成了作家书店，而书店的后面就是上海作家协会的所在地。

依托作家协会而生的作家书店，正成为沪上地标式阅读空间，也是沪上人气最高的作家集聚之地。从一楼的大门走进去，不少读者都会被书架上的作家签名本所吸引。在这里，不仅有王安忆、叶辛、陈村、孙甘露、赵丽宏等上海作家的签名本，也有莫言、余华、毕飞宇等非上海作家的签名本。更让人惊喜的是，在这里你可能会邂逅你的文学偶像，因为他们或许刚开完会，就从后门顺道来书店聚聚，喝上一杯咖啡。

上海作家协会所在的这幢花园洋房名为“爱神花园”。1949年以前它的主人是上海著名企业家刘吉生。整座宅邸为意大利文艺复兴古典风格，由著名设计师邬达克设计，建于1926年。庭院里有希腊公主普绪赫和爱神丘比特的雕像立在喷泉中央。建筑为假4层，南立面设置贯通两层且带凹槽的爱奥尼柱式门廊，底层的门与柱之间设计为大青石平台。两层柱间为弧形阳台，配以雕花铸铁栏杆，庄重而又优雅，华丽而又轻盈。整个楼房功能齐备，布局合理，环境优美。电影《阮玲玉》《与魔鬼打交道的人》等影视剧曾在此拍摄。1990年的一天，旅居海外多年的刘吉生的后人回沪，特来此探访。当他们看到当年的花园洋房被维护得这么好，连连表示感谢。

巨籁达是法国第一任驻上海领事，而巨鹿路这个路名比起巨籁达路来，似乎更有寓意和古雅，古代许多皇帝都曾以“巨鹿”之名，作为封爵谥号给功臣名将。古时的松江被称为“茸城”，茸乃鹿也，有“十鹿九回头”之说。

走在巨鹿路上，心中似乎有一头小鹿在不断地撞击胸怀，总是让人不断地回头，生怕错过什么……

乘轨道交通 7、1 号线，
到常熟路站下，向北沿华亭路走，
过延庆路便可到达长乐路西段。

…
静安寺
常熟路
肇嘉浜路
…

追寻长乐路

长乐路仿佛是一条看路牌就能让人“长乐”的马路，但长乐其实是福建省的一个地名。长乐路较长，全长有 3 300 多米，跨黄浦、静安、徐汇三区，东起淡水路、西至华山路。长乐路的开筑过程与一般马路不同，1914 年先筑中段，以法租界一位律师名定名为蒲石路，之后才向两端延伸。1946 年改现名。

长乐路与上海繁华商业街淮海中路基本平行，曲折狭长，时宽时窄，又分成好几段，因而从来都算是大马路边的小马路，没有主要的商业网点。沿途三三两两地散落着一些小店、学校和医院，平平淡淡，不事喧哗，但细细品味，就能感受到一种别的马路所没有的快乐情调。

原来的长乐路是不通公共汽车的，2007 年前后，26 路无轨电车从重庆中路进入长乐路，但到了常熟路，又折回到淮海中路向西直达徐家汇。所以坐在 26 路上基本就能把长乐路两边的风景尽收眼底。但如今 26 路又变道了，全程线路缩短，只在襄阳北路与常熟路之间与长乐路邂逅一小段。

由于南北高架路的建造，如今长乐路东起老重庆中路路口。向南眺望，东面是一幢与高架道路桥一般高的大厦，西面则是建于 20 世纪 30 年代的石库门弄堂，矗立在老重庆中路前方的是一幢装饰主义风格的大楼。这幢大楼就是著名的培文公寓，曾经也叫皮恩公寓，建于 1930 年，由法国人设计建造。如今是著名的上海妇女用品商店。

这幢有 10 层高的大楼正好盖住了老重庆中路的正南面，使人不由得要抬头才能透过大楼顶部看见远处的天空和云彩，这就使老重庆中路和长乐路的天空变得高深和悠远。而长乐路的开端就因为这幢大楼而变得富有韵味，云山万重，寸心千里，折射出来的意象是值得人细细品味的。

如今东段的长乐路，南面是兴隆村和和合坊为主的石库门居民住宅区，沿街的房屋外观大都是清水灰砖，整洁陈旧，散发着老上海历史的平民气息。不过，这里的弄堂和房屋已经列入拆迁范围。北边原先也是石库门房屋，但1990年后这里成为广场公园，整个公园绿地被设计成土丘土坡，起伏连绵，绿树丛中有藤架、回廊、假山和人工飞瀑，颇有“松间无限鸟催声，只有蝴蝶双飞来”的田野风光和情趣。

到了瑞金一路口，原为上海油画雕塑创作室的地方，矗立起了一幢高达43层的新锦江大酒店，这是全国第一幢全钢结构超高层公共建筑。建筑风格以圆为特点，呈八角形造型，两侧6层裙房保持中国传统对称风格。开业至今，已接待过200多位外国元首和政府首脑，被誉为“上海新国宾馆”。

再到了茂名南路口，仿佛时光倒

茂名南路59号　锦江饭店

流了，且长乐路变宽，使人有豁然开朗的感觉。十字路口集中了好几处富有老上海代表性的建筑。东北角上是建于1931年具有意大利文艺复兴时期风貌的兰心大戏院；东南角上是以历史文化背景深厚、建筑风格独特著称的锦江饭店；西南角上是建于1903年具有法国宫廷建筑风格的法国总会，如今的花园饭店。透过栏杆，能够依稀看见大花园里的绿色植物。

然后过了陕西南路，马路又变窄了，但沿途全是具有法式、德式、英式、西班牙式、新古典主义式等风格的小洋楼和一条条幽深的弄堂。虽然弄檐和门楣上的字迹有些褪色走样了，但明媚的阳光在街头屋顶绿叶间闪烁跳动，到处浮动着一种明快的色泽。那些掩映在梧桐树下的老房子，像一首首老歌，让人回味。

如果说建筑是凝固的音乐，那么依附在建筑之间的往事才是音乐的灵魂。长乐路上曾居住过不少中国现代史上的名人，如新闻教育家顾执中、电影演员上官云珠、美术音乐教育家丰子恺、现代文学大师钱锺书、会计界泰斗潘序伦、文物收藏家潘明训、电影企业家柳中浩、京剧麒派艺术创始人周信芳等。他们的足迹和身影已经深深地融入长乐路上的一砖一瓦、一草一木之中。

长乐路325号是上海韬奋西文书局，这个书局由中国韬奋基金会创办。在如今长乐路上众多生活类的小店中，有这么一家花园住宅书店，而且陈列的全是英语、德语、西班牙语、法语等多个语种的原版读物，似乎可算是上海这座国际化大都市中的一个"国际化"的角落。书局外墙为淡黄拉毛水泥墙，配上嵌着绿色窗框的大面积玻璃窗，显得简洁典雅。而书店内部却以温暖的橙红色为基调，又让人感觉温馨舒缓。从二楼的落地窗户向外看，长乐路、陕西南路口的风景一览无余，在这里阅读品茗，使人有一种宁静安谧感。

书店所在的这幢联列式花园住宅，建于20世纪30年代，机平瓦坡屋面，外露木构架，淡黄色拉毛水泥墙面，侧立面主入口处有粗石砌筑的拱廊，带有法式建筑风格。这样相同样式构造的花园住宅共有4幢8套，以"长乐坊"命名，整齐地排列在长乐路、陕西南路西南角上，不啻是一道花园住宅风景线。如今这些住宅有的开了书店，有的开了餐厅，普通人都能深入这些住宅内部一探究竟。

不过到了襄阳北路口，长乐路就安静下来。339弄堂口西侧是联排的黄绿相间的高大西式楼房，在高大梧桐树枝的绿荫下更显得悄无声息。这就是建于1934年的新式里弄蒲石村。村内有3层楼房42栋，一律的

东湖路 7 号　东湖宾馆 9 号楼

水泥拉毛外墙，坡顶、钢窗等，分 7 排沿主弄排列，显得弄堂幽深曲折。弄内 18 号 3 楼曾设有中共地下党的秘密电台。1937 年左右，中共地下党员李白奉命来上海建立的。李白根据党组织安排与沪西绸厂女党员裘慧英扮成夫妻，并以福声无线电公司会计身份作掩护，在这里设立上海中共党组织与延安直接联络的秘密电台。后来两人正式结为夫妻。

原以为 18 号肯定在弄堂深处，谁知一圈兜下来，发现 18 号就是沿街最后一栋。原来这蒲石村 1 至 5 号，10 至 18 号北立面全部沿街，底层开店，南立面朝向支弄，供人员进出。18 号 3 楼显得很高，高大的树荫将窗户遮掩，街上的行人是看不到房内动静的。原来，“永不消逝的电波”最初是从这里发出的。

转眼到了长乐路、富民路口，在这里富民路西南接半圆形的延庆路，东面又斜插一条东湖路，于是马路“切割”马路，形成大小两个相接的三角地区，在这里随意漫步，咫尺之间便有移步换景的妙趣。小三角地中心花园置有现代文学大家、剧作家田汉的大型塑像。20 世纪 30 年代，他曾在这一带生活，创作了许多经典的文学作品，塑像正好凸显出这块地域丰富的人文底蕴。

这个区域原为法租界的一部分，以住宅区为主，环境幽静，有新康花园、上方花园、高塔公寓、瑞华公寓、东湖宾馆、沪江别墅、培福里、纪家花园、复兴村、裕华新村等花园住宅、公寓大楼和新式里弄。1949年前，这里是外籍侨民、富商巨贾、达官显贵、帮会头目等比较集中居住地区。新中国成立后，文艺工作者、学者、工商界人士、侨眷、干部等多居住在这一区域。如今这里被上海人形象地称为上海的“巨富长”地带，中西文化的长期浸润、丰富独特的建筑形态和诗意的居住环境，使海派文化在这里有了新的延续和发展。如今这里也成了许多反映上海生活影视剧的原生态取景地，更成了节日里年轻人喜欢聚集的打卡之处。

其后一段的长乐路虽然宁静内敛，但绿荫深处的长乐新村、南华新村、中国蓝印花布馆、周信芳故居以及多幢古典式的花园住宅，给人一种视觉上的愉悦和心灵上的抚慰，老建筑不仅像一位满腹经纶的长者，更像是一位热情忠实的老朋友，随时等候着与你对话。

原以为过了常熟路，长乐路差不多也就结束了，但是靠近华山路的长乐路上有3幢花园别墅，他们主人身份的显赫还是让人刮目相看。1247号是原民国政府要员朱光沐的旧居，1242号是旧上海“面粉大王”“棉纱大王”荣德生故居，旁边的1244号是原国民党军政要人汤恩伯的官邸。

富民路182弄　裕华新村　花园住宅

具有典型欧式风格的汤公馆为两层小洋房，洋房外有一片小花园，灰色的墙面使洋房显得典雅而又大气。由于这里的整体格局和楼内的细节都保存得十分完好，带有一种优雅的老旧气息，因此不少反映老上海生活的影视剧纷纷前来拍摄内外景。2008年1月，电影《梅兰芳》剧组就将这里布置为梅公馆，拍摄了京剧大师梅兰芳在上海寓所内的许多重场戏。

其实，真实的梅公馆在思南路上的一幢法式花园洋房里，那是京剧大师梅兰芳1932年来上海时购置的。但世事沧桑，时过境迁，真正的梅公馆反而不如长乐路的汤公馆具有老上海的氛围和情调，可见长乐路上的花园洋房在时间面前铸就了恒定的价值。

乘轨道交通 7、1 号线，
到常熟路站下，向北沿常熟路走，
过延庆路便可到达安福路东头。

…
静安寺
常熟路
肇嘉浜路
…

话剧之路
安福路

安福路在 2005 年以后，似乎成了上海年轻白领心目中一个可以圆梦的地方。因为在安福路的西头，有一座属于上海话剧艺术中心旗下的新型话剧大厦。在这个大厦内集中了 3 个剧场，1 楼是艺术大剧院，3 楼是个小剧场，6 楼则是一个可以随意变换舞台空间的多功能剧场。

就是这 3 个剧场，基本上每天都在轮番上演着古今中外各式各样的话剧，时尚新潮的戏剧理念、变幻多样的舞台布景、灵活现实的表演手段为现代都市年轻人营造了一个可以放松神经、休闲遐想的空间。这里每推出一部话剧新作，总能吸引无数的年轻男女，有的竟达到“爆棚”的程度。

看话剧就要到安福路，这已经成为上海许多年轻人心中的共识。此后每到夜晚，在话剧大厦前的话剧大师黄佐临艺术雕像前总是人头攒动。到了夜晚剧场散戏之际，路上除了酒吧里闪烁的灯光，就是年轻人轻快的脚步声和欢乐愉悦的谈笑声。一出好的话剧带给人本身的憧憬要远远超过话剧本身，所以安福路之夜也是艺术之夜、憧憬之夜。

2022 年 1 月热映的电影《爱情神话》片头，就是男女主人公出入话剧中心大厦剧场，在此看话剧的镜头。影片以此为“戏眼”展开故事情节，可见安福路的话剧大厦已经成为上海普通市民的日常生活背景。

从电影的人设看，女主人公住永康路，男主人公住五原路。五原路就在安福路南面，筑于 1925 年前，原名赵主教路，也是一条绿树成荫、环境清幽，两旁有各式花园住宅和新式里弄的马路。路北侧 314 号是中国福利会会址。此会是由中华人民共和

五原路 314 号
中国福利会（中福会托儿所旧址）

国名誉主席宋庆龄创建的一家致力于妇幼保健和少年儿童文化教育事业的慈善组织。永康路则在安福路东南面，稍远一点。这些马路都属于衡复风貌保护区内的马路，是上海人心目中的“上只角”。优越的地理位置、中西文化的交融、诗意的居住环境，使海派文化在这里有了新的延续和发展。话剧艺术也在这里获得更多知音，因而现代都市的“爱情神话”和活色生香的男女故事发生在这片空间里更显得真实可信。

安福路由法租界筑于 1915 年，原名巨泼来斯路，以法国海军将领名命名。从现在的地图看，安福路东起常熟路，西讫武康路，全长约 900 米，这里原来就是花园洋房、别墅集中之地，路窄、车稀、人少，所以总是显得很安静。2000 年以后随着上海城区更新改造步伐，安福路两旁的建筑也有了不少的变化，马路北面的建筑大部分已经拆去，拔地而起的是华尔登广场、汇贤居、长鑫大厦、金苑大厦等一批现代化的商厦和商品楼。许多楼盘还是外销楼盘，因此安福路上如今居住着不少外籍人士。沿途一些画廊、艺术饰品店、快餐店、酒吧应运而开，尤其是一些酒吧的生意更是红红火火。

好在安福路南边的一些建筑还保持着原貌，花园洋房、别墅、公寓整旧如新，许多画廊和一些情趣小店、酒吧就开在这些老房子里，老房子与现代商品艺术一经结合便有无穷的魅力。因此只是从这些布置装潢看上去简单古朴，实际却透着时尚新潮气息的小店门前一瞥，就能让人得到艺术的体验和享受，安福路真的是一条充

安福路 284 号　上海话剧艺术中心（上海人民艺术剧院旧址）

满艺术和文化氛围的马路。与安福路毗邻的华山路上还有上海戏剧学院、儿童艺术剧院等单位。2008 年，有关部门着手将这儿打造成一条“戏剧大道”，成为上海“戏剧谷”的主场。

其实，安福路成为上海话剧艺术的中心是有其渊源的。早在 20 世纪五六十年代安福路 210 号就是上海青年话剧团所在。这是一幢花园住宅，抗战时一度为汉奸潘三省所占据，抗战胜利后，作为逆产没收，后归旧上海特别市市长吴国桢居住。经吴国桢改造后成为中西合璧的花园住宅。

青年话剧团驻扎在这个中西建筑艺术结合的住宅里也算适得其所，这个话剧团的演员大部分都毕业于上海戏剧学院，剧团编、导、演齐全，拥有祝希娟、焦晃、张名煜、郑毓芝等一大批知名演员。在 20 世纪五六十年代话剧艺术的黄金年代里，青年话剧团为上海人民奉献了许多优秀剧目。在 80 年代中期话剧艺术不甚景气的情况下，青年话剧团独辟蹊径，利用剧团部所在的花园景观演出莎士比亚的话剧《仲夏夜之梦》，受到许多话剧爱好者的赞赏。

青年话剧团的斜对面就是原上海人民艺术剧院的所在地。如今门口的话剧大厦挡住了后面一幢具有英国乡村风格的花园洋房，那就是原来剧院的院部。这幢楼建筑于 1917 年，曾经也是一个国民党官员的住宅，后来又成为菲律宾的领事馆。

上海人民艺术剧院也是一个著名的话剧表演团体，曾经拥有黄佐临、严丽秋等著名编导演员，《霓虹灯下的哨兵》《中国梦》等话剧都是他们原创首演的。80 年代中期，由奚美娟、吕凉主演的小剧场话剧《留守女士》在这里引起轰动，连演连满，一票难求。

进入 90 年代后，随着戏剧市场的变化，青年话剧团和上海人民艺术剧院重新整合组成上海话剧艺术中心。特别是在话剧大厦建成以后，上海的话剧有了自己的中心剧场，灵活的体制和市场经营、优化组合的演员阵容，使话剧艺术的魅力在这里得到提升。

可以说，安福路见证了上海乃至

中国话剧艺术由盛到衰，又由衰到兴的发展历史。2019 年 12 月底，话剧中心 2020 年 7 部话剧作品集中发售优惠票。天气寒冷，却抵挡不住观众的热情，一大清早院门口就排起了长龙，而最早抵达的剧迷已通宵排队 11 小时，800 个购票名额一抢而空。

2023 年 5 月，安福路话剧中心大厦又恢复了以往热闹。这里既上演《原野》《骆驼祥子》等根据文学名著改编的话剧，又上演《不可说》《完美的陌生人》等时尚原创剧，还上演《欲望号街车》《一个夏日》等外国经典名剧，体裁多样，风格迥异，票房依然火爆。不少年轻人往往周末的下午就来安福路，先选一家西餐厅犒劳辛苦了一周的自己，然后买杯新品咖啡边走边逛；或者就在露天酒吧里放松片刻，傍晚再到话剧中心看场话剧。最幸福浪漫的小资生活恐怕也莫过于此了。

如今，安福路似乎也变成一条网红马路，经常有网红人物出现，天天前来打卡，以老房子为背景拗造型拍照的男女老少趋之若鹜，络绎不绝。安福路上不仅有话剧艺术中心剧场，还有各类中国首店、旗舰店、概念店等，至于咖啡馆、饮品店、餐厅、化妆品牌店等更是随处可见。店铺最为集中的区域，是乌鲁木齐中路到武康路这一段。从异域风情的家居地毯，到精致可爱的中古好物、法式浪漫的时装，再到装帧新颖的书籍、口味独特的饮品等应有尽有。每一扇橱窗都是一道美丽的布景，看一眼就能给人带来美妙的视觉享受。

轨道交通8号线

轨道交通八号线起讫站市光路站至沈杜公路站，全程37.30千米，一路穿越杨浦区、虹口区、静安区、黄浦区、闵行区等行政区域。2007年12月29日开通运营市光路站至耀华路站。2009年7月5日开通运营耀华路站至沈杜公路站。全线纵横杨浦区区域，然后穿越中心城区东部，连接浦东新区。

“八号线”所对应的马路在杨浦区境内的有黑山路、松花江路、打虎山路等；在虹口区境内对应的有天通庵路；在静安区境内对应的有虬江路、新马路、晋元路等；在黄浦区境内对应的有“老城厢”的露香园路、梦花街、松雪街等，这些马路都是有历史故事的。

乘轨道交通 8 号线，
到市光路站下，向西沿市光路走，
便可达世界路中段。

市光路
嫩江路
翔殷路
…

“大同”世界路

大上海真的是大上海，不仅地理空间大，而且马路取名范围格局也大，不仅囊括了全中国大部分的省市县名，而且居然还有一条世界路。

相信看到“世界路”这三个字时，许多人内心会有一种震动：这是何等有气魄、有胸怀的路名，它一定有特别之处。然而当真的置身于世界路上时，却不免又会有点失望。世界路位于江湾五角场地区北部，南起嫩江路，北通闸殷路，其间与国和路、市光路、民京路交集，既不宽也不长。沿路两边并没有什么特别的风景，大都是 2000 年以后兴建的高层和多层小区，还有一所中学和一所业余大学及大小商铺，是一条充满平民烟火气的马路。

然而马路不能只看表面。地名是历史的产物和城市的记忆，蕴含着丰富的文化韵味，是见证城市变迁的活化石。世界路是一条老马路了，它规划、建筑于 1932 年，是当年上海特别市市政府大楼后面的一条马路，而市政府大楼前面也有一条马路。两条马路一前一后，隔楼相望，如同一对孪生兄弟，所以在命名上有密切的关联。人们想到了“世界大同”这个美好的说法，就将市政府大楼门前的那条马路命名为大同路。

因此世界路与大同路从一开始就互相关联，相辅相成，显示出当时定名者特别的用意。市政府大楼后面的世界路直通黄浦江，意蕴那是通向外部世界的马路。市政府大楼前面的大同路，以作迎接贵宾、节日阅兵之用，也意蕴“全民大同”的美好理想。

说起这幢上海特别市市政府大楼，就要说到“大上海计划”。1927 年 7 月，国民政府确定上海为特别市，就着手制定上海市中心城区建设计划。由于当时的市中心地域已被各租界划分，便确定在尚属郊区的江湾地区打造一个全新的上海中心城区。即以市政府大楼为中心，建4条主要干道：市府东侧为五权路，西侧为三民路，市府北面建世界路，市府南面为大同路，在这4条主干道之间再建多条环形路，形成网状辐射结构。

1933年10月，市府大楼及各临时新屋落成。大楼青瓦朱檐、雕梁画栋、富丽堂皇，简直就是中国古代宫殿的“现代版”，颇具中国建筑元素和风情。同时在市府大楼东西两侧，同样具有中国建筑特色的市图书馆、市博物馆也建成，3幢建筑正好形成一个“品”字状，无疑是大上海中心城区的中心。

然而上海特别市市政府迁进新大楼不到3年，抗日战争全面爆发，上海沦陷，这幢大楼先后为日军和汪伪政权作驻军和办公之用。而国民政府雄心勃勃打造的“大上海中心城区计划”也就此被迫中断，成为永久的遗憾。

江山犹是昔人非。新中国成立后，这个旧时代的市政府大楼成为上海体育学院内的办公大楼，大楼门前的大同路成为体育学院内的校区而不复存在。同样，因为“市政府”不存在了，原来围绕市政府以“府”字打头的马路，如府内右路、府内左路、府前路、府后路等，不是消失就是改名；三民路改名为三门路，五权路改名为五星路，最后又改名为民星路。而世界路则始终没有改名，可见世界之大，变化之快，总是还有不变的东西。不过，世界路在很长一段时间内是江湾五角场地区北部一条通向吴淞和宝山的干道，两旁基本是工厂仓库、农田和自然村，并不为人们所熟知。直到1990年后，整个五角场地区崛起为城市副中心，世界路才开始步入了快速发展的轨道。

所以游世界路必须从上海体育学院的长海路正门也就是昔日的“大同路”开始。在这个大门口，透过四周林立的高楼，仍然可以看到东西两边原市博物馆和市立图书馆两幢地标性建筑，然后向西再向北拐，便进入恒仁路。

恒仁路原为府前右路，而今则是上海体育学院西侧一条十分幽静的林荫道，非常适宜散步，到了清源环路丁字路口才稍显热闹嘈杂。这里是上海体育学院的西大门外，有上海体院体育交流中心、绿瓦体育书店、中国乒乓球学院、上海体育学院第二餐厅等建筑。沿街有花坛、运动雕塑、宣传标语等，仿佛处处有一种动感韵律。透过东边镂空围栏，可以看见校园内年轻的运动健将们在踢足球、打篮球、练长跑，还能看见昔日“市政府大楼”那绿色琉璃瓦制成的歇山式坡屋顶。

沿恒仁路向北走，到了嫩江路口再向东走，就到了世界路的南端。如今世界路口西侧是明丰阳光苑高层街面商住楼，东侧是民办兰生复旦中学世界路校区，校门口一座尖顶座钟，为世界路带来宁静祥和又有“世界”情调的氛围。

走过兰生复旦中学、国和一村和世和园，就到了世界路、国和路十字路口，看来十字路口是世界路的商业中心，各种大小店铺依次排列。最吸引人眼球的是东北角一座外观为镂空土黄色陶砖幕墙的大体量建筑，中间“国和 1000”几个大字既醒目又让人好奇，原来这是一幢从内外观设计到经营品种和理念都焕然一新的商厦，它正好位于国和路 1000 号。

该商厦从重塑街区生活体验、打造有温度的社区邻里中心理念出发，按照上海传统的街巷尺度重新设计，设置了公共空间和公共设施，供社区居民驻足休憩，是个集购物、社交、学习、娱乐于一体的新形态商厦。商厦建成不久便获首批“全国标准化社区商业中心示范项目”称号，这可以说是世界路的骄傲了。

在世界路与市光路口是一组名为睿俪国际的全新商业建筑群。过后世界路与民京路又呈丁字交会。民京路是一条建筑于 1933 年的老马路，弧形，与市光路等马路相通。1935 年延伸至世界路，也是当年“大上海计划”中的马路。沿路曾建有 10 多幢独立式花园洋房，以及国立上海音乐专科学校。

1935 年，国立上海音乐专科学校由他处迁来，是中国最早建立的国立高等音乐学校。当时的学校绿树环绕、小桥假山流水应景，设施齐全，环境幽雅。学校曾培养了冼星海、贺绿汀、丁善德、周小燕、李德伦、黄贻钧等一大批乐坛杰出人才。但随着时代的变迁，1956 年后学校搬迁至上海市中心，此地变成某军事单位，如今则又成了上海公共安全器材厂。

不过，原音乐专科学校的主体建筑——几幢假三层西式楼房仍保存完好，成为“大上海计划”的历史见证，也是世界路曾经辉煌的记录。

世界路北端尽头是闸殷路，当年这里是江湾五角场的最偏僻的地域，江湾军用飞机场就驻扎在这里。1986 年之后机场搬迁，这里成了自然生态区，空气环境非常好。1990 年这里开发建设新江湾城。如今新江湾城俨然成市，气象万千。隔着闸殷路，站在世界路的世佳公寓前，感到新江湾城才是一个“新世界”！

乘轨道交通 8 号线，到翔殷路站下，
向西沿翔殷路走，穿过黑山南路，
即可到达黑山路南段。

…
黄兴公园
翔殷路
嫩江路
…

黑山路的凝重

从盘山路右转走上了黑山路桥。站在桥上朝北望去，只见黑山路两旁新旧建筑并存，高层大楼不多，天高云淡，四周空旷宁静，让人有一种“会当凌绝顶，一览众山小”的感觉。

黑山路原名府南右路，因位于旧市府南右侧而得名。那是 1929 年以后国民政府在江湾五角场地区精心打造“大上海计划”时建筑的一条马路。当时五角场周围的马路名分别用“国民政府”4 个字打头，令人悲愤的是日本帝国主义的战火摧毁了这里的部分建筑，也使“大上海计划”成为泡影。

既然名不副实，以“府”字打头的路名在 1949 年以后就都改了名。因为这些路在上海的东北面，对应东北的辽宁省，黑山是我国辽宁省中部的一个县名。桓仁满族自治县地处辽宁省东部，隶属于本溪市。所以府南右路就改名为黑山路，府前右路改名为恒仁路。

沿着黑山路向北走，在政立路与黑山路十字路口，看见西侧透空的围栏里是一座蓝色呈半凹状圆顶的体育馆，原来这是同济中学的体育馆。走过政立路，忽然就看见右侧破败围墙里的绿树丛中现出重檐相叠、翘角飞檐的庙宇式屋顶。再走近一看，这里就是黑山路 181 号，门口挂有历史建筑纪念铭牌。从牌上得知这就是上海市立图书馆旧址，曾经做过同济中学的教学楼和学生宿舍，当下则为五角场地区的健身中心。只见不时有穿着运动装的年轻人大汗淋漓地从头顶上有彩绘的旧址里出来。于是，从围墙边的门走进去，绕过右山墙，来到这幢建筑的正面。

坐西朝东的 5 层大楼，高 14 米，平面呈“工”字形，主楼正中是具有歇山二重檐形状的塔楼，形态端庄，比例匀称，颇具中国古建筑特色。两侧为简洁的平顶两层楼。外墙采用人造石砌筑，门楼四周有平台。怎么看都觉得这是一座严肃工整、庄严大气的建筑，与曾经的上海市立图书馆这个名称相配。

可是眼下这幢当年堪称“上海之最”的建筑已经蒙尘发黑了，“暗牖悬蛛网，空梁落燕泥”。此楼由著名建筑设计师丁大酉设计。1936 年竣工后就开馆，但开馆还不到一年，就因抗日战争爆发而被空置。1949 年，大楼成为由内地迁到此地的同济中学教学大楼和学生宿舍，大楼四周则成为学生操场。从此“上海市立图书馆”的风光消失殆尽。

20 世纪 80 年代以后，同济中学在黑山路对面建新的校舍，这幢楼的用途从此就不确定了，想着这样庄重的建筑，在时间的尘埃中沦为一座灰头土脸的“仓库”，心里真的有一份凝重。

黑山路的尽头是五角场花鸟市场，向东拐就是长海路。于是在长海医院大门口，又看见一座形同旧上海市立图书馆的大楼，与北京的鼓楼有些相像，馆舍如城，外围是长墙，中间有黄色琉璃的高大门楼一座，显得气势如虹，深沉稳健。这就是“大上海计划”中的上海市立博物馆旧址。眼下这幢楼是长海医院的 CT 中心。只见大厅内两侧各有楼梯连接至二楼。二楼的回廊四面镂空，梁枋上有彩画修饰，浓墨重彩，让人恍惚到了紫禁城，心想这样宫殿般的大楼做医院好像有些奢侈。

长海医院的大门正对着上海体育学院，向学院大门的深处看，前方又是一座中国古典形式的“绿色琉璃瓦大屋顶”建筑。近距离看，才发现这也是一座非常富丽堂皇的建筑，翠瓦朱檐，雕梁画栋，简直就是中国古典宫殿的现代版。无疑这就是当年“大上海计划”中的上海特别市市政府办公大楼了。

拾级而上，透过带方格的门窗可以看见建筑内部梁枋上既古典又摩登的彩绘。“雕栏玉砌应犹在，只是朱颜改”，看来这幢建筑也已空关许久。站在寂静的石阶上，微风轻拂，天光云翳，面前花坛里的菊花正在竞相怒放，清香幽幽袭人。一种“江山不管兴亡事，一任斜阳伴客愁”的情怀油然而生。

因为有过这样一个凝重的下午，对这 3 幢建筑从此就有了不舍。再后来先看到体育学院里的那幢大楼蒙上了装修布，继而又看见黑山路上的这幢大楼也蒙上了装修布，心里有些明白了。然而真正再见它们却已经是 10 年之后了。

2018 年 12 月的一天，坐 187 路公交车沿政立路到国和路口，看到国和路350号上海基督教沪东堂那尖顶塔楼后，就到了终点站恒仁路、黑山路口。下车后本能地就想找“市立图书馆”的方位，不料一回头就见马路对面已经没有围墙了，以灌木为主的绿化带后，一幢高大建筑赫然在目。不用多猜，这就是杨浦区图书馆的新馆。但大脑在瞬间还是有些“断片”了。大楼就像是个蓬头垢面的人，突然从头到脚清洗过，还换了件光鲜亮丽的衣服站在阳光下，怎么不叫人怀疑空间和自己的眼睛？

国和路350号　上海基督教沪东堂

在大门前“门”字形的广场上抬头看，整个建筑外观看上去严肃工整，威武庄严。古典式的重檐歇山式屋顶别具一格，尤其是黄色琉璃瓦盖顶，在阳光下特别耀眼。大楼主体分上下两层，从正门进入，迎面是大厅，朱红色的柱子与天花板上充满民族韵味，色泽鲜艳的“彩绘”十分抢眼，真是丹楹刻桷，雕梁画栋，明窗彩户，富丽堂皇。建筑内部的其他装饰也非常精美。改造后的新馆，有文献借阅、数字服务、展览展示、主题活动等四个基本功能区，实行“借阅藏”一体化的管理，藏书可以达到65万册。

同样是这座建筑，前后10年面貌截然不同。以当今的条件，杨浦区完全可以重新建造出一座高大上的新馆，但是却另辟蹊径，将这座本来就要衰落的历史建筑又在原地复活了，并成为上海最有历史和故事的图书馆，连接着城市的历史记忆和现实未来。

2023年，上海体育学院里的那座“特别市市政府大楼”成为院领导的办公楼。因为它有一个绿瓦屋顶，学生们都亲切地称这幢大楼为“绿瓦大楼”，还用“绿瓦”为自己开设的书店命名——绿瓦体育书店，可见“绿瓦”的文脉将在更多的学生中间延续。

这些建筑穿越百年光阴承载起了真实的历史与记忆，已经超越了本来功能而成为一座座遗迹了，它们唤醒的也是百年上海马路的历史价值。

乘轨道交通 8 号线，
到延吉中路站下，
向北沿营口路走便可达松花江路中段。

…
黄兴路
延吉中路
黄兴公园
…

松花江路向东走

“我的家在东北松花江上，那里有森林煤矿，还有那漫山遍野的大豆高粱……”几十年来，一曲悲愤激昂的《松花江上》传唱大江南北，在控诉日寇侵略行径的同时，也让更多的世人知晓了横贯东北平原的松花江。“松花江”三个字也似乎成为美丽富饶和诗情画意的代名词。

在上海的东北角、杨浦区的中部，就有一条以东北松花江命名的马路，让人感到形象、贴切的是松花江路紧靠着略有弯曲的小河——东走马塘，是一条名副其实的“江”边马路。

松花江路建于 1952 年，是人民政府开辟沪东工人新村时规划设计的马路之一。由于这里处于上海城区的东北角，故路名就取自我国东北吉林省的市县名，除松花江路外，这里还有靖宇南路、靖宇中路、靖宇东路、延吉西路、延吉中路、延吉东路、敦化路、内江路、图们路、安图路，长白路等。漫步此间，真的让人恍如到了东北。

松花江路由东向西，最初规划由邯郸路至军工路为止，全线沿东走马塘呈弧线形。但由于当时四平路至黄兴路一段有新市农场田野和一些工厂，暂时就没有贯通。后来此间周边马路又有新的发展变化，松花江路还是没有贯通，至今还是两段，且分属两个区。

到了 20 世纪 90 年代中期，上海建设内环高架路，从四平路到黄兴路这一段，拆迁了上海光学仪器厂等单位，建成中山北二路，成为内环线中的“北环”，一“桥”飞架在东走马塘的上空。

如今，站在横跨走马塘的黄兴路桥上，向东眺望，古老的走马塘河水平缓如镜，水波不兴，河面上不时有江鸥缓缓地掠过，在空中划出优雅的弧线。桥的东南堍是一幢30层高名为福阳大厦的公寓，大厦建于20世纪90年代，与对岸的文化佳园、大润发、百安居等民居和商业建筑遥相呼应，构成一片现代时尚崭新的楼宇风情。而松花江路南面的5层楼公房虽然是20世纪50年代建设的工人新村控江四村，但是经过内部结构改造和外观“平改坡”及绿化工程，这些小区也展现了新的面貌，尽管与对面的高楼不在一个层次上，但新老相衬，倒另有一种和谐统一。

就在20多年前，这里还是绿野平畴，散落着各种自然村和一些高能耗的纺织厂、机械厂。这里也是杨浦区当年“一年一个样、三年大变样”的真实写照和缩影，当然也就记载着上海城市发展变化的历史。

从黄兴路开始，沿着松花江路向东走，尽头便是靠近黄浦江边的军工路，全长2 600多米。军工路南接黎平路，北通张华浜，全长有10 000米，可以算是当年上海最长的马路之一了。

1918年北洋军阀体系的淞沪护军使卢永祥的军队驻扎在吴淞地区，为了排挤他人在上海的势力，卢永祥调拨大量军款和士兵会同沪北工巡局赶筑了这条军工路。由于该路是以军事为目的的，又是用军费修建的马路，遂被叫作军工路。

正是这条军工路，对沟通吴淞与上海的交通，促进该地区的发展起到了积极作用。今天的军工路上有共青森林公园和众多的工厂、大专院校、科研院所，这些单位也大多数是因为军工路的修筑而顺势发展、演变直至留存今天。所以通向军工路的松花江路也日渐变得繁忙起来。

位于军工路2000号的共青森林公园原是黄浦江的滩地，有耕地和自然村。1956年大批共青团员来此义务劳动，建成80多万平方米的苗圃，故命名为共青苗圃。1984年苗圃改建为共青森林公园。全园遍植树木，绿色满园，湖泊小河迂回，土丘假山起伏，得幽邃自然之趣，是一个集休闲、娱乐、度假为一体的综合性公园。2005年被命名为国家级森林公园。

公园西部有赛车场和森林小火车、电动船、电动滑道等设施，是迪士尼尚未进入上海时的青少年们非常喜爱的游乐园地。听说2023年底共青森林公园的电动滑道等就要拆除了，不少当年的小伙伴便赶紧带着自己的儿女去乘坐“最后一班”电动滑道，引发一波波“回忆杀”。

其实从黄兴路到军工路这一段的松花江路在20世纪80年代初，也还是中间被农田和村庄分开的两段小马路。马路是在此后开始拓宽、打通变成今天直达军工路的大马路。马路两边的建筑除了20世纪50年代建造的控江等工人新村外，其余的延吉四村至七村等也大都是那个时期兴建的，是全市重点建设的12个小区之一。小区设计构思新颖不落窠臼，街区布局高层与多层相结合，外形变化多端，有条状、点状、曲尺形、锯齿形，外墙色彩更是绚丽多姿。每个新村最北面建造在近松花江路的大楼一律是13层配有电梯，中间有天桥相连的两幢连体楼。

沿着松花江路向东走，同样规格式样的棕色大楼有好几幢，由于它们的背面和后门朝着松花江路，看上去安稳宁静。特别是夏天的时候为松花江路送来片片阴凉，使走在松花江路上的人能感到一种低调平缓的韵律。

松花江路虽然是笔直的，但因为东走马塘上有双阳路桥、卢家桥和中农新村桥等桥梁，松花江路也就变得起伏和更有韵味。在上述某个路口，你只要走几步，便可拐到这些桥上，更尽情地饱览东走马塘河两岸开阔美丽的风光。

在营口路边的卢家桥上，能看见黄兴公园的绿色景观。四周的合益公寓、伊格尔公寓和白玉兰环保广场等建筑都是近年来兴建和改建的。这里新型小区遍布，轨道交通便捷，饭店宾馆商店、汽车保养店林林总总，成为人们休闲游览的好去处，也使松花江路的韵律达到一个小小的“高潮”。

在包头南路中农新村桥上，见东走马塘与对岸的佳木斯路之间，恰好有一个形似三角的区域，以往这里也是自然村、小河、工厂的集合地。

1924年，嘉定银行老板范春惠在佳木斯路以北集股创办了远东跑马场，这是由中国人创办的第二个跑马场。1926年开幕，跑马场占地广阔，设施先进。但1937年抗日战争全面爆发后，此地即被日军占领，辟为军营。1945年之后，跑马场荒芜，此地变成农田。

新中国成立后，在远东跑马场旧址上，兴建了上海混凝土制品一厂和远东新村。如今混凝土厂搬迁，只留下远东一村，算是当年远东跑马场和远东新村留下的唯一遗迹了。

20世纪90年代以后，这里先后建成了汇佳绿园、万佳苑、怡佳苑等小区，连同对岸的松花公寓等小区，形成了层峦叠嶂般的楼群。高高低低的大楼密集地聚合在一起，仿佛是一首纷繁的现代都市交响乐。

身后的走马塘在此优雅地拐了个弯，向东与虬江形成丁字交错，最后汇入黄浦江，这恰如一个完美的休止符，使松花江路的韵律终于暂时告一段落。

乘轨道交通 8 号线，到鞍山新村站下，
向西沿控江路走，
便可到达打虎山路中段。

…
四平路
鞍山新村
江浦路
…

打虎山路与“打虎上山”

看到“打虎山路”这块路牌时，许多人一定马上会联想现代京剧《智取威虎山》中的威虎山和“打虎上山”一折。威虎山是东北黑龙江省牡丹江市境内一座真实存在的山岭，因 1946 年这里曾发生过解放军侦察英雄杨子荣智擒顽匪“座山雕”的故事而家喻户晓、举世闻名。

打虎山路地处上海东北角，这里的马路名大都取自我国东北三省的地名，且地理方位基本对应。因此打虎山路很容易让人与现代京剧《智取威虎山》中的“打虎上山”联系起来。然而如果仔细考证，就会发现，打虎山路的命名与威虎山没有关联，而与东北辽宁省的黑山县有关。原来打虎山曾是黑山县境内的一个镇名——打虎山镇。因为现实中的黑山县打虎山镇处于阜新市与锦州（锦西）市之间，故将连接阜新路与锦西路之间的马路用打虎山镇名来命名，真的是太形象直观了。有人可能又会有疑问，一般上海的路名大都用县市名命名，既然黑山县也是处于阜新市与锦州（锦西）市之间，为何不用县名而用镇名？是的，这里也许是一个特例，因为黑山县的县名之前已经被用掉了，先作了五角场附近的一条马路名（今黑山路）了。

打虎山路最初建于 1952 年，当时只建有阜新路至控江路一段，且为碎石路面，1956 年才辟至辽源西路。路址原系徐家桥、顾家宅、池家浜等自然村的农田及新江浜支流，是当时兴建鞍山等工人新村时平田填河而建造的。因此打虎山路东西两侧都是整齐划一的多层混合结构的新工房，分别以鞍山二村、四村、六村及辽源二村、四村等区分。

当时，控江路北有打虎山路第一

小学和幼儿园，并有菜场、商店、浴室等商业配套设施；控江路以南有杨浦区体育俱乐部（今为青少年业余体校）、跳伞塔、杨浦温水游泳池及新安中学（今改为昆明学校总校）和打虎山路第二小学等教育事业单位。

打虎山路是一条梧桐树掩映，两旁工人新村林立，环境宁静幽雅的马路。但 2000 年以后，随着城市更新、控江路的拓宽和商业设施改造的推进，打虎山路四周也随之发生了巨大变化。如今从阜新路拐进打虎山路，除了东侧的鞍山四村还留有当年红砖五层楼工房外，建于 1953 年的打虎山路第一小学已经几度翻新，花园式的校区内三层教学大楼典雅新颖，四周分布着各种历史雕塑，别具特色。

打虎山路第一小学在周边以其高质量的管理和教学闻名。让人感到好奇的是门口“打虎山路第一小学”的名牌下有“学生蒋安尧”五个字。原来这个校名是该校曾经的一名学生蒋安尧的手迹。如果不加说明的话，这几个字笔锋遒健，苍劲有力，根本看不出是出自一个少年学生之手。而该校校名采用一个学生的手迹，正好体现了该校教育理念的独特和学生素质的优异。

过锦西路，东西两侧的原鞍山二村两层楼工房已消失殆尽，取而代之的是中国电信上海公司东区局大楼、和平花苑高层大楼以及锦伟宾馆、永辉超市、重庆火锅店、老鸿兴营养套餐店、面包传奇点心店等。这些高层大楼拔高了打虎山路的天际线，真的犹如一座座山峰屹立在打虎山路和控江路两侧。

打虎山路上最大、最新的变化还在控江路南侧，这里建设了以“双拥街”为主题的“城市客厅”体验区。沿路有“记忆之窗”“双拥亭”“军民共建服务点”等设施景观。如今上海有不少路段被命名为“拥军拥民双拥街”，乃是对市民进行国防教育，体现军民鱼水情的一种载体，但是论起规模和形式还得数打虎山路上的“双拥街”比较有特色。

也许“打虎山路”这个路名就有一种特定的气势。因此在现实中的辽宁省黑山县打虎山镇，因老虎成为保护动物而改名“大虎镇”之后，打虎山路并没有随之改名“大虎山路”，这样也就留住了一点历史，正好也与“双拥街”的氛围相吻合。

其实，这一段的打虎山路在两三年前还是乱设摊位、花草杂乱的街区，经过规划整治和周边居民的配合，如今这里从北到南，醒目的标语、宣传橱窗、大型壁画等，都在呼应一个主题：“军民团结如一人，试看天下谁能敌？”

乘轨道交通 8 号线，到中兴路站下，
向北沿西藏北路走，
过中华新路便可到达天通庵路西头。

…
曲阜路
中兴路
西藏北路
…

天通庵路寻迹

天通庵路从地形上看就是一条有点特别的马路。它长 1 500 多米，却被分成七八段，而且好几段都因有错位而不连贯，时窄时宽，走着走着前面就无路了，好似“山重水复疑无路”，但一个转身，“柳暗花明又一村”，路又接上了。

虽说一条马路修筑之后并不是一成不变的，但是像天通庵路这样充满曲折变化的马路在上海还是比较少见的。一切源于这里最初为吴淞江淤塞的芦苇荡，东有俞泾浦等河流，地形地貌复杂多样。

天通庵路横跨静安（原闸北）和虹口两个区，东西向又偏北。西起于闸北的南山路，一路穿越止园路、宝昌路、宝通路、东宝兴路、华昌路等，东止于宝山路、东江湾路口。2000 年后西藏北路拓宽延伸，又将天通庵路缩短了十几米。

顾名思义，天通庵路得名于这条路上的天通庵。可是天通庵这一古刹建于何年何月，已经不可考了。据史料可靠的记载是 1912 年 8 月，当时的士绅严涛、许子渊等人集资在天通庵里创办了芦滨国民小学。

1917 年随着城市化的发展，天通庵前开始筑路，因为此地有天通庵和天通庵镇，马路自然就叫天通庵路，且由东渐渐向西扩展，成为闸北与虹口连通的一条要道。

后来中国第一条铁路——淞沪铁路经过天通庵路，在此设立天通庵路站。中国当时最大的印刷机构商务印书馆也在天通庵路通阁路口设立第 5 印刷厂，天通庵路一时成为许多工厂和居民住宅聚集热闹之地。可是，在 1932 年的“一·二八”战争中，天通庵被日军的炮火炸毁了。1937 年后，庙址又被日商松下株式会社和井上株式会社所占用，并分别建为电池厂和造纸厂的仓库。1945 年后电池厂被接收后改为上海电池厂。

但如今天通庵的确切位置也已难寻其踪了，只知道在后来的天通庵路 688 号一带。而今这一带已经全部是新建的高层住宅大楼虹口花苑小区了。真是沧桑巨变，天通庵已经成为历史的遗迹，只能留存在人们的记忆之中了。

漫步今天的天通庵路，仍然是新旧建筑并存，一些建于 20 世纪二三十年代的花园洋房已经拆掉，代之以起的是各种高层公寓大楼。就在这些大楼的间隙中不时可以看见一两座或一两条 20 世纪前期风貌的建筑和弄堂。从已经斑斑点点的弄檐和门楣上依稀可见建造的年代和名称，让人感觉到时光的印迹。

目前西藏北路至止园路口还留存着一些简屋陋棚，不过已经人去楼空，即将拆除。这些简屋陋棚的前身大都也是石库门房屋，是被两次淞沪战争的炮火夷为平地后，由各处逃难而来的人们自行搭建的。

宝昌路　复兴村石库门弄堂（已拆）

据史料记载，原马路北侧 51 号至 55 号是 1947 年中共地下党建立的“上海闸北区第二儿童福利站”遗址，原屋早已拆除，后来变成宝山路街道社区卫生服务中心和工厂及居民住宅。2007 年医院后面的房屋全部拆除，原址上兴建了志园公寓小区。

宝昌路是一条与天通庵路中段十字相交的马路，筑于 1911 年，中兴路以南两侧原有仁余里、濂溪坊、荣德里等旧式里弄。20 世纪 30 年代大部分建筑毁于战火，后又重建了复兴村和永和里等石库门里弄以及大片棚户简屋。中兴路以北工厂较多，曾有上海玻璃器皿二厂、上海医疗器械五厂、上海第三印刷机械厂等单位。2000 年之后，工厂搬迁，老房拆除，和顺苑、富邑华庭、上海眼镜博物馆、绿洲雅宾利花园、中宝大厦等中高档的现代化小区和大楼沿路矗立。2020 年之后，以“中兴壹号”命名的多幢商住两用大厦又矗立在中兴路、宝昌路口，彻底改变了宝昌路的旧貌。

天通庵路上的许多工厂也早在 2007 年左右关停并转，一些厂房简单装修之后，纷纷出租给一些公司和小企业作为办公和生产用地。名曰

“创意园区”或“都市工业楼宇”，也算为古老的天通庵路带来了一股股新鲜的活力。

当时通阁路边的商务印书馆上海印刷股份有限公司门牌厂房还在，门口挂着众多的荣誉铜牌，曾是闸北区的爱国主义教育基地。商务印书馆是中国近代最大的图书出版发行机构。1897 年在上海江西路德昌里创办。1907 年迁来宝山路 326 号，1924 年又在宝山路 584 号建成东方图书馆，还经营多种文教用品。1923 年商务印书馆又在天通庵路 190 号设立第五印刷所，专门排版印制商务印书馆出版的书。

但是后来宝山路上的东方图书馆和厂房两次遭到日本人的野蛮轰炸，整幢大楼、机器设备和无数的古籍珍本全被炮火毁于一旦，浓烟烈火在宝山路的上空燃烧了数天。而这里因为离宝山路还有一点距离幸免于难，后来商务印书馆在这里进行生产恢复。新中国成立后，这里成为商务印书馆上海印刷厂、上海印刷股份有限公司，一直承接各种教科书印刷业务。

上海印刷股份有限公司厂房一直存续到 2016 年前后，随东西的光明新村、劳动新村、天盛里等拆迁消失。原址上兴建了名为万科翡翠雅滨利的高层建筑小区。但让人有点意外的是，如今万科翡翠雅滨利小区前有一排厂房形建筑，门口挂着“天通庵路 190 号 · 商务印书馆”铭牌。原来，在拆除第五印刷所旧址过程中，有关部门保留了部分老厂房，并将原塔楼切割平移。坐北朝南，平面矩形，钢筋混凝土结构二层大楼，中间有四方弧形顶钟楼，钟楼立面撰有“商务”二字，重现了昔日第五印刷所部分原貌，延续了商务的文脉，也保存了商务印书馆最珍贵的记忆。

其实，值得记忆的还有天通庵路、宝通路口的上海电影技术厂，这是一家为电影进行后期加工的专业工厂。它的前身为天通庵摄影场，是早期上海、闸北电影的拍摄地，也是中国最早的电影摄影场之一。1946 年改名为中央电影摄影厂一厂。1947 年，轰动上海的史诗巨片《一江春水向东流》，就是由著名电影导演蔡楚生、郑君里在此完成后期制作的。如今随着胶片电影的消失，电影技术厂也完成了历史使命已经拆迁。

如今的天通庵路在经过华昌路拐弯之后才变得宽阔起来，这里两旁全是 2000 年前后兴建的高层大楼，大楼底层是各种各样的商店、饭店、宾馆、会所等。马路上车水马龙，热闹喧嚣。走过天通庵路桥，一条叫作东走马塘的小河在桥下穿过，眼前是已经拓宽的天通庵路、东江湾路、同心路、宝山路 4 条马路 5 个口的交会处。这里靠近繁华的四川北路，南来北往的车辆和人流更是把整个道路填得水泄不通。宝山路与东江湾路上空“一桥飞架南北”，轻轨列车不时从行人的头顶上飞驰而过。就在天通庵路与宝山路的转角上，由碎石堆积的一段“路基”上横卧着一小段铁轨，黑色的尖角木栅栏，老式的信号灯一应俱全。原来这就是在中国第一条铁路淞沪铁路被拆除之后留下的遗迹，如今放在原天通庵路车站处供人们怀旧。这又是在天通庵路历史上值得一书的事件。

最初这条铁路是由英国怡和洋行所属的公司所筑，1876年7月，上海到江湾段通车营业，成为外国人在上海建筑的第一条铁路。但因为轧死一名行人，引起乡民激愤，群起阻止火车通行，后来清政府出资购回该铁路，予以拆毁。20年后，即1896年，洋务派代表人物张之洞又奏请复筑铁路，获得清政府允准。1897年9月，由中国人自己修筑的铁路，终于经张华浜到吴淞炮台开通。铁路全长16 000多米，沿途有8个站。1904年因为沪宁铁路又通车，该铁路成为沪宁铁路的支线。20世纪60年代因为通公共汽车，车站撤销，铁路则基本上也作为货运铁路继续发挥作用。直到1997年原铁路上空又建轻轨高架桥，淞沪铁路原铁轨终被拆除。

淞沪铁路天通庵路站之所以有名，还因为1927年上海工人第三次武装起义在这里打响。1937年8月13日下午，日本军队又是在这里向中国军队发起攻击，遭到中国军队英勇顽强的抵抗，打破了日本军队叫嚣的“三个月灭亡中国”的鬼话，史称“天通庵战斗”，这些事件使该地名闻海内外。

如今有关部门在淞沪铁路天通庵站遗址勒石，列为虹口区的历史纪念地，既是一道人文景观，也彰显了天通庵路近百年的历史风云。

乘轨道交通 8 号线，到中兴路站下，
向南沿西藏北路走，过永兴路，
便可到达虬江路西段。

…
曲阜路
中兴路
西藏北路
…

虬江路的温暖

虬江路是靠近上海老火车站边的一条老马路。虬江路原来是上海的一条河道，在今天上海市区的西端还有一条叫作“西虬江”的河流，东部的军工路还有“虬江码头”。据说，虬，原是一种龙，虬江弯弯曲曲的形状正形同虬龙，故得此名。以前，虬江从现在的桃浦附近开始，顺着今天的“西虬江”向北向东，再沿着虬江路最后在嘉兴路桥北注入虹口港，再从虹口港分流，沿着四平路向东并入虬江，注入军工路旁的黄浦江。

随着上海城市道路的发展，1914 年，虬江的中段也就是今天的虬江路陆续被填平，因此这条路仍保持了虬江弯弯曲曲的形状。1932 年前，该路市面相当繁荣，路侧有专演广东戏的“广舞台”、奥迪安大戏院等。但两次淞沪战争的炮火，毁掉了这里的繁华，虬江路成为简屋陋棚的集中之地。后来，它以宝山路为界，东边属虹口区，是上海最大的旧货市场；西边属闸北区，两旁大都是小工厂和居民棚户住宅。

1990 年之后的虬江路迎来改造发展大机遇，像许多上海的马路一样新旧陈杂，不少记忆中的景象消失了，但又增添了许多新的景观。最大的变化是虬江路的东段，从四川北路开始，由江湾方向过来的轨交高架桥在这里转弯，沿着虬江路然后斜穿宝山路，从老北站跟前经过。原来这里曾经就是中国第一条铁路淞沪铁路的沿线。1990 年前，一道窄窄的铁轨在虬江路上穿过，宝山路口曾经有个道口，每当有列车经过时，沿线所有的车辆和行人必须停驶，等待火车通过。好在那时这条铁轨只是起火车调头之用，来往车辆并不频繁。

1990 年之后在虬江路上漫步，

时时能听见轨交列车从头上呼啸而过，仿佛提醒你时间在流逝。东段的虬江路早在1946年前后，因美国的大量剩余物资在这里倾销，渐渐成为一个露天的旧货市场。1950年后，社会上的各种旧货和工业淘汰品也源源流入此地，市场规模逐渐扩大，终于形成了一个规模大、品种多的五金、日用旧货交易市场。

2000年之后，旧货市场虽然不复当年的盛况，但桥下沿线基本是百货旧市场，简易的路边小屋里，从家电日用品到五金百货琳琅满目，应有尽有。外包装简单，价格却比一般商店要便宜。

逛虬江路的旧货市场如同参观市民日常生活用品的博览会，更何况虬江路的旧货市场已经不是过去的模样，高架桥下也有新建的商厦，电脑、五金机电等产品都是这里的热销货。

在这里走走逛逛，不一定要买什么，但却有一种生活的气息扑面而来，让你感到生活日用品的实用和亲切。

但2020年之后，这一段的虬江路房屋都已列入拆迁改造范围，沿街老房子几乎人去楼空，露天的旧货市场便渐渐偃旗息鼓。不过，一些商厦还在营业，电子产品仍然是这里的主打商品。

过宝山路后虬江路有一个转弯，四周顿时变得清静下来。2007年的时候，这里的公兴路口上还有两个长途汽车站，但现在早已迁移到新客站北广场，这里变成一家餐厅。原来虬江路上老房子、矮房子多，如今不少房子已经拆除，一幢幢高层大楼不断兴起，但在会文路附近一幢曾经让许多人感到温馨、外观古朴典雅的两层小楼还完好无损。这幢小楼的外墙为清水红砖，前面有一个小花园，从花园门到小楼门口有一条带坡度的水泥道。过去这里是铁路中心医院的总部，现在是第十人民医院门诊部。

1942年夏季，由当时华中铁道股份有限公司出资，在虬江路重建了上海铁道医院，分设内科、外科、五官科、妇产科、牙科和住院部。这幢小楼就是当时铁道医院内的第一排建筑。

1960年之后，铁道医院住院部迁至延长路院区，虬江路的这幢小楼便成为独立门诊部。1995年门诊部又整体迁至新址，这幢小楼成为医院的第二门诊和体检中心，2013年至今，这幢小楼又成为专治皮肤病的联合门诊。如今80多年屹立不倒的小楼已成为上海市历史建筑保护单位了。

令人难以忘记的是，20世纪60—90年代前后，这里是上海数万铁路职工和家属的“劳保”医院，价廉质优的医疗服务给许多家庭带来平安和健康。

当时的虬江路还不是交通要道，不通公共汽车，所以虬江路上多的是三轮车夫的身影。20 世纪五六十年代出生的许多铁路职工的子女大都有被父母背着上医院的经历，那些风风雨雨的夜晚已变成一种温馨的记忆，成为他们感恩人生和父母的亲切载体。

过去这里不光有铁路医院门诊部，对面王家宅路 160 号是铁路工人文化宫，文化宫影剧院更是许多铁路工人和他们子女的“艺术摇篮”。当时这里新上映的电影票价一概一毛两分钱，比市区二轮电影院还要便宜一点。20 世纪 70 年代初，这里上演了由铁路工人自己排演的现代京剧《红灯记》，剧中演员的扮相、唱腔及布景道具都不亚于专业剧团，自然又吸引了众多铁路工人和他们的子女，为他们当年相对贫乏的文化生活又留下了一点可以回味的温馨记忆。如今铁路文化宫大楼已经翻建过，用途和功能已有变更，是上海火车头文化体育管理中心的所在地。

虬江路本身弯弯曲曲，中间还穿插了许多同样弯弯曲曲的小马路，会文路、民德路、西藏北路、育婴堂路、徐家宅路、新路、永新小马路等。这些马路像河流的支流一样，将虬江路变成四通八达的交通要道。其中的育婴堂路是一条比较有特点的马路。它的特点在于它留存的这条路名。原来这里有上海很早的慈善机构——育婴堂。因为在旧时代有许多陋习，许多人或因生活穷困无力抚养婴儿只得遗弃，或重男轻女，丢弃女婴，育婴堂就是专门收留被遗弃婴儿的慈善机构。

如今育婴堂路当然不见育婴堂，那已经是 100 多年前的往事了，可是育婴堂路的路名，还是会让人记忆发生在这条路上的慈善之举，爱心是不分时代与地点的。

虬江路最后与共和新路垂直相交，在这一路段里有紫金·东悦酒店、高层的凯鹏国际大厦，以及精文城市家园、长城苑、复元坊等高档住宅小区，这里才是虬江路的新天地。

乘轨道交通 8 号线，到中兴路站下，
向南沿西藏北路至虬江路再向西走，
到育婴堂路向南走，可到达新马路东段。

…
曲阜路
中兴路
西藏北路
…

新马路的“新”与“老”

新马路是原闸北区境内沪宁铁路，今轨道交通 3、4 号线北面的一条马路，马路很短，最多也就 400 米，东起育婴堂路，西接交通路。沿店铺林立的“京江路商业街”向南走，穿过新路、徐家宅路，就会发现前方视线陡然开阔起来，东西向的新马路便横亘在眼前。

新马路北面是数幢高达 35 层大楼组成的和源馨苑小区，南面是一座开放式公园，绿树成荫、鸟语花香。公园的东侧是一幢 20 层高的大楼，楼顶处金色的“观景苑”3 个大字在阳光下熠熠闪光。

新马路不是交通要道，整体氛围是宁静悠闲的。但不远处的轨道交通高架桥上，每间隔几分钟，便会有一列轨道交通列车通过，沿新马路、交通路画一道漂亮的弧线。那风驰电掣般的呼啸声，仿佛一把利剑，不断划破新马路宁静安谧的天空，让人感受到现代中心城区的某种氛围和节奏。

初看到“新马路”这个路名时，许多人会有一种兴趣，直接以“马路”命名的路名在上海不说绝无仅有，也是屈指可数的，因此许多人会问，新马路是一条新建的马路吗？答案是又不是。因为上海以前没有“马路”，所有的马路在建的当时都是新的。但是，这条新马路确确实实又是一条老马路了，因为它从修筑至今恐怕已有 100 年的历史了。

这一带最初为吴淞江（又称虬江）古道江身。北宋时江河淤浅，两侧芦苇荡遍布。至清代开始有人在此造房定居，徐家宅、查宅、虬江等自然村形成。1900 年之后，闸北绅商在此开发商业，地境迅速向城市化推进。农田村庄小河渐渐消失，填河筑路，房屋、工厂开始林立。徐家宅路、徐家宅支路、新路、京江路等都是这一时期兴建的马路，当时四周有纺织、玻璃、制皂、铸铜等小工厂20多家，还有木工厂、鸡鸭公司、花圃、育婴堂等单位。随着城市化继续发展，又于20年代中期辟建新马路。

早期闸北的马路取名不同于租界，它一般是以寺庙、村庄、花园别墅的所在地为马路命名的，周围的育婴堂路和徐家宅路就是这样得名的，等到连接徐家宅路和育婴堂路的马路筑成时，已经没有现成的地名可套，所以人们干脆就把它叫作新马路，可见新马路在当时的确是一条“新马路”。从中让人窥见老闸北不同于其他区域的发展历史。

整条马路的环境虽然狭窄、局促，但是走到中段却令人有豁然开朗、别有洞天之感。原来就在这一片灰暗的老街坊中居然有一座充满绿意的公园。公园叫交通公园，当然这是一个袖珍型的小公园，但在这房屋密集的“寸金寸土”之地能有这么一座公园，多少还是令人惊喜的。

原来，在1932年和1937年两次淞沪战争中，新马路两旁的渭泉坊、永兴里、华月里等石库门弄堂和平江育婴堂等建筑大都被日军炮火焚毁。后来许多难民又在这里重建家园，因无财力，再建的房屋都是一些以草棚为主的简屋陋房，人们称这里为“炒米浜”。但是不幸的是1953年一场大火，再次把这里的房屋烧成灰烬。为此政府决定异地安置灾民，将此地辟建为公园，并在当年年底就完工。1954年1月1日正式开放，不收门票。由于公园南墙外系交通路，故定名为交通公园。

2010年之后，新马路终于进入改造动迁范围，全部的简屋陋棚被推倒，京江路、育婴堂路加宽，新马路更是大幅度拓宽，两边以高层建筑为主，完全改变了新马路之前的格局和街景。更让人欣喜的是2017年交通公园除保留原公园大门和一些老景点外，拆除了北边的围墙，重新规划布局，增添了雅趣长廊、雕塑花坛、健身广场、步行小道等新景点，遍植悬铃木、水杉、银杏、桂花、石楠等乔木和灌木，使交通公园成为一个具有中国古典园林风格，没有围墙完全开放的全新公园，这也是新马路“颜值”被刷新之后的最大亮点。

交通公园南北狭、东西长，如一块翡翠镶嵌在马路南方，人们只要一踏进新马路，就会看见路南绿树花卉丛中的回廊曲径、亭台楼阁、花墙漏窗、松涛竹影，一派祥和安宁，许多附近的老人不分清晨与黄昏，随时在公园内聊天、打拳、下棋、游乐等。

路短情长，不管岁月如何变迁，新马路永远是一条“新马路”，也是一条展现老闸北发展历史的老马路！

乘轨道交通 8 号线，到曲阜路站下，
向南沿西藏北路至国庆路
再向西便可到达晋元路南段。

…
人民广场
曲阜路
中兴路
…

“热血之歌”晋元路

晋元路是现静安区北部，原闸北区境东南部一条南北向的次要支路，南起苏州河北岸的光复路，经国庆路、曲阜西路、蒙古路、海宁路，北达天目中路，全长约 680 米。

此地域原为苏州河淤塞成陆后的低洼荒地，1900 年以后，因毗连租界，但地价相对低廉，不少绅商便来此开办碾米厂、缫丝厂等，地境四周迅速向城市化推进。

晋元路辟筑于 1916 年，原名满洲路，是与北面的新疆路、南面的蒙古路、西面的汉中路等马路差不多时期辟建的，算上东面的北西藏路（今西藏北路），5 条马路正好象征着“汉满回蒙藏，五族共和”的寓意，这也是 1911 年辛亥革命建立中华民国之后，作为华界闸北的一大特色，尽可能地用路名彰显“复兴中华”的色彩。

满洲路是“丰”字形区域中的一“竖”，两侧先后建起公益里、永兴里、养正里、进财里等一批石库门弄堂房屋，沿路还有菜场、面筋作坊、油厂、丝厂及煤栈等，算得上是当时这个地域一条比较热闹的马路。

1937 年 10 月，第二次淞沪抗战后期，满洲路上发生了中国军队第 88 师 262 旅 524 团团附谢晋元率“八百壮士”（实为 420 人），坚守四行仓库，拼死奋战，英勇杀敌的悲壮故事。

抗日战争胜利后，为纪念谢晋元，也为让后人永远铭记这段可歌可泣的历史，1947 年 7 月 6 日，当时的上海市政府当局决定，将满洲路改名为晋元路。然而此时的晋元路也因为战火的摧残，原先整齐划一的石库门房屋全部被毁，路面坑洼不平，两侧全是平民百姓后来陆续搭起的棚户简屋，以及一些木行、铁号、油桶厂及仓库堆栈等。南端东侧后来成为上海市区较大的蔬菜地货联营市场。

整条马路上只有南端东侧的四行仓库傲然屹立在苏州河北岸。四行仓库楼高6层，是当时北方金城、中南、大陆、盐业四大银行的仓库，也是上海建筑史上唯一一座欧式建筑仓库，竣工于1935年。整座大楼为一个四方体，沿河南立面显露结构框架，柱间为钢制横窗，水泥砌砖墙面，体量庞大，坚固雄伟，宛如一座城堡，矗立在西藏路桥堍的要冲地区，大有“一夫当关，万夫莫开”之势。

1937年10月26日晚，为掩护闸北、江湾的中国军队向西南撤退，“八百壮士”在谢晋元的统率下，坚守四行仓库。10月27日，日寇向四行仓库的守军发动猛烈进攻。这时仓库的西北部已被日寇占领，东侧北西藏路，属公共租界，南靠苏州河，面对险境，我“八百壮士”临危不惧，待敌人逼近高楼，才奋起投掷手榴弹，打退了敌人一次又一次的进攻。就这样，“八百壮士”在这场惨烈的战斗中，击退日寇十余次进攻，击毙日军200余人，用生命和鲜血谱写了中华民族奋勇抗敌的热血之歌。四行仓库已经不是一幢普通的仓库，它是承载“八百壮士”英勇壮举的场地，因而也是一座历史文物性的建筑了。

1964年，晋元路曾改名为晋源路，虽只是一字之改，却反映了历史进程中的一个不同侧面。所幸的是1985年抗战胜利40周年之际，晋元路之名又得到恢复。9月，相关部门又在四行仓库处勒石纪念，并在四行仓库五楼辟纪念馆，楼下门厅前是谢晋元的半身雕像，以示对“八百壮士”的缅怀。

但此时的晋元路和四行仓库还不为太多人注目。当时过曲阜西路向苏州河边走去，到国庆路口，可以看见在国庆路、晋元路西北角上矗立的晋元大酒店，与大酒店斜角相对的是一幢五六层高的北士大酒店，与北士大酒店隔路相对就是四行仓库的背阴面。6层高的大楼建筑水平线略呈圆弧状，不加装饰的水泥墙面有些斑驳零落。底层几个门面上后来又挂着一块白底红字的招牌“四行仓库创意园区”。

2008年前后，随着不夜城的建设发展，新疆路、天目中路拓宽，以及沪金大楼、天目大楼，华东大楼、鸿波大厦的兴建，北端的晋元路变短了，马路两旁的建筑基本还是新旧并存的风貌和格局，既有棚户弄堂，也有新建的海联公寓、华棋苑等高层大楼住宅，还有1998年由海宁路迁移过来的南洋女子中学，现改名为向东中学。原来上海最大的蔬菜地货经营市场变成上海蔬菜经营公司后，又成为颇具规模的西藏路文化礼品市场。

2011 年之后，晋元路又迎来新的变化，所有的棚户房屋消失殆尽，晋元路与蒙古路转角处矗立着光明地产大厦等几幢新型石材装饰的高层商住大楼，典雅高贵，与时尚新潮的大悦城隔路相望，为晋元路带来现代城市风韵，也拔高了晋元路的天际线。

但是晋元路最大的变化还是在它的南端。2015 年 8 月 31 日，改建后的四行仓库以全新的面貌出现在人们的视线中。这里包括一个纪念馆、一面纪念墙、一个纪念广场、一座纪念群雕，成为弘扬抗战文化、凝聚民族精神的标志性建筑群。

特别是纪念馆再现了以谢晋元为代表的“八百壮士”英雄群体形象，用现代化的展示手段，给观者以全新体验与感受；还有仓库那堵弹痕累累的“西山墙”得到保护性修复，大大小小的弹孔无言却再也清楚不过地遗留了曾经的历史烟云，“当年鏖战急，弹洞前村壁”，使人震撼使人警醒。

2020 年 8 月，一部以反映“八百壮士”死守四行仓库战斗经历的电影《八佰》热映，尽管电影是在苏州搭景拍摄的，但是晋元路、光复路口的四行仓库毕竟是真实存在的历史发生地，成千上万的观众看完电影之后就蜂拥着赶到晋元路四行仓库前来瞻仰。四行仓库门前一时人潮涌动，群情激昂，“八百壮士”再次走进人们的视线，尤其是走进年轻一代的心灵深处。

晋元路是英雄的马路，它将永远伴随着著名的抗战纪念遗址四行仓库，成为上海乃至全中国奋起抵御外来侵略的标志。

乘轨道交通 8 号线，到大世界站下，
向东沿淮海东路至人民路继续向东走，
便可到达露香园路北端。

…
老西门
大世界
人民广场
…

露香园路“留韵”

露香园路是一条有着诗情画意名字的马路，它位于上海仅存的保持明代原貌的古城墙“大境阁”附近，因为城墙上建有大境阁关帝庙，又因这里的关帝庙悬有清道光十六年（1836 年）两江总督陈銮题写的“大千胜境”匾额，故称大境阁。露香园路全长 500 米，北起人民路，南至方浜中路，一路与柳泉弄、高墩街、东青莲街、大境路、万竹街等相交。

大境路 269 号　大境阁城墙

人民路又与中华路相连，两路相接成一条环形马路，路基为原上海旧城城墙外护城河，1913 年拆城填河所筑。与人民路北端平行的是金陵东路。金陵东路筑于 1860 年，因处于原法国驻沪领事馆南侧，故初名为公馆马路，俗称“法大马路”。1945 年改为今名。该路东起外滩，西至龙门路，全长约 1 500 米，曾是上海唯一有骑楼建筑的主要商业街之一。

如今从人民路口，沿露香园路向南走，过东淮海公寓南面的高墩街，东侧是一大片拆迁房屋之后留下的空地，据说空地除东南面旧仓街与大境路口的“开明里”部分老建筑将保留外，其余拟建高层公寓、海派别墅、精品酒店、高端商业、服务式公寓等建筑；而露香园路的西侧已经是高低错落的石库门样式的独栋别墅和叠加别墅区及高层建筑了。

记得多年以前的露香园路，西侧沿街的房屋已经全部拆除，方圆几千米以内是一片片空地。

当时从方浜中路向北看，东边转角上一幢两层楼的房子有六角形的屋顶，黑瓦片铺面的屋顶上有一个老虎窗。二楼的墙壁是木板制的，也是依着屋顶呈现三边形。很有早年上海民居的风格，楼上是住家，楼下开商店。

当时这家名为万利金的香烛店，房子从墙壁木板到窗框门框全部漆成了铁锈红色，这也是露香园路的一种特色，所有朝向马路的墙壁和店面都被漆成这种颜色。尽管这种颜色好像并不高贵，但它与露香园路上一些外观为清水红砖的石库门弄堂房子却很和谐，充满一种世俗的亲切和活力。

别看露香园路没什么特别景观，但追根溯源，露香园路的前身却是一座起源比豫园都要早的海上名园，露香园路的路名就是从“露香园”演变而来。

露香园是明代上海士绅顾名世的私人花园。明嘉靖年间，顾的兄长在上海城北兴建私人住宅，取名“万竹山房”。没几年顾名世考取进士，他也在兄长的万竹山房旁建造私人花园。因为开水池时从地下挖出一块刻有“露香园”三字的匾，于是就把花园命名为“露香园”。

金陵东路　骑楼

由于当时豫园还没有开工，占地数十亩、耗资数万两的露香园成为当时上海最大的私家花园。据记载，园内主要景点有露香池、露香阁、阜春山馆、分鸥亭、青莲池等。

但是到了明代后期，顾家败落，露香园几近荒废，最后连同万竹山房在内被上海知县一并收购重修，并成为地方公产而对游人开放。在鸦片战争期间，露香园内的几幢房子又被改成火药仓库。不料在1840年3月的一天下午，火药仓库突然走火，发生特大连环爆炸，露香园和附近地区的建筑几乎全被炸毁，曾经名领风骚数十年的露香园就这样消失了，几乎无旧迹可寻。

因为这一片土地正好合九亩地大小，所以这一带以后就被老百姓统称为“九亩地”，并在1908年以后成为热闹的街市。这里开设了许多戏院、茶馆、银楼、饭庄，后来此地又发生军阀混战，戏院被毁，这一带才改建为民房。

露香园虽然早就湮灭了，但是露香园的“遗韵”却留下来了。直到如今，露香园路周围几条马路名还是昔日露香园内的几个景点名，且与过去景点的方位大致相对应。

由北向南，现在的东青莲街和青莲街就是以前青莲庵的所在；阜春街就是当年阜春山馆所在地，而万竹街则是当年万竹山房的所在地了。万竹街南的上海市实验小学以前就叫万竹小学堂。这所小学的历史值得人们记忆，它是上海著名私立小学之一，由李廷翰创办于1911年。因为该校教学质量高，租界居民的子女也纷纷前来求学。1937年淞沪抗战之后，校舍曾被日军侵占。抗战胜利之后复校，科学家周培源、女企业家汤蒂因、画家陈秋草、电影演员刘琼等许多知名人士都曾是这所学校的学生。

新中国成立后，万竹小学堂改名为上海市实验小学。如今学校在校园南侧已经兴建了新的校舍和大门，但老校舍外观还很好地保持着昔日风貌。整幢建筑是一座立面微拱、顶上有钟座的长方形三层楼房，底层中央校门是一大两小三个连续的券式门洞，透过门洞可以看见校园中心区域内的假山绿树。如今这幢建筑仿佛是露香园路上最老的“地标”，标志着有100多年历史的“万竹小学堂”将长久地在露香园路上存在下去。

露香园路最大的变化是在2012年之后，因为西侧的空地上开始兴建高层大楼和叠加别墅、独栋别墅建筑群。这些建筑艺术地融入了上海石库门、新式里弄、花园里弄等建筑元素，仿佛是集海派民居建筑之大成，成为再现上海弄堂建筑文化记忆的新“读本”。

“露香园”和“露香苑”是这群建筑的统称，露香园路路形格局不变，柳泉弄、青莲街、东青莲街、大境路、万竹街等这些已经融进老城厢肌理的路名、街名也原封不动，而“济恒里”“仁智里”“荣华里”等弄名则一一还原，仿佛露香园的园林景致与老城厢风情宛在。

清代的一场大爆炸导致了后来露香园路的格局；而如今露香园路大片新石库门别墅建筑崛起，又刷新了露香园路的“颜值”，再加上附近的白云观、大境阁等古建筑依然完整，老城厢文脉不断，未来的“露香园”很可能成为此地域的一颗明珠。

乘轨道交通 8 号线，到老西门站下，
向东沿复兴中路至中华路
再向南走便可到达梦花街西头。

…
陆家浜路
老西门
大世界
…

梦花街的诗意

2022 年 9 月，又来到梦花街。梦花街终于迎来拆迁了，除了西段街头还有些店铺在营业外，东段基本已经人去楼空。同时，与梦花街一路之隔的文庙路也进入动迁阶段。

梦花街是一条街况与路名“反差”很大的马路。原本这里属于历史风貌保护区，不建高楼也不会随意拆房，但是 2022 年 3 月的一场疫情改变了一切，也加速了老城厢地区拆迁改造的步伐，梦花街四周居民的安居梦想终于开始实现了。

于是不由想起 2007 年 8 月第一次与梦花街的“亲密接触”，当时的思绪是如何在梦花街飘散的情景……

偶然细看上海老城厢的地图，发现在文庙附近有一条叫梦花街的弯曲小马路，这是一个多么富有浪漫气息和诗意的街名，再一看，老城厢附近有的是类似的路名，如松雪街、望云路、小桃园街、紫华路，顿时就激起去老城厢一逛的冲动。

从复兴东路上的庄家街拐入了梦花街。到了梦花街，这才发现，原来这梦花街不知来过几回了，因为它紧靠在文庙书市的后门。只因为以前从没有在意它的街名，所以几度擦肩而过却不曾凝眸，以致梦花街真的像梦中的落花在记忆里不着一点痕迹。

此番重走梦花街，感觉梦花街的建筑与它的名字是有巨大反差的，狭窄的巷子，低矮潮湿的砖木房和新式里弄石库门房、花园洋房（孟希庐）并存，沿街两侧开满了各式各样与老百姓生活密切相关的小店，纷乱而又陈旧嘈杂。不是看到一家家门牌上绿底白字清楚标着的“梦花街”三个字，真让人难以把眼前的情景和“梦”“花”这两个充满诗意的字眼联系在一起。

不过这就是生活，现实的上海老城厢居民的生活。看多了上海西区幽静典雅的花园洋房免不了要做花园洋房梦，但是梦醒了还是要回到现实生活中来，生活总是既有诗意的一面，也有严酷的一面。上海的新旧陈杂是方方面面的。但就是这样一条毫无诗意的小街却取了诗一般的“梦花”为名，是偶然还是巧合呢？难道正因为没有“花”才要“梦花”吗？

两旁小店里全是为生计操劳忙碌的人们，还有家长里短、促膝交谈的老人们……他们也许不会太关心梦花街名的来历。但是走着走着，却突然发现尽管小街杂乱陈旧没有古迹，但时不时地会看到一些人家的屋檐墙头上覆盖着一些紫藤、爬山虎之类的绿色植物，有的上面还开着紫色的花朵，星星似的，在灰蒙蒙的老城厢背景中有些不一般，也有几分清新亮丽。

文庙路 215 号　上海文庙

这让人突然醒悟到诗意不是抽象的，绿色就是诗意，种在花园洋房里的植物自然有诗意，长在老城厢角落里的植物同样也不乏情调。只要懂得欣赏，所有的绿色是没有分别的，一样可以使人产生“自在飞花轻似梦，无边丝雨细如愁”的诗意。

其实，梦花街因为紧挨着充满书香的文庙和学前街，曾经也是老城厢的文化中心地带。文庙是上海中心城区唯一一座祭祀中国儒家学派创始人孔子的庙学合一的古建筑群，是渊远流长的儒家文化圣地。在中国封建社会中，县以上的地方行政单位都设官办学校。学校内又必须设立孔子牌位或建孔子祠，所以县学一般是当地的“孔子庙”，又称“孔庙”“文庙”等。

文庙前一条弯曲的小马路就称文庙路，文庙的后门就开在梦花街上。但最初的文庙并不在此地，遭战火焚毁之后，上海县府于清咸丰六年（1856 年）在原明海防道旧址（今文庙路 215 号）上重建了文庙，从此这里成为上海的最高学府。1920 年之后，由于上海县城拆去城墙，成为上海城区的一部分，文庙路也就成为一条学校与居民住宅混合，弯曲、狭窄，四通八达的东西向小马路。

1936 年，文庙曾被改建为民众教育馆，添植树木，重修小桥假山，亭台楼榭，并附设市立明伦小学，人们习称文庙公园。1978 年之后文庙成为保护建筑，几经修缮扩建，成为传承儒学思想，综合考察中国历史文化的又一场所。但也因为这儿紧靠文庙古建筑群，政府有意保护老城厢的建筑和格局，故不造高楼，所以改造拆迁的步伐迟迟没有动，这儿居民的生活一如既往，但是大家的心里都在盼望着早日拆迁，希望梦花街真的有如梦中的花一样吐露出芬芳。

其实，梦花街这一路名也是有来历的，只是与“梦花”没有关系。明清以来，上海城为提防倭寇侵袭，在现梦花街东段以南建了一座望海楼，随时观察通报敌情。后来望海楼尽管湮灭了，但却作为地名被老百姓叫熟。不过，毕竟楼没有了，再叫望海楼有点名不副实，再加上海话中“望”与“梦”同音，“海”与“花”相近，几经演变，“望海楼”就变成了“梦花楼”。所以梦花街的东段曾称梦花楼北街。梦花街东起柳江街，西至中华路，全长500米。西段曾称吉庆路、冬青园街。1912年，两路贯通合并，“梦花街”的路名才正式启用。

诗一般的“梦花街”，并不像梦中的花朵来无踪去无影，而是经历了阴差阳错而又漫长有趣的演变过程，其初始的动力还是来自老城厢居民心底美好的愿望：谁都希望生活在有诗有画有花有梦的家园里。

不知道在经过大规模的城市更新后，未来的梦花街和文庙路会是怎样一种建筑形态和路况。文庙肯定是会继续存在的，但老城厢的历史风韵还能保留几许？变化总是绝对的，但希望未来的梦花街和文庙路能多留有一点老城厢的原生态。

乘轨道交通 8 号线，到老西门站下，
向东沿复兴东路走，
便可到达松雪街南端。

…
陆家浜路
老西门
大世界
…

松雪街写意

松雪街是上海老城厢中部的一条小马路，北连狮子街，南通复兴东路。

松雪街虽然有一个如诗如画的名字，但其实在过去很长一段时间内，既没有松，当然也没有雪，上海已经多年没有下雪了。松雪街原是老城厢中心河的一段，填河而成。松雪街名的来历已经不可考，但是从老城厢许多街名的历史和演变来看，松雪街的街名很有可能取之于曾经存在于松雪街附近的一座同名的园林、同名的桥或同名的寺庵。

以前松雪街是有点特别的，一边大多是砖木结构的各种式样的两层楼老房子，还有少量的平房，虽然墙面被粉刷过，但还是有些斑斑驳驳，略显陈旧。与松雪街相交的吉祥弄和红栏杆街，道路狭小、弯曲，仿佛无止境地伸向老城厢的腹地。整个松雪街最具亮点的竟然是有红棕白色釉面砖相间、黑色铸花铁门的松雪街幼儿园。松雪街幼儿园 6 个字分别用红、棕、绿、白、蓝五种颜色装饰，活泼出挑，有童话般的色彩。

另一边的老房子已经全部拆去，代之而起的是三四十层高的现代化大楼群，名为太阳都市花园。花园内的高楼外墙为米黄色面砖，中间有黑色钢框装置的门窗和阳台，看上去典雅高贵。由于小区的正门开在河南南路上，对着松雪街的只是花园的背面。不过花园内绿树茂盛，许多底层人家的门窗都被浓密的凌霄和爬山虎之类的绿叶覆盖着。一些零零星星的花朵从铁栅栏内探出头，粉嫩可爱，摇曳生姿，使松雪街有股清新自然、生机盎然的气息。

这种感觉是有些奇特的。松雪街沿街的老房子大都建造于 20 世纪 30

年代。因此现在的松雪街新与旧如此亲密地交织，互相映衬，坦然面对，有一种内在和谐的氛围。其实，今日的松雪街正是上海城市变化的一个缩影，改造拆迁总有先后，新与旧的局面往往必须共存一段时间。

20世纪90年代中期，著名旅美画家陈逸飞执导根据海派作家徐订小说《鬼恋》改编的电影《人约黄昏》。陈逸飞不仅是一位十分出色的油画家，同时也是一位有独特艺术感觉的电影导演。他十分注重影片环境和细节的写实。那时上海旧城区的改造步伐已经加快，许多老房子被拆掉了。陈逸飞经过严密考证，得知松雪街沿街的房子建于20世纪30年代，立马就把整个摄制组拉到了松雪街。香港明星梁家辉扮演男主角，通过模特大赛崭露头角的女模特张锦秋饰女主角。

那时候的松雪街两边房屋完好如初，沿复兴东路口是一座立面沿半圆形街角而建的二层楼房。楼面是暗红色木板，由一块块长方形木板拼制，墨色片瓦的屋顶上有老虎窗。靠街口的底楼有一个小门面的烟杂店。

陈逸飞是大手笔，楼下的小店门口换上木制柜台和货架，摆上杂物，30年代的广告、招贴画一贴，顿时小店就摇身变成那个年代的那种烟纸店。但唯独当时的老城厢街道大都是石块铺砌的“弹街路”，可是此时的松雪街已全部铺成了水泥道。

为了还原30年代的松雪街，陈逸飞下“狠心”，花了30多万元连夜请人铺了一条30多米长的“弹街路”。当那条路铺好后，陈逸飞又从上影厂的资料库里找来一根老式电线木杆，再在旁边挂上30年代的广告牌，松雪街的老居民们都恍惚觉得时光倒流了。

松雪街和“弹街路”成了电影《人约黄昏》中的第一个镜头：一个冬天的黄昏时分，寒风卷起路边的片片落叶，身穿灰色长衫，裹着咖啡色围巾的男主人公在松雪街口的小店邂逅了一位穿黑衣的神秘女子。

经过陈逸飞的“做旧”和“渲染”，漫天飞舞的落叶、迷蒙而幻化的氛围，冷寂而又飘逸的旧式男女，松雪街一时成了30年代上海马路经典的写照，弥漫在松雪街上的那种幽怨怀旧而又略显迷惘的情调就这样被艺术化地记录在一格一格的胶片上。

如今松雪街西侧的房屋已统统列入拆迁范围，人去楼空，将来这里将矗立起什么样式和风格的建筑只能拭目以待。但是按照上海老城厢保护条例，再怎么变，松雪街的路形不会变，街名也不会变。那么，只要走过松雪街，想起陈逸飞曾经在这儿拍过诗化的电影《人约黄昏》，松雪街的诗情画意一定会荡漾在你的心海！

乘轨道交通 8 号线，到西藏南路站下，
向南沿西藏南路到半淞园路再向东走，
便可到达望达路北端。

…
中华艺术宫
西藏南路
陆家浜路
…

不见“清流”望达路

在上海黄浦江畔，半淞园路南码头附近曾有一条叫作清流街的小街，它以前又叫瑞良街。这虽然是一条名不见经传的小街，但几度变化的街名却能折射时代的缩影。

据说，瑞良街的街名是由于两旁的房产原来大都属于一个叫顾瑞良的国民党要人而得名。解放后在人民当家做主的年代里，再以国民党要人的名字作为马路名就显得不合时宜了，于是街坊居民纷纷要求改名。

改名要求得到当地主管部门的批准，用什么做路名呢？大家想到了这里有一条与黄浦江相通的望达江，于是就为小街取名清流街，意为小街是与望达江清流为伴的小街。

1958 年，望达江被填成马路，马路名自然就叫望达路。望达路虽然不长，但望达路一东一西却有两座历史悠久的工厂。

从 1932 年的上海地图上看，当时的望达江西边是内地自来水厂，东边是华商电气有限公司，两厂中间夹一个上海名园——半淞园，望达江其实是贴着半淞园的一条河道。

半淞园早已毁于战火，因此望达路筑成后，两个工厂就变成隔路相望的伙伴。不过，1958 年华商电气有限公司已变身为上海南市发电厂；内地自来水厂则与原法租界法国自来水厂合并变身为南市自来水厂，且分东西两个厂区，西厂区位于望达路西侧。

说起这两家工厂，都要追溯到上海开埠时期。原来，上海开埠后，租界洋场面貌日新，但南市老城厢仍然是一番旧貌。1897 年，由法商水厂埋管供水，华商开办的南市自来水公司成立。但经营中连年亏损，入不敷出。后来由当时的沪军都督府民政总长（相当于上海行政长官）李平书接办，李筹款购地60余亩，建成了南市自来水厂。为了区别于其他水厂，该厂特意取名内地自来水厂。

华商电气有限公司，建于1897年，是中国人自己最早经营、影响较大的民族电力企业，培育了中国第一代电业工人，为上海经济发展和人民生活水平提高做出了很大贡献。

2006年前后，半淞园路一带被规划为世界博览会浦西主会场，这两个靠近黄浦江的工厂都先后遇到迁移改造机会。在南市水厂西厂区先行迁移之后，2006年12月南市发电厂也迁离了原址，但留下一座厂房和发电厂的标志——一根巨大的烟囱。

这根烟囱高165米，底部最大直径15.6米，为钢筋混凝土结构。原先规划这根烟囱将改造成动态的观光塔，后经综合考虑，最终将这根烟囱改建成了世博气象信号塔，具有天气预报提示和灯光预警等功能。

塔身70米至160米部分成为一个巨大的“温度计”，由形似温度计的模块灯具和三个大刻度显示屏组成，显示园区内的实时温度，每10分钟更新一次。周边的市民和游客只需抬头观察该塔所标注的温度及发射的灯光颜色，便可对未来一段时间的天气一目了然。

2010年世博会结束后，原南市发电厂厂房成为上海当代艺术博物馆。作为临时项目的“温度计”本应停止显示，但是市民仍对此非常关注，于是相关部门决定长期保留。这个刻度显示屏，也许是世界上最大的温度计了，这成了黄浦江畔一道风景线，也是此区域一个具有独特意义的地标。

然而因为温度计为临时装置，到了2023年初，因超过时限，其固定钢结构和设备均出现锈蚀和老化现象。为确保安全，最后不得不拆除。它的拆除虽然让不少人感到惋惜，但是城市应该是有“温度”的，所以上海当代艺术馆决定顺应市民愿望，承诺将积极探索研究烟囱的后续用途，续写上海城市和世博会的美好记忆。

岁月淹忽，潮来潮往。如今已无缘到这条名为清流的小街走一回了，因为清流街在周围大规模的拆迁改造中已经消失得无影无踪，这里兴起的是由数幢40层高大楼房组成的住宅小区，名为耀江花苑，早已将清流街“掩没”。但望达路还在，由南市发电厂主厂房改建的上海当代艺术馆和不少有看点的世博会场馆还在，这里仍然是市民心目中的滨江后花园。

清流街的街名是从望达江中衍生出来的，望达江变成望达路后，它们就像两个亲兄弟一直隔路相望。在城市改造的步伐中，清流街消失了，但望达路却乘着世博会的东风重塑形象，而它们曾有的共同经历会一直留在城市的历史版图上。

轨道交通 9 号线

轨道交通九号线起讫站为松江南站站至曹路站，全长63.80千米，一路穿越浦东新区、黄浦区、徐汇区、闵行区、松江区等行政区域。2007年12月29日开通，是唯一从松江到浦东的线路，途经泗泾、七宝古镇，连接徐家汇和花木两个城市副中心。

“九号线”对应的马路集中在浦东、黄浦区和徐汇区，既有老马路也有新马路。老马路是南车站路、平江路、岳阳路、桂林路等；新马路是“小联合国”里的花样马路：蓝天路、碧云路、黑松路、白桦路、黄杨路、红枫路……这些有着中国古典诗词和花木色彩意象的马路，都是上海浦东金桥开发区“碧云国际社区”内的马路。

乘轨道交通 9 号线到蓝天路站下，
沿云山路向南走，
便可到达蓝天路、明月路等马路中段。

…
芳甸路
蓝天路
台儿庄路
…

“小联合国”里的“花样”马路

蓝天路、碧云路、明月路、黑松路、白桦路、云山路、蓝桉路、黄杨路、红枫路等，这些有着中国古典诗词和花木色彩意象的马路，路名不仅词性相对，字面意境也颇为优美，都是上海金桥经济技术开发区碧云国际社区内的马路，因为该社区居民来自世界各国和地区，因此社区有“小联合国”之称。

这些马路两旁不是有镂空围栏，被绿树环抱的高档别墅小区，就是大片大片的公共绿地草坪，间有起伏的山坡、葳蕤茂密的树林、碧波荡漾的小河。在这些马路上徜徉，真是“蓝天白云明月”在望，“黑松白桦红枫”相伴，不会作诗也想吟。沿路还依次分布着色彩缤纷，造型多姿的咖啡馆、酒吧、中西餐馆、大型超市、教堂、休闲会所等。这些场馆虽然集中，但路宽景远，间隔距离大，因此周遭显得非常宁静安谧，幽雅舒缓，“帘虚日薄花竹静，时有乳鸠相对鸣”，真的是一个可以让人发呆遐想的好地方。

这里的路上行人很少，偶然遇到的也是金发女郎牵着大狗在踽踽而行；或是几个金发碧眼的老外在绿色的跑道上跑步，在马路上骑车；墨绿、鹅黄阳伞下不同肤色的人们在喝着咖啡。这里没有堵车，没有喧嚣，天高云淡，绿树遮天，慵懒惬意，心境松弛，让人有一种放飞于恬静异域小镇的感觉。

其实，这些区域在 1990 年之前，还都是川沙县人烟稀少、幅员广阔的田野村庄河道。这里有华漕达（河）、三八河、张家浜，有沈家油车、翁家湾、滕家木桥、建庄、杜庄、黄家庄等自然村，还有一座天主教堂。20 世纪 90 年代初，党中央、国务院批准开发开放上海浦东，在此设立上海金桥经济技术开发区，这是全国第一个国家级的开发区，规划面积20平方千米。整个开发区以金桥路为界分东西两部分。东部为工业区，西部为生活区，也就是1998年4月在此打造的碧云国际社区。

经过30多年的发展，如今金桥开发区东部依托强大的先进制造业基础，发展势头依然兴旺，集聚了200多家研发机构和外包企业，开发区也成为“中国服务外包基地上海示范区”。

碧云国际社区是按照外向型、多功能、现代化国际城区标准和惯例建成的新型国际社区。如今该社区已成为上海最适宜国际家庭居住的国际社区，居民百分之九十为来自欧美及世界各地的外籍人士，是名副其实的“小联合国”。这里生活、教育、医疗、体育、休闲、文化等设施配套完善，每年还举行国际家庭日嘉年华、迎春长跑、秋季音乐会等活动，被外籍人士称为“梦想中的家园”。

碧云路是碧云国际社区内一条东西向的主干道，长2 000多米。碧云的路名显然受范仲淹词《苏幕遮》的启发，取“碧云天，黄花地，秋色连波，波上寒烟翠”之意境。碧云路从西到东，有金桥爱建家园、金洋十方庭、中天碧云苑、银泰花园、碧云花园、信和花园等住宅小区，过云山路，北面有家乐福金桥店、百安居金桥店和碧云体育休闲中心等设施。

过了黄杨路、红枫路，至金桥路，碧云路似乎才展现它低调内敛，却沉静奢华的气质。这里有凤凰服务公寓、碧云服务公寓、金桥酒店公寓、碧云钻石酒店公寓，公寓底层分布着各种特色餐馆、品牌专卖店、金融服务机构及书店、画廊等一些商业文化设施。特别是过红枫路后，张家楼耶稣圣心堂、浦东民航大厦、华美达大酒店、新金桥大厦、银东大厦等现代化高层大楼一字排开，高耸入云，一种现代新潮的气息扑面而来。

这些大楼基本结构为通透敞开的裙房和主楼，严谨规范，庄重典雅。其主楼都有一种上升递减的节奏韵律，比例和谐，形象挺拔，花岗石和玻璃相间混合的外立面装饰，兼有当代和未来建筑的最新风格。

其中的新金桥大厦高达208米，足有38层，建筑结构为混凝土核心筒钢框架结构，高档铝合金中空玻璃幕墙，由香港著名设计师设计，是金桥出口加工区的信息、行政、管理、服务中心，也是金桥地区的标志性建筑，大厦于2004年获得浦东开发十年建设精品项目建筑金奖。

红枫路则是一条南北向马路，长约1 500米，与碧云路十字相交，一条不知名的小河与红枫路平行。红枫路北面有从别处迁移过来的张家楼天主堂和清水清砖仿石库门外观的碧云美术馆等，也是碧云国际社区的文化中心。过碧云路，东南面则是一片占地面积广阔的绿地，沿路间隔分布着咖啡馆、餐馆、酒吧、私人会所等休闲场所，西南面是具有英伦建筑风格的碧云东方公寓、碧云国际晓园、馨乐庭服务公寓等高层多层建筑。漫步红枫路，触目所及，蓝天白云，空气清新，花树茂盛，层林尽染，马路宽阔，人影稀疏，行走坐卧随意，大有“蓝天白云任我翔，万千心事皆可抛”之意趣，真的是一条能够放松身心的休闲街。

红枫路的南端与明月路十字相交，路口东南角又是一座基督教鸿恩堂。明月路也是东西向马路，长2 000多米，与碧云路平行相隔，但路形略有弯曲，形似一弯新月。明月路从东到西，两旁全错落着各种美式、意大利式、英式、西班牙式、地中海式的独栋别墅、联排别墅、叠加别墅、大平层花园洋房。仅看“碧云别墅银杏苑”“碧云别墅伊顿府邸”等小区门楣招牌，便可领略到这些高档涉外住宅的精致和华美。除了这些别墅外，明月路上还建有上海德威英国国际学校、浦东新区金童幼儿园、上海协和国际学校、中欧国际工商学院、上海平和双语学校等。明月路显然也是一条配套的教育街。

明月路上没有任何商业设施，四周花木茂盛，绿荫匝地，阳光将马路投射成一张整齐静谧的图案画，仿佛滤尽了尘世的喧哗，如上海西区老马路，格外幽雅安静，如梦如诗如世外桃源，处处弥漫着宁静与奢华的气息。

如果有月亮的晚上在这条路上漫步，皓月当空，月光似水，枝影横斜，暗香浮动，其意境之宁静幽雅比之朱自清笔下的《荷塘月色》一定有过之而无不及，真是令人神往。路如其名，相信这条以“明月”为名的马路一定有它的美好意蕴所在：“明月几时有？把酒问青天……但愿人长久，千里共婵娟！”

乘轨道交通9、8号线到陆家浜路站下，
沿陆家浜路向东走，
便可到达南车站路北端。

…
马当路
陆家浜路
小南门
…

南车站路找“车站”

仔细观看上海地图的朋友会发现，如今的上海有一条车站南路，还有一条南车站路。两条马路从字面上看，似乎含义相同，只不过方位词一个置前一个置后。其实不然，这是两条完全不同的马路，方位不同，建筑年代也不同。

车站南路在上海北面，原江湾火车站南面，建于1945年前后，这是围绕江湾火车站而建的东西向马路，加上车站西路和车站北路等，正好将江湾火车站围合起来。如今江湾火车站虽然已经湮灭，但是江湾火车站“遗址”还在，人们从车站南路、车站北路、车站西路这些路名中还是能想象当年的盛况。

南车站路是靠近上海老城厢南边的一条南北向的马路。马路不算长，大约有1 200米，不长的马路却又被几条同样是以车站“冠名”的小马路横向分段，从南到北，依次有车站前路，车站后路、车站东路、车站支路。但是奇怪的是这里并没有火车站，连铁路也没有，那么这些“车站路名”从何而来？这里又有怎样的历史渊源呢？

原来这里曾经是上海南铁路火车站的所在。其范围就在后来的车站前路（已湮灭）和车站后路（已湮灭）之间。1907年，沪宁铁路和沪杭铁路先后竣工，两个车站也相继建成。沪宁铁路车站在上海老城厢的北面，故人们称它为北车站，当然沪杭铁路在老城厢的南边，也就叫南车站了。

有火车站当然就有路。在火车站开业之前，这里已经筑好“车站路”，这无疑是南火车站前的主干道，南北向偏西，被南火车站拦腰分成两段。在车站路前后又开筑了几条东西向的分路，分别有车站前路、车站后路、车站东路等，正好构成一个“丰”字。之后车站路一带自然又聚集起不少商店、住宅及大中小学校、医院、法院、工厂等，四周一度成为上海城区南部的繁华闹市之地。

当时的南火车站是由3幢二层楼的楼房、3座月台和1排50多间的库房组成。1座天桥横跨于著名的“三山会馆”和“大同大学”之间，一天4列来往于沪杭之间的火车从桥下呼啸而过。旅客很多，桥两旁则有众多的三轮车、黄包车夫按顺序接客。车站南首，华商电车公司的1路有轨电车从半淞园经过海潮路，绕道南火车站开往老西门、老北门、十六铺，环城一圈再回来。

可是在1937年“八一三”事变中，日本飞机轰炸上海，属于华界的南市和闸北首当其冲，一时之间南火车站里的天桥、月台、楼房、铁路等统统在日寇的炸弹下化为废墟，偌大的车站竟然变成触目惊心的大凹塘。不久大凹塘周边芦苇杂草丛生，高可没人，四周边则布满从各地逃难而来的难民所搭建的“滚地龙”。

抗日战争又三年内战结束后，国民政府再也没有能力重新恢复南火车站，只好空留几条与车站有关的路名，让人依稀想起战前的繁华。新中国成立后，人民政府对这里进行了改造，火车站已经不可能恢复重建，但仍全部保留了这里以“车站”打头的路名，特别将“车站路”改名为南车站路，一则纪念“南火车站”；二则也与江湾镇的“车站南路”以示区别。所以南车站路是一条不以方位命名的马路，主要是凸显它的历史纪念价值。

如今车站前路已经拓宽，并与中山南路连成一体，成为上海内环高架路的通道，车站后路消失在大片的商品房中，车站支路还在。南车站路一带也随之成为一个热闹的地段。昔日的滚地龙早已变成一幢幢6层楼的住宅和18层的晓雾大楼，原车站用房一带成为大同中学的校园。

特别是1990年之后，随着旧城改造步伐的加快和房地产市场的兴旺，这里也是高楼成群成片，比较闻名的则有豫景公寓等高层建筑。还有建于1953年的蓬莱公园，古色古香，小巧幽雅，亭台楼阁，一应俱全，成为高楼林立中间的一方风雅之地，倒也别有特色。更令人感到意外却又在情理之中的是，南车站路353号大同中学的整个校园建筑布局很像过去的上海北火车站。

大同中学目前是上海的一所市重点高级中学，它的前身就是原位于南车站北首西侧的大同大学。大同大学是私立大学，建成于1914年，以《礼运》篇的大同理想为依据，取名“大同学院”，以“研究学术、明体达用”为宗旨。上海沦陷后，学校迁至租界上课。1952年高校调整时并入其他院校，原校址成了大同中学。以后大同中学又移建至南车站路东侧现址。原址则成为蓬莱公园。

如今的大同中学校舍外观是由橘红勾白线釉砖饰面的3幢楼组成，3幢楼的最高层都向上缩小面积，具有中国建筑的塔式风格，主楼的立面下部是券式的窗户，上部却是矩形的窗户，顶部还有圆形的座钟样的图案。尤其是北侧的那幢5层楼，楼顶上真的置有一座小小的塔楼，塔顶伸向天空。乍一看，真的不像是一个中学校园的建筑，倒像是一个老式的铁路火车站，尤其与“老北站”的建筑氛围极其相似。

风景无穷吟莫尽。大同中学的整个建筑，为南车站路找回了过去的一点影子，也成为南车站路标志性的建筑，似乎默默地想告诉人们关于这里一切的历史。

乘轨道交通7、9号线到肇嘉浜路站下，
向东沿肇嘉浜路走至枫林路再向南走，
便可到达平江路西段。

…
徐家汇
肇嘉浜路
嘉善路
…

平江路深处“特别府”

上海市区西南部的平江路是一条与肇嘉浜路平行，又与枫林路相交的小马路，两头都不通其他马路，因此在过去很长一段时间内不通公交车，偏僻幽静。因为靠近中山医院、科学研究所等事业单位，许多科学家、知识分子都居住在这里。

电影演员陈冲的外公外婆及父母全家就在这里居住，陈冲从小就是在平江路的一幢两层楼房里长大，她就读的中学就是肇嘉浜路上的共青中学。

当然现在的平江路、枫林路口已经难以平静了，特别是西段，南边为著名的中山医院，北面为住宅小区和各类医药商店，南来北往的行人和汽车熙熙攘攘、川流不息，957路公交车站就设在东段的平江路口。

但是只要你沿东段走过去十几米，平江路立刻就安静下来，南边是成色尚新的外表为浅灰色的交通三航局办公大楼和宾馆。北边是有着浅灰色拉毛水泥围墙的人行道，围墙上缀满棕竹等绿色枝叶，别有一种“凤尾森森，龙吟细细”的韵味。围墙内是平江路170弄的区域。弄内大都是一些有年代感的两层楼房，据说以前这里居住的都是上海医学院的专家和教授，陈冲的家就在其中。

2020年3月，从陈冲的自述性文章中获知，平江路170弄10号正是她从小居住的房屋，于是对170弄顿生期待和好奇。走进170弄，弄内有一些新建筑，但主体还是几幢灰墙黑瓦坡顶的两层楼房，东西厢房对称，中间是主楼和客堂间，北面有晒台、亭子间，是一种改良的仿石库门式样建筑。陈冲家所在10号楼位于弄内北侧，围墙外就是肇嘉浜路。

陈冲在这里出生，也在这里成长。1976年上海电影制片厂拍摄影片，需要一名十六七岁的小演员。电影厂一位副导演偶然从一张照片上发现了陈冲，就起用了她。后来陈冲又被电影导演谢晋选中，担任故事片《青春》女主角。一举成名，一颗新星由此开始发光，并冲向了国际影坛。

2018 年，陈冲回上海接受电视节目主持人采访时，特地回到平江路的家，与主持人一起寻访她青少年时期的足迹，平江路似乎成了她人生永远的“后花园”。她回忆自己和祖辈、父辈在平江路生活往事的文字，细腻翔实，很有电影的画面感，似可看作百年平江路的半部“民间史”。

平江路本来就是一条短而小的马路，一眼就能看见小木桥路边的“凹”字形，具有棕色面砖大楼的平江路幼儿园，能看见平江路尽头的平江大楼和名为“凯悦公寓”的住宅小区。但是平江路 48 号电信科学技术第一研究所内，新建的高层主楼后侧一前一后矗立着两幢外表为清水红砖的楼房，一看就是历史保护建筑，真是平江深处有“别院”。这就是原上海特别市市政府旧址。平江路并不像它的名字那样平淡无奇。

平江路建成于 1921 年，初名为交通路，1927 年因上海特别市市政府设立在路北侧，遂改名为市政府路。从当时上海的地理状况看，市政府办公机构远离“市中心”，皆因外国租界当道，中国人的市政府办公机构也只能选择在偏离市中心的地方。1954 年在填平了肇嘉浜之后，市政府路改名为平江路，平江是湖南省的一个县名，这个路名有一语双关的意味。

用今天的眼光来看，堂堂上海特别市市政府的办公机构小了一点，但它的建筑还是很有中国文化的底蕴特色。办公大楼为砖木结构假三层建筑，原为江苏尹公署旧址，也即江苏省的涉外机构。此楼建于 1920 年之前，由两幢建筑组成，两者通过二层连廊连接，清水红砖墙面带少量仿石装饰带和简化的古典式窗套，双坡瓦屋面，单面外廊，山墙处理成曲线形式。走上中间的木制扶梯，二楼大厅走廊内有造型古朴的吊灯，打蜡地板，所有的门窗都是木制红漆带方格，规整中透着庄严，古朴中显得凝重。

追根溯源，以蒋介石为首的南京国民政府于 1927 年 4 月 18 日成立后，即将上海市定为特别市，此处即为上海特别市市政府办公楼。5 月蒋介石的把兄弟黄郛被任命为市长，建立了 9 个局组成的市政府机构。

1933 年，上海特别市市政府新楼在江湾落成，市政府办公楼即迁至江湾。但是不久抗日战争爆发，日寇轰炸江湾，市政府办公地点只得又“打道回府”，迁回此地。短短一条平江路，见证了上海城市历史的发展变化，上海特别市市政府这幢楼更是有特别的历史意味。

乘轨道交通 9、7 号线到肇嘉浜路站下，
向东沿肇嘉浜路走
便可到达岳阳路南端。

…
徐家汇
肇嘉浜路
嘉善路
…

岳阳路的“风骨”

岳阳路是有风骨的。岳阳路筑于 1912 年法租界时期，以法租界公董局董事祁齐名命名为祁齐路。1943 年 10 月租界消失后，以湖南省岳阳市名改为今名，全长有 900 多米。

从肇嘉浜路进入岳阳路的南端，发现这里的人行道要比一般的马路宽，两旁的法国梧桐树也更显得粗壮高大茂密。向马路西北角望去，越过半圆形铁栅栏内的绿树和草地，远远地矗立着一幢淡褐色犹如城堡一样的五层大楼，只是这么一瞥，就觉得这肯定是一幢有历史的建筑。看多了上海的老房子，老房子其实都是有风骨的。虽然它们有时看起来像迟暮的美人，有些憔悴，但端坐在那儿，骨架坚固硬朗，恬淡不失优雅，平静却有韵味，它们不说话，只是让那怀旧的情愫萦绕在你的心头。

走近了，才知道这里是岳阳路 320 号，现在是上海市生物化学与细胞生物学研究所的所在。不由得对岳阳路、对研究自然的这幢老建筑肃然起敬。从马路上远观，这是一幢有哥特式风格的大楼建筑，中央为 5 层两旁为 3 层，立面全部采用竖线条处理，连窗都是纵向的。入口门廊拔起，连续的圆拱门券，间隔由科林式柱头的方柱支撑。顶部入口处墙面，水平构件为简洁的几何形图，具有装饰艺术派风格。

这幢大楼建于 1931 年 4 月，是日本人为缓和当时日趋紧张的中日关系做的表面文章，用返还部分“庚子赔款”建造的楼房，实质是为它侵略中国，掠夺中国自然资源而建的自然科学研究所前身。

据说从空中看，整个建筑平面是一个“日”字，可见日本人的用心。但不管如何，这幢建造在岳阳路上的

建筑，几经岁月更迭磨难，还是为自然科学的研究做出了自己的贡献，许许多多的老科学家在此获得了殊荣。而今它依然静静地矗立在那儿，来来往往的科学家和研究人员从它的拱形门洞里进出，它更像一个历经沧桑的老学者，见证岳阳路的今昔。

就在研究所对面，远远地又有两幢英国乡村别墅式风格的洋房，洋房立面底层为红色清水砖墙，白色圆灰勾缝。两层及老虎窗有黑色的半露木构架，局部屋顶及墙面有砖工精美的红砖烟囱，整个建筑看上去庄重中透着一股诙谐机智的情调。原来，其中一幢曾是法国领事馆，另一幢则是法国领事的官邸。如今它们都属于中国科学院上海分院，据说英国前首相撒切尔夫人、朝鲜前领导人金日成都来此参观访问过，足见这两幢洋房有着非同寻常的构造和经历。

岳阳路 145 号
上海市老干部活动中心（宋子文旧居）

再往南走，岳阳路 190 号，主楼是一幢法国风格的花园洋房，双坡屋顶，局部露木构架，黄色粉刷墙面。在 1920 年，这里是名医牛惠霖、牛惠生兄弟俩合办的“霖生医院”。兄弟俩都是我国最早的西医骨科专家，以高尚的医德和精湛的医术在上海享有盛名。他们不仅医术高超，心地也十分善良，经常免费为贫困市民治病。抗战初期，这里救治大量难民，被称为“难民医院”。

1927 年八一南昌起义中，陈赓将军腿部负了重伤，后秘密来上海治病。在牛惠霖的精心治疗下，陈赓将军的腿保住了，并从此成了好朋友。牛氏兄弟都是医学博士，还是中华医学学会的创办人，为祖国的医学事业贡献颇多。很可惜兄弟俩因积劳成疾，均于 1937 年英年早逝，一个 48 岁，一个才 45 岁。如果不是这幢花园洋房门前挂有醒目的铭牌，恐怕很少有人知道牛氏兄弟的感人故事。

其实，岳阳路的风骨就是体现在它两旁那些不事张扬，远远地隐藏在绿树后面的建筑，每一幢都有令人回味的风韵，任人评说，今昔多少事都付静默中。这不由让人想起北宋政治家、文学家范仲淹的名作《岳阳楼记》：“不以物喜、不以己悲，宠辱皆忘……先天下之忧而忧，后天下之乐而乐。”

沿着岳阳路向北走，145 号是宋

子文旧居，如今是老干部活动中心。这是一幢荷兰式花园洋房，进门就是一座植有玉兰、香樟、松柏、棕榈等绿树的大花园，三层楼的洋房，造型别致，中部凹进，两侧楼房对称，前有长廊，廊上有平台，孟莎式屋面，正面有老虎窗。屋面铺红色板瓦，色彩鲜明。

在宋子文旧居的对面，是上海京剧院的所在地。绿色铁栏杆内一棵苍苍大树下有一尊半身铜像。何许人也？走近一看才知道是京剧大师周信芳的塑像。周信芳是海派京剧艺术的创始人，7 岁就登台表演，一生致力于京剧的演出和创作，他那独特的麒派唱腔至今在海内外都不乏追崇者。可是这样一位德高望重、功底深厚的表演艺术家却于 20 世纪 70 年代中期屈死于“四人帮”的淫威下。

记得 2008 年时这里的一幢楼底层开着“南伶酒家”。饭店右侧一幢小小的法式洋房门口竖了一块“京昆艺术研究所”的招牌。如今这里修缮一新，建于 1921 年的几幢法式独立花园住宅成为上海京剧传习馆暨上海戏曲艺术中心及南伶书屋。

走过京剧院，与京剧院一墙之隔的是一幢红砖花园洋房。记得 2008 年时，这幢洋房的围墙边开了一扇门，小门上有中国传统的带筒瓦的三角形屋顶，下面挂着一盏红灯。夜晚，借着幽幽的红光朝屋顶上看去，是一家名叫“诺易”的家庭式画廊。画廊不大，天井、阳台全都利用起来，布置却庄重典雅，灯光打在各色油画上，几重韵味就弥漫在画廊里。画廊内挂的大都是同一画家的油画。

画廊的主人是一位很年轻的小姐姐，她说她就是喜欢这样有意味的画，静静地等候欣赏它们的知音到来。岳阳路上的画廊比起其他马路上的画廊可能是寂寞了一点，但是画廊就应该有自己的风格和品位。但如今诺易画廊已经易主易业，变成了一家茶馆。这家茶馆也没有招牌，只在门中央挂了一块木牌，上书“问道一盏茶”：品茶、读书、会友、咨询。只见大门紧闭，半天也没一个顾客进出，这又是一家寂寞的小店。不过，岳阳路也许从来就不是一条热闹的马路。

走过建筑立面构图抽象却意趣盎然的中国画院，走过著名翻译家草婴的故居、走过新式里弄茂林邨，走过琴声铮铮的贺绿汀艺术专修学校，走过庄重朴素的上海教育会堂，马路上依然寂静无声、人影稀少，最后与俄罗斯著名诗人普希金的铜像相遇在岳阳路北端的街心花园里。

蓬散着卷发的普希金头像默默地耸立在三米多高的微拱形的石碑上，石碑正中心的台阶上有圆形的花盆，诗人棱角分明的脸，昂着脖子，深邃的目光凝视着远方的天空，好像永远是在沉思。

乘轨道交通 9、7 号线到肇嘉浜路站下，
沿肇嘉浜路向东
便可到达枫林路北端。

…
徐家汇
肇嘉浜路
嘉善路
…

枫林路今昔

枫林路是上海徐汇区东北部一条南北向的马路。看到枫林路三个字，许多人脑海里一定会浮现出许多相关的唐诗宋词，然而枫林路与美丽的枫树林无关，却与一个北洋军阀有关，还历经几番“腥风血雨”。

在 2008 年之前，枫林路北与肇嘉浜路垂直，南至零陵路，全长 1 000 多米，从南到北，被斜土路、清真路、平江路等小马路切割，从地图上看呈“丰”字形。

2010 年之后，枫林路向南拓展延伸 1 000 米左右，直至黄浦江边的龙腾大道。延伸后的这一段枫林路非常漂亮，路形蜿蜒，高楼林立，绿树成荫，景色幽雅。这里两侧有枫林新村、上海医药临床研究中心、枫林国际中心、上药控股集团、徐汇区牙防所等现代化建筑群，其中的徐汇区牙防所大楼尤显“奇葩”，远看近观怎么都像是一颗硕大的牙齿。这里俨然是个集医药科研生产销售服务于一体的产业园区。

枫林路，这是一个多么令人陶醉又诗意盎然的路名啊，“停车坐爱枫林晚，霜叶红于二月花”；“碧云天，黄花地，西风紧，北雁南飞。晓来谁染霜林醉？”遥想在金秋季节里，层林尽染，枫叶流丹，如诗如画，多么令人神往！然而枫林路没有枫树，行道树几乎全是梧桐树。

如今从零陵路，沿枫林路向北走，东面有复旦大学护理学院及学生公寓、徐汇游泳馆、青少年水上运动学校和居民新村，西面全是一些科研机构，依次排列是中国科学院上海有机化学研究所、中国科学院上海生命科学研究院植物生理生态研究所等。

这些科研单位或被爬满绿色藤蔓植物的围墙高高围住，或被透视式的

铁栅栏围着，有20世纪50年代建造的大楼，也有近年来重新建造的高层玻璃幕墙大楼。走过这些占地面积宽阔，有大草坪，门庭装饰典雅气派的机关大楼，令人有一种心向往之的感觉。

但是走过斜土路，原来平静的枫林路忽然就变得喧闹起来，一改前段的幽静，两旁全是鳞次栉比的医药商店和熙来攘往的人流，而到了平江路附近人流更是达到了高潮。

原来这里两边全是上海乃至全国闻名的中山医院及附属医院所在。1936年，中山医院建于枫林路、平江路西南角上，为纪念孙中山先生而定名。前身是国立上海第一医学附属医院，后来不断发展扩盘，直至今天从平江路到斜土路这一段的枫林路全成了中山医院的所在。这里汇集了全国一流的心脏病等学科专家和医生，因此许多外地人也慕名前来问病抓药，难怪这里要人满为患了。

2019年，高达20多层的中山医院科研综合楼，在原中山医院附属儿科医院地基上竣工。此楼与东面富有中国民族特色建筑风格的中山医院主体大楼遥相呼应，且通过天桥相连，组成北段枫林路巍峨壮观的“医院风景线”。

过了平江路，枫林路就算到了头，站在人行天桥上，肇嘉浜路两侧全是高低错落的大楼，桥下则车水马龙，春夏秋季里枫林路被茂盛的梧桐树叶遮蔽，只看得见西南角上16层高、钢筋混凝土剪力墙结构的枫林大楼。此楼建于1983年。原址在1949年前是荒地，新中国成立后，由市隧道工程公司搭建简屋，组成职工生活区。1981年拆除，由上海市政工程管理局等5家单位联合建造了此楼，成为当时枫林路口的“地标”建筑，至今犹存，一切显得风平浪静，波澜不惊。

枫林路始建于1920年，当时北起肇嘉浜路，南至医学院路，长约100米。是当时的上海护军使何丰林强占民田106亩所筑，完成之后他便“笑纳”下属的恭维，以自己的名字命名为“丰林路”。此后丰林路不断向南延伸。

1928年，“丰林路”被改名为“枫林路”，虽说一字之改，音也基本相同，但寓意却不一样了，因为这意味着一个时代的终结。不过，历史总是有令人回味的余韵，枫林路确实是从“丰林路”演变过来的，尽管有点“阴差阳错”。肇嘉浜路当时是名副其实的河浜，现在的人行天桥正是枫林桥的所在，后来这一带被统称为枫林桥片区，沿用至今。当时的枫林路远没有今天这般长，最多只有两三百米，只与一条小马路十字相交，四周基本是无人烟的荒田空地。因此，民国时期国民党的特别军法处、警备司令部等机构都设在这里。

1927年四一二反革命政变前后，上海警备司令杨虎和上海市党部负责人陈群执掌着生杀大权，趾高气扬，不可一世。他们指挥军警纠集张啸林、杜月笙手下的流氓歹徒、青红帮恶棍，疯狂捕杀共产党人和革命群众。当时枫林桥畔的特别军法处、警备司令部内，关满了革命者和无辜的民众，他们大多在备受折磨之后，被押往枫林桥南和龙华的荒地、坟场秘密枪决。无数共产党人的鲜血染红了枫林桥周围的泥土，枫林桥一时充满了腥风血雨，也成了当时上海人民心中的恐怖之地，闻之就令人丧胆。

1927年之后，随着国民政府在此设立特别上海市市政府办公机构，将交通路改名为市政府路（今平江路）之后，枫林路才渐渐又变得繁荣起来，许多商业机构、医院店铺、法院、电影公司在此落户，毕竟这里是华界又离租界不远，地价适中，交通方便。著名的明星影片公司是这里最早的电影公司之一。明星影片公司集几十年经营资本建造的“大本营”就在枫林桥南边。

明星影片公司老板张石川的女婿何兆璋对该地内部布局曾这样回忆：“一进大门，左手一面是一座车库；向左边走，是一座洗印楼；经过洗印楼前面的小块空地再向右走，便见到一座主楼，它是一幢三层楼的大洋房，底层有录音部门的配音大厅；二楼三楼均为行政部门的办公室。大楼是坐北朝南，楼前方有一大块空地，用作外景场地。南面是一座新建不久的有声摄影棚。这座摄影棚，墙壁全部采用空心砖砌成，隔音效果较好，算得上是当时上海最大、设备最好的摄影棚了。摄影棚后面是两幢三层小洋楼，楼前遍植花卉，四季繁花似锦，这是公司老板经理家属及演员的住宿之地。”

但是，就是这样一座代表着当时中国电影业最高水准的公司，也是枫林路最具亮点的建筑群，因张石川拒绝与日本人合作，1937年11月13日，被日本人烧毁了。明星影片公司从此成为一片焦土，张石川本人也从电影公司的老板降为普通的打工仔。

这是枫林路这条有着诗意名字的马路上惨烈悲壮的一幕。历史的天空难免乌云滚滚，上海的马路也不全是风花雪月。

乘轨道交通 9 号线到桂林路站下，
沿宜山路向西走，
便可到达桂林路北段。

…
漕河泾开发区
桂林路
宜山路
…

桂林路上百花开

桂林路是上海西南面一条宽敞笔直的大马路，长约 4 000 米，南起上海铁路南站和沪闵高架路下，北达吴中路，直达虹桥经济技术开发区，是上海西南面南北主干道之一。但是，桂林路在 20 世纪 80 年代前后还只是一条仅有几百米长的小马路，南面没有贯通，到上海师范学院（现为上海师范大学）门口就中止了。不过当时桂林路虽然地理位置偏僻，却因为这里拥有桂林和康健两座园林，再加上一条蜿蜒曲折的漕河泾，成为上海市民春秋游赏的好地方。特别是桂林公园，因为园内遍植桂花，一到秋季，桂花盛开，芳香四溢，远近闻名，游人如织。桂林公园既因为坐落在桂林路上也因为园内遍植桂花的“双重身份”而得名。

不过，桂林公园最初却叫黄家花园，是一座典型的江南私家园林。它的主人就是老上海 3 个最大的帮会头目之首黄金荣。黄金荣曾是上海近代法租界捕房督察长。黄金荣发迹后，便在这里为他的父母造坟建祠，后来才造园。此园建成于 1935 年，占地 1.76 万平方米，全园用龙墙围绕，墙上还设漏花窗。园内小桥流水，亭榭楼台，奇峰异石，古树名木，景致秀美，还有四面厅、关帝殿、观音阁、百雀岛等建筑。花园建成之时，蒋介石、宋子文等军政要人及当时诸多社会名流均亲临祝贺，热闹一时。

但在 1937 年上海沦陷后，此园被日军占领用作兵营，直至抗战胜利几乎成为一座废园。新中国成立后，此处由上海市园林管理处辟为公园。因园内曾遍植桂花，经全面修整后，取名为桂林公园，于 1958 年 8 月桂花飘香的季节里正式开放。此后又几经扩建修复，成为上海市区内一座典雅秀丽的江南园林。20 世纪 90 年代前后每年秋天，都要在这里举办“上海桂花节”，桂林路局部封路，人们在这里赏月、赏桂、购物、娱乐，这成为当年桂林公园的一个特色保留节目。

桂林路始筑于 1954 年，因南端起始于桂林公园而得名。如今的桂林路变化最大的还是在南北两头。北面过漕宝路到吴中路一段，基本上是大型的购物超市和新建的高层、多层住宅大楼，特别是原来的田林新村，经过不断扩建和增建后，已经增加到 14 村，同时，沿途各高等学府、高科技的科研院所星罗棋布，使田林地区较早地成为上海市区高科技产业的集中地之一，为后来的漕河泾新兴技术开发区形成奠定了良好的基础。

如果你从钦州南路沿桂林路向南走没多久就会发现，桂林东街和桂林西街两条小马路分别向东西方向伸展。向东走，你会发现桂林东街的马路不是笔直的而是半圆形的，在转了一个半圆圈之后，它又回到桂林路。桂林西街也是如此，这样东西两街前后相接，正好在此地形成了一个圆，而桂林路和浦北路正好在这个“圆心”相交，所以整个地形从地图上看就如同数学中的符号“⊕”，非常有特点而又有趣。

这里是大马路边的支路，不通公共汽车，闹中取静，是理想的小区住宅之地。沿着半圆形的马路漫步，前后左右的街景尽收眼底，这也是半圆形马路所具有的特点和优势。这里的小区楼房建筑也很有特色，大都只有三五层，楼顶的造型各不相同，楼房外观的色彩以淡黄色为主，间隔着有绿色、米色、棕色和淡蓝色。特别有意思的是小区的命名统统以“坊”相称，仿佛是老上海弄堂名字的延续。依次排列过去有康强坊、长海坊、长顺坊、长虹坊、长丰坊、益寿坊等。这里沿街各种与生活有关的小店铺鳞次栉比，还有幼儿园、小学、中学等教育单位，不少名校，如中国中学、世界外国语中学、上海市康健外国语实验中学等都由别处迁此，使这里成为名副其实的学校区。

在浦北路口还有一座设施先进、现代、开放式的康健社区体育公园，其中篮球场、网球场、塑胶跑道一应俱全，许多年轻人正在兴奋地做着各种运动。

2007 年，西街口还矗立着一幢毗连的三段式大楼，东面 6 层大楼是康健地区文化活动中心，中部 4 层圆形立面大楼是徐汇区工人文化体育中心，西部一栋十几层高的大楼则是泓和宾馆，紧挨着宾馆的是顺记汤馆和一个中型超市。如今这里旧貌又换新颜，徐汇区工人文化体育中心和康健地区文化中心新大楼又在这里重建竣工，不久将成为这一区域的“新地标”。

桂林东街北段两端两道相同规格的巨大牌坊也很独特。牌坊上方“康乐小区”几个金色繁体大字格外醒目，雕龙凿凤的牌坊特别有中国传统文化元素，仿佛显示这里有独特的文化历史。原来这里曾建有东、西两牌楼而得名牌楼村。1984 年以后，地境开始城市化，村庄渐渐消失，成为康乐新村住宅区。1992 年左右为了保留地区历史印迹，人们在东西两端建造了两座古色古香的牌坊，遥相呼应，彰显地区的历史底蕴。

从桂林西街向西走就到了百花街，百花街也是一条 2000 年以后兴建的马路。两旁的小区门口都有一个精心设计的门廊和一个富有诗意的园名：紫竹园、牡丹园、迎春园、百合园、杜鹃园、梅花园、丁香园、樱花园。更让人感到有意思的是，整条马路是一个标准的“S”形道路，宽只有 3 米，不通公交车辆，显然是马路的开拓者在原南石桥、南沈巷、四牌楼等自然村土地上有意设计的。在“S”形的马路上行走真的别有一种迂回延缓、曲径通幽的意趣。在百花街的南端有一座百花街桥，桥下一条叫作张家浜的小河蜿蜒而过，两岸绿树成荫，花木扶疏，间隔着凉亭、石凳，还有一个张家塘野趣公园。走过桥正好对着丁香花苑，天空忽然飘来一阵蒙蒙细雨，不禁让人想起南唐词人李璟的《摊破浣溪沙·手卷真珠上玉钩》：“青鸟不传云外信，丁香空结雨中愁。”

生活在这里的人们是宁静幸福的，因为一年四季有“桂林”相伴，有百花相随。

轨道交通⑩号线

轨道交通十号线起讫站基隆路站至航中路站，全程46千米，一路穿越浦东新区、杨浦区、虹口区、黄浦区、徐汇区、长宁区、闵行区等行政区域。2010年4月10日，开通新江湾至航中路。2010年11月30日，开通龙溪路至虹桥火车站。2020年12月26日开通二期（基隆路站至新江湾城站）经过五角场、南京东路、豫园、老西门、新天地等上海中心城区，有“黄金路线”之称。

“十号线”所对应的马路有复旦大学、同济大学所在的国顺路和彰武路；有曾经的上海“五金街”北京东路；有中国共产党第一次全国代表大会会址所在的兴业路；还有虹桥经济技术开发区代表性马路——虹桥路、古北路等。

乘轨道交通 10 号线到江湾体育场站下，
向北沿淞沪路至政民路向西到
智星路再向北走，便可到达大学路东头。

…
五角场
江湾体育场
三门路
…

大学路上的青春风采

大学路可以说是目前上海一条最具“巴黎左岸”气息，充满时尚艺术动感和洋溢着青春气息的马路。

大学路非常“年轻”，它的路龄很短，建筑成型于 2006 年左右；它的路基原来是江湾五角场镇陈陆家宅和复旦科技园及上海钢窗厂的地盘；大学路也不长，只有短短五六百米，从西头的国定路口一眼就能望见东头的淞沪路及江湾体育场。

江湾体育场建于 1935 年 8 月，是当年“大上海计划”中所规划的“地标”建筑之一，如今已经成为上海市历史保护建筑。而环绕着这个历史建筑的便是创智天地科教广场产业园区，这是 2006 年左右杨浦区创建“智慧杨浦”的一个显著标志。

“创智天地”是一个类似美国硅谷推动科技创新和创业的产业园区。这个园区紧靠五角场城市副中心，与万达商业广场、百联又一城等大型商厦及复旦、同济、财经等大学近在咫尺。周边有轨道交通 3 号、8 号、10 号线和众多公交线路，交通发达。许多复旦、财经、同济大学的毕业生，在决定自主创业时，也都选择在创智天地打江山。因此，依托创智天地广场，以“创智天地坊”命名的多期商住两用小区便在此星罗棋布，一条汇集特色餐饮、休闲服务、游览观光的大学路应运而生，应时而兴。

从国定路开始，政民路与大学路分岔，沿虬江向东伸展，正好形成一块三角地带，整个“创智天地坊”及四周正处于虬江的左岸，因此大学路路口的高楼和围墙上分别有“创智左岸”的艺术字标示，这很容易便让人联想到“巴黎左岸”这个名词。巴黎塞纳河的左岸因聚集起许多咖啡馆、书店、剧院而闻名于世，“巴黎左岸”

便成为艺术气息的代名词。那么“创智左岸”是否也有与“巴黎左岸”媲美的意味？

是的，漫步大学路，两旁全是具有“巴黎左岸”气息的多层楼房，立面简洁、色泽淡雅却线条镶嵌，色块相拼，侧墙辅以色彩鲜艳的涂鸦，动感十足，赏心悦目。这些楼房二层以上空间可以随意分割，亦商亦住；并采用围合式多层建筑形式，推窗即可见绿意盎然的树木和花园，随时可以享受到新鲜的空气和自然的和风。与传统的写字楼相比，这里多了一份鲜活自然和轻松惬意，使工作过程也能变成一种享受过程。目前，这些楼层里分布着西点教室、创意工坊、特色书店、个性服饰店、化妆品零售、心理咨询、皮肤保养、网络实体店等。业主们工作之余还可在此安家，真是一举多得。

大学路虽然不宽也不长，却又有锦建路、伟德路、锦年路、锦创路、智星路等横向小马路和几个小型广场，通向“创智天地坊”各个小区，使大学路有了延伸的街巷，沿街八九层的商业楼宇内也有不少店铺和工作室，又将商业空间放大数倍，也有了万家灯火的生活气息，让人感到这是一片正在活跃着的充满年轻活力的街区。

大学路很注重整条马路诗意氛围的营造，或者说是一种设计。主要街角墙壁和大楼侧面都有巨型时尚的壁画或涂鸦，每家店铺门前还设有露天的餐厅区域，可供人们随意穿行的步行空间和设施摆放区。在步行通道和车行道之间，行道树、花坛、自行车停靠、垃圾箱、路灯和其他辅助设施有序布置，既划分了人行通道，又保证了视觉上的通透。在这种空间布局之下，每个店铺都可以用自己的设计为马路添彩，通过招牌、花草、遮阳伞、外摆区、雕塑艺术小品个性化设计和不同色彩，创造出室内和室外餐饮空间的连续性。

大学路最美的风景是风和日丽的周末午后和夕阳西下的傍晚，沿街两排外摆位更是将氛围感拉满，因为悠闲坐着的人们、冒着香气的小食和咖啡，都比炫目的广告牌更吸引人。人们在富有现代艺术气息，商品新潮精致的各种小店里驻足流连；在锦创路口的“天地创市集”里浏览购物、听大学生街头演唱，甚至认养小动物；在街角或是沿街铺设的座椅上品茗饮酒喝咖啡，或与朋友交头接耳，促膝谈心，探讨创业之道。

总之，大学路是一条处处飘荡着年轻学子身影与欢笑的马路，从这个意义上讲，大学路也许是目前上海最年轻的马路。

乘轨道交通 10 号线到
国权路站下，向北沿四平路走，
便可到达国顺路西段。

…
同济大学
国权路
五角场
…

国顺路深处有“名楼”

在上海东北角的高等学府复旦大学对面，邯郸路以南，有一条名为国顺路的小马路，马路虽然名不见经传，但是路旁绿树深处的复旦第九宿舍区内却曾是名人荟萃，“名楼”藏身之地。

2007 年 9 月的一天，从与国顺路相交的政肃路向东走，沿街柳枝飘荡，绿荫遮天，透过身旁的铁栏杆可以看见围栏内一幢幢建于 50 年代的三层红砖小楼，不用说那就是复旦大学教师的第 9 宿舍区。楼房四周花草茂盛、水杉树参天。但在走到国福路时，突然发现围墙内有一幢奶黄色拉毛水泥墙的三层小楼，每一层圆形和矩形的屋檐上镶有墨绿色的西班牙筒瓦，有一种说不出来的典雅和华丽。这是什么楼？什么人在里面住？直觉告诉人这是一幢不同寻常的楼房。

于是倒回国顺路向北进入了复旦大学第 9 宿舍区。穿过几幢小楼，就见到一片竹林后被一圈冬青树围住的那幢西班牙式小楼，从后面看去，楼房后面笔直的两根烟囱直插寂静的天空。再一看，西班牙小楼的后面还有两幢不同外观的二层西式小楼，一幢为灰色拉毛水泥外墙，另一幢为黄色水泥外墙。

当时这三幢小楼的门窗都已紧闭着，人去楼空，前后屋檐已经有许多破损，尤其后面两幢的门窗上爬满了藤蔓植物，那原本绿色的爬山虎和藤萝在秋霜中已经变红变灰，好似老人的胡须随着秋风在飘荡。

其实，这几幢历经沧桑的楼房伫立在那儿，本身就如同写满历史的书籍，可以让人品读出岁月的风霜来。向正在沿小楼散步的一位复旦老人打听，果不其然，小楼曾经分别住过在中国思想界、学术界赫赫有名并有卓越建树的陈望道、苏步青和谈家桢三位学者和科学家。

陈望道是中国第一个将《共产党宣言》翻译成中文的人。1940 年秋，陈望道任内迁重庆的复旦大学中文系教授，1946 年 6 月随复旦大学迁回到上海，积极配合党组织保护和支持部分师生的革命斗争。新中国成立后，被毛泽东亲自任命为复旦大学首任校长。此后，陈望道就一直居住在这幢西班牙式的小楼里，直到 1977 年去世。

当时近看这幢独立式三层小楼外观虽然有些斑驳，但仍不失西班牙小楼的风格，前有草坪，后有树林，一楼是客厅兼餐室，后有厨房。整座建筑每个层面的屋顶都有绿色竹筒瓷瓦装饰檐，使这座小楼别有风情。

谈家桢是我国著名的遗传学家。1930 年毕业于东吴大学生物系，燕京大学研究生毕业，后赴美国加州理工学院摩尔根实验室深造，获博士学位。回国后任教于浙江大学。他也是 1952 年全国院系调整中来复旦大学执教的。在这里他建立了全国第一个遗传学专业，历任生物系主任、遗传研究所所长、副校长、生命科学学院院长等职。1980 年当选为中国科学院生物学部委员，为我国遗传学的发展做出重要贡献，特别在果蝇种群间遗传结构的演变和异色瓢虫色斑遗传变异研究领域有开拓性成就，为奠定现代进化综合理论提供了重要论据。

邯郸路 220 号　复旦大学相辉堂

苏步青是我国著名的数学家，专长微分几何，是我国近代数学的主要奠基者之一。1927 年毕业于日本东北帝国大学（今日本东北大学）数学系，后入该校研究院，获理学博士学位。回国后，受聘于浙江大学数学系，1949 年，担任浙江大学教务长。1952 年全国高校院系调整，他到复旦大学任教。1955 年被选为中国科学院学部委员（今称院士）。1958 年他筹建了复旦大学数学研究所，任所长。1978 年任复旦大学校长。1980 年他创办《数学年刊》并任主编。他一直住在另一幢两层小楼里，直到 2003 年生命进入终点。他的小楼虽然外观简洁朴实，但从那灰色的拉毛水泥外墙和厚重的窗框、铁门上，仍然能品味出老数学家规范严谨的为人之道。

三位赫赫有名的专家学者就在这个园内生活了大半辈子，为我国的科学文化事业做出了卓越贡献。多少个日日夜夜，他们在窗前的台灯下钻研思索、奋笔疾书，在著作等身的同时，一定还留下许多可以供人追想怀念的往事。尽管现在人去楼空，但小楼默默地相守在这里，相信他们曾经的生命气场还围绕着小楼，小楼其实是历史文物，具有非凡的意义和价值。

果然，到了 2014 年 9 月，从报上得知陈望道故居入选上海市文物保护单位，并开始修缮。2018 年 6 月故居终于对外开放，于是第一时间便去参观瞻仰。掩映在绿树丛中的陈望道故居以《共产党宣言》展示馆的新身份回到人们的视野中。

走进国福路 51 号大门，只见这座外观呈奶黄色，每层都有墨绿筒瓦饰檐，西班牙建筑风情鲜明的旧居在绿树环绕中显得典雅精致，玲珑剔透，仿佛一件“工艺品”。

故居一层是《共产党宣言》展示馆，系统展示了《共产党宣言》的诞生、传播、翻译、版本，及其对中国革命和革命者的巨大影响。这里不仅展示了由陈望道翻译的 1920 年首版的《共产党宣言》，还展示了从坊间搜集的各种宣言版本。

沿着赭红色的楼梯向上，小楼的二三层原是陈望道的生活起居之处。这里集中布置了题为“千秋巨笔　一代宗师”的展览，再现了陈望道在此生活、会友、治学的情景。

三层则是珍贵文档展厅。展示了陈望道一生各个时期的生活照、工作照及与他有关的各种史料。旧居西侧还设立了历史影像馆和以“信仰的味道”为主题的雕塑区。只见身着长衫的陈望道，在煤油灯旁，一卷在手，心无旁骛，神情专注。这不由让人对这位中国共产党的理论先驱、中国著名的教育家、语言学家肃然起敬。

紧接着，2021 年 7 月苏步青、谈家桢旧居也修缮完成，这样以“爱国”“科学”为主题，三馆共同组成了“玖园爱国主义教育建筑群”。

原来，复旦大学第 9 宿舍早就被复旦的师生亲切地称为“玖园”。1956 年，学校将这幢建于 1930 年的西班牙小楼，供陈望道以及他主持的语法修辞室使用；同年，学校拨出专款为苏步青、陈建功两位教授在园内各自建造了一幢别墅。陈建功教授调离复旦后，谈家桢教授居住于此。

这里还居住过谭其骧、蒋学模、张薰华、谷超豪、胡和生、陆谷孙等多位名师大家，可谓星光璀璨，熠熠生辉。这三座“名楼”其实是复旦大学历史的浓缩，也是现代中国思想和学术界发展的历史见证。

乘轨道交通 10 号线到
同济大学站下，
即可到彰武路西头。

…
四平路
同济大学
国权路
…

彰武路上校园情

彰武路是江湾五角场附近，西端正对着四平路同济大学正门的一条东西向马路，建于 1954 年，全长 757 米。因为这里属于上海东北地区，所以就取辽宁省地名为路名，而且周围与之相交的四平路、阜新路、鞍山路、抚顺路、铁岭路等，都是取自辽宁省的市县名。漫步此间，恍如在中国东北的辽宁省版图内行走。

彰武路似乎就是同济大学的“后花园”，建于 20 世纪五六十年代的同济职工家属新村、同济留学生楼都在彰武路落户。不过，彰武路在 80 年代初还是一条僻静的小马路，沿途还有少量的农田，商业设施极少，只在四平路与彰武路转角处有个小小的邮局，外加银行、食品店、菜场和上海公交第二分公司及公交停车场等。

同济大学是一所有百年历史的学校。创办于 1907 年，最初称为“德文医学堂”，校址在白克路（今凤阳路）。1927 年，正式由国民政府决定迁校吴淞，并定校名为“国立同济大学”。抗日战争时期全新的校舍被日军的炮火夷为平地，学校只好内迁。抗战胜利以后，才在四平路 1239 号现址重新建校，逐步成为一所以土建为中心的多学科大学。

如今学校已成为国家“211 工程”和“985 工程”重点建设高校，早已跻身于我国著名的“建筑老八校”之列。但颇有意味的是同济大学校门仍是建于 1950 年砖混结构牌楼门样式的建筑，表面仿细斩假石处理，门楣浮浅具有时代痕迹，凝重而朴素。1997 年 5 月校方接受一个学生的“创意”，保留老门主体，让新校门后退，老校门居前，两边以玻璃廊环绕，将传统与现代融为一体，让历史永远地停留在过去的某一刻，使众多年轻大学生们一入校门便体悟到具有100年历史老校的沧桑和厚重。

彰武路在2007年左右进行了拓宽，那个小小的邮局和门前绿色的邮筒已经后移到阜新路与同济新村口，原址上矗立的是一幢30层高，蓝灰色玻璃幕墙装饰的现代化大厦。2014年，这幢大厦成为同济大学经济与管理学院的所在，也成为同济大学对外教学交流的一道门户。而与之隔路相对的就是同济大学与某城建集团共同打造的同济联合广场。

整个广场由两幢甲级精品写字楼和一座商务酒楼及沿街商业楼等围合而成。沿彰武路街面有招商银行、麦当劳快餐店、上岛咖啡馆、全家超市、同济君禧大酒店……这些由金属框架、蓝色玻璃幕墙装饰，外立面极富现代张力又亮丽光鲜的综合性商业建筑群，为彰武路带来一股新潮时尚的气息，也颠覆了不少人脑中往昔对彰武路的印象。

不过，当你在不经意间走到同济君禧大酒店背后，却发现这里同济建筑设计研究院和同济大学设计创意学院的大楼外观与前面广场上的建筑风格明显不同，而且都只有三四层楼高，有过去那种老厂房的年代感。原来这里就是昔日上海公交第二分公司的所在。同济建筑设计研究院在接手此地块的项目改造时，从现代建筑艺术和环保理念出发，尽可能地将原办公大楼、印刷厂、金工车间及停车场等外观统统保留，然后辅以现代化的建材和设施，使过去安放机器的库房成为今天供人员进出的开放式办公空间，吸引了上千家企业和人员在此聚集，潜心学术研究，这里溢出的知识经济效益呈逐年增长的态势。

同济联合广场的对面就是同济新村。同济新村是20世纪50年代为同济大学教职员工建造的新村，新村内各种新旧建筑并存。同济新村245号工会俱乐部和“村字楼”等早就被列入上海市优秀历史保护建筑名单。俱乐部建于1956年，主体为二层砖混结构，呈“L”形。整个建筑朴实无华，尺度高低宜人，在布局上结合传统院落的特点及变化，达到步移景换的视觉效果，使用功能与视觉艺术完美结合。此建筑在1994年获得中国建筑协会的优秀建筑奖，还曾被拍进新版电影《年轻的一代》中。工会俱乐部东面，是三幢连体式3层楼房围合成的一个开放式的小院。楼房是钢结构的机瓦屋面，下部红砖基座，上部白墙灰瓦，朝南的底楼前都有一个小花园。大门上有中国传统装饰图案，显得既古朴幽雅，简洁明快，又有中国古典园林的韵味。这就是著名的“村字楼”，全同济新村里只有四幢，分别冠以“村一楼、村二楼、村三楼、村四楼”之名，当年入住的全部是同济大学教授级以上的员工。

我国园林建筑界泰斗级人物、被誉为“中国现代园林之父”的陈从周先生，生前就住在“村四楼”347号底楼的一所房子里。陈从周生前是同济大学教授，博士生导师。他不仅是古建筑专家，同时还是园林艺术家、诗人、作家和画家。

从同济新村的南门出来，彰武路阜新路口是幢16层高的框体式大楼，名曰彰武大楼。大楼竣工于1989年。在当时彰武路鲜有高层建筑的年代，此楼大有鹤立鸡群、独领风骚的气势。

与前面同济联合广场的高端业态不同，这一段的彰武路，特别是彰武路北面全是关系平民百姓生计的小店铺，有老盛兴汤包店、证券公司、干洗店、服装店、理发店、金果园水果店等，各种叫卖声时有所闻。

走过铁岭路，彰武路拐向东北方，这里梧桐树叶遮天蔽日，静谧安宁。彰武路100号原来是上海航空工业学校，学校前身是建于1951年的民航局第三民航学校，为新中国航空工业最早的正规技工学校之一。学校于2003年11月全部归并于同济大学，整个校园成为同济大学的彰武路校区。

原来航校富有传统牌楼色彩的校门已经被分段式、隐含“同”字拼音声母的“T”字形柱门所取代。但原校园内的主要格局没有变，教学大楼内外已经装修一新，呈“π”形围合的北、东、南3座大楼仍是教学区的主体建筑。原航校这3座教学大楼建筑立面样式各不相同，其中最有中国建筑特点的要数北大楼，歇山式三角屋顶结构造型，红瓦坡顶，重檐翘角，镂空花窗。远观近看，都是特别具有历史风韵的大楼。

如今这些经过精心修葺，具有红砖勾白线外墙的老大楼，使校园独具一种厚重的人文历史气息。昔日的北大楼成为专供研究生上课的教学楼，东大楼成为同济航天航空力学学院，南大楼则成为同济出国培训中心。

当然变化又是巨大的。就在这些老大楼的身后，杨树浦又将校园一分为二。2005年重新修缮的“航苑桥”又将东西校园连成一体。河西是六幢错落有致，线条明快，灰色釉砖立面大楼组成的同济学生公寓，河东是食堂、SFC同济中芬中心、同济大学工程实验中心、创业谷、同飞楼、研究生楼等大楼，轨道交通18号线抚顺路站也设立在校园的后门口。

这里绿树遮天，空气清新，花木扶疏，小桥流水，水波潋滟，风光旖旎，“一道残阳铺水中，半江瑟瑟半江红”。杨树浦犹如一条闪光的缎带，轻轻缓缓地飘向前方的黄浦江，给这里的莘莘学子带来心灵上的愉悦和憧憬。

乘轨道交通 10 号线到
四川北路站下，向东沿武进路走，
便可到达乍浦路北段。

…
天潼路
四川北路
海伦路
…

乍浦路的起伏

乍浦路建于 1850 年左右，是美租界时期就开筑的一条马路。乍浦曾经是浙江北部的一个军事重镇，1842 年英军的炮舰正是在这里打败清军，向上海的吴淞港驶来。可见美租界当局命名此路的含义了。

乍浦路从横跨在苏州河上的乍浦路桥开始，如今的乍浦路桥建于 1927 年，是一座欧洲古典式风格的钢筋混凝土结构桥。乍浦路由南向北，一路直穿天潼路、武昌路、塘沽路、昆山路、海宁路、武进路，直到与四川北路公园相接。这些小马路也大都是在虹口开埠时期就修成的马路，地名大都出自中国长江三角洲一带，因而在乍浦路行走，有一种时时在长江三角洲穿越的亲切感。

在 20 世纪 80 年代中期，乍浦路以美食街的美名享誉上海滩。鼎盛时期，长约 1 200 米的马路上，前前后后聚集着 100 多家大大小小的饭店、酒家，真有“忽如一夜春风来，千树万树梨花开”之势。每到夜幕降临时分，高低错落、五彩缤纷的霓虹灯广告牌将狭窄的乍浦路两旁建筑映照得流光溢彩，金碧辉煌。当时的王朝大酒店、丁香饭店、金林酒楼、珠江大酒店等都是远近闻名的大酒店。灵活的机制、富有特色的美味佳肴，良好的服务，吸引了四面八方的游客呼朋引类来此就餐。当时到乍浦路来吃饭，似乎是一种身份和档次的显示。个体创业者能到乍浦路开饭店，更是等于抱到了一个金娃娃。

但是风水轮流转，好景不常在。20 世纪 90 年代中期后，激烈的市场竞争和多种餐饮业的兴起，使当初开美食街风气之先的乍浦路美食街渐渐受到生存的挤压。很快，美食街风光不再，许多饭店和酒楼开始频繁地

“改旗易帜”，有的甚至不得不关并转。尽管上海那几年餐饮业得到迅猛发展，但乍浦路美食街却不断萎缩，以致到后来只剩下30多家小饭店在营业。

商海无情，时过境迁。由于乍浦路、昆山路以南路段早已兴建了星荟中心高端商务楼宇，因此如今乍浦路成了小饭店和小吃店的集中之地，而且都集中在昆山路至海宁路这短短几十米长的马路上。

入夜，这里的霓虹灯依旧闪烁，各种店面的装潢布置仍留有20世纪的风格。从南到北有河南面馆、黄山菜饭、台湾卤肉饭、沙县小吃、重庆小面、广东煲仔饭、长沙米粉、广莲香茶餐厅、东北水饺等，简直成了各地风味的集大成者，这里依然有一种热闹世俗的烟火气。

也许因为这里交通便利，人流不断，所以这些小饭店依然有市场。两年前，这里又开出一家名为“呷不穷”专营长沙市井菜的饭店，怀旧情调的店面装潢布置，让人觉得熟悉亲切而又有异域地方特色。

然而毕竟外面的世界天翻地覆，乍浦路的全面改造指日可待。所以曾在乍浦路美食街显赫一时的那些老饭店上层都已人去楼空，黯然失色，只剩底层的店面还在维持经营。一切都在流变，一切都在起伏。美食街是这样，乍浦路也是这样。

璀璨的灯光多少装饰了乍浦路夜间的轮廓，但白天一到，当霓虹灯光熄灭，乍浦路这条老街只能在有些灰旧的街景中显出几许疲惫和沧桑。难得的是乍浦路上曾经和现在还留有许多上海早期的老建筑。

蟠龙街，旧称阿尔盘弄，就坐落在乍浦路南端。13幢房屋联列，建筑坐南朝北，平面为长方形，立面为欧式构图。北立面采用条形粗石贴面，让人感到一种强烈的西洋建筑风格。最有特色是底层有排列整齐的半圆形券式拱形窗，外设木百叶窗避雨遮阳，楼上是落地平拱木门落地长窗，典雅规整。长廊前设一排呈几何形状的铸铁栏杆作围护，统长的阳台组成装饰性细柱敞廊。这幢建筑建于1920年，在乍浦路已经存在100多年了。2023年经精心修缮后，外观又恢复往日的典雅。

在塘沽路口隔路相望，分别屹立着两幢“姐妹”式公寓，原名叫披亚斯公寓，现已改名叫浦西公寓。这两幢公寓建于1931年，为现代集合式公寓，立面简洁没有过多的花饰，纵向二段划分，中部为清水红砖，底层入口处有古典装饰。两幢相形相似的公寓同时矗立在一个路口，这在上海比较少见。2018年电视剧《我的前半生》曾在这里拍摄内外景。如今公寓底层都开了与生计有关的小商店、小超市，但在靠东的那幢公寓楼下曾有一家名为天梯的小书店。这家书店的内外装潢并不奢华，但店堂内的布置却别具一格，除了书之外，还摆放了各种基督教礼仪用品、字画、红红绿绿的圣诞树、生日卡、生日蜡烛等，仿佛这是一个礼品店，但其实这是一家专门出售基督教书籍的专业书店。也许这家书店依托了前面昆山路上基督教堂景灵堂的宗教氛围，营业状况一直良好，书店已经开了 20 多年，可见在网络盛行的今天，这家书店一定有其独特的经营策略。但是在 2023 年 6 月这家书店也终于关门了。

书店的对面，塘沽路 380 号是上海市工业设备安装公司所在地，但是铁栅栏内的一幢对称的砖木结构，外墙为清水红砖勾白缝，券式门楣，四坡顶屋面，红色平瓦的西洋建筑却十分引人注目，这就是西童女校旧址。

19 世纪 80 年代末，来上海经商和定居的各国侨民日益增多，随之出现了许多专门供各国侨民孩子念书的学校。1893 年在原有的学校不能使用的情况下，工部局择址在此重新建造了新的学校，取名“西童女校”。

20 世纪 20 年代后，随着租界的扩张和大批侨民迁往上海西区居住，去这个设在虹口的学校路远不方便，于是工部局又在西区另建新校。这幢房子即改为工部局的一个办公机构。抗日战争爆发后，这里又被日本军队占用，以后又作为国民党虹口宪兵队机关。

如今修缮一新的这幢建筑古朴典雅，斜对着乍浦路口，让人再一次感觉到乍浦路不只是以美食闻名的马路，更是一条历史底蕴丰厚的老马路。乍浦路上曾经有上海第一家发电厂——电光公司，有中国第一家电影院，中国第一所美术专科学校，还有日本佛教在上海最早开办的分院“西本愿寺”。

乘轨道交通 10 号线到
四川北路站下，
即可到达武进路中段。

…
天潼路
四川北路
海伦路
…

“老靶子”武进路

武进路是一条横跨上海静安区和虹口区的东西向马路。武进路在1943年之前叫老靶子路，顾名思义，这里曾经有个打靶场。追根溯源，武进路的前身为宝山县治下的北穿洪浜。清同治九年（1870年），填浜筑路。后来这里成为公共租界的北端界线，英国人在武进路中段，也就是今海南路处修建了军用打靶场，人们便称其为靶子路。

但1899年租界越界筑路，将租界的界线扩张到江湾路虹口公园一带，靶子场向北迁移，新的靶子路也随之诞生。为示区别，这里便成了没有靶场的“老靶子路”，各类房地产业迅速发展。1943年，租界收回，老靶子路就改取江苏省武进县（今常州市武进区）县名为名，以“武”字打头似乎也在冥冥中存续了一点“打靶场”的渊源。

屈指算来，武进路也是一条有着150年历史的马路了。既然是租界时期就有的马路，它的建筑形态一定是中西合璧、丰富多彩的。确实，时序已经进入21世纪20年代，武进路也随四川北路地区旧改拆去了许多房屋，马路冷落人影疏，但一些建造于20世纪10—30年代，具有中西建筑风格的楼房基本保留下来，并着手修缮。因此仔细观察，武进路这条貌不惊人的马路，其深厚的历史和人文底蕴依然存在。

武进路北侧580号是一幢东西两侧坡屋顶高出中间的红砖三层楼洋房，连续的拱券外廊，嵌红砖带饰，线脚装饰细腻，砖工精细考究，具有早期上海花园洋房的典型特征，这就是昔日有“海上闻人”之称的商界大佬虞洽卿的寓所。如今人去楼空，但曾经的历史却让人关注。

1949年之前，这里紧邻上海北火车站，四通八达，人流熙攘，店铺林立、商业繁华。从河南北路至四川北路这一段沿街的楼房里曾经开设各种五金百货店、食品餐饮店、米号油酱店、茶园布衣店等，还有德隆香烟厂、市立培本国民学校、台湾旅沪同乡会和国立上海商学院学生宿舍、卫生局清洁总队、太平洋印刷公司等单位机构。

1949年之后，这里商业网点进行调整，店铺相对减少，不少房屋成为民居、幼儿园及小学。改革开放之后，这里又陆续开出许多商店。1985年，原卫生局楼房被翻造为16层的“武进大楼”，一度《新闻报》社驻扎在这条路上，6路电车终点站也设在武进路、河南北路口，武进路是一条低调却又不乏热闹的马路。

过罗浮路以东便属于虹口区界内了，当然在1943年之前这里也是公共租界的地盘。如今罗浮路东侧是幢名为“永生大楼”的高层大楼，底层为“振鼎鸡”店，楼上为“都市创意园区”。大楼后面则是一幢有券式门楣的老式6层大楼。

这幢大楼在1949年之后是上海永生金笔厂的厂房，而之前是俭德储蓄会上海总会大楼和百星大戏院所在。百星大戏院是建于1926年的一座豪华型的电影院，曾最早放映有声电影，鲁迅先生曾在1927年两次来此观看电影。后来百星大戏院又变成中央日报社大楼。1990年之后此大楼又变身“翰庭酒店”大楼，真是变化多端，也是武进路百年变化的缩影。

2021年12月，在武进路、四川北路西南角上出现了一个以“今潮8弄”冠名的新型商业体、8条百年老弄堂、60幢石库门楼房和8幢独立式老建筑，经现代修缮和改造，成了上海又一网红打卡地。人们可以在这里享受沉浸式的会展、购物、餐饮、艺术博览、先锋服饰、文艺演出、夜场娱乐等。据悉，今潮8弄还将新建大型商办综合体，将历史保护街区和优秀历史建筑、武进路城市公园等新旧建筑、景观环境融为一体，很好地传承城市历史文脉，完成四川北路区域整体的商业复兴。

这个约1.2万平方米的街区，原属乍浦街道“武海小区”。追溯过去，整个街区辖地在上海开埠前属小浜纵横、棉田成片地区。开埠后成为美租界的一部分，广东和浙江两籍人员居多。这里建筑形态非常丰富，人文历史也异常丰厚。既有建于清末年间至20世纪30年代左右的石库门弄堂颍川寄庐、公益坊、粤秀坊、天福里、保安里、永吉里等，也有建于民国初年、曾经名人荟萃的扆虹园，还有重檐外廊券窗的英式联排洋房。

与武进路相交的四川北路，原称

天潼路 395 号　上海邮政博物馆（原上海邮政总局大楼）

北四川路，南起苏州河，至山阴路西折，又北折迄东江湾路。1900 年筑成，是美租界早期越界筑路的产物之一，1946 年改今名。20 世纪 20 年代起南端邮政总局大楼（今上海邮政博物馆）、新亚大酒店、河滨大楼、虹口大楼等落成，加上路两侧店铺众多，商业繁盛，自此四川北路即有“上海第三条大街”之称。

商业的兴盛也带来文化的繁荣，由武进路与四川北路相交为原点，东西南北方圆 2 公里的范围，曾经是近现代文人生活居住、交友写作和书局、书店、印刷出版发行业的聚集区域。

鲁迅、巴金、茅盾、郁达夫、萧红、萧军、丁玲、冯雪峰、叶圣陶、施蛰存、叶灵凤等中国现代文学史中很多代表性作家，都曾和这片区域有过交集。从北到南，有鲁迅居住过的拉摩斯公寓、购书会客交友的内山书店，左翼文学团体创造社和太阳社总部，左翼作家联络、开会的公啡咖啡馆，陈云工作过的商务印书馆虹口分店，霍元甲创办的精武体育会馆，良友图书出版公司等。如今这些机构的旧址、遗址大都还在，人们在这里都还能找到记忆的载体。

1933年12月2—3日，鲁迅与内山完造在老靶子路40号（今武进路183号，原系日本基督教青年会）举办俄法书籍插画展览会。

武进路、中州路西北转角的中州路2号，原是一幢二层砖木结构的沿街市房，20世纪30年代这幢房子为同情革命的商人谢旦如开设的“公道书店”，也是中共地下党员借此进行联络的据点。乍浦路、武进路西南转角处，武进路249号是原天马书店旧址。该书店1932年由左翼作家楼适夷主持，出版的第一本书便是《鲁迅自选集》。

武进路、四川北路西南角上的公益坊是建于20世纪30年代前后的石库门弄堂，弄内有两层砖木结构的住房119幢。如今正红火的“今潮8弄”主要就是原公益坊内的8条弄堂。20年代末至30年代中期，公益坊内曾出入过大量的左翼作家和“新感觉派”作家。1931年，现代文学著名作家、翻译家、学者施蛰存就在这里开办了水沫书店。当时许多前辈作家和年轻作家都来书店接洽。由此可见，中国现代文学也是在虹口的石库门弄堂内发展壮大起来的。

武进路453号是一幢两层楼的青砖建筑，乍看之下并没有什么显眼之处，只是带红色隅石的窗框、窗套别有一种精致。如果从空中鸟瞰，便发现这是一幢精美别致的建筑，像一枚美丽的贝壳闪烁在绿色的草地上。

这座名为扆虹园的西式花园，小巧玲珑，精致典雅，为清末年间广东富商赵岐峰所建，当年也是沪上闻名的社交场所。座上客常满，樽中酒不空。1911年12月30日晚，广东同乡会乘孙中山先生北上南京就职前来沪稍作停留之机，在此宴请了他。同年7月，孙中山先生再次光顾扆虹园，还发表了有关中国铁道建设的演说，受到与会者的热烈欢迎。扆虹园有太多辉煌的历史，镌刻在南面各有5个弧形的古罗马风格的拱券门上。

新中国建立后，这里成为虹口区肺病防治所，后来又成为上海台板配件厂厂房，再后来成为民居。2010年左右，沿街楼房又成为浴室和迪亚天天超市的店堂。沈园非复旧池台，萧鼓声喧难回还。但是2010年之后，虹口区将扆虹园列入了文物保护名单。2018年之后，扆虹园终于开始显露出那未曾被岁月侵蚀掉的部分青春容颜。不久的将来，扆虹园将成为集收藏、研究、教育、交流于一体的上海文学博物馆主场。

到时候人们在文学博物馆内读现代中国文学作家的文字，看他们的手稿，听他们的录音讲话，出来便能追寻作家们的缕缕屐痕，睹物思人，走进他们当年生活写作的岁月，这是何等美妙的精神漫游啊，看来，武进路的故事永远也说不完。

乘轨道交通 10 号线到
四川北路站下，向南沿四川北路走，
便可到达海宁路东段。

…
天潼路
四川北路
海伦路
…

“影戏街”海宁路

海宁路是横穿上海原闸北区与虹口区的一条大马路，最初东起鸭绿江路桥，西至甘肃路与新疆路相接。该路路址原主要为穿虹浜，河畔有民房和农田。19 世纪 60 年代以后，填浜筑路，逐渐形成道路。20 世纪 80 年代，沿途两边的支路、商店、工厂、办公大楼不计其数，但是过四川北路向东一点，乍浦路和北海宁路两条带曲线的小马路正好相交在海宁路处，于是形成一个独特的三岔路口，此处的马路拐角大都呈半圆弧形，沿街布满各种历史悠久的商店、书店、音像店、饭店、宾馆、戏院，再加上有一个 63 路公共汽车终点站，整天车水马龙，历来是虹口乃至上海的一处商业繁华之地。

这里有浓浓的市井风情，曾经是全市独一无二的影院集中之地。直到 20 世纪 80 年代中期，方圆才几百米的四周还分布着国际电影院、胜利艺术电影院、虹口文化娱乐厅、解放剧场等，这几个剧场都是有年头的，它们几乎是上海电影业发展史的见证了。

原来这里在 20 年代就集中了约一半以上的上海影戏院和电影制作公司，一直有“影戏街”之称。虹口文化娱乐厅的前身就是全中国第一个电影院，1907 年由西班牙人雷玛斯创建的。之后他又在此创办了维多利亚活动影戏园，其他商人也相继在此创办了爱普庐影戏院、爱伦活动影戏院、好莱坞大戏院（现为胜利电影院）、东和馆（后为解放剧场）、融光（后为国际电影院）等影剧院，据统计，在 1949 年前后，有大小 50 多家电影（戏）院和 20 多家电影制作公司在这里存在过。中国第一代著名电影导演蔡楚生、郑君里、汤晓丹等都是先在这里实习之后才走上从影之路的。

20世纪80年代时，这里马路两边的建筑基本上还保持着以前的原貌，大都是些石库门弄堂和二层楼砖木结构的楼房。那时，这里也是几路公共汽车的中转站，从五角场方向回沪西、沪北度周末的许多大中专学生总喜欢在转车之前，来这里溜达几圈。因为是周末，心情特别悠闲放松，年轻的身影常常就流连忘返在这儿的新旧书店和音像店、影剧院里。饿了就到附近的百官街上，花一两毛钱吃上二两生煎馒头和一碗鸡鸭血汤。

当时最吸引这些学生的电影院是胜利艺术电影院。这家影院于1929年2月11日开业，专映外国二三轮影片，初称好莱坞大戏院。1930年影院易主，改名国民大戏院。1931年11月归英商高品洋行，改名威利大戏院。日占期间，曾更名为昭南剧场。抗战胜利后，改名为民光剧场。新中国建立后，改名为胜利电影院。

这家电影院的建筑很有特色，电影院地理位置也重要，就建在乍浦路、北海宁路与海宁路的三岔路口。其建筑也很有特色，沿街一面呈半圆形，顶层是带檐角的庙宇式建筑，远远地看去，像一个古色古香的宫殿，整个建筑有四层，一楼是商场和音乐茶花座，二楼才是影院，三楼以上是办公室。看电影时观众需要从商场边的楼梯上到达二楼。观众厅不大，但却有两层，也是圆形的。场内四周有壁灯，天花板上有满天星似的吸顶灯，座席是全海绵软座，使人备感温馨典雅。

其时已经是80年代，部分艺术电影，特别是一些带探索性的电影观众面越来越小，为了倡导高雅艺术，电影院易名为胜利艺术电影院，这已是它第7次更名了。影院经过装修场地，更新设施，开始专门放映高品质电影，有获奖的经典之作，中国早期和建国后各个时期的代表作，还有一些在当时属于有争议的影片。不仅如此，电影院还配合影片上映举办电影艺术讲座，约请演员与观众见面，艺术电影院名副其实。

事实证明，艺术电影院的开办在很长一段时间里是成功的。一些电影在别的地方观众寥寥，在这里却能获得相当多的知音，个别电影甚至爆满。王朔的电影《一半是海水一半是火焰》在这里曾经连映三个月，许多人想看，都没有机会买到票。其实，许多人喜欢的是这里看电影的氛围。那街角处木制的售票窗口，拐角处色彩绚丽的电影海报……营造着一种艺术气息，人坐在圆形的放映厅里，四周的黑暗似一种特别的温暖包围着你，注意力集中，流光溢彩的银幕更是不费吹灰之力就把你带到特定的梦幻世界，远离尘世的喧嚣。

这里曾放映过原版的英国影片《看得见风景的房间》、苏联影片《金色的旋律》、陈逸飞的影片《人约黄昏》、阮玲玉主演的默片《新女性》等。每当电影散场后，走出那狭窄的楼梯口总让人有一种艺术的满足感。再踏入夜色中的海宁路，空气中飘浮着小摊小贩花生、瓜子、烤羊肉的香味，又有一种世俗的温暖。艺术电影就像黑夜里的星星，点缀着这些学子年轻的梦想和生活。如今回想过去，竟然有一种醉意。

20 世纪 90 年代前后，中国第一座电影院，后来的虹口文化娱乐厅因海宁路扩建拆除，人们在原址上立碑一块，使走过路过的人还依稀记起中国第一座电影院的模样。解放剧场变成餐厅，早不演戏了，胜利艺术电影院彻底放弃电影，改成咖啡馆和网吧；只有国际电影院在大规模的改造之后，变成金碧辉煌的多功能娱乐场所，还放映电影。但最后也是人去楼空，无影无踪。

不过，胜利电影院的整个院址倒被保留下来。经过几年的等待和修缮，如今“胜利”回归，不仅精心恢复了歇山式富有民族特式的塔楼，且又能放映电影，成为多功能的艺术新空间。

老电影院其实也是城市的时光隧道。胜利电影院七易其名的过程，无疑就是上海电影乃至中国电影的历史见证，它也是这座发展太快的城市需要留下的地标。有了它，“影戏街”的前世今生就有了记忆的原点。

乘轨道交通 10 号线到
四川北路站下，向南沿四川北路走，
过海宁路便可到达昆山路和昆山花园路。

…
天潼路
四川北路
海伦路
…

昆山路与昆山花园路

如果你仔细看上海的地图，就会发现上海有不少路名是相近，甚至重复的。繁华的四川北路以西，海宁路以南的昆山路与昆山花园路就是如此，一般市民往往会搞混。不过，即便搞混也不要紧，因为这两条马路一前一后紧挨着，多走几步路，便可看清“花园”真面目。

从历史上看，是先有昆山路，然后才有昆山花园路的。昆山路辟筑于1882 年，全长 400 米，穿越西街、百官街、乍浦路，是虹口境内最早辟筑的马路之一。在上海开埠之前，这里属上海县高昌乡，有费家宅、周家宅等自然村，小浜纵横，农田成片。1848 年开埠后，这里成为美租界的一部分，即有粤、甬两籍人士在此居住经商。从 1850 年始起，天潼路、乍浦路、武昌路、武进路、海宁路、昆山路等先后辟筑。

昆山路建成后，即成为连通繁华四川北路和吴淞路之间的一条闹中取静的小马路，因为安静，所以两边房地产迅速发展，石库门楼房、西式洋房、公寓楼房、大中小学校、公园、教堂等平地而起，鳞次栉比。

昆山路建成后，1896 年，租界工部局向业广地产公司购得昆山路、乍浦路西南角 9 亩地皮，围以木栅形成一个小花园，初称虹口公园。但不久更大的虹口公园在四川北路底建成，因公园北面紧邻昆山路，遂改名昆山花园，这是一座专供西童游乐的袖珍花园。1937 年花园易名为昆山儿童花园。1949 年后改名为昆山公园至今。

1900 年，昆山路南面又筑成一条 V 字形小马路，全长 100 米，此路与百官街形成“丁”字形，东端正好是昆山花园的大门，故路名就为昆山花园路。

如今100多年光阴倏忽而过。近在咫尺的四川北路已经发生了翻天覆地的变化，昆山路却依然如故。从车水马龙的四川北路旁拐进人影稀疏的昆山路，仿佛时空转换，时间静止。昆山路西头，除了海泰大厦的半个身躯盘踞外，就没有什么新建筑。西街口，南面是一排毗连式洋房的朝北面，底层开着一两家小店。此排洋房建于20世纪20年代初，是典型的上海近代外廊式建筑，具有英国安妮女王时期建筑的风格和特征。朝向昆山花园路的南立面外观以清水青砖为主，嵌红砖线条。主立面设连续的券式外廊。券窗采用半圆形，既显奢华大气又呈一种韵律感。这样的建筑在100年后的今天看来，外观仍有一种摄人心魄的魅力。

昆山路、昆山花园、昆山花园路，正好是一个“三角关系”，有我才有你，有你后有他，迭现的是这一带由农村到城市的变迁史。昆山花园路7号四楼的一个房间曾住过我国现代著名女作家丁玲。她在1923年进上海大学中文系学习，1927年起在上海《小说月报》上发表《莎菲女士的日记》等小说成名。1930年参加“左联”，任“左联”机关刊物《北斗》的主编，之后加入中国共产党。

1933年5月14日，丁玲就在这里被国民党会同租界巡捕房拘捕。在丁玲被押上汽车后，另一名中共党员左翼作家应修人不明就里前来与丁玲联系，被埋伏在丁玲寓所的特务捕获。但应修人临危不惧，与特务展开殊死搏斗。在搏斗中，应修人不幸从三楼后窗处坠楼牺牲，他的身体正好摔落在昆山路上，鲜血染红了昆山路上的地砖。

昆山路与昆山花园路的距离真的是一墙之隔。住在昆山花园路洋房里的人家，推开后窗看见的是昆山路，所以昆山路反而更像是昆山花园路的“后花园”。

如今走过昆山路、西街口，昆山路244号又是一幢上下有券式外廊的两层楼房，其建筑风格与南面的昆山花园路上的洋房有异曲同工之妙。这幢楼房是民国善导女子中小学留下的唯一真迹了。善导女子中小学前身是1892年由圣家院创办的教会学校。1952年后，善导女子中小学一部分变身为上海第五女子中学，另一部分成为海宁路第一小学，如今又成为西街幼儿园的园舍，文脉一直没断。可见建筑贮存的不仅是记忆，它本身就是历史。

过昆山公园、乍浦路后，昆山路两边呈现的又是另一种风情。南面是景林庐（公寓）和景灵堂；北面是石库门弄堂共和里、长安里和上海财经大学继续教育学院。景林庐如今是历

乍浦路 260 号
乍浦路昆山路住宅（景林庐旧址）

史保护建筑，其建筑年代与风格样式与昆山花园路上的毗连式楼房如出一辙。

景灵堂原名景林堂，是上海著名的基督教堂。前身为美国著名传教士林乐知所创建的中西书院附属教堂。1920 年本堂教徒发起建造新堂，1923 年竣工。为纪念林乐知定名为景林堂，成为当时上海新教堂中最大最美的教堂。教堂后面还附有小学、印刷厂、公寓等建筑，统称为“景林庐”。宋庆龄之父宋耀如曾在此处任牧师。1981 年教堂修复后，更名为景灵堂。

景灵堂对面的财经大学成人学院，在 1949 年前是东吴大学法学院的校舍。东吴大学是美国监理公会于 1901 年在苏州创办的教会大学，1914 年在上海昆山路中西书院旧址上开设东吴大学法学院，林语堂、陈布雷、潘光旦等都在此教过学。1952 年之后，东吴大学撤销，此地成为上海财经大学夜校部，1980 年后更名为上海财经大学继续教育学院。

站在昆山路、乍浦路十字路口向东眺望，由西式教堂、别墅洋房、中式石库门楼房、新式里弄房夹道的昆山路尽头，是吴淞路上一幢由玻璃幕墙装饰的现代化超高层大楼。

相对新楼林立、车水马龙的吴淞路，昆山路就显得陈旧寂静了，一瞬间让人有时空错乱的恍惚。然而新与旧、动与静、高与低却又是那么生动和谐，这里既有新上海的时尚感又有老上海的烟火气。难怪许多反映当今上海生活的影视剧，如《我的前半生》《三十而立》《安家》等都在这里取景，甚至把主人公的家也安在这里。

上海城市和建筑最有条件跨越时空，把过去、现在和未来，本地和外来的多元文化塑造在一个空间之中。真的，当你呼吸自由地徜徉在昆山路、乍浦路、昆山花园路等路上时，一定能发现，一座座看似孤立的建筑，其实见证着历史与记忆，更回应着我们对时间的感受和对生命的体验。

乘轨道交通 10、2 号线到
南京东路站下，向北沿河南中路走，
过宁波路便可到达北京东路东段。

…
豫园
南京东路
天潼路
…

北京东路的“N 金”

北京东路是上海人熟悉，经常路过却又不太想逛的一条马路。因为此路从河南中路至西藏中路一大段，全是各种各样的五金商店，北京东路俨然就是“五金一条街”，似乎只有那些来自全国各地的采购员才爱逛这条马路。其实，这条长约 1 600 米，以外滩中山东一路为起点，又与繁华的南京东路相邻的马路，虽然门庭不闹，低调沉寂，但也很有历史和故事。

曾经，这里是独具风格和韵味的“中资金融街”，是外滩金融街的补充和延伸；一度，这里又在历史大潮中转型为“五金一条街”，也称“机电一条街”。而在 2014 年后，五金生意还在，但渐渐减少。清算所、上海资信有限公司、深圳证券信息公司、航运保险协会等悄然驻扎，金融业的气氛在这条路上逐渐聚拢。

在北京东路漫步，就像翻阅一本内涵丰富的老书，历史的厚重与现实的纷繁交织在一起，令人兴奋也令人眩晕。一方面，这里到处都是具有百年以上历史的精美建筑，风格各异，典雅肃穆，意象纷繁，令人目不暇接，有折中主义和新古典主义风格的中实银行大楼，现代派风格的浙江兴

北京东路 342 号　上海市口腔医院（国华大楼）

业银行大楼，古典主义风格局部带巴洛克装饰的四明银行大楼，装饰艺术派风格的国华大楼等；另一方面，这里又处处表露出沧桑疲惫，商业、住户、办公楼混杂，配套设施都有点跟不上时代了。

上海开埠之初，该路是通达黄浦江的四条土路之一。1849 年土路开始修整，但仅修筑了河南中路以东一段。因东端附近是英国领事总署，故初名就为领事馆路。1854 年后此路才向西延伸至浙江中路。1865 年顺应租界当局上海东西向马路命名原则，就以清廷京城名命名为北京路。1945 年更名为北京东路，过西藏中路后向西延伸段则定名为北京西路，到华山路终止。

从 1900 年起，一些洋行、公司、机构等集中在今河南中路以东的北京东路段。今河南中路以西，大多是旧式里弄房屋，间有零星的酒店、洋布店、烟纸店和小型金号。

1908 年至 1934 年，是北京东路的“黄金年华”。这一时期，新大厦相继落成，中国实业银行、四明银行、盐业银行、浙江兴业银行等十几家银行开设在河南中路以东的北京东路两侧，这段路成了中资银行集中的大街之一。人们将这条路与天津路、宁波路一起统称为“后马路”，贵州路口还兴建了金城大戏院和丽都大戏院，北京东路成了南京东路大马路后面的马路，知名度相应提升。

但不久淞沪战争爆发，因战火蔓延到黄浦江边，上海最初的五金街——虹口大名路、塘沽路、闵行路一带的店号纷纷向北京东路迁移，一些洋行也迫于生计，开始兼营五金业务。此后北京东路出现了五金建材等专业性的商店，计有机械、钢铁、机电、建材、轴承等 9 大行业，规模比原虹口五金街大得多，于是也就成了上海有名的五金街。

新中国成立后，经过多次整顿和调整，北京东路的中段和西段两侧有民用五金、家用电料电器、自行车零件、五金工具、玻璃五金、机电设备等 70 多家商店。这里既有专业性商店，也有综合性商店，经营批发、零售、修理、出租业务，于是人们又称这里为“五金机电一条街”。东段依然大楼林立，主要有市广播电视事业局、市物资局、市建筑工程局、市机械进出口公司等。1990 年前后，北京东路北侧新建了友谊商店大楼，南侧河南中路两旁新建了一批多层住宅，北京东路的路况不动声色地发生了改变。

这时的北京东路作为五金机电一条街也迎来它最风光的时段。国家对包括机电五金产品在内的工业品逐步放开，各类民营资本大举进入。北京东路交通方便，机电五金店铺云集，门类齐全，产品畅销，生意自然红火。1999 年，北京东路被命名为上海市十大专业特色街之一，是上海知名的生产资料集散中心。

然而 2000 年之后，随着上海工业制造企业转型升级，传统需求减少，产品主要由工厂直接供货；再加上产品类同，同质化竞争激烈，北京东路“五金机电一条街”的功能不可避免地出现弱化，直至 2010 年前后生意一落千丈。

北京东路转型势在必行，伴随上海产业结构转型升级，服务经济开始领跑，位于上海“心脏”地带的这条马路，自然又成为许多金融企业的首选。

北京东路 2 号的格林邮船大楼，入驻者几次变化，如今这里已经成为上海银行间市场清算所股份有限公司的所在地。这家央行旗下的专业机构，是我国顺应国际金融监管新趋势作出的重要安排，填补了我国场外金融要素市场的空白。

外观简洁，构图严整，具有新古典主义建筑风格的北京东路 280 号盐业大楼，建于 1931 年。现在入驻的是上海新金融研究所、上海资信有限公司。新金融研究所汇聚业界智慧精华，关注新金融业态的发展变化，成为许多金融业发展前沿趋势的策源地。

拥有漂亮浮雕装饰的北京东路 270 号中一信托大楼，建于 1924 年，最初的主人是中一信托股份公司。如今大楼一层、二层是深圳证券信息（上海）有限公司，四层是上海保险协会，七层有上海期港投资管理有限公司。

回黄转绿，移宫换羽。这条藏身于外滩身后的“后马路”自有别样的厚重和精彩。如今从中山东一路到四川中路这一段，由于历史的原因，道路显得特别狭窄。两旁的历史建筑不是伤筋动骨地破旧立新，而是低调精心地保护开发，内部设施则按现代商务办公需求重新升级。

格林邮船大楼西对面是一幢外形狭长的老建筑——益丰洋行大楼，这幢建于 1911 年，具有欧洲文艺复兴时期风格的大楼，是上海目前最长的清水红砖老建筑，它以特有的沿街 124 米门面宽幅创下当时上海同类单体建筑之最。这幢建筑顶部有精巧的三角形山花作间断分隔，在西北角入口和东北角穹顶上缀满了巴洛克时代建筑特有的线条和符号。2012 年 5 月，此楼成为集精品百货、餐饮休闲娱乐为一体的益丰·外滩源商场。这幢占尽北京东路东段半壁江山的大楼，使路上的天空也变得高远起来，仿佛有一种时空悠长的历史韵味。

北京东路、四川中路东南角上 137 号至 161 号也是一幢红砖外墙，但平面近似呈“V”字形的大楼，建于1920年，底层入口处有古典山花和爱奥尼柱装饰，具有西方折中主义风格。目前虽然人去楼空，等待修缮，但20世纪50年代此楼曾居住过已故现代画家、导演、视觉艺术家陈逸飞，不由让人凝眸倾顾，睹物思人。

少年时代的陈逸飞随父亲住进这幢大楼四楼的一个房间内。他就读的浦光中学就在北面百米之遥的四川路桥南堍。可以说，黄浦江、苏州河、外滩的万国建筑博览群、圆明园路上的曙光电影院、北京东路上欧洲古典主义建筑等，都是哺育陈逸飞艺术成长的养料。

而今这一段的北京东路将构筑起完善的金融生态圈。这里既有金融机构，也有为金融机构服务的高端服务业，还有为金融人士工作、生活配套的餐厅、酒吧、咖啡店等。不少年轻人在外滩跑累了，都喜欢来这里的街头和小店休憩，还有不少年轻人更喜欢以这里的红砖建筑为背景拍摄婚纱照。不知什么时候起，这段的北京东路也开始成为年轻人热衷拍照"打卡"之处。

河南中路以西的五金商店已经所剩无几，但它们仍在艰难而积极地探索。北京东路的金融开始闻名，但北京东路的五金仍然是一个品牌，未来或将成为一种商业模式。作为物理形态的五金机电一条街恐怕只能渐行渐远，但这一生产服务性的品牌，也许可以通过互联网孕育出新的生命。

乘轨道交通 10 号线，
到豫园站下，沿福佑路向东，
便可到达古城公园及老城厢各路。

…
老西门
豫园
南京东路
…

上海老城厢“路考”

马园街、梧桐路、丹凤路是上海南市“老城厢”东北部，上海五大古典园林之首——豫园东面的 3 条小马路。这 3 条马路相互交连、交错，留存了不少古迹古韵，构成了“老城厢”内一个有代表性的区域。

在上海十几个历史文化风貌区中，“老城厢”是独一无二的呈现本土文化历史风貌的标本。“老城厢”留存有上海 700 多年城市发展的历史痕迹，蕴藏着城市各个发展时期丰富的物质与非物质的历史遗存，集中体现了清末民初以后上海的传统城市生活面貌和五方杂处的市井百态。

所谓的“老城厢”，指的是上海开埠前的上海县城，它由一道建于明嘉靖年间的城墙为界，界内自然就是城厢，那道城墙早在 1913 年就拆除了，填护城河而修筑起的马路，就是如今环形相连的人民路和中华路，沿着这条环形马路兜一圈，正好是它的全部路程。因此，上海人至今仍习惯性地将这条环形马路圈起的内部区域称为“老城厢”。100 多年过去了，“老城厢”内的街区格局基本还保持当时的原样，许多建筑还是原貌。叩街问巷或串街走巷，不去探究“老城厢”居民的现实生活状况，就走马观花，浮光掠影的瞬间而言，这里到处

方浜中路　上海老街

都是时光烙下的印迹，随时就能捕捉到历史的踪迹。

由于过去的“老城厢”内河道纵横，水网交织，后来又依形填河修路，致使如今的“老城厢”内小马路足有300条之多，且相互交错，前后相连，曲径通幽，四通八达。饶有意趣的是这些小街或是小马路的名字，几乎条条都有来历，路路都有用意，它们的前身不是一座寺庙就是一座书院、园林，或者就是一座桥、一幢民宅、一个作坊和市场。

方浜中路路基就是上海城内一条叫作方浜的河道，东通黄浦江，西与城内大干河等河道相通。1912年，方浜被填没而成马路。20世纪40年代改名为方浜中路，成为老城厢内的一条主要商业街。方浜中路西段与河南南路北段相交。河南南路北段原称老北门大街。20世纪50年代后期，拆除晏海路、西仓路等之后开辟了一条贯穿旧城厢南北的干道，因北接河南中路，故就称河南南路。

河南南路16号中汇大厦建于

河南南路16号
中汇大厦
（中汇银行旧址）

1934年9月，为旧上海大亨杜月笙的房产。此楼为钢筋混凝土框架结构，属典型的装饰主义风格，高达12层，上面3层为塔楼，外墙面为红砖，底层为骑楼式，中间有圆柱厅，甚为气派。该楼曾是中汇银行及杜月笙办公室、仓库及会计、律师、建设设计等事务所所在，新中国成立后，成了上海博物馆馆舍。

站在方浜中路、光启路口的古戏台前，闭眼想一下，马园、梧桐、丹凤这三个元素交织在一幅画里，它只能是一幅重彩浓墨的中国画，不由令人神往。然而在2019年之前现实生活中的马园街、梧桐路、丹凤路却是另一番景象。

从方浜中路上的古戏台向东走，没几步就步入南北向的马园街。街很短，才100米，一眼就从方浜中路穿越到梧桐路。据说，马园街的得名很早。相传曾经有个姓费的商人在此建造马园，饲养名马。这里靠近豫园和上海县署，前来相马的“伯乐”自然趋之若鹜，这马园当然也就闻名遐迩。当“老城厢”渐渐城镇化的时候，园就变迁成街，马园街的街名就此衍化出来。

与马园街丁字相交的就是梧桐路了。梧桐路原来并不叫梧桐路，分东西两段，东段叫大生街，而西段叫天主堂街，可想而知，天主堂是这条路的地标。原来这里靠近豫园，豫园最初的主人潘允端的祖宅世春堂就在这条路的中西端，如今的137号。这自然是当时的一座豪宅了，据说“规模甲于海上”。豫园本身几度兴衰，世春堂自然也几次易主。1637年，该堂被改造为中西合璧式的天主堂，堂前开始遍植法国梧桐树。再后来天主堂易地，此处又变成书院和学堂。新中国成立以后，再以“天主堂”作为一条马路的名字显然已经不合时宜了，人们就想到了天主堂前的梧桐树，于是就将天主堂街改名为梧桐路了。天主堂内的原上智小学也变成了梧桐路第二小学。

丹凤路与梧桐路各自在自己的中段彼此十字相交，丹凤路的得名源于丹凤路最北端曾有一座丹凤楼。原来明代建上海城墙之后，于东门和北门之间又建造了一座万军台，台上建有丹凤楼。这里临近十六浦，又靠近黄浦江，登楼远眺，上海黄浦江边的风光尽收眼底，故有“凤楼远眺”之誉，为当年的“沪城八景”之一。1914年，此楼与城墙一起被拆，“丹凤”这个美丽的鸟名就被留下作为沿丹凤楼向南而筑的马路名。

其实，2019年之前的马园街、梧桐路、丹凤路这三条马路完全没有人们想象的某种情调和诗意，像“老城厢”内的许多马路一样，道路狭窄，两旁全是密集的二层楼房，楼房的屋檐几乎紧挨着，居民们没有隐私可言。许多楼房的墙壁还是木板，刷着铁锈红色的油漆，散发出来的自然是一种陈年老宅的气息和柴米油盐的味道。不必讳言，当时的“老城厢”外围主要马路及周边地区都在改建或重建，特别是豫园商城四周，飞檐翘角，金碧辉煌，商铺林立，人声喧闹，但是一旦深入到“老城厢”内这些像蜘蛛网一样分布的小街小巷，就会发现生活还有另一个层面。与“城”外的那种喧闹的市尘声相比，这里有一种出奇的宁静。这种宁静不是空白，也不是悠闲，而是一种时空转换之后的思索和停顿，尽管这里的生活整天也是嘈杂的。

当时“老城厢”内的许多马路由于种种限制，路况没有多少改变，但是局部的变化还是在发生的，其中最大的变化在丹凤路的南北两端。丹凤路的西南端建有一座三层楼式的丹凤阁，虽然是仿古的，但雕梁画栋，飞檐翘角，顶层“丹凤阁”三个鎏金大字是原“丹凤楼”题名者陈珩的手迹，仿佛为丹凤路找回一点当年丹凤楼的遗韵，而丹凤路的北端就完全是一番新景象了。

2000 年 5 月 31 日，在动迁了福佑路、安仁街、丹凤路北端的众多民居后，这里建起了一座全新的公园，但因为靠近“老城厢”，而且还在原护城河的界内，故命名为古城公园。

虽然古城公园没有真正意义上的名胜古迹，但是造园者另辟蹊径，汲取了古城墙、古城楼、护城河、吊桥等“古城”元素，似真非真，虚实相间，打造了一个可以以假乱真的古城。

登上重建的丹凤台，极目四望，只见古城公园内景色鲜明，游人如织，人民路、新开河路、中山东一路上车水马龙，浦西外滩的一幢幢充满欧洲风情的近代建筑赫然入目，而更引人入胜的则是对岸浦东陆家嘴处的金茂大厦、上海中心大厦、上海环球金融中心等一幢幢现代超高层建筑，在阳光下熠熠生辉，好一派上海大都市所独具的现代风貌。虽然两岸的建筑在时间上相差百年，风格迥异，但看上去都气韵生动，巍峨壮观。上海的“母亲河”——蜿蜒的黄浦江将浦西近代建筑群与浦东的现代金融大厦连成一体，讲述着上海的昨天、今天和明天。

这可真是：虚实景象包含绵延历史，揽英接芳昭示磊落未来。仰看摩天意气舒，坐听流水曲音雅。

2019 年之后，梧桐路、马园街、丹凤路终于列入拆迁范围，仿佛一夜之间，人去楼空，街道寂静，若干年后，这里等待人们的肯定又是一番新景象。

乘轨道交通10、13号线到
一大会址 · 新天地站下，沿马当路向北走，
过自忠路便可到达兴业路东头。

…
陕西南路
一大会址 · 新天地
老西门
…

兴业路上
天地新

新天地如今已经是闻名遐迩的上海旅游名片了。在这个方圆3万平方米的街区里，有包括中国共产党第一次全国代表大会会址、上海工人第三次武装起义指挥部等在内的全国重点历史文物单位，而建于20世纪初的石库门建筑群在经过改造和内部重新布局之后，神奇般地演变成历史与时尚完美融合的商业街，每天吸引了无数的中外游人来此观光游玩。

2021年5月1日至23日，新天地又被列为上海（国际）花展4大分会场之一，精心布置了“春风拂面、春山暖日、春潮涌动、春和景明”4大展区及10组主题景点，将精致园艺传播到城市绿地之中，将红色历史与红色文化融入城市景观中。漫步新天地，处处有一种热烈祥和、富贵美丽的喜庆氛围，真让人心旷神怡，流连忘返。

新天地其实是个十足的老城区，最初是上海老城厢西门外的村庄田野，1849年之后沦为法租界，于20世纪初开始城市化。这里街巷幽深，马路纵横，车水马龙，市井繁华。马当路、自忠路、顺昌路、济南路、黄陂南路、兴业路等这些有年头的老马路本身都已成为这个空间内的历史元素和载体。

自然其中的兴业路恐怕最为人熟知了。因为兴业路76号那幢外墙为清水砖镶嵌红砖，黑漆大门、黄铜门环、米色石条门框，门楣上装饰着矾红色浮雕的石库门民居，就是中国共产党第一次全国代表大会的会址。

由此，许多人认为兴业路这个路名是新中国成立之后改取的，有“事业兴隆”之意。但其实不然，兴业路原名望志路，西临重庆南路，东到黄陂南路，全长500多米，是法租

兴业路 76 号
中国共产党第一次全国代表大会会址

界在 1914 年修筑，以当时上海法国公董局总工程师望志的名字命名的。1943 年租界收回之后，才改名为兴业路，兴业是广西南部的一个县名。所以是在无意之中，取了这么一个含义深远的路名，一直沿用至今。

望志路当时是法租界一条僻静的小马路，路上行人稀少，两旁均是石库门弄堂。中共一大 13 位代表开会的这幢石库门楼房是一大代表李汉俊哥哥的寓所。中国共产党就是在上海这幢石库门内诞生的，兴业路注定要在中国现当代史上留下英名。

随着时代的发展变迁，到了 20 世纪末，这片以石库门为主的街区明显地拥挤衰败陈旧了，如何在留住城市建筑文脉的同时，使老城区重新焕发青春活力成为当地相关部门关注的焦点。

很快，在 2001 年 7 月，也就是中国共产党诞生 80 周年之际，保留的树德里两排共 9 栋房子成为中共一大会址纪念馆，以纪念馆为中心，东靠黄陂南路，南接自忠路，西临马当路，北邻太仓路的旧式里弄生活区内，建筑师们拆旧建旧，修旧如旧，通过精心设计、加工施工，出现了一个集餐饮、娱乐、休闲、历史、文化为一体的石库门为主的建筑群，被命名为“上海新天地”。

同时，更大的一个手笔是在黄陂南路东面，自忠路北面建成了一个占地 1 万多平方米的大型绿地公园，名为“太平桥公园”。令人惊叹的是绿地中间镶嵌着如宝石如新月一般晶莹剔透的大型人工湖，自然名为太平湖。还沿湖岸修筑了一条弯曲的新路，取名湖滨路，沿着优美曲折的湖滨路漫步，太平湖四周的风光尽收眼底。

这是一条全新的马路。如果说整个新天地处处有刻意做旧的成分，就连新开凿的太平湖也有历史的渊源，那么只有这条湖滨路是全新的、没有历史的，它是整个新天地中唯一的一条名副其实的新马路。它和太平湖的横空出世，将顺昌路、济南路、吉安路这些南北向马路拦腰截断，可以让行人更快地通向西藏南路等大马路，也使四周的生态环境大为改善，商业价值提升。

其实，据史料记载，如今的太平湖周围，曾有一条打铁浜，浜上有一座桥，名字就叫太平桥。后来太平桥成为商贩进城的交通要道，进而沿太平桥一带又演变出热闹的商业街区。1900年法租界当局填浜筑路，太平桥不复存在。但是太平桥作为片区名却顽强地流传下来，以致成为顺昌路与自忠路一带的代名词。所以如今将人工湖命名为太平湖，也算是正本清源，不露声色地沿袭和传承了这一地区的历史文脉。

据说，杭州西湖边也有一条湖滨路，“烟波淡荡摇空碧，楼殿参差倚夕阳”，那是各种戏曲演绎《白蛇传》的绝佳背景，孤山、断桥……伴随着白娘子哀怨缠绵的唱腔。上海的湖滨路却像是缠绕着太平湖的一条飘带，在寸土寸金的新天地里从容演绎着一曲短促却又是优雅的“华而滋”舞曲。

湖滨路也只有500多米长，却一眼望不到头，因为它是半圆弧形的。在湖滨路漫步，人就仿佛是陷落在都市的盆地间，极目远眺，四周的企业天地大楼、湖滨道商务楼、郎朗大酒店、新香港大厦，华府天地、翠湖天地高档楼盘等，黄浦江对岸的东方明珠电视塔、金茂大厦、上海环球金融中心、上海中心大厦等，一一尽收眼底。

太平湖、湖滨路、石库门餐厅、酒吧、画廊、咖啡馆、专卖店以及清水墙砖乌漆大门和雕着巴洛克风格的卷涡状山花的门楣，都是新天地的丰富表情元素，一切有待你的解读和诠释。

乘轨道交通 3、4、10 号线到
虹桥路站下，
均可到达虹桥路东段。

…
宋园路
虹桥路
交通大学
…

眺望
虹桥路

漫步虹桥路是需要眺望的。因为经过几番拓宽修建，目前的虹桥路已经宽达 40 米，全长 8 000 多米。2007 年的时候，虹桥路西头就是上海虹桥机场，东头是红火的虹桥经济技术开发区，沿途有上海最大的动物园，还有不少被茂密树林覆盖的国宾馆、园林饭店、洋房别墅以及上海歌舞团、上海芭蕾舞团、刘海粟美术馆、盲童学校等机关团体等。如今西头，除了虹桥国际机场外，机场西侧又建设虹桥商务区主功能区，其间新辟了 20 多条马路。

2016 年之后，上海国际芭蕾舞中心、程十发美术馆等在虹桥路周边落成；2022 年 12 月，目前浦西第一高楼徐家汇中心 T2 塔楼，又在具有 170 多年历史的徐汇中学对面封顶。预计 2024 年竣工后，徐家汇中心能成为跟南京路、陆家嘴互补的上海西南商业地标。所以虹桥路是一条时时有变化的马路，既是整日车水马龙的通衢大道，又是人文历史荟萃的马路。

眺望虹桥路两旁是令人愉悦的视觉享受。触目皆是茂密幽深的绿树和时而狭长时而宽阔的草地，还有挺拔巍峨的现代化大楼、精致优雅的花园洋房以及神秘别致的国宾馆。但无一例外的是这里建筑密度低，植被茂盛、空气清新，环境幽雅，到处都是历史，到处都有风情。

早在 2003 年，虹桥路周边就被列为上海中心城区 12 个历史文化风貌区之一，虹桥路也被列为“64 条永不拓宽的马路”之一。风貌区内优秀历史建筑 16 处 42 幢。其中老上海最大的地产商犹太人沙逊的罗别根花园、民国四大家族之一宋子文别墅、美国飞虎队长陈纳德和他的太太陈香梅女士故居等，都是折射近代上海中西文化交融特征的经典建筑。

虹桥路，得名于这里的虹桥镇。一个古老而又美丽的名字，仿佛远在天边却又近在眼前。虹桥路是公共租界 1901 年越界辟筑的道路，不久就成了达官贵人们最中意的地段了，环境幽雅，地价便宜，于是这里便兴起了一股建造花园别墅之风。

站在宋园路西边的原万国公墓，现在的宋庆龄陵园旁，东侧的南北高架路和前方的延安高架路相交，形成一个东南西北十字通道，站在高架路下面，虽然看不见路上的景象，却听得见风驰电掣般的汽车引擎声，仿佛“虹桥”再生，让人感觉到这个大都市的动脉在畅快地流动。

宋园路在 1983 年前后叫陵园路，得名于路旁的万国公墓。万国公墓由浙江人经润山建于 1909 年，原名叫薤露园，意即人生如薤叶上的露水，稍纵即逝。1934 年后改称上海市万国公墓，为当时上海一流的公墓。宋庆龄的父母等许多达官显贵、社会名流死后均葬于此。1981 年宋庆龄逝世后，遵其遗言，将骨灰安葬于其父母墓侧，于是万国公墓的部分区域辟为宋庆龄陵园，1990 年之后陵园路改名为宋园路。

虹桥路上新建筑以虹桥经济技术开发区的建筑最为世人瞩目，但是沿途也另有不少很有特色的新建筑，现

虹桥路 2409 号　英国乡村风格别墅（原沙逊别墅）

在高达 30 层的广播大厦建于 1996 年，主楼 4 至 5 层高的裙楼屋顶是一个半圆球体，而 24 层以上是塔楼，高高的发射杆伸向天空，整幢建筑风格与浦东陆家嘴的东方明珠电视塔有异曲同工、遥相呼应之妙。目前上海人民广播电台、东方广播电台、浦江之声广播电台和上海电影译制厂等都驻扎在内。

从广播电视大厦向西走不足百米，就见几幢西班牙式的黄色楼房错位排列在一条不深的巷子里，初以为这是一条花园洋房弄堂，看门牌才知道是申康宾馆。只见园内有 11 幢二至三层的西班牙花园住宅，每幢建筑局部平屋顶，屋顶铺红色圆筒瓦，门套或局部山墙带有巴洛克造型，外墙为淡黄色水泥拉毛粉刷。每一幢楼前都有一块草坪，草坪外围着樟树、雪

松等高大乔木，映衬得这些西班牙洋房玲珑典雅得像远离尘世的童话。这里原来就是私人花园洋房住宅区，新中国成立后，成为一家防治院和研究所，后来才改为宾馆和画廊。在这样的环境里不论居住还是工作，乃至游玩，都是十分有情调的。

虹桥路 1430 号是一幢建于 20 世纪 30 年代的假两层英国乡村式别墅。这就是四大家族之一的宋子文公馆。原来这幢豪宅的南北两侧分别有前后几百平方米的花园，因为虹桥路的拓宽，如今北面已经没有花园，从镂空紧锁的铁门中，可以窥见这幢洋房北立面双重板瓦屋面和白色山墙黑色木构架外露等典型的英国乡村别墅建筑特点。

2007 年的时候，绕过东边的一个工艺品市场就可以看到这幢别墅的南面。只见整个两层空间都藏在板瓦屋面之中，以二坡老虎窗采光和通风，老虎窗嵌在白色山墙里面，黑色木构架外露，又使整幢建筑活跃起来。底层用砖石砌筑并围以清水红砖柱，使整幢建筑体形显得轻盈。该建筑在不同平面位置有四座附墙烟囱，整个建筑局部还贴有泰山面砖，烟囱口，木架构等，施工工艺非常精致，堪称上海英国乡村别墅的代表之作。

虹桥路 1704 号住宅，坐落在虹桥路、水城路西南角上，这是一幢三层砖木结构花园别墅，外墙为红砖清水墙面。跌破式折坡屋顶，折线形檐口，上面铺着红色平瓦，纵横交错的屋面高低起伏，屋面上还有几座砖砌烟囱。1949 年前，这幢花园别墅里住过一位德国将军，现在仍有居民居住。此幢洋房本来就地位独特，更引人注目的是，红砖围墙上置有多幅图文并茂的虹桥路历史文化风貌区铜板，连同这幢洋房仿佛是一个微型的露天博物馆，使路过此地的人，产生一种穿越了虹桥路前世今生的神秘感觉。

据说，如今坐落在虹桥路两边绿树浓荫里的各式别墅有 250 幢之多，这些别墅都带着某种神秘的气息，仿佛养在深闺的美人，矜持高贵，遗世独立，却又温文尔雅，脉脉含情，引发人们眺望虹桥路的欲望。

虹桥路还是 1949 年后新生上海的国宾大道。1964 年虹桥机场国际航班的开通，标志着新中国面向世界的开始。虹桥路上的西郊宾馆、虹桥迎宾馆等见证了许多重要的历史人物的光临和重大历史时刻。

虹桥地区从蛙声一片的农田，转身为摩登现代的都市，百余年岁月光阴见证了上海经济社会的蓬勃发展，亲历了上海城市的创新与发展，成为上海改革开放的前沿窗口之一，在波澜壮阔的历史进程中不断焕发新活力。虹桥路的历史说不完，虹桥路的风景更是看不完。

乘轨道交通 10 号线到
伊犁路站下，
向西沿虹桥路走即可到达古北路中段。

…
水城路
伊犁路
宋园路
…

古北路
并不“古”

在如今的上海西南部，虹桥路中段南面，有一条东西向的黄金城道，同时在西端还有与之交错呈环形状的荣华东道和荣华西道，而东端同样也有一条环形的富贵东道与之相交。其实，东道也好，西道也好，都是古北国际社区内的马路。令人好奇的是，这里的马路何以称“道”？又是什么时候称的“道”？

说起这些“道”的来历，就要说到古北路。古北路其实并不算太“古”，它是 1911 年由公共租界工部局越界辟筑的。初名霍必兰路，又名华伦路，1927 年改称霞尔登路。1943 年 10 月租界消失后，才以当时河北省密云县东北长城关隘古北口命名。

古北路在 1990 年之前北端起于苏州河边的长宁路，此地习称周家桥，河边设有长宁渡渡口。1985 年跨苏州河的第一座人行钢桥——古北路桥建成，长宁渡废去。沿路大多为文教单位和一些工厂，古北路一路横穿天山路、茅台路、仙霞路等，到虹桥路止。虹桥路的南面则是一派农村田野小河风光，这里分布着祝家巷、新浜浪、黄更浪、沈陈巷、库里等自然村。

进入 20 世纪 80 年代后，随着上海改革开放和虹桥经济技术开发区的建立，古北路被拓宽延长至古羊路，足足增加了三分之一的长度。马路拓宽后，两旁现代化的建筑如雨后春笋拔地而起，大量中外人员的进入，又促使两边的住宅小区和各种商业设施快速发展，古北路成为虹桥经济技术开发区的一条中心主干道。

虹桥经济技术开发区是中国第一个涉外的国家级开发区，虽然如今已有“大虹桥”概念，但不能否认的是，虹桥经济技术开发区曾是上海最早的集外贸展览、展销、贸易洽谈、办公居住于一体的现代化商业城区，至今仍在上海的经济发展中占有重要位置。整个开发区以虹桥路为界分南北两块。虹桥路以北，有展览中心、贸易商城、写字楼、商住楼、宾馆饭店等 20 多幢高层大楼，还有商业、文体娱乐等综合服务设施以及多家外国驻沪领事馆等。

站在延安高架路下的新虹桥中心花园向北眺望，映入眼帘的全是现代化摩天大楼，圆顶、方顶、尖顶、宝塔顶，从近到远，上海世贸商城、新虹桥俱乐部、新虹桥大厦、上海国际展览中心、上海国际贸易中心、友谊商城等，形态迥异，外观装饰又千变万化的幢幢大楼把“新虹桥”装饰得现代时尚、美轮美奂，也使上海更具有国际大都市的风采和魅力。

虹桥路以南，也就是延长的古北路两旁，是开发区的住宅配套部分。这块区域有 130 多平方千米，呈船形状，因为主要面向外籍住户，所以被命名为古北国际社区。有区就有路，有路就有名。为了体现上海改革开放、繁荣昌盛富强的新局面，这些新建的马路名没有采用以外地地名为路名的惯例，而是用“金银珠宝”和“富贵荣华”等能凸显当今社会时尚的名词来命名。虽然看似俗气，但其实颇有新意和洋气。如金珠路、银珠路、玛瑙路、翠钰路、翡翠路、红宝石路、蓝宝石路……从而与这里的古北国际财富中心大厦等相匹配。而一些主要马路干脆弃“路”改“道”，既有变换思路之想，更有展示与众不同的“国际范”之意。

黄金城道就是古北新区正中心的一条主干道，与古北路十字相交，西有水城南路、东有伊犁南路，并在 30 多年间不断向东延伸至宋园路，黄金城道较长，约有 1 600 米，略微弯曲。它的两旁全是新建的各种高档小区建筑，这些楼房严格按照当时国际标准的“外销房”要求来建造，所以小区命名也采取外国都城名字。如马赛花园、巴黎花园、里昂花园、罗马花园、雅典花园等。这些花园住宅既有西洋建筑情调也有中国建筑的韵味，楼房大都是高层公寓式的，每一幢间隔并不是很远。外观大多为米色和棕色镶白线的釉面砖，造型布局和建材色泽显得大气沉稳，气势磅礴。特别是楼与楼之间不是用拱形门连接就是凯旋门相连。走在这些楼宇之间，不时像穿越城门一样有一种威严庄重感。楼与楼之间还有广场庭院，点缀着喷泉流水和西洋古典人物雕塑。这些楼房单幢地看，也许并不令人惊异，但是成群成片地建在一起，就犹如置身在一个古城堡中，处处透露着一股股富贵气息。把这个“城”中的主干道，也是主商业街称为黄金城道，称得上是一种创举，这也是改革开放之后的上海才有的新气象。

其实，古北地区之所以能够成为知名的国际社区，除了建筑，其中的居住者才是关键。20 世纪 90 年代起，古北地区因“新虹桥”的开发，渐渐成为沪上外籍人口最集中的居住区。后来随着社区的东扩和房地产市场的发展，一些喜欢国际化生活氛围的人群也开始入住古北，时至今日，古北新区亦中亦西、中西合璧的生活氛围已经形成自身独有的节奏和氛围，已非当年那个单一性的国际社区了。

2009 年之后，从古北路到伊犁南路的一段黄金城道又被打造成步行街。深秋时节，夕阳西下时分，两边的银杏树叶子变成金黄，使整条马路呈现出一种金黄的基调，仿佛空气中也有金黄的色泽在飘浮。这里两旁仍然是高档富贵的住宅小区，小区的外围沿街全是门面装潢精致典雅气派的商店。其中有世界奢侈品牌专卖店、中医堂、银行金融机构、美容美发店、房产中介店、鲜花房、甜品店，更多的是各国风味的餐饮店、咖啡馆和酒吧。各种肤色的人们徜徉在各色商铺门前，流连在亲水平台、街头景观边；孩子们在街心区域溜冰玩耍；更多的人则在太阳伞下品茗喝咖啡，与朋友喁喁私语。整个步行街成为人们购物、餐饮、观光、社交的乐园，这里形同一个没有围墙的“小小联合国”，使每个走过黄金城道的人都有一种在不同时空穿越的感觉。

过了伊犁南路，黄金城道被古北国际广场“拦腰截断”，但是只要向北走几步，便可见富贵东道的路牌在转角处矗立。富贵东道如一弯弧形的新月伸向绿荫深处，再与黄金城道相连接。

在伊犁南路和富贵东道东北角上又是一排店铺，其中的药店和房产中介店等店面尤其让人眼熟。原来，2019 年热播的电视连续剧《安家》中的“安家天下”门店就是借这里的部分店面改装之后拍摄的，许多室外戏也在此拍摄。

作为一部反映房产中介生活的职场电视剧，选择在具有 30 多年“房龄”的古北新区拍摄，无疑也反映了电视剧编导对黄金城道和富贵东道的青睐。因为这里的街景既具有现代城区的时尚风貌，又具有历史的质感。马路开阔弯曲景深，人流不多相对安静，便于电视剧较长时间的拍摄而少受干扰。随着电视剧《安家》的播放，果然黄金城道、荣华东道、荣华西道、富贵东道，这些让上海人耳目一新的“城道”又引起人们的关注。时至今日，尽管古北国际社区内的建筑已经略显老旧，但是漫步其间的道路上，仍让人感受到属于那个时期的洋气和经典。

乘轨道交通 10 号线到
龙柏新村站下，向北沿虹井路走，
过红松路便可到达黄桦路东头。

…
紫藤路
龙柏新村
龙溪路
…

黄桦路
没有“历史”

如果你问，目前上海最具色彩的马路是哪条？又在哪里？可以告诉你，这样的路在闵行区近虹桥路和虹井路附近的龙柏新村地区，而且不止一条。

这里方圆四周全是以龙柏冠名的一村、二村、三村、四村、五村、六村、七村等，而将这些小区贯穿起来的是红松路、黄桦路、兰竹路、白樟路、青杉路、绿苑路、紫藤路等，红黄蓝（兰）白青绿紫，七色俱全，仅从地图上看到这些路名就能给人一种色彩丰富的诗意想象，而现实中的这些马路也路如其名，基本与路形吻合。

这些马路都是 2000 年前后在原上海县东北面农田、小河及丁家塘、高家桥、朱家巷、曹家宅、井亭头、邵更浪等自然村地基上辟建的，因此马路宽敞，花树茂盛，楼房整齐，商业方便，到处都给人一种生机勃勃的崭新气象。

更让人感到新奇的是这里的马路虽然也是以树木花卉命名，但又不是“就事论事”，而是撷取树木花草的特色，突出某种树木的颜色，让人感到富有新意。

从延安高架路下沿虹井路向南西转，就进入了黄桦路。黄桦路建于 1999 年左右，是此地建筑较早的一条马路，两旁的高楼大厦看起来“颜值”颇新。黄桦路两边人行道宽阔，商店林立。马路左边全是各种各样的高中档餐馆、珠宝行、美容店、洗浴房、画廊。在绿苑路口有一家名叫“兰奇”的新加坡风格的餐厅，木制的敞廊下有绿色帆布帐篷，廊檐下吊着一盆盆开着紫色花朵的盆花，给路人送来一种热带风情。

黄桦路呈“L”形，由东到西便

向南折，转角处有一个漂亮的弧度，使得黄桦路显得弯曲幽美，具有宁静而悠长的韵味。在这个漂亮的弧线处，沿线而建的龙柏城市花园、华都公寓、龙柏第一小学、虹桥镇红松四季源邻里中心、龙柏一村、二村居委会等建筑，都被绿树深深地环抱着，真好似一个宁静的港湾。

但走过“港湾”，发现黄桦路便呈现出了世俗热闹的一面。这里嘈杂喧哗，人声鼎沸，沿街两旁全是那种市民们必须经常光顾的菜场、百货店、洗浴店、烧烤店、餐饮店、药店、邮局等。民以食为天，再高雅的社区背后都有一个大众化的菜市场，否则生活就会不便。

到了红松路，马路好像宽阔起来，十字路口车水马龙，熙熙攘攘，沿街的高楼大厦大都有玻璃幕墙装饰，许多大厦的门前都挂有白底黑字的招牌，它们是医院、银行、证券公司、政府机构所在等。看来黄桦路与红松路十字相交处，是龙柏新村地区的行政和商业中心地带。

沿红松路向西，在龙柏西郊公寓门前向南转便到了兰竹路。这里的马路又是一个大弧度，龙柏中学、龙柏雨林幼儿园、巅峰青少年体育俱乐部等错落两边，使这条幽静的马路又有了动感和韵律。

再从兰竹路向东转过龙柏七村前门前的街心大花园，便到了青杉路与紫藤路丁字路口，路口有紫藤邻里中心、来伊份食品店、台湾菜馆、上海兰心居酒店等，这里是龙柏新村的大众美食街。

然后沿紫藤路向南到吴中路转老虹井路，再向东北走，便到了白樟路。白樟路又是一条僻静的马路，沿途只有一所幼儿园，两边基本是龙柏三村和六村等小区楼房。这样向北走就又回到了红松路，绿苑路。兜兜转转，看看停停，龙柏新村的马路风光尽收眼底，各种各样的马路名却让人记忆深刻。

这里原本属于上海的西郊，很早就有著名的龙柏饭店，四周绿树茂盛，松柏常青，空气清新，风景独好。城市也是一种空间设计艺术。20 世纪 90 年代之后当上海的城市建设大规模启动后，这里的建设者借龙柏饭店之历史“意象”，推展出一个全新的龙柏新村，从马路命名到总体布局乃至细节设计，都传承历史，巧妙构思，动静结合，相得益彰，并赋予艺术的想象和诗意，使这些看来普通寻常的街景尽可能地给人带来视觉上的愉悦和心灵上的宁静，这在当今上海马路的规划建设中是独特的。是的，这里的马路没有多少历史，但是唯其没有历史，像一张白纸，反而可以画出最新最美的图画。

乘轨道交通 10 号线到
龙溪路站下，向西沿虹桥路走
即可到达剑河路南端。

…
上海动物园
龙溪路
水城路
…

淮阴路边“剑河”长

至今上海人仍习惯把上海动物园称为西郊公园。因为上海动物园在上海的虹桥路西头，而以前从虹桥路过延安西路就是上海的郊区了。当时这里农田片片、小溪潺潺，一派田园风光，许多中外富商都在这里买地造别墅，因此至今这里还留有大量的别墅小楼。不过，当时的西郊除了虹桥路这条主干道外，支路很少，直至 20 世纪 50 年代中期，在西郊公园旁还只有两条马路，一条是哈密路，另一条就是淮阴路，两条马路在沈家宅附近相交。

清光绪二十七年（1901 年），工部局越界筑路，初名罗白康路，后来改为罗别根路。据说罗别根是古罗马恺撒前去同敌人庞培决战时横渡的一条河流名称，当时上海撒纸赛马会以此名指称这里的一条小路。1943 年 10 月改为哈密路。这条路从上海县的北新泾镇一直通到虹桥路，全长 3 000 多米，是当地的一条主干道，车流量大，沿途工厂多，花园洋房也多，91 路公共汽车通行全线。

淮阴路是公共租界工部局在 1925 年越界辟筑，东起虹桥路，西止哈密路，长约 1 800 米。初名麦克利劳路，以首先将 X 光射线引进上海的麦克利劳之名命名。1943 年改名爱克路。1950 年以江苏淮阴县（今淮安市淮阴区）县名为现名。当时沿路环境幽静，有私家花园住宅、公路管理处仓库、北新泾喷漆厂等单位，南北有王家宅、王金更等自然村及大片蔬菜地。

1959 年，因建设西郊宾馆，淮阴路王家宅东侧一段约三分之二的路段进入宾馆区域，淮阴路上的一些花园洋房也被圈进宾馆，成为宾馆的客房。西郊宾馆由此成为上海最大的庭院式国宾馆，许多外国元首都曾在此下榻。

其中原来位于淮阴路200号的一座花园洋房，就成了现在西郊宾馆内名为紫竹楼的4号楼。这幢楼建在高低起伏的地形上，室内布置小桥流水，顶棚可以滑动开启，将大自然引入室内。室内装饰亦采用大量毛石墙面，寓意居住环境处于庭院之中，融合自然。

这幢建于1948年的花园别墅，曾经是旧上海水泥厂老板姚志德的住宅，像这样有历史的建筑在西郊宾馆内还有很多。

时光悠悠，沧桑巨变。进入1990年后，哈密路、淮阴路虽然基本还是原型，但四周出现了好多条马路，如剑河路、青溪路、平溪路、林泉路、平塘路等。其中剑河路是一条与哈密路“并驾齐驱”的马路，只是比哈密路还要长一点，全程大约有3 500米长，北端一直通到长宁路上的苏州河边，91路公共汽车也改道全程走剑河路了。

剑河路与哈密路在淮阴路处“X”相交，此地地势起伏，因为这里有座桥，新泾港从桥下蜿蜒而过。剑河路宽敞而弯曲，两边又是那种绵延不绝、一眼望不到头的高大围墙。等再走过一座叫作野奴泾桥的小桥时，才看见围墙围着的正是绿谷别墅。只觉得那不是一般人能进的别墅。

相比之下，淮阴路是一条比较短的马路了，而且也没什么老建筑了。在剑河路、哈密路交叉口，沿淮阴路由西向东走，北面是新虹园和王金更住宅小区及民办东展小学；南面是由程十髮题字的御野花园别墅区。记得2007年的时候，王金更小区东侧是一家油漆公司，它的前身应该就是北新泾喷漆厂。这家油漆公司的装潢很有特点，蓝白相间，别有一种崭新的气象。如今这里已变身为上海哈比桥治幼儿园，是一家中西融合的幼儿园。从围墙看园内的主楼，大都呈蓝色条块状，仿佛还有昔日油漆公司建筑的韵味。

越过林泉路，走到淮阴路、青溪路丁字路口，一边是虹林新景苑一幢幢橘红色外墙镶白线条的楼群，另一边是檀香别墅小区的外围墙，这就是淮阴路的终点了。

截断淮阴路的正是西郊宾馆。只见绿树浓荫下“西郊宾馆”四个钢铸大字已经有点发亮发黑，仿佛有一种陈年油画的气息。

乘轨道交通 10 号线到
龙溪路站下，向东沿虹桥路走
即可到达龙溪路南端。

…
上海动物园
龙溪路
水城路
…

龙溪路上听“潮声”

初踏上龙溪路会有一种错觉，以为是走在杭州西湖的湖滨大道上。

这条马路兴建于20世纪90年代虹桥路拓宽之时，位于长宁区西南部的程家桥地区。这里原来农田广阔，沟浜纵横，自明末清初起逐渐形成程家桥村、何家塘、冯更浪、野奴泾、高家塔等自然村。自1901年公共租界越界建筑虹桥路之后，外国殖民者和本国的达官贵人竞相在此建筑花园洋房和别墅，如孔家花园、宋家花园、周家花园、姚家花园等，还建造了占地200余亩的高尔夫球场及一些体育娱乐场所。

1954年后，原高尔夫球场改建为上海最大的公园，即上海动物园，上海人俗称西郊公园。但直至1990年之前，这里仍然是一派田野风光，只有哈密路、淮阴路和几条土路。随着虹桥经济技术开发区的建立，这里很快就步入城市化发展轨道，填河筑路，平田造房。由于这里马路的前身大都是小河小溪，因而马路取名也多与“水”有关，如龙溪路、青溪路、平溪路、林泉路、剑河路、平塘路等。沿这些马路两旁而建的大都是高档别墅区，因而这里四周显得幽静空旷清寂，别有意境。

南起虹桥路，北达剑河路，长约1 000米的龙溪路就是其中一条颇具代表性的马路。优质的沥青混凝土铺道，平整宽敞，两边长方形地砖的人行道同样宽阔，沿马路一边是明苑别墅小区高大的围墙，每一堵围墙的上方都有一个典雅黑色铁铸中间标有“明苑”两字的梅花形图案。露出围墙的是一幢幢西式别墅的背面，每一幢小楼的屋顶都是统一的斜坡带烟囱，屋顶的瓦片颜色或灰色或棕色，排列在一起自然有一种特殊的韵律。

但是龙溪路更大的特色是在另一边。另一边全是西郊宾馆高达五六米的石砌围墙，墙上爬着细细的绿色植物，墙脚下是冬青等常绿灌木，站在墙脚下朝上看见的不是围墙内的各种楼房却是高大浓密的香樟树，它们一棵一棵骑着墙头，大胆放肆地将枝叶伸展到人行道的上空，组成一道绿色的屏障，将西郊宾馆隔成一个神秘的“世外花园”。

从远处看，龙溪路正好呈弧形弯曲，那些高大的香樟树巍峨葱绿，枝干挺拔，随围墙矗立在高高的蓝天之下，好似逶迤起伏的群山，有一种莽莽苍苍、绵延不绝的意味。正是这些高大浓密的香樟树形成了龙溪路静谧高雅的氛围，一下子把龙溪路的基调抬高了。

令人欣喜的是，随着改革开放的发展，不少昔日被高墙深院围住的美宅华屋都渐渐抖开神秘的纱幕，走近了平民百姓的生活，西郊宾馆也不例外。

西郊宾馆位于虹桥路1921号，建于1960年，由姚家花园、朱家花园、郭家花园、傅家花园等18家私家花园和洋行别墅以及上海租界工部局第一苗圃整合而成，曾是上海最大的一座豪华级花园别墅国宾馆。

整个宾馆如同一个风景秀丽的大花园。占地80公顷，全园有开阔的草坪、茂密的树林、精致的专类园，曲径通幽，小桥流水，风景如画，一年四季都是鸟语花香。近年来，西郊宾馆不断以生态园林理念充实园林，体现了人与自然的和谐统一。宾馆西南角的大河浜每天清晨有野鸭和天鹅在戏水，美丽、宁静的环境堪称上海之最。

宾馆建馆以来曾接待了许许多多外国元首。1986年接待了英国女王伊丽莎白二世；1992年接待了日本明仁天皇和皇后；从1986年至今，已经有近百批外国元首在此下榻。2001年6月14日上海合作组织成员国元首在此举行了非正式会晤。

如今的上海高档豪华宾馆并不鲜见，但像西郊宾馆这样集中拥有深厚历史和文化的建筑群并不多。2017年，龙溪路又被评为上海市市级绿化特色道路之一。隆冬时节，龙溪路上绿树苍郁，花朵葳蕤，路边的花坛和绿化带里，还可以发现点缀其中的一簇簇紫色、毛茸茸的墨西哥鼠尾草和淡黄可爱的黄金菊，花朵盛开的样子就如盛夏一样。

在这样的马路上漫步，可以体会到各种美好的意境。一种高高在上的幽静，想触摸却又是遥不可及的憧憬。干脆什么都不想，只看墙内花开花落，宠辱不惊；看天上云卷云舒，去留无意。

乘轨道交通 10 号线到龙柏新村站下，
向南沿虹井路走，到先锋街东拐，
过金汇路便可到达金雨路南段。

…
紫藤路
龙柏新村
龙溪路
…

金雨路的色彩

金雨路的路名也许是目前上海最富有情感色彩的马路名之一。

金雨路位于上海西南虹桥镇附近，与吴中路垂直，是一条狭长的小马路。说是马路其实是一条巷子，500 多米长的路两旁尽是金汇花园、金斯花园、金都花园小区的围栏，一边是上部有波浪形水泥造型加横向铸铁栏杆的围栏，另一边则是纤细典雅有花纹的垂直铁铸栏杆围栏，让人觉得意外而又在情理之中的是，黑色的铁铸栏杆圆头造型的杆顶上镀着一层金子似的铜，阳光下，金光点点闪亮，恍如一阵金色的雨点洒落在旁斜逸出的绿树叶上。

如果说古人“桃花乱落如红雨”的诗句，毕竟还有桃花纷飞的形象，那么“金雨”在这里就有点抽象概括了，这里似乎没有一点与“金雨”有关的象征，那么只能说是人的情感给这里赋予了“雨点”的色彩。

据说台湾许多城市的路边多有一种叫作“金急雨”的树，五月花开的时候，一串串金黄色的花朵垂挂在枝头，正像一串串金色的雨珠。假如摇动树枝，花瓣就缤纷地飘洒下来，那又像是一阵“急雨”，所以“金急雨”这个树名真是浪漫形象又贴切。

看来，金黄色是中国人最喜欢的颜色，象征着富贵荣华，明亮和温暖。让“雨点”都变成金的，这只能说是人们对美好生活的一种寄托和隐喻。从这个角度来讲，周围的小区都以“金”字命名，其实有取名者顺应时代潮流的“匠心”。仔细想一下，金都、金斯，不正像一阵阵“金雨”洒落在四周吗？

不过，金汇花园、金斯花园、金都花园小区毕竟都是 2002 年左右建成的，20 多年过去后，这些小区的外围栏仿佛不再金碧辉煌，但是整体格局还保持着园林式住宅的氛围。

从宽阔的吴中路一路向西，想要在路旁发现金雨路是困难的，因为金雨路不是交通要道，是因宅而建的马路，又掩映在绿树丛中，非常容易错过。但是金雨路在吴中路的开端还是有一个经典的“乐章”，这在上海的马路上也是不多见的。

因为金雨路、吴中路口东侧有一块建于2002年左右的井亭绿地。绿地中间有一座“井”字形的石牌坊，两边石牌上刻有一副对联：井畔交流生意旺，亭中歇息趣闻多。从石牌坊中间看去，正前方有一座绿顶重檐的四角凉亭，凉亭西边的一块石碑上还刻着题为“重建井亭记”的短文。

原来此地曾有一口水井，1920年时还在，井周立石，井上筑一亭，故名“井亭”，井后还有座庙，这里曾是过往行人歇息之地。“文革”时此处遭伐，如今随吴中路拓宽，井已被填。但为了让现在的过往行人仍有歇息之处，故重建井亭，并植银杏树，添建石牌坊一座，重现当年景观。

由于石碑上的字是草书，加上日晒雨淋，字迹已经模糊不清，只能知个大略。这是吴中路也是金雨路口的一道独特的人文风景，让人感到虹桥古镇的古迹宛在，淳朴的民风犹在，寓意深刻，用心良苦。“金雨”的含义由此想来其实是可以由你自己去发现、体会、注解的。对于旅途疲惫的人来说，有一个歇脚处，胜过千言万语的安慰；对于久旱的大地来说，一场及时雨就等于是一场“金雨”。所有无价的东西其实都可以等同于“金雨”。

金雨路的北端是金都花园小区，貌似“此路不通”，在中间却有一条先锋街与平行的金汇路相通。记得2007年的时候，先锋街也是一条僻静的住宅小区中的马路，但如今东头是德必虹桥525创意园区，西头是装潢典雅的晶苑中式餐厅，已经成为一条沟通社区的重要通道了。

金汇路是一条比金雨路宽阔，也比金雨路热闹的马路，从北端建于1994年的金汇路桥来推断，金汇路的开辟与修筑也正在这个年代。如今中段金汇路与红松路十字路口有金汇广场和金汇四季广场及国际花艺时代广场，广场里还有虹桥古玩城和仿古一条街。显然这几年金汇路发展与时俱进，已经是虹桥镇附近的一条主商业街了。

金汇路和红松路两边全是成群成片的高层小区住宅。这些高层住宅小区名称当然也是以“金”字打头：金汇公寓、金乾公寓、金汇华光城等。小区与小区之间的楼面造型色泽不同，都在风格统一的前提下，追求局部的变化，金汇路两旁的建筑有一种高贵典雅的现代气派。红松路与金汇路交叉口的金汇花园三街坊更有特色，沿街高层大楼的底层是超市商店餐厅，但所有的商店门口都建有拱形门洞和宽阔的骑楼，行人下雨天逛街都不用撑伞，那骑楼的外观也多姿多彩，米色、红色、绿色……为红松路增添了一道具有中西风格的特色街景。

记得 2007 年的时候，金汇路北端有家豪皇饭店。从外观上看，只是一幢三四层高的花岗石饰面的大楼，但它的北外墙上却有一幅巨大的立体浮雕。与一般的浮雕不同，它用旧的实物搭建了一幅江南山城小镇的图景。屋宇相连，屋檐重叠，石砌台阶小路从中间蜿蜒下来，让人惊奇的是那屋上的瓦片、小屋上的铁窗、铁条都是真实的旧物，一眼就能看出时间的烙印和沧桑，它们原来可能都是废弃之物，但是经过这种新的组合，就成了一件崭新的艺术作品，非常逼真。

但如今豪皇饭店在金汇路上已经难觅踪影了。金汇路与吴中路西南角上是一座极具当下时代色彩的大厦：爱琴海购物公园，而购物公园在 2018 年的时候还是红星美凯龙商场。

物换星移几度秋，不变的是，金汇路与金雨路不论从名字还是功能上始终有相互关联映衬的意味。金汇成雨，雨滋润金。金汇路的繁华更显出金雨路的宁静，金雨路的感情色彩也使得金汇路变得诗意盎然起来。

金汇路南端与吴中路相交，吴中路西段与号景路北端相通。号景路又是轨道交通 10 号线航中路终点站西面的一条马路。对于很多上海人来说，这是一条很陌生的马路。2021 年 9 月 23 日起，上海世纪出版（集团）有限公司携旗下 36 家单位，陆续入驻位于闵行区七宝生态商务区号景路 159 弄的世纪出版园。其中不乏大众熟悉的上海人民出版社、上海教育出版社、上海音乐出版社、上海译文出版社、上海辞书出版社等。这些出版社集结于世纪出版园，以强大的原创内容生产力为基础，打造文创与科创融合新平台，力争成为上海辐射长三角、服务全国的新的文化地标，也为号景路带来了浓厚的文化气息。

轨道交通 11 号线

轨道交通十一号线起讫站为花桥站至迪斯尼站，全长72.8千米，一路穿越嘉定区、普陀区、长宁区、徐汇区、浦东新区等行政区域。2009年12月31日开通，北连接江苏省，途经安亭、南翔古镇，是中国最长的地铁线路之一。

“十一号”线对应的马路集中在上海西南部，大都是有传说和历史的。兰溪路上有上海最早的工人新村曹杨新村和国家级重点文物保护单位真如寺；武定西路上有现代式的开纳公寓（今为武定公寓）；新华路素有上海“花园马路第一条”的美誉；龙华路上有国民党淞沪警备司令部旧址和龙华烈士陵园，龙华桃花闻名上海。

乘轨道交通 11 号线到
枫桥路站下，向南沿曹杨路走，
便可到达兰溪路东头。

…
真如
枫桥路
曹杨路
…

兰溪路上真如寺

如果你漫步在上海曹杨新村地区，便会发现这里的马路名几乎都与植物有关：兰溪路、花溪路、梅川路、杏山路、杨柳青路、枣阳路、桐柏路、枫桥路、棠浦路等，更让人感到形象贴切的是这些有着花样诗意的马路名，与它们蜿蜒的路形总是有几分吻合。这些婉转狭长的马路，纵横交错，弧线相接。经常会在某个转角处同时看到几条马路上的景象，加上正好有一条叫作曹杨环浜的小河环绕着新村，又有好几座小桥横跨在弯弯的小河道上，漫步其间，仿佛飘逸着一种江南水乡特有的韵味。不是在枫桥路桥上看到棠浦路桥的桥身，就是在山杏路桥上看到花溪路旁弯曲的河道和幽雅的树林。整个新村内树林茂密，花木繁盛，楼影多姿，马路悠长，步移景换，宛如一座江南园林。

曹杨新村地域北止武宁路，东面是曹杨路和中山西路，西起大渡河路，南止金沙江路，是 1949 年以后上海乃至全中国最早建设的一个工人新村，由上海市第一任市长陈毅亲自选址、命名。因靠近曹杨路而得名，又因当时入住者大都为各行业的劳动模范，因而又有“劳模之村”之称。

由于这里原是小河道纵横交叉之地，所以道路的设计者基本是填河筑路，依路建房，形成了马路弧线多、交叉多、拐弯多的特点。另外在命名这些马路时，设计者没有“依样画葫芦”，简单地取某一省市名，而是为了体现新中国工人阶级的豪情诗意，将全国各省市中带有植物的地名提取出来，分别为这里的马路命名。如杏山路取自黑龙江省杏山镇；杨柳青路取自天津市郊杨柳青镇；兰溪路取自浙江省兰溪市；花溪路取自江西省花溪镇；枣阳路取自湖北省枣阳县（今枣阳市）；枫桥路取自浙江省诸暨县（今诸暨市）枫桥镇；棠浦路取自江西省棠浦镇；梅岭路则取自江西梅岭山。这也就成了曹杨新村的一个最大特色：流水潺潺、马路蜿蜒，花样路名诗意盎然，绿树茂密，空气清新，鸟语花香，景色幽雅。

曹杨地区目前共有9个新村，其中一至八村建于1951年至1958年，也就是说曹杨新村早在1951年就开发，并于1958年定型。自1982年以来，曹杨新村屡获全国最佳街道、中国街道之星等市级与国家级的先进称号。前后有150多个国家和地区15万人次的宾客前来参观。

曹杨新村的马路有特色，曹杨新村的建筑自然更有特色。虽然这种特色随着时间的流逝不免有些暗淡，但是作为上海最著名的工人新村，曹杨新村在集中改善当时工人的居住条件，特别是在整体环境的布局和设计上有独到的理念和经验，至今还引起一些专家的重视。曹杨新村也有许多这几年新建的高层住宅小区，如曹杨阳光公寓、曹杨香山苑、碧绿湖花园等，但是兰溪路、花溪路周围的曹杨一村、二村还很好地保留着20世纪50年代建筑的三层住宅楼。这些有着红瓦斜屋顶、山墙处有高于屋面的烟囱，墙角有棕色隅石装饰，上下有绿色长窗的灰色小楼在绿树的掩映下仍不失当年的幽雅从容，使兰溪路也有了历史的底蕴。这些楼房都被列入上海市第四批优秀保护建筑名单。

2013年8月26日，曹杨新村村史馆在花溪路199号开馆。这是让社会各界了解曹杨新村几代人奋斗心血的窗口，也是加强传统教育、了解地区历史，弘扬爱国主义精神、增强社区居民自豪感的重要阵地。

令人欣喜的是，这些建于20世纪50年代的建筑，经过长达一年多的封闭改造，在2022年3月左右崭露新貌。大门口恢复有浓厚年代感的“曹杨”门头，还原了工人新村的特色，小区内设有健身区域及开放式广场。不仅如此，楼内楼梯通道也增加了宽度。走进居民家中，煤气灶、抽油烟机等设施一应俱全。最主要的是，家家都享有独用的厨卫空间，给老居民带来全新的居住体验。红色的坡瓦顶、红色的窗户和屋檐、奶黄色的墙壁等元素都保留下来了，使得传统的工人新村仿佛有了别墅区的幽雅和宁静，不少回迁的老居民都兴奋地说：“曹杨新村当年的荣光又回来了！”

兰溪路是曹杨新村地区东北部一条由北向南然后向东折的商业街，北达上海地区的名刹真如寺，东通车水马龙的曹杨路。

兰溪路从东到西，分布着普陀业余大学、兴陇中学、沙田学校、实验幼儿园，曹杨综合市场、市地震局等。从南到北沿街则布满了邮局、银行、食品店、眼镜店、快餐店，以及华联吉买盛、曹杨商场、曹杨电影院、普陀文化馆、普陀区中心医院，还有一个兰溪青年公园……漫步在兰溪路上，既能感受到一种现代城区的时尚繁华，又能感受到城市边缘地区那种淳朴宁静的氛围，更何况在兰溪路的最北端还有一座800年古刹——真如寺在镇守着。

要到真如寺必须先穿越真如古镇。但是如今的真如古镇已是只有“古色”却没有“古香”了。因为，古镇两旁全是6层高有圆角山墙的新建楼房，一边是真如新村，一边是曹杨八村。不过，就在这些楼房的底层重新装饰了仿古的飞檐翘角，黛瓦雕栏、白墙朱窗，花阁环廊，整个沿街布置显得雕梁画栋，丹楹刻桷，倒也另有一种特色。有真如寺殿后，真如古镇也算名副其实。

真如寺是上海地区现存最早的木结构庙宇建筑。原名万寿寺，别称宝华教寺，俗称大庙。真如取自佛经《成唯识论》中“真实”“如常”之义。现在是国家级重点文物保护单位。

该寺建于南宋嘉定年间。1911年以后，庙宇渐渐倾斜颓废，日寇侵华期间又遭日本军队的炮火轰炸。新中国成立后，多次由政府拨款重修。正殿独存，殿内释迦牟尼佛像和寺前原韦驮殿的铜弥勒佛像尚在。1959年5月，被定为市级文物保护单位。1979年，真如寺进行维修，发现殿内额底部仍保留了元代建筑的证物。1990年起重建各殿与佛像，恢复宗教活动。1991年再度修复真如寺，除大雄宝殿外，还兴建了卧佛殿、方丈室、后院、内院、外院、两廊、办公室等。

2009年12月，上海轨道交通11号线在曹杨路、枫桥路口设枫桥路站，周边居民出行更加方便。

乘轨道交通 11 号线到
江苏路站下，向北沿江苏路走，
即可到武定西路西头。

…
隆德路
江苏路
交通大学
…

武定西路上的“开纳公寓”

1938 年夏天，当代上海传奇女作家张爱玲刚满 18 岁，在遭受父亲软禁后，终于逃至母亲和姑姑租住的公寓处，与早已与父亲离婚的母亲团聚。

张爱玲母亲居住的这幢公寓楼，高四层，坐北朝南，清水墙面。一梯两户，门上有玻璃，房间墙壁周边有柚木墙裙，还置有壁炉，厨房、卫生间均有热水供应。据说当年建造公寓的许多材料都是直接从英国进来的原装货。公寓整体风格是当时流行的现代主义风格，顶层有露台、回廊和避雷针。可谓领当年潮流和风气之先。能住上这样公寓的人不是达贵显赫，起码也是家底殷实的人家。

这座公寓位于开纳路中段的 1375 号，显然是当时开纳路上的地标建筑，因此它就叫开纳公寓。开纳路是 1911 年公共租界工部局越界所筑，以英商汪记洋行大班开纳的名字命名。1943 年 10 月，租界消失，开纳路改名开源路，1950 年改为武定路，以云南省的县名为名。后来武定路又向东延伸，此段武定路便称武定西路。如今，武定西路东起武宁南路，西至江苏路，最有味道的则是万航渡路至江苏路这一段。

总长不过 600 米的马路，一路走去，随处可见一幢幢西式的花园洋房，造型别致的山墙、连券拱窗、斜坡顶、红砖围墙、原木百叶窗等建筑符号悄无声息地散发着欧陆风情。沿街一排排货店二楼伸出的木头柱子和三角形的屋檐以及带围栏的阳台，弥漫着一股欧洲小镇的气息和味道。

虽然繁华的静安寺商圈近在眼前，但这条不通公交，略呈弧度的小马路显得有些寂静落寞，如今不少房子老旧了，犹如迟暮美人，难得的是它依旧神定气闲，遗世独立，透出一种骨子里尚存的贵族气。这里的房子可以说幢幢有故事。

从江苏路拐进武定西路，一眼就能看见北面花坛中间竖立着奥地利音乐家“华尔兹之王”小约翰·施特劳斯的雕像。这位音乐家一生写了500多首乐曲，他谱写的圆舞曲《蓝色多瑙河》举世闻名，在全球流传至今。这尊具有动感的雕像，让人感到优美的旋律似乎正从他手中的小提琴里缓缓流泻，余音袅袅，为富有情调的武定西路平添音乐的符号。

走过雕像数米，透过镂空围栏，一幢古典花园住宅又吸引视线。此楼建于1912年之后，主立面横纵三段划分明确，爱奥尼克柱贯通两层，有开敞门廊和二层平台。楼前绿草如茵，树木冠盖如云。此楼原为潘氏私人住宅，1949年之后成为上海电影乐团所在，近年又成为上海爱乐乐团团部。这幢充满艺术气质的西洋建筑始终与高雅的音乐有缘。

爱乐乐团斜对面是一家带餐厅的法式小酒馆，外立面有彩色水泥做出夸张古怪的造型，犹如童话中的蘑菇房，为安静的武定西路又增添了几许跳跃的色彩和音符。

武定西路上还有不少类似的装饰细节，似乎都在显示它的异国风情。沿路围墙上间隔装饰着一些壁龛，中间镶嵌着西式花瓶，上面的金属叶子看上去有些张扬；更有趣的是一些雕塑小品，如上海美术电影专修学校门前的“雨中戏蛙”、红墙下一个吹萨克斯管的男人、一位拄着“司的克”的欧洲男子和他的沙皮狗，这些雕塑为落寞的武定西路带来让人莞尔一笑的轻松和愉悦。

武定西路1357号至1359号是中国著名法学家、大律师、民主革命时期著名的“七君子”之一史良女士故居。故居是一幢建于20世纪20年代的三层欧式花园洋房。史良生于1900年，逝世于1985年。1946年至1952年曾在这里东半侧的楼内居住，在此期间，她曾领导民盟华东地区的地下斗争，还在此秘密吸收爱国人士入盟。故居目前不对外开放，只在每年的“世界遗产日”里才限量让人参观。

开纳公寓如今也早随武定西路改名为武定公寓，而曾经发生在公寓内外的所有故事都成为历史，至今让人铭记。开纳公寓是当时沪上有名的公寓，既居住着不少社会名流，但也混杂着一些地痞流氓。中共中央组织部就利用这一点，于1929年9月在此秘密举办干部训练班。由恽代英任班主任，余泽鸿任副班主任。当时周恩来、陈潭秋常来此指导工作。

开纳公寓对面是明月新村，建于1937年，属于新式里弄房。1938年，张爱玲的舅舅全家搬来明月新村居住。张爱玲的母亲和张爱玲的舅舅是

武定西路 1357—1359 号　史良故居

一对孪生姐弟，感情很好，因此张爱玲对舅舅感情也很深，与表兄表妹相处融洽。每天中午，张爱玲都会带一碗苋菜，穿过开纳路，到舅舅家与表兄表妹一起吃饭、聊天。时隔 40 多年后，远在美国的张爱玲在她的长篇散文中仍对这碗苋菜津津乐道，念念不忘。

在开纳公寓期间是张爱玲一生最温暖的时光，母亲花高价请犹太教师给她补习英语，舅舅给她讲家族故事。虽然早熟的张爱玲常常在公寓屋顶的露台上走来走去，在“未成年人的自夸与自卑之间煎熬”，但她的心境总体不乏轻松和明亮，所以她能把一碗寻常的苋菜写得如此绚丽多姿，也可见她是真的怀念在开纳公寓居住的那段日子。

乘轨道交通 11、10 号线到
交通大学站下，向西沿淮海西路走，
过法华镇路，便可到新华路南端。

…
江苏路
交通大学
徐家汇
…

“国宾之路”新华路

新华路素有上海“花园马路第一条”的美誉，这个美誉始于 20 世纪 80 年代中期。2013 年，在长宁区所拍摄的宣传片中，新华路两旁的街景被变焦放大：夕阳、梧桐、老洋房、透空式围栏、花园，仿佛构成一张张上海西区的“名片”。

在上海，特别是上海的西区，原法租界内，拥有无数条两旁全是花园洋房的幽静马路，但是这些花园和洋房往往被高高的围墙挡住了，一般人在这些马路上漫步，多少会有一种壁垒森严的距离感。但是新华路上这些原来由砖砌成的封闭式围墙全部在 1983 年 3 月之后被拆除了，代之于新颖轻巧透空的围栏，这些围栏的质材和造型千姿百态，有直条方钢敞开式、白色混凝土条式、弧形方钢铁栏式，方块镂花式，马赛克贴面镂空式，使一幢幢造型各异的洋房别墅和花园内多姿多彩的花草树木尽入路人的视野中，再加上路旁的花坛、花池、花架、建筑雕塑小品和月季、海棠、大理菊、杜鹃、牡丹和其他四季花卉，所以行走在新华路上，就恍似置身于花团锦簇、姹紫嫣红的大花园中，有一种视觉上的愉悦和享受。

新华路自然是一条有历史的马路了。这条马路处在市区的西端，西面通过立交桥可以直达虹桥机场，东通淮海西路，是市区通向虹桥机场的必经之路，曾经也有“国宾之路”的美称。新华路最早筑于 1925 年，也是公共租界当局向西扩张越界筑路的产物，自然当初这里是一派田园风光，地价便宜。筑路之后，中外富商便纷纷在此建造花园住宅。继而东段有包括红庄新式里弄和“外国弄堂”在内的万国建筑别墅群，西段有原嘉兴民丰造纸厂老板金润庠的私人住宅和梅

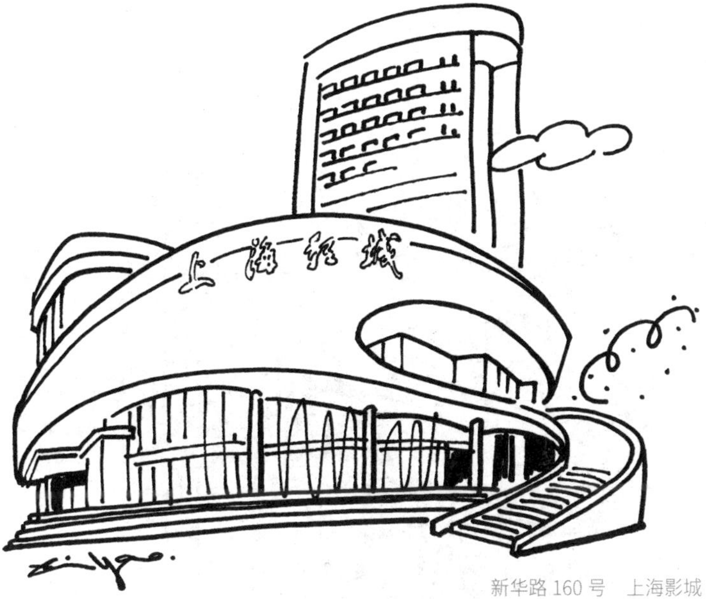

新华路 160 号　上海影城

泉别墅等。还有新华路 200 号，建于 20 世纪 30 年代，三层钢筋混凝土结构，中国传统寺庙样的大屋顶建筑。民国时期的政要人物陈果夫曾在此居住过。新中国成立后，这里一度成为空军四五五医院、汉语大词典编辑部所在地。

新华路最初叫安和寺路，这是一个扩张租界“有功”的美国人名的译音，翻译得颇有点中国佛教的意味，以致许多人望文生义，认为这里曾经有一座安和寺。1943 年，租界收回，安和寺路改名察哈尔路，用的自然是中国地名。1947 年又改名法华路，因为此路的北端有一座千年古镇——法华镇。1958 年以后，法华镇前的一条河浜被填没变成路，自然取名法华镇路。这样法华路、法华镇路就容易使人搞混，1965 年法华路就改名为新华路，虽是一字之改，却既有时代因素的影响，又有地域历史文脉的延续，所以仅从路名上讲，新华路是一条很“响亮”的路。

从 1986 年起，新华路两侧新建了多幢高层、多层住宅，沿路设有香花商场和绸布、鞋帽、服装、食品、医药等商店。在新华路和番禺路口，原租界时期马术学校的地基上，矗立起一组现代化的影院建筑——上海影城，为新华路带来了新的浓郁的文化梦幻气息。新华路闹中取静，交通便利，这些年沿街也开了不少充满情调

番禺路 129 号　邬达克故居

的咖啡馆和酒吧，还有一些奢侈品牌店，不过新华路让人津津乐道的还是它的昔日整体氛围依然保持得很好。

番禺路也建筑于 1925 年，地基原为农田，初名为哥伦比亚路，以美国城市名命名。20 世纪 30 年代，路北端开始建造花园住宅。著名的匈牙利现代主义建筑师邬达克故居就坐落在此路的 129 号。邬达克于 1893 年出生在奥匈帝国一个建筑世家。1918 年，25 岁的邬达克流亡到上海，为了谋生先在一家美国建筑事务所当助手。但仅仅 7 年后，他在上海就有了自己的建筑事务设计所。上海的国际饭店、大光明电影院、沐恩堂、铜仁路上的吴同文住宅等许多现代经典建筑都出自他的设计。有学者说："邬达克的建筑立在那里，就是一种审美，就是抹不去的城市记忆。"

邬达克故居由邬达克自己设计，建于 1930 年，一幢整体呈英国乡村风格，局部又有哥特式细节的别墅。如今这座别墅成为邬达克纪念馆，成了人们追思这位著名建筑师的一所园地。2016年12月，故居二楼曾举办邬达克建筑作品油画展。

位于新华路东端的“外国弄堂”，就是由邬达克设计建造的，至今风貌如初。47幢有近百年历史，样式各异的洋房别墅掩映在茂密的水杉树后面，透过枝叶间的缝隙，可以看见尖尖的屋顶，轻盈的螺旋阳台，陡峭的屋顶上哥特式连体砖烟囱耸立，陈旧的棚窗和铁栅栏门，欧陆风情栩栩如生，处处都给人以既沧桑又浪漫的想象，仿佛来到世外桃源。

我国已故著名配音演员刘广宁一家四口，20世纪六七十年代曾在这条“外国弄堂”的一幢房子里住了很多年。虽然房间只有16平方米，却感觉很温馨，房间朝东有个西班牙式半圆形小阳台。有同事曾开玩笑对刘广宁说，如果刘广宁站在阳台上朗诵，搞音乐的刘广宁先生在阳台下拉小提琴，那可太浪漫了。但其实经常在银幕上替外国公主小姐说“洋气中国话”的刘广宁平时的生活并不浪漫，相反很接地气。在这里她与11户邻居合用一个厨房间，白天餐桌、书桌得让给孩子们做功课用，她自己看剧本，为将要配音的电影做案头工作，就得把一块硬纸板放在膝上当桌子用……1985年，刘广宁一家才搬离这里，但“外国弄堂”的生活氛围为刘广宁的配音艺术带来许多灵感，她的“外国声音”代表作都是在这里完成的。此后刘广宁只要到上海影城来，就会到这里看一眼。

新华别墅群是新华路的标志，风格多样的别墅使新华路更加色彩斑斓。新华路329弄36号是这批别墅中最独特的一幢。这座两层楼的圆形西班牙别墅有着可爱的蓝色屋顶和圆圆的蛋糕造型。当年的同济大学校长周均时先生就居住在此。

同样位于新华路西端，由地产商吴其达和我国第一代建筑师陈福泉在1933年设计建造的梅泉别墅小区，别具匠心，造型美观，至今弄堂宽敞，功能齐全，20幢砖木结构的二层楼花园洋房，有尖顶、平顶、西班牙式及中西结合各种式样。进弄左侧曾有一小花园，花园内有两米见方的水池，池中设有喷泉，四周遍植梅花，故名梅泉。1949年左右收复西沙、南沙群岛的国民政府海军司令部海事处参谋张君然，就曾居住在梅泉别墅20号。如今斯人已去，庭院已经换了主人。不过，小区的入口处又增添了一间张君然历史陈列室，梅泉别墅的历史积淀就此可以定格。

在金风送爽、秋意渐浓的时节里，漫步在新华路上，你可以什么也不做，只要看着梧桐落叶以一种慵懒的姿态慢慢飘落、旋转，又被风卷起，似乎就可以触摸到新华路从骨子里透出来的宁静和优雅。

乘轨道交通 11、12 号线到
龙华站下，
即可到龙华路南端。

…
上海游泳馆
龙华
云锦路
…

龙华路上桃花艳

龙华路是上海龙华镇中一条南北向呈“S”形的马路，东起中山南二路，西至龙华西路、龙漕路，全长 1 800 多米。如今沿着龙华西路向东转折走在龙华路上，左侧依次是龙华烈士陵园、龙华寺、龙华塔，右侧是轨道交通 11、12 号线龙华站、后马路等。商务体所在的地块原来就是龙华镇，2000 年之后变成了一座集购物休闲观赏于一体的龙华商务城，飞檐翘角，黛瓦粉墙，雕梁画栋，古色古香。2018 年之后商城被推倒，又规划兴建规模更大的“龙华万科中心 · 西岸人文商务综合体”，其目标是打造“世界知名卓越水岸”，真是“斯须改变如苍狗”，龙华地区的发展可谓方兴未艾，日新月异。

龙华路 2853 号　龙华塔

2023 年 10 月，在龙华寺对面开业的“龙华会”就是一座集购物、休闲、文化于一体的江南园林式商场。各种莲花造型的景观装饰布置在各个角落，为顾客带来高品质、多元化的购物体验。

龙华地区从三国时代起就已建镇了，历来就是上海著名的风景区，古时候就有“龙华十景”的传说。龙华寺至今还是上海地区历史最久、规模最大的佛教庙宇，是中国著名的佛教千年古刹之一，也是国务院确定的汉族地区佛教全国重点寺院之一。

龙华路原是一条紧贴着龙华公园、龙华寺、龙华迎宾馆等建筑的小马路。现在拆去龙华镇老街，马路变宽了，东面全是一幢幢有红白相间砖墙的新式楼房。楼房有高层也有低层，错落有致，门窗均带有出挑墙面的白框装饰，在阳光下显得非常醒目。看得出楼群的设计者是有意与对面的龙华古建筑群风格相配，既有江南民居的建筑特点又有现代大楼的造型风格，走在龙华路上倒也别有一种赏心悦目的感觉。

然而，走在龙华路的另一边，视线却被一堵水泥高墙挡住，仿佛给人一种压迫感。透过高墙上的铁丝网你能看见一两座黑瓦白墙开有小小高窗的平房，待走到一个有漆黑铁门，门墙上方呈锯齿状排列有枪眼的立面时才恍然醒悟，原来这就是国民党淞沪警备司令部的旧址。门口的汉白玉石碑上刻着烫金的大字：“全国重点文物保护单位——龙华革命烈士纪念地。”

龙华烈士纪念地（遗址区）是龙华烈士陵园的一部分。陵园重建开放于1997年，由纪念瞻仰区、烈士墓区、碑林区、遗址区、游憩区等区域构成，是全国重点文物保护单位。烈士纪念地将原淞沪警备司令部旧址、当年关押烈士的牢房、烈士就义地有机地连接在一起，全部是实景实物。参观者睹物思情，无不为之动容。

龙华烈士陵园是由龙华公园改建的，而龙华公园的前身是龙华寺的寺院桃园。明清以来，每当阳春三月，上海旧城西门外便桃红柳绿。后来西门外居民增多，大片桃林便移到肇嘉浜畔，并以龙华寺、龙华塔为中心，道路旁、田野间、寺内塔下，无不种桃。龙华桃花的“艳名”就这样传播开来，闻名全国。

30年代我国著名的影歌两栖明星周璇就曾唱过一首名歌《龙华的桃花》：“上海没有花，大家到龙华，龙华的桃花都涨了价……”从歌词中可以听出，当时的龙华远离上海市区，龙华的桃花与龙华寺齐名。

说起来一切都有渊源。原来早在清同治九年，也就是1870年，李鸿章在龙华寺北创办了江南制造分局所属的火药厂，亦称龙华兵工厂。1891年，为了运输方便就修筑了一条自江南制造局经日晖桥到龙华寺的马路，马路自然取名龙华路，这也是龙华地区第一条现代化的马路，对龙华地区的发展起着至关重要的作用。1990年前后龙华路上还曾有协昌缝纫机厂、上海毛巾三厂、上海第三机床厂、龙华镇人民政府、龙华电影院等。

1916年后龙华地区又成为上海封建军阀的军事最高机关所在地，内设监牢。1927年至1937年，国民党淞沪警备司令部在龙华寺北、原兵工厂处设立军法处看守所，数千名共产党员和革命志士在这里被关押，最后被杀害。如今保留下来的旧址包括了当年的司令部大门和门楼以及男女看守所和电话总机用房等。

男女看守所，是淞沪警备司令部的主要组成部分，是关押革命志士的地方。男看守所是平行的三幢砖木结构，是由兵工厂厂房改建的。当年牢房的墙壁上曾经留下许多革命诗句和豪言壮语。其中流传甚广的一首是“龙华千古仰高风，壮士身亡志未穷，墙外桃花墙内血，一般鲜艳一般红”。这首诗在表达革命志士的壮志时，也将龙华的桃花凸显出来。在这里关押的有黄竟西、彭湃、罗亦农等烈士，还有许许多多不知名的革命烈士。

在男女看守所向北约百米处，即今天的龙华路2501弄1号，是当年军法处秘密杀害革命志士的刑场之一，牺牲在这里的共产党早期党员和领导人有宣中华、孙炳文、陈延年等。著名的“左联”五烈士柔石、殷夫、胡也频、李求实、冯铿，就是1931年2月7日深夜，在此被国民党集体秘密杀害的。冯铿的一件被打穿了枪眼的羊毛背心，直到1950年春在发掘烈士遗骸时还没有腐烂。站在烈士们的就义地，感觉是有些沉重的，实在没法把阳光灿烂的天空与黑暗恐怖阴森的刑场联系在一起。然而“纵死犹闻侠骨香”，它就是历史，一切都是发生在这块土地上的真实历史。

走过淞沪警备司令部旧址，2007年之前，仅一步之遥的墙面上挂有“2577创意大院”的招牌。原来这里就是前面所说的清代洋务运动时期李鸿章设立的江南枪炮局旧址——龙华路2577号。

当时漫步园区内，镶有玻璃幕墙的呈几何图形的老厂房在灿烂的阳光下透射着一种时尚的气息，房前房后不时能看到几段故意存留的断壁残垣，这又让人意识到这块园地的古老和沧桑。

然而时光容易使景物变迁，2022年1月，门口“2577创意园区”的牌子似乎不见了，也许园区内部又在调整。龙华路依然车水马龙，对面带斜顶的几幢名为“龙华雅居”7层大楼的玻璃窗户在阳光下闪烁，眼前的爱之裳鲜花店、慧龙水族馆、竹林园精舍等建筑呈弧线形排列，龙华路依然弯曲有致。古老的龙华路正不断被注入现代元素，然而龙华的桃花永远鲜艳！

轨道交通⑫号线

轨道交通十二号线起讫站金海路站至七莘路站，全程 40.40 千米，一路穿越浦东新区、杨浦区、虹口区、静安区、黄浦区等行政区域。2013 年 12 月 29 日，开通金海路站至天潼路站，2014 年 5 月 10 日，开通曲阜路站；2015 年 12 月 19 日，开通曲阜路站至七莘路站。可与 11 条地铁线路换乘，有“换乘之王”之称。

“十二号线”对应的是上海中心城区东部、中部和南部的马路。东部有杨浦区的许昌路、齐齐哈尔路。中部有虹口区的提篮桥片区和舟山路、黄浦路等。南部有吴江路、永康路等。永康路以浓郁的小资风情风靡上海，海派风情与异国情调混搭。

乘轨道交通 12 号线到
江浦公园站下，向西沿长阳路走，
过怀德路便可到达许昌路北段。

…
宁国路
江浦公园
大连路
…

许昌路的“烟草”

许昌路是杨浦区西部一条南北向次干道，南起杨树浦路，一路横穿扬州路、平凉路、惠民路、长阳路、昆明路等马路，北达控江路，全长 2 600 多米。许昌路始筑于清同治十三年（1874 年），填没西餘浦、东餘浦及杨家浜等河流建筑的，因通向黄浦江边的华盛码头而取名华盛路。1943 年 10 月，改以河南省许昌市名命名。

许昌路也是由南向北分段逐步建筑延伸才成现状的。1913 年向北筑至华德路（今长阳路），1918 年再筑至昆明路北侧公共租界线，1959 年以后才延伸至控江路。许昌路也是一条承载上海近代城市工业起源发展的马路，两旁工厂毗连，烟囱林立，间有商业街和居民区。1949 年前沿路曾有上海较早的英商自来水厂、怡和纱厂、英商卷烟厂等。1980 年前后沿路还有新沪钢铁分厂、上海汽水厂、上海卷烟厂、上海第三丝织厂、上海电表厂等众多工厂。如今许多工厂已经消失或迁移。从南到北，有欧洲凯城园、全家福家园、界龙商务大楼、嘉绿新苑、明园坊、锦丽斯公寓、泰虹苑、耀浦苑等现代化大楼和小区，是一条新旧建筑并存的马路。

过扬州路、平凉路、惠民路，这里东西两边曾有汾州里、耀华里、银绿里、协兴里、三益里、华盛里等广式石库门弄堂，这些楼房大都只有一两层，结构紧凑，空间狭小，是许昌路这条以工厂著称马路的人间烟火。其中三益里建于 1927 年，共有砖木结构石库门里弄房 133 栋。从 1931 年起，随着四周工业的快速扩张，三益里也开出了不少小型丝织厂和织带厂。1956 年公私合营时，这些弄堂工厂均并入上海市第一、第三丝织厂，原厂房均改为丝织厂的职工住房。弄内还有许昌路第一小学。

如今随着不少工厂的转型拆迁和商品房建设，许昌路上的老厂区和老弄堂越来越少了。这里一些老厂房经改造后，被冠以“许昌码头众创空间”等名称，转型为各种形式的创意园区，保留了部分区域的历史风貌。

2020 年，在许昌路、霍山路西北角出现一片开放式园林绿地。初看这座园林会觉得很普通，假山叠翠、小桥流水、绿荫遮天，是适合居民休闲的一块街头绿地而已。然而，当你深入其中，屏气凝神，就会发现那些假山、亭子、小桥，都是镌刻着时间纹理的活化石，山形依旧枕寒流，因而感觉这是一块有历史的地方。

原来，这块绿地的前身就是公共租界市政当局建于 1908 年的汇山公园，因霍山路原名汇山路而得名。整个公园有德、荷、英等不同风格的景区，精致秀丽，小巧玲珑，又具有中式园林的神韵。该园建成后，初期只对洋人开放，直至 1931 年 9 月 1 日才勉强对华人开放。抗日战争胜利后此园改名为通北公园。

1950 年 4 月，人民政府将通北公园改名为劳动公园，不久又改建为沪东工人俱乐部，1960 年定名为杨浦区工人俱乐部。当时东南角上有对外开放的俱乐部电影院，西北部为上海工会干部管理学院大楼。中部是一座名为“毅轩”（纪念陈毅市长）的多功能厅。此厅造型新奇美观，装饰古朴雅致。厅前有碧水一泓，池上有曲桥一座，池畔植有青青翠竹，微风吹来，竹叶摇曳，婀娜多姿，是沪东工人们品茗赏景的风雅之地。

俱乐部基本保留了原来汇山公园内的假山石亭、小桥水榭，并辅之以新的建筑，为人民群众服务，是沪东地区几十万职工学文化、学技术和休闲娱乐的最佳场所。但随着时光的流变，曾辉煌一时的工人俱乐部也不可避免地黯淡下来，现在此地仅存几幢办公楼，其余全部成为开放式街头绿地。

但是，俱乐部时代留下的一座方亭仍屹立于东北角。这座方亭建于太湖石堆砌的假山上，假山侧面镶嵌了一块雕刻梅花鹿图案的碑石。亭子四角攒尖，梁枋交叉出挑，呈霸王拳式样，顶部中央雕有凤绕牡丹图，四周顶壁则是梅、兰、竹、菊等传统图案，做工精细，古朴清雅。追根究底，这块碑石又是当年租界公园内的原物，历经一百多年的时光剥蚀却依然完好无损，令人感叹造物主的神奇，让人的思绪在刹那间就能洞悉许昌路的前世今生。

如果说绿地内的假山石亭是有形的历史“化石”，那么绿地北面的明园坊和绿地东面的明园新村则记载着无形的历史。

明园坊和明园新村相隔一条许昌路，西边的明园坊是建于20世纪90年代的高层和多层大楼小区，东面的明园新村是建于稍前的80年代前后的小高层和多层大楼小区。从外观看，这些楼房并无特别之处，但是“明园苑”“明园大楼”“明阳公寓”“明园新村”，这些新建楼宇的名称仿佛又在强调什么、沿袭什么。

原来，这片区域在租界时期属于偏远地带，1927年，外国人麦边在此建造了“明园跑狗场”，是当时上海的三大跑狗场之一。跑狗场正门开在华德路（今长阳路）上。其实，跑狗场与跑马场都是当时洋人和少数有钱国人的一种娱乐赌博场所，对社会有很大的负面影响，因此明园跑狗场在开设4年后就被改为“明园游艺场”，一度被这里的居民称为“江北大世界”，是走江湖、杂耍、卖唱和小商小贩混饭糊口的场所。

1937年“八一三”淞沪战争中，日军在此辟建军用养马场。抗战胜利后，一度变为垃圾成堆的荒地，后演变为沪东地区有名的棚户区。1976年至1980年这里率先得到改造，才有了今天的明园坊和明园新村。

如今明园新村对面，长阳路北边是一大片现代化装饰的大楼，其中一座三层红砖立面的老式厂房顶上“1930·华盛楼”几个黑体字令人注目。原来这就是开业于1925年3月的英美烟草公司韬朋路烟厂烟业加工车间旧址，该厂又称英美烟公司颐中三厂。1952年4月，该厂折价转让给上海烟草公司，改名为上海卷烟二厂。

1955年，上烟四厂并入，又改名为上海卷烟厂，是当时我国最大的卷烟厂之一，生产的熊猫、中华、牡丹、红双喜、前门牌等卷烟享誉全国，经年畅销。进入2000年之后，上海卷烟厂除了原来从通北路到许昌路这片厂区外，又向许昌路以东，昆明路以北扩展了几倍的面积。厂区与厂区之间用“空中走廊”联结，市民依旧可以在这些马路中间穿行，不时能嗅到烟草所散发出来的特殊清香，如同走进香烟城，倒也有别样的体验。其实，烟草在中国种植流转400余年，融入社会生活，烟草工业也见证了历史和时代的风云变幻。

1999年在上海卷烟厂对面，长阳路南面出现了一个“中国烟草博物馆”，博物馆外形以大型商船和玛雅神庙为设计元素，如同一艘神奇而美丽的船停靠在此处。这是一个具有收藏、展示和研究功能的专业博物馆。展馆分为烟草发展历程、烟草农业、烟草工业、烟草经贸、烟草管理、烟草文化、吸烟与控烟等7个展馆。在这个博物馆里可以形象地感受到烟草这一特殊商品的前世今生，也可以感受到许昌路这条“杨树浦工业之路”的历史缩影和未来发展趋势。

乘轨道交通 12 号线到
江浦公园站下，向东沿长阳路走，
即可到达齐齐哈尔路北段。

…
宁国路
江浦公园
大连路
…

齐齐哈尔路与“包身工”的记忆

齐齐哈尔市是我国东北黑龙江省的一座文化名城，据说“齐齐哈尔”源自达斡尔语，是“边疆”或“天然牧场”之意。齐齐哈尔路是上海东北部一条南北向的狭长马路。对应中国地图上的方位，齐齐哈尔路还与霍山路、济宁路、惠民路、榆林路、平凉路、龙江路、盐山路等同样以北方县市名命名的马路相交，且齐齐哈尔路东侧是与杨树浦平行的兰州路。

齐齐哈尔路是一条老马路了，早在 1913 年左右租界当局就开始规划修筑，基本是随杨树浦工业区的发展由杨树浦路向北拓展的。1937 年之前，沿路有裕晋纱厂、上海纱厂第四、第五分厂、培林冰蛋厂、仁丰机器染织厂、宏大橡胶厂等工厂。新中国成立后，沿路从北到南有上海市印刷一厂、上棉十五厂、上海橡胶制品六厂等 16 家工厂，在平凉路口还有纺织科学研究院及学校教育机构等。这里工厂毗连，烟囱林立，棚屋重叠，人烟稠密，齐齐哈尔路就像一条默默连通各工厂的“主干道”。

20 世纪 90 年代后，随着上海产业结构调整，齐齐哈尔路上这些高能耗的工厂无可避免地进入关停并转的局面。这些工厂迁移拆除之后，其所在地大部分变身为中高档商品房住宅小区。如今从北到南，有金鹏花园、霍兰公寓、锦杨苑、翰扬苑、圣骊名苑、阳光城·滨江悦等，让人感到齐齐哈尔路早已不是昔日那条机声隆隆、卡车疾驶、尘土飞扬的马路，而是一条人烟稀少、幽雅静谧、空气清新的马路，很难相信这是一条已有 100 多年历史的马路了。

从 1920 年到 1934 年，这里先后建成了大阪池田印刷株式会社上海分厂、日商康泰绒布厂（后上海针织厂)、纬通纱厂、上海纺织株式会社第四厂（后上棉十五厂)、新怡和纱厂（后上海毛条厂）等诸多大小工厂，且以日商经营的纺织厂居多，这也是杨树浦路一带靠近黄浦江港口，具有天然水路运输方便的优势所致。

如今齐齐哈尔路与昆明路东南角上，一排白墙黑檐的沿街建筑十分醒目，依次是各种新潮时尚的小店和培训教育机构。透过间隔的门洞可看见墙上贴有“印坊 928”等银灰色的字，步入其间，真是别有洞天。只见几何线条构成的老式厂房建筑密布其间，但又都具有新时代的色彩，显然这是一个由老厂房改建的创意园区。

细看门口的文字介绍，这是 1920 年由日商大阪池田印刷株式会社购地建成的上海印刷分厂。1944 年更名为上海精版印刷株式会社，印制通用货币。1945 年抗战胜利后，这里又更名为中央印刷厂上海第四印刷厂。新中国成立后，这里改名为上海人民印刷第二厂。1953 年又更名为上海印刷一厂，也是上海专业彩色胶印厂，主要承印画册、期刊、年历、地图、宣传画等。

2002 年印刷一厂与新华印刷厂合并，成立新华印刷有限公司。2009 年至今改建为上海商务印刷创意园区。这里仍然是一个以印刷业务为主，并有生产经营活动的园区。难怪这里入口处的园区介绍故意将文字反体装置，让人费劲猜疑的同时，倒也可以形象地体味到过去“活字排版印刷”的历史。可以说“印坊 928”是一个见证此路众多工厂从兴盛直至转型变身的历史“活化石”了。

见证齐齐哈尔路历史的还有对面的江浦公园。齐齐哈尔路与昆明路西南角，原是上海手帕一厂等中小工厂与中太和里等旧式里弄混合的区域，沿街曾经设有经营服装、百货、日用杂品、烟糖、糕点、果品等 60 多家商店。2004 年 6 月，工厂与里弄动迁之后，政府还地于民，兴建了江浦公园，并于 2005 年 3 月 28 日竣工向市民开放。

江浦公园占地面积不算大，但公园结合周边环境原住宅风格，特别是原有居民区纺织工人居多的特点，配置了今昔广场、假山叠水、旱喷广场、休息廊架、中心景观长桥等景点，为周边市民提供了一个环境优美的休闲和健身场所。今昔广场别出心裁地将昔日纺织工人的工作生活场景，以一组紫铜雕塑加以再现。具有浓郁生活气息的人物造型，十分接地气。昔日齐齐哈尔路周边的市井风情像老电影一样，让人感同身受，回味无穷。

如今漫步在齐齐哈尔路上，虽然到处都是旧貌换新颜，但不时还能看见边边角角零星的老房子，这又让人疑惑又让人感叹。

福宁路、齐齐哈尔路西北角上的8排老房子，就与马路对面在原上海舒乐电器厂地基上兴建的阳光城·滨江悦楼房形成鲜明对比。8排老房子的东面山墙呈连续的锯齿状，仿佛是监狱般高高的围墙，占据大半条街沿，壁垒森严，给人一种年代久远的压抑感。原来这里是我国现代著名文学家、剧作家夏衍笔下“包身工”们所居住过的房屋。

1936年，年轻的“左联”作家夏衍冒险亲临福宁路上的几个日商纱厂区采访，获得了许多宝贵的第一手资料，写下了报告文学《包身工》，细致翔实地披露了包身工们悲惨的生活真相。他以细腻独到、缜密深刻的文字，塑造了“芦柴棒”等包身工的艺术形象，既有新闻真实的说服力，又具有文学艺术的吸引力，《包身工》也因此成为现代报告文学史上的名篇，流传至今，影响深远。

包身工是盛行于旧上海纺织系统女工的一种雇佣制度，形同一种“罐装劳动力”。当时一些贫苦农家少女，被连哄带骗订下“包身契约”到上海后，一天要工作12小时。为了便于“管理”，日商资本家及包工头让她们集中居住在由包工头向厂方租用的封闭式的“鸽子笼”内，没有行动自由。稍不如资本家和包工头的意，便会挨打受骂，累死病死也并不鲜见。20世纪上演的沪剧《星星之火》和随后拍摄的沪剧电影《星星之火》，对此有相当直观写实的揭示。

福宁路是一条与齐齐哈尔路丁字相交的马路，初名朋卡路，1915年改以福建省福宁县为名，路址原系河浜。沿路有多家纺织厂和旧式里弄及简屋。福宁路99弄建于1930年，是当时日本纱厂包身工的居住地，弄内两排工房共16栋，计有160个房间。日商以每间5元租给包工头。包工头就尽量安排更多人入住，最多时此弄住了2 000多名包身工，其居住条件之恶劣可见一斑。

福宁路南面曾是原沪东织布厂后门，20世纪90年代工厂迁移之后，原址上兴建了双喜公寓等高层现代化住宅楼，而福宁路99弄内的房屋状况和格局却存在了很多年，一如当年夏衍所描绘的情形。2020年，99弄终于列入拆迁范围，人去楼空，但所有房屋至今并未全部推倒，也许这是大都市改造中一个需要审视去留的“角落”，而近代史上野蛮残酷的包身工时代终究一去不复返了。

相信随着杨树浦路的新一轮改造变迁，今后的齐齐哈尔路也会越来越美丽，而在这条路上的“包身工”历史虽然已经翻过，但旧社会底层民众在这条路上的痛苦记忆将不会轻易抹去，将激励着后人更珍惜今天的幸福生活。

乘轨道交通 12 号线到
提篮桥站下，
即可到提篮桥地区各路。

…
大连路
提篮桥
国际客运中心
…

提篮桥下寻“路”

站在东大名路、海门路、霍山路三岔路口，许多老上海人一定会感慨万千。东大名路以南区域已经成为上海国际航运中心，太平航运大厦、中航保大厦、航运服务大厦、5G 全球创新港大厦、星立方大厦等沿路矗立，气势恢宏，这里也是虹口区全力打造的“北外滩”中心。

马路对面的海门路、霍山路、惠民路上却是另一番景象，马路狭长，房屋低矮陈旧，人去楼空，一片萧然，形同一座“空城”。为什么一路之隔会形同两个世界呢？

其实，这里都属于提篮桥区域。提篮桥既不是一条具体的桥名，也不是路名，而是一个片区名。这个片区的大致范围是：东起杨树浦路、惠民路附近，西至东大名路东端，南近黄浦江、北抵长阳路、海门路两路交会处一带。这里道路纵横，商店林立，历来是虹口区商业最发达的地区之一。

但是在 400 多年前，这里还是一条流入黄浦江的小河——下海浦。河两岸则是荒滩和渔村。当时的渔民为生计到下海浦捕鱼，为求得平安，便凑钱在河北岸盖起了一座尼姑庵，因为庙在下海浦之滨，故名为下海庙。人们又在河上修了一座桥，供提篮烧香者行走，故名提篮桥。清同治二年（1863 年），下海浦被填，提篮桥被拆，一座座商店、房舍拔地而起，这一带便逐渐繁华起来，到了 20 世纪二三十年代，这里已是好几条马路的交会处，成为上海的商业中心之一。很奇怪的是这里条条马路都有名字，但是人们还是喜欢统称这里为提篮桥，并沿用至今。

2003 年，提篮桥地区以其深厚的历史文化及独特的街区建筑被列为上海12块历史风貌保护区之一。2020年之前，在提篮桥下寻“路”，漫步在昆明路、舟山路、长阳路、霍山路、惠民路，以及周边的唐山路、保定路、临潼路等马路上，一种市民生活的原生态被放大，你依然能感受到上海旧日的拥挤嘈杂和烟火气息。

但如今这里已经列入拆迁改造范围，人去楼空，只有几座值得回味的历史建筑前还有一些观光者。这里是历史风貌保护区，有的马路被列为“永不拓宽马路”之一。然而随着时光的流逝，建筑设施不可避免地老化，居民生活困难不少。如今的状况，其实也是“北外滩”迅速发展的一个侧面，在提篮桥下寻“路”，新旧交织，思绪万端，寂寞空台草自生，别有一番滋味在心头。

如今海门路成了“阴阳路”，西面是全新的星港国际中心大楼和广场，过长阳路是轨道交通12号线提篮桥站。东面的海门路是一些留存的二层和多层老房子，原来沿路的香烛店全部关闭。沿着海门路向北走到头，就会看到一座外墙为杏黄色的庙宇，这就是下海庙。说起下海庙，人们便会有一个联想，是否因为有了下海，才有上海？答案正是如此。

上海这个地名最早见于宋代。上海浦原是上海县城东边的一条河流，后来由于一到雨季无法承担泄洪任务，人们决定拓宽挖深上海浦，这条

东大名路359号　百联置业大厦

新形成的河流就是现在的黄浦江。古代的上海浦就是现在的黄浦江中心段。下海浦就是今天早已被填平变路的海门路。

宋代以后在上海浦的边上形成了城镇，这个城镇即以河取名为“上海”。而下海庙，建于清乾隆年间，就是当年“下海浦”的水神庙。庙内供奉海神，以镇风水，保境安宁。

下海庙在2004年修复后重新开放，其规模恢复到鼎盛时期的模样，宏伟壮观，成为目前上海沪东地区最大、最主要的佛教寺庙。

沿长阳路向东走，就到了著名的提篮桥监狱。提篮桥监狱原名上海公共租界工部局华德监狱，因位于提篮桥而俗称“提篮桥监狱”，也有人叫它“外国监狱”。1903年建成使用，主要用于囚禁会审公堂判决的华人及无领事国侨民罪犯。至20世纪30

年代，提篮桥监狱已占地60余亩，计有5层以上监房楼数十幢，囚禁人数达到数千以上，号称“远东第一大监狱”。抗日战争胜利后，此处被南京国民政府改为司法行政部直辖的上海监狱。1949年以后改为上海提篮桥监狱。如今监狱已成为全国重点文物保护单位，监狱大门紧闭，没有对外开放的迹象。据说正在谋划“转型变身”。

霍山路上的建筑与舟山路上的建筑样式大致相同，建于1910年左右，高三层，外廊式，带有英国安妮女王时期的风格。当下尽管看起来这些建筑有些斑驳、残破，但它们清晰地反映了历史。透过历史的帷幕，看到的是其蕴藏的人性温暖和光芒。走到霍山路、东大名路口，一座具有装饰艺术派风格的老大楼引人注目，这就是当年的百老汇大戏院旧址。戏院建于1928年，又称罗伊顶花园，是第二次世界大战时期居住在虹口的犹太难民室外休闲场所。

戏院对面，是建于1988年的远洋宾馆。1984年，这里建造了一座扇形的人行立交桥，桥跨霍山路、海门路、东大名路三条提篮桥下最热闹的马路，将27层的亚洲饭店、17层的大名饭店，以及大名百货商店、大名电影院（原名汇山大戏院）、东海电影院（原东海大戏院）和各大商场等串连起来，这里曾经是虹口商业繁华集中的地段之一。

而今旧的建筑推倒，新的建筑起来，仿佛凤凰涅槃，世道轮回。在提篮桥下寻“路”，心情既矛盾又复杂，未来的提篮桥上海国际航运服务中心，应该留住相应的历史建筑，并注入时代的活力和元素。

乘轨道交通 12 号线到
提篮桥站下，向东沿长阳路走，
过海门路便可到达舟山路中段。

…
大连路
提篮桥
国际客运中心
…

“小维也纳”舟山路

舟山路是上海虹口境内一条南北向普通而又特别的小马路，说普通是因为它像上海的许多马路一样狭窄曲折，近千米长的马路分别被东余杭路、唐山路、昆明路、长阳路分割成 4 段，最南端与霍山路相接成一个“丁”字形。80 多年前它曾经是犹太人在上海生活的主要居住地。因此两边的建筑既留有上海早期建筑的特点，又有犹太建筑的风格。衰败陈旧之间弥漫着一种民国时期上海的风情，沧桑而又厚重。

靠近霍山路一段，几十间三层高的青灰楼房连成一排，每两间底楼雕花黑铸铁门相对，二楼是连续的有红砖装饰的券式大窗户，最上面是三角形的坡顶，对应下面的铁门也两两相对。引人注目的是，三角形的墙面上还清楚地留有一个个红底白色的十字架符号。联列式的楼房高大坚固，线条硬朗，青灰夹有暗红的墙壁，再加上被岁月风雨剥蚀后的十字架，更显得有一种特别肃穆的宗教色彩。

走在舟山路不时让人内心掠过种种震撼。2007 年，昆明路一带一边是两层楼的房屋，下面是各种小店铺，有裁缝店、花鸟店、饮食店、洗衣店等；而另一边却是两三丈高带铁网的水泥围墙。因为时间久远，水泥墙有的地方已经发黑，像是被战火烟熏过，而墙内则露出几幢灰色的四五层高楼，奇怪的是全部楼房的窗户都被一种金属制作的百叶窗封住了。初见这些房屋，脑子里最直接的反应是这里像电影中见过的集中营，尤其像第二次世界大战中关押犹太人的德国集中营。这里就是上海人俗称的“提篮桥监狱”。

整个舟山路的房屋是老旧、倾圮了，墙面早已斑斑点点，加上外挂的空调和随意晾晒的衣裳，还有各种小商小铺前的人流、弄口随意扎堆聊天的老人、小店里讨价还价的声音，来往的车流声、空气中飘逸的大饼、油条、豆浆香味，整个舟山路洋溢着上海普通百姓生活的琐碎的气息。

20 世纪三四十年代的舟山路一定也是这样的氛围。据说，那时舟山路四周住满了犹太人。犹太人善于经商，路两边全是犹太人开的小店，什么点心店、面包房、鲜花店、书报店、洗衣店、五金店、咖啡馆等。因这里的商业一度充满异国情调而兴旺，故曾有“小维也纳”之称。只是犹太人来上海不是来淘金的，他们是历经千辛万苦，九死一生，从当时德国、奥地利的法西斯魔爪下逃出来的。当时，全世界许多国家迫于德国的压力，没有一个肯接纳犹太人。犹太人的船在古巴、圣多明各、巴拿马等国被拒绝登陆后，在海上漂泊了足足 72 天，才在上海靠岸。上海人民义无反顾地接纳了他们，且不需要任何护照、签证和经济担保。于是从 1938 年到 1942 年，先后有 3 万多名犹太人来到上海。大部分人生活在舟山路、昆明路、长阳路、霍山路等方圆只有 1 平方千米的区域内。

直到第二次世界大战结束后，世界相对太平了，犹太人才逐步离开上海，返回欧洲和世界各地。

犹太人难忘上海。如今越来越多的当年犹太上海人和他们的子女，抱着感恩、怀旧和寻根的心愿到上海访问、投资。他们无一例外地认定自己是上海人，一到上海他们就要吃大饼、油条、豆浆。

2013 年 5 月 4 日，舟山路 51 号迎来两位特殊的外国客人：贝蒂和她的女儿爱莲。原来，在 1939 年和 1950 年期间，年幼的贝蒂随家人来上海避难，舟山路 51 号曾是她们全家的住处。此次，贝蒂带着她的女儿重返故里，就是为了看一眼记忆中熟悉的街景。据说，贝蒂大家族的不少亲人都遭到纳粹的迫害，而她在上海结婚，并育有 5 个孩子，如今她子孙满堂，尽享天伦之乐。

80 多年弹指一挥间，人间已经几度风云变幻。这里还留有太多的历史陈迹，犹太人住过的房子、开过的店铺。过去被称为“小人花园”的霍山公园内的犹太难民居住区纪念铭牌，长阳路保存完好的犹太教堂，使人感到一种生活被忠实记录和承受的原生态。曾经的苦难和挣扎、贫穷和辛酸，更使人感到一种历史事实的伟大和悲壮。

如今舟山路一带已经列入动迁改造范围，人去楼空，萧索阒寂。但人事不同风物在，时间似水如烟，往事并非如烟似水。上海人当年对犹太人的包容也许不算惊天动地，但却是使世人永世难忘的。

乘轨道交通 12 号线到
天潼路站下，向东沿天潼路走，
至武昌路再向南走便可到达黄浦路中段。

…
国际客运中心
天潼路
曲阜路
…

黄浦江边
黄浦路

黄浦路是上海外滩黄浦江边一条东西偏北、约 400 米长的马路，此路紧贴着黄浦江北岸的一段曲线，叫黄浦路也是顺理成章的事。马路呈一个拉长略偏的“U”形，东北端起于虹口港与黄浦江交汇处，西南处又至苏州河与黄浦江的交汇处，地势从东北端渐渐向西南方向隆起，到外白渡桥边达到最高。

在黄浦路上漫步，有一种景随路换、路移景变的感觉，透过南面一幢幢高楼的间隙，不时能窥见黄浦江上来往的船只，对岸的东方明珠、金茂大厦、上海金融大厦、上海中心大厦等楼影。比起苏州河对岸的中山东一路，这里别有意趣。

从南浔路进入黄浦路丁字路口，三幢上半部为清水红砖，有连续券式窗户，下半部为现代柱状石材的大楼巍然屹立，人必须仰望才能看清三幢建筑的全貌。其实这只是三幢建筑的北立面，如果从东面的虹口港绕到前面的滨江大道上，就能看见这三幢建筑的正面。这就是在 1902 年建造的三座扬子江码头仓库基础上打造的“世界会客厅”。这个“世界会客厅”在 2021 年完工，基本保持了原历史形态，具有很高的历史文化价值。这也是未来黄浦路和“北外滩”的门面建筑。

过武昌路向西，黄浦路 106 号是一幢具有早期现代派风格的 6 层大厦，立面有 6 根凹槽和巨柱式壁柱。如今大楼处于封闭状态，从门口挂有的铭牌看，这座灰色砖混结构的大厦在 1947 年时是联合国亚洲和太平洋经济委员会秘书处的所在地。在这座大厦的南面还有一幢墙体以红砖为主的三层小楼，其正面面对黄浦江，主入口处门楣上有精美的石雕山

黄浦路 20 号
俄罗斯联邦驻上海总领事馆

墙花，檐口、柱头、勒脚、栏杆等细部均有精致的石雕装饰，这就是建于 1911 年的日本领事馆楼。2010 年前后，这座 6 层大厦还是一家以银行为主的办公大楼，如今连同前面的三层小楼都已成为历史建筑而等待修缮。

从武昌路向西，黄浦路的地形和路景就变得纷繁起来。前面的金山路、天潼路，眼前的武昌路，加上后面的南浔路，4 条小马路向大名路辐射出去，透过身旁建造于 1990 年前后的上海滩国际大厦、上海外滩茂悦大酒店、海湾大酒店，以及浦江饭店等新老高楼的间距，大名路对面同样纵横交错的小马路犹在眼前，车水马龙声更是清晰入耳，这倒反衬出黄浦路这条江边马路的安谧宁静。夕阳西下的时候，斜晖在眼前高大的建筑物上跳进跳出，大厦的轮廓线时亮时暗，色泽多变，让人不由得心生喜悦。有曲线的马路比笔直的马路耐看，因而更有韵味。

其实，黄浦路不仅地形起伏、马路曲折，也是一条历史悠久、建筑形态丰富多变的马路。黄浦路大约筑于 1850 年，是一条几乎与外滩历史相当的老马路。该路南侧沿黄浦江边曾有一条扬子江路，扬子江路西头有个扬子码头。早期的黄浦路两侧仓库堆栈林立，间有少量洋房和石库门弄堂。这里曾有禽蛋、茶叶、五金、化工原料等仓库，因此成为装卸储运的要道。又因为靠近外滩，1949 年前许多国家都将驻沪领事馆设在这里，国人曾经称黄浦路为“上海的东交民巷”。这里曾建有美国领事馆、德国领事馆、俄国领事馆、日本领事馆、奥匈帝国领事馆、丹麦领事馆等，这在上海的老马路中也是绝无仅有的。一直到今天，这里依然有俄罗斯领事馆。

黄浦路在 20 世纪 90 年代后经历了“大拆大建”，如今黄浦路建筑的“精华”基本上集中在天潼路、金山路到大名路这个“三角嘴”上。其中的海鸥饭店就是一幢颇有代表性的建筑，饭店的前身是上海国际海员俱乐部。随着国家外贸旅游事业的发展，原有建筑已经不能适应现状。1984 年，老楼东侧出现了一幢高达 13 层、外部造型具有传统建筑风格的新楼，名为海鸥饭店。饭店以其特殊的地理位置，成为观赏苏州河与黄浦江交汇处风光一览无余的绝佳之处。然而时光飞逝，转眼间新楼就成为老楼。如今正在改建的海鸥饭店立面已无老楼姿影，采用全钢框架结构，镶以茶色和蓝色玻璃，在阳光下像一个晶莹的玻璃盒子。改建后的海鸥饭店将释放更多的公共空间，与北外滩的滨江休闲绿道相结合，成为北外滩与“世界会客厅”并肩的地标性建筑。

海鸥饭店对面是海湾大厦，1999 年 12 月竣工。4 层巨大圆形的裙楼上建有高达十七八层的主楼，浅棕色的大理石外墙上有墨绿色的玻璃幕墙装饰，与一路之隔灰色调的浦江饭店相辅相成，相映成趣。

浦江饭店原名礼查饭店，建于 1910 年，是上海开埠以来第一家外商经营的新式旅馆饭店。饭店共有 6 层，为砖木和钢筋混凝土结构，具有英国古典主义建筑风格。整幢建筑立面呈圆弧形，犹如一座历史的丰碑，巍然屹立在黄浦路与大名路的转角上。据记载，1922 年著名物理学家爱因斯坦曾客居于饭店的 304 室，此后，英国哲学家罗素、美国喜剧大师卓别林等都在此下榻过。礼查饭店在当时就是名副其实的名人饭店了。1949 年以后，此饭店为市府机关接管，更名为浦江饭店至今。这里，曾有过《辞海》编纂历程中著名的三次“浦江集中”。20 世纪 60 年代，《辞海（未定稿）》就在此地诞生。

2018 年之后，浦江饭店挂上了“中国证券博物馆”的金字招牌。中国证券博物馆设立于有着 100 多年历史的浦江饭店真是“适得其所”，因为这里见证了新中国证券市场的诞生、发育和成长。改革开放后的第一家证券交易所——上海证券交易所于 1990 年 12 月 19 日在这里正式开业，中国资本市场发展的大幕从此拉开了。如今这里一张张历史照片、一份份珍贵史料、一段段场景还原，集中展示了改革开放以来我国资本市场的发展历程。“廉颇老矣”的浦江饭店又开始了新的旅程。

今浦江饭店东侧的一幢大楼，就是礼查饭店的前身，后称礼查大楼。因出口在金山路上，又称金山大楼。此楼建于1906年，平面沿三角形地基围合而成，共6层，双坡屋面，清水红砖外墙，每层约有28间标准客房，沿内院设走道，有拱门及柱饰。20世纪40年代，此楼成为同济大学教工宿舍及民居。1947年，台湾著名作家琼瑶与家人入住这幢楼，当时她才9岁。

浦江饭店的对面是俄罗斯联邦驻上海总领事馆。这又是一幢颇有年头和历史的建筑了。由于俄国沙皇尼古拉二世的“精明远见”，很早就意识到远东对沙俄经济繁荣的重要，上海优越的地理位置使他作出决定：出资在1914年建造此楼，成为扩大在中国华东地区贸易和外交的“桥头堡”。从这幢建筑的风格和式样来说，在黄浦路乃至整个外滩地区堪称独树一帜，有一种童话色彩和情调。领事馆为四层建筑，坐南朝北。立面底部为仿石基座，二、三层窗间墙连贯，窗裙墙内收；孟莎式坡屋顶，挂红棉瓦。整幢建筑的风格是混合式的，既有德国式弧形老虎窗，也有巴洛克山墙，敞式阳台，古典式石柱。最令人兴奋的是在深灰色4层的塔楼上，有穹顶的瞭望塔，塔上高高地飘扬着俄罗斯白、蓝、红三色国旗，整个建筑好像一艘在黄浦江中航行的大船。

登高以望远，站在这幢建筑旁，看对岸黄浦公园里的人民英雄纪念塔、外白渡桥上钢架纵横后面风格各异的外滩建筑群，一种高低起伏的韵律在眼前错落产生，仿佛外滩百年的历史沧桑全部在心里积淀起来。

乘轨道交通 12 号线到
天潼路站下，
即可到达天潼路东段。

…
国际客运中心
天潼路
曲阜路
…

天潼路“万象”

2022 年 10 月，许多上海人到位于静安区天潼路上新开业的万象天地商业城“打卡”。这使沉寂多年的天潼路一时有了摩肩接踵、熙来攘往的人气。

万象天地相比之前的许多商业综合体，后来居上，融历史建筑与开放式公园于一体，商业空间形态更加丰富多样，几乎“一站式”满足了人们购物、交友、休闲、游玩的需求。万象天地商业城以福建北路为中轴，东到山西北路，西至浙江北路，占地约 4.2 万平方米，分东里、西里两块，上有天桥连接，下有地道相通，主要商业布局都在地下。

最大的亮点：东有古色古香的天后宫，西有石库门弄堂慎余里，还在东里中庭和西里中庭置有大型现代艺术雕塑，给人以赏心悦目的视觉冲击感和深沉厚重的历史感。虽然天后宫和慎余里都是重新复建的建筑，只是沿用了旧时的名字，但由于这两处本是这个地域的代表性建筑，人文意象丰富。人们看到这些老地名，一种浓郁的海派情结在心底油然而生，关于这个区域的前世今生也就令人遐想和神往。

天潼路目前是横穿上海虹口和静安两区的一条马路。在 2015 年之前，万象天地所在的天潼路、福建北路、山西北路、浙江北路等都属于闸北区，而且是“老闸北”历史的起源点。此地境原为吴淞江（今苏州河）河床淤积低地。清康熙十一年（1672 年），人们在今福建路桥附近建挡潮石闸。雍正十三年（1735 年）在今乌镇路桥西侧又建石闸，从此两闸以北地区习称闸北。“闸北”的地名由此确定并传播开来。

后来人们又在老闸附近设渡口，

沿吴淞江北岸渐渐形成市集，先后有人们习称的老闸街（今福建北路西南侧）和老街（今山西北路南段）等出现。太平天国时期，为躲避战火，各地移民纷纷来此建造了唐家弄以及倪家宅、杨家宅、朱家宅等自然村。其中唐姓商人建造的唐家弄后来规模不断扩大，四周形成马路和工商业聚集点，以至“唐家弄”成为这一带地名，直到2000年这里还有以南、北唐家弄为名的居委会。

1864年至1875年间这里先后建成老闸桥（今福建路桥）、天后宫、天后宫桥（今河南路桥）、送子庵、山西汇业公所、钱业会馆、徐园等一批地标性建筑，地境开始由农村向城市化发展。闸北作为城区的历史就此有了起源。

天后宫又称天妃宫，建于清光绪十年（1884年），原址位于河南路桥西北堍，因供天后神像得名。宫内有大殿，殿前有大门、戏楼，东西各有看楼，后有寝宫楼。这些建筑气势雄伟，雕梁画栋，是典型的清代建筑。内供天后神像，相传天后护海有奇效，故沪地商人、官宦、船民供奉者颇众，香火之盛可称全沪之冠，是沪上知名度较高的庙宇之一。

这一段的天潼路原来称东唐家街，因地理位置居中优越，很快取代老闸街而成为新的商住中心。1893年这里成为公共租界，城市化进程加快。到了1900年初，这里街坊里弄纵横交错，道路呈网状系统。沿路开设了南货店、酱园、酒店以及五金、煤炭、糖果、蛋行、杂货等各种商店，成为当时闸北地区一条繁华热闹的商业街。

慎余里建于1930年，共有房屋16栋52单元，其平面呈矩形，采用干支式结构分布，分东西两列，南北8排，总弄与支弄主次分明。主弄南北两端各设过街楼一座，上嵌弄名，饰以水泥汰石子几何线条，典雅贵气。房屋为砖木结构的两层建筑，红瓦双坡顶，水泥勾缝清水砖墙，沿主弄东西两侧房屋两楼均设有外挑敞廊阳台。具有浓郁的海派风情，是当年这里设施条件最好的石库门弄堂。大画家颜文樑、经济学家薛暮桥、沪剧演员王盘声等都曾在慎余里居住过。当时弄堂里还居住着不少工商业者。曾有一胡姓人士从事过纸业经营，人们便用当时社会的流行语，戏称他为“纸老虎”。当时许多中小学生上学走后弄，购物出前弄，晚上则伴着有轨电车的当当声入睡，现在想来往事真的如幻如梦。

天潼路其实是道光三十年（1850年）建筑于虹口境内的一条马路，以宁波天潼地区为名，东起黄浦路，西至河南北路。1936年租界工部局拓宽了东唐家街，因其东端与虹口天潼路相接遂改名为天潼路，全长

1 650 米，由此天潼路成了一条横跨虹口和闸北的交通干道。

新中国成立后，天潼路铺设柏油路面，并植有行道树，还铺设铁轨，行驶 8 路有轨电车。沿路基本保持原先建筑，商业网点经过调整，成为原闸北区东南部主要商业地段之一，有各类商店近 70 家，门类较为齐全。1983 年前，天潼路上还有闸北图书馆分部，此后这个分部挂牌玉茗楼书场。

这玉茗楼书场之前是建于 20 世纪 40 年代的河北大戏院，是一家专门演越剧的中型戏院。著名越剧表演艺术家王文娟 1944 年就是在这里开始担任主演，从此走红越剧舞台。而玉茗楼书场创建于 1910 年，原址在福建路桥北东侧，一些著名评弹演员常在此演出，颇有声誉。1958 年迁入河北大戏院，戏院变书场，红火过一阵。

进入 21 世纪之后，天潼路、福建北路、山西北路这些老闸地区不可避免地出现房屋老旧衰败，陆续进入拆迁改造状态。2012 年，四周已经有多幢超高层的大厦，新泰安里等弄堂成一片空地，只剩慎余里等石库门弄堂在“拆”字声浪中独存。

幸好人们保留了部分慎余里的原砖原瓦，2015 年以后建万象天地时，用原砖原瓦和其他材料，按原样在原地复建了慎余里的 1 条主弄、3 条支弄共 8 栋楼房，也就是我们今天所看到的新的慎余里。

天后宫的命运也基本如此。1949 年之后天后宫历经沧桑，新中国成立之后，天后宫先是成为山西北路地段医院用房。1982 年医院又改建为山西中学，不过人们又将大殿移至松江方塔公园内，列为上海市保护建筑永久保存。其实，天后宫不是一座普通的寺院，在公共租界时期，它仍归中国政府管理，成为租界内的一处“飞地”，各种政治倾向的人可以在此进行活动。1927 年 3 月 21 日，李立三在此开大会宣布上海总工会成立；1937 年“八一三”淞沪战争期间，天后宫改为难民收容所。所以对于这样一座具有悠久历史和特殊记忆的寺庙，在它原址的北面复建戏台部分，并成为万象天地里与慎余里南北遥相呼应的标志性历史建筑，多少也留住了一点“闸北源”的历史文脉，成为保留上海城市记忆的地标，更是增添了这个商业体的历史意味和文化底蕴。

在万象城里，人们可以“上天入地”，思绪不断地在历史与现实之间穿越，在昨天、今天、明天三个点上交汇，万象天地犹如一条历史与时尚交织而成的时空长廊，引人入胜，让人流连忘返。

乘轨道交通 12 号线到
汉中路站下，向南沿恒丰路走，
即可到长安路中段。

…
曲阜路
汉中路
南京西路
…

“国际静安”长安路

长安路是上海不夜城西部一条沿苏州河的次要马路，全长 1 800 米，分好几段，似一条半环形的腰带，缠绕在恒丰路南北两端，并与天目西路、裕通路、普济路、汉中路、恒通路、梅园路、华盛路等相交。

长安路东段在清朝就有“老街”之称，是当时粮、棉、蚕茧的集散地。1893 年，在裕通路北侧、长安路中段，民族资本家朱幼鸿建裕丰纱厂（后又改建为裕通面粉厂），不久，东段又建福新面粉厂。1912 年之后，“老街”改名为长安路，寓意“长治久安”，并拓宽蜕变为一条闸北缫丝厂集中的马路，见证了中国民族工业从起步到繁荣的过程。至 1931 年，这里有元元、元亨、申纶、成泰、协源等 17 家缫丝厂，有木行、米行、各类商店 34 家，两侧有长乐里、长春坊、仁记里等 29 条弄堂，还有崇义公学校及江淮戏院等。但在 1937 年“八一三”淞沪战争中，日军的炮火将整个闸北西部几乎夷为平地，长安路上除长春坊、福新面粉厂、裕通面粉厂等建筑幸存外，其余工厂、住房都毁于一旦。战后，四面八方的难民涌来，长安路两侧成为棚户简屋为主的居民区。

1993 年之后，不夜城开始大规模建设，长安路旧貌换新颜，变身为一条幽雅宁静而又时尚高端的马路。如今从恒丰路拐入半圆形的北段长安路，南边是机电大厦高层大楼，北边是以“苏河 1 号”为名的一组全新的商业建筑群。1994 年前这里是上海电焊条厂和华丰搪瓷厂厂区，因紧贴苏州河，也是不夜城的西边界，故名“苏河 1 号”。

这块地域最初属于苏州河淤塞而成的低洼地带，地块依河流呈凹形，有“叉袋角”之称。清末有盛家宅等自然村。1872年，旅沪的广东人成立同乡会广肇公所，购进了这块土地作为公所坟地，又称广肇山庄。1900年后，闸北的市政迅速发展。1906年沪宁铁路、闸北水电公司等4家工厂和恒康里等石库门弄堂在此建造，广肇山庄部分土地被有偿征用，大部分向北迁移，留下一条横贯东西的广肇路。

后来两次淞沪战争，这里几乎成了废墟，后又成为日军露天军用仓库，直到1947年后拆除仓库铁丝网，贫民逐渐搭建棚户简屋安身。1949年后，这里又建造了上海木材加工二厂、上海电焊条厂、华丰搪瓷厂等工厂。1987年，上海站（新客站）和恒丰路立交桥在此地东面兴建，整个地块开始发生天翻地覆、沧海桑田般的变化，成为“不夜城”西部以机电医疗、酒店餐饮为主的次要商业街。

裕通路、长安路丁字路口，马路两边都是造型现代、风格相近的簇新建筑。不少建筑的门前都装饰有“静安国际中心”的招牌，虽然还未全面开张，但气势恢宏、格局不凡。

在这些现代化的建筑群中，靠西面呈“品”字分布的3幢两层楼建筑分外抢眼，一看就是“修旧如旧”却容光焕发的历史建筑。3幢建筑从风格上看大同小异，都是中西合璧式，红色坡瓦顶，清水砖镶嵌红砖线条块，一层正立面有连续券式门洞的外廊，窗框、门楣都有简洁而又细腻的装饰，整个建筑显得大气厚重、奢华而富有韵律。原来这3幢建筑所在地块正是过去裕通面粉公司所在地，也是裕通面粉厂高级职员宿舍和老板朱斗文家族的住宅所在地。

说起裕通面粉厂的历史，可追溯到清朝末年。1893年，朱文斗之父朱幼鸿在离此地不远处开设裕丰纱厂，1918年纱厂因故遭毁。1919年朱幼鸿重建厂房，改办裕通面粉厂，生产双龙牌面粉。这是早期中国民族工业的品牌产品，裕通面粉厂因此远近闻名，斜对厂门口、通恒丰路的一条土路经拓宽，改名为裕通路。

1945年后，朱幼鸿之子朱文斗、朱如山接管面粉厂，又与他人合股，改名裕通丰记面粉厂，生产“老车牌”面粉。1955年公私合营后，专营碾米业务，更名为上海第三碾米厂。

这个有着百年历史、为发展国民经济做出较大贡献的老厂，在进入21世纪之后不可避免地退出了历史舞台。然而建筑是城市历史的“容器”和记忆。如今这3幢老建筑矗立在静安国际中心的核心地带，成为见证过去和昭示未来的人文景观，也使静安国际中心更具有历史的纵深感和文化底蕴。

静安国际中心是2015年静安、闸北两区撤二合一之后全力打造的上海中心城区新地标。定位为中高档商业格局，引进国内外知名品牌，集大型购物中心、休闲娱乐、滨水餐饮、综合写字楼、精品酒店于一体，构成文化创意、商务商贸、休闲旅游、生态宜居四大功能，已成为苏州河两岸人文休闲创业集聚带，为新静安带来新的活力。

长安路处于新静安“一轴三带”的黄金地段，东近南北高架路，西临苏州河，具备蓄势待发的各种优势，这也是静安国际中心落座这条路的主因。如今，沿长安路向南漫步，东面是高大气派的高楼大厦和车水马龙的恒丰路，西面是苏州河，普济路桥、昌平路桥、恒丰路桥等造型各异，分别横卧在苏州河上，如弓似虹，给人带来视觉的愉悦和心灵的宁静。

过普济路桥，长安路在这里显露出一点烟火气。东边是天目西街道睦邻中心、苏河融景时代欧洲花园，西边是河滨花园。夹在两个高层小区之间的长安路有“深巷斜晖静，人家残夕阳”的意趣。东边大楼下，长安汇健身房、艺术工作室、钟表修理店、宠物医院、超市餐饮店等各种门店鳞次栉比，门前千姿百态的雕塑小品，憨态可掬，弥漫着现代平民烟火气十足、轻松悠闲的市井之气。

然而在20世纪90年代以前这段长安路被截断，这里是扬子木材厂和上海第二运输公司的地盘。扬子木材厂的前身，是日商在日军轰炸了国瑞里、智和里、兰亭里等石库门弄堂之后，侵占原祥生、鸿昌等木行所建的“扬子江木行株式会社”。1966年之后扬子木材厂一度改名为胜利木材厂，是当时这一地区的骨干型企业。当年厂大门在恒丰路上，这里是木材厂的水运码头区。而今这里已经难觅旧景，现代城区风貌蔚然成形。

穿过恒丰路桥洞，长安路向东伸展。在2010年左右，这里的东北角上是长安中学的校舍。长安中学建于1956年，著名地理历史学者葛剑雄是该校1959年的毕业生。1990年，长安中学与恒通小学等合并成为综合性的长安学校。2011年，学校建筑全部推倒，原址上兴建了凯德星贸大厦。

“驰隙流年，恍如一瞬星霜换。”如今金峰大厦、凯德星贸大厦、恒通大厦等现代化高层建筑给此段长安路带来全新的风貌。抚今思昔，感慨万千。长安、长安，也许这条在路名上寄托着人们美好愿望的马路，在它诞生100多年之后才迎来了真正的长治久安。

乘轨道交通 12 号线到
汉中路站下，向东沿长安路走，
过梅园路，便可到华盛路南端。

…
曲阜路
汉中路
南京西路
…

华盛路的盛衰

上海曾经有两条华盛路，一条位于杨浦区西部，另一条位于原闸北区（今静安区）中南部。杨浦区的华盛路建筑于美租界时期，1943 年租界消失，一方面因杨浦区一些带有租界时期痕迹的马路名全部改名，另一方面也因为两条华盛路重名，故杨浦区的华盛路以河南地方为名，改名许昌路。

其实，闸北区的华盛路虽然建筑比杨浦区那条华盛路要晚，但就地名的内涵而言，它又比那条华盛路来得深刻和贴切。因为它是当时“华界”闸北地段一条具有代表性的马路。这条华盛路南起苏州河边的光复路，经长安路、新民支路、恒通路、汉中路、共和路，北达天目西路，全长 500 多米。

华盛路路基原为一条小浜，1913 年由南向北填浜筑成泥路，因南端曾有华盛丝厂，故取名华盛路。其实，此时的华盛路也是众多闸北绅商为抵御外国租界北扩而修筑的马路之一，因此在路名上含有鲜明的“强盛中华”之意，与周围的共和路、大统路、华康路、新民路、长安路等具有异曲同工之妙，正好组合成“振兴华界、一统中华”的一块版图。1920 年以后，华盛路由泥路变成煤渣路，沿路两侧建石库门里弄 8 条、缫丝厂 3 家、各类商店 24 家。此时，“华界”最早、最高的领导机构——闸北市政厅改组为沪北工巡捐局，仍坐落在共和路和华盛路口。1927 年闸北建区。1934 年，华盛路又铺弹石街路，这条路由始而盛，见证了闸北“华界”的蓬勃发展。

但好景不长，1937 年“八一三”淞沪战争爆发，这里成了日寇飞机轰炸的主要目标，两侧石库门房屋被毁殆尽，工厂自此绝迹。以后日军又在此圈地，建日军露天仓库。原沪北工巡捐局大楼被毁，地基也成露天仓库的一部分。后来此地又成国民党联勤总部堆栈处。

20世纪50年代以后，随着广肇路扩建改名为天目西路，华盛路一带也发生了变化。原闸北市政厅旧址处，兴建了一座“V”字形的5层大楼，中间底层为大门，经常有警车出入，一般人是无缘窥探到大门内动静的，一副壁垒森严的架势，这就是闸北区公安分局大楼。公安分局斜对面的天目西路上有闸北区政府大楼和闸北区工人俱乐部，这里俨然成了当时闸北区的行政中心。

在20世纪90年代之前，从汉中路沿华盛路向南到新民支路，两边全是居民住房，住房前面的下街沿处都是简易带篷的菜摊，这就是新民支路菜场。这里整天人流熙熙攘攘、嘈嘈切切，是四周居民每天必须光顾的地方。当时许多副食品还都是凭卡凭票才能购买的，因此不少摊位前经常出现长长的队伍。许多小孩有时会在冬天的凌晨起床，跟着大人冒着严寒到菜场排队，好多买几斤青菜。记得天刚蒙蒙亮时，菜摊开秤，当几斤带霜的青菜终于装到篮子里时，心里的快乐感觉如同今天中了大奖。

汉中路华盛路西南角上有大饼摊、点心店和竹器杂货店等。每天早晨，大饼摊前总是排着一支等候买油条的长队。许多人拿一根竹筷将刚出锅的油条串起，便快步沿路回家，香脆的还滴着油的油条就是全家伴泡饭的最佳食品。华盛路共和路东南转角上是一家门面足有半个街面的大和油酱号。此店货物品种比较多，附近居民都来此购买食用油、酱油、腐乳、酱菜等。油酱号南边是一家南货店，那时候店里瓜子、花生米等“南货”并不常见，只有“三北盐炒豆”一年四季都有供应。

共和路以北的华盛路，在20世纪20年代时建有鸿庆里等8条旧式里弄，两边大部分是砖木结构的两层楼房，商店林立，人口稠密，但后来全毁于“八一三”战火中。这里也变成棚户简屋区，有天目西街道医院和一所小教堂。1975年，政府在天目中路、华盛路口兴建了上海第2幢13层住宅楼，因西靠华盛路也就以华盛大楼命名。

华盛大楼造型开阔、稳重而明朗，内部设施先进成套。底层铺面有北京照相馆、服装店、绸布店以及迎春饭店等，1978年交付使用后，华盛大楼独树一帜、鹤立鸡群，成为闸北当时具有新闻效应的地标，以致一般居民都称其为“13层楼”。进入90年代后，随着不夜城建设的推进，这里许多超高层建筑如雨后春笋般崛起，华盛大楼不复往日雄姿，俨然就是一幢普通的住宅楼了。今昔对比，前后华盛路可谓是两个世界了。

2001年，随着不夜城总体规划的落实，华盛路北端东西两侧成为不夜城绿地。这真的是一个大手笔，如果说整个不夜城是一个皇冠的话，那么不夜城绿地就是皇冠上的明珠和翡翠。绿地分为东西两部分，华盛路从中间穿行而过。西部平地起山，山北水树阵和山南开闸扬波的水景均为跌落式水池。山顶还建有木平台和扬波亭。沿山而下，有香樟林、竹林、银杏林，绿意盎然。

绿地东部由北向南为狭长形，平行布置人工山体和大草坪。山上种植雪松、银杏、香樟、无患子、榉树、杜英等高大乔木。山下大草坪视野开阔，使人心旷神怡。下沉式广场位于华盛路中部，巧妙地将绿地东西两部分连接起来，内置喷泉，供市民休憩。

不夜城绿地总体风格自然大气，是不夜城的一块“绿肺”，也是“都市森林”，成为市民休闲踱步的绝佳之地。更让人赞叹的是，山体与草坪间的挡土墙为文化景观墙，设立以“继往开来”为主题的连续性浮雕，以近代闸北发展历程为主脉，唤醒人们的记忆，老闸桥、老北站、商务印书馆等许多著名建筑，将人们引入悠远的历史中。

整个文化浮雕墙构图完整、气势恢宏，由深浅石材和不锈钢材料的层层递进带来史诗般的律动感，手法新颖且流畅自然，是一幅“华界”老闸北沧桑厚重历史的艺术长卷。只有走过这幅长卷，你或许才能了解华盛路的兴衰历程，从而浮想联翩、心潮澎湃。

乘轨道交通 12 号线到
南京西路站下，
即可到茂名北路北段。

…
汉中路
南京西路
陕西南路
…

茂名北路
升平街

如今上海的茂名路分为北路和南路两段，在 20 世纪 10 年代曾是两条马路，茂名南路叫迈尔西爱路，茂名北路叫慕尔鸣路。1943 年后，两条马路统一了路名，以延安中路为界，路南称茂名南路，路北称茂名北路。

茂名北路南起于延安中路，北止于南京西路，全长 500 多米。相对来说，茂名北路似乎没有茂名南路有那么多值得荣耀的建筑和记忆。过去的法国总会（今花园饭店）、闻名中外的锦江饭店、历史悠久的兰心大戏院，以及国泰大戏院都集中在茂名南路上。茂名北路虽然没有那么多著名的建筑，但从头至尾坐落着建于 20 世纪二三十年代的花园洋房和新式里弄及石库门楼房，有兴庆里、九福新村、德成里、丰盛里、荣康里、震兴里等。那些房子都只有两层高，或清水红砖，或清水青砖，或水泥砂浆仿石饰面，厚实沉静稳重，整齐整洁完好。

1924 年初，现代著名女作家丁玲在附近上海大学就读期间，曾借居在茂名北路一幢临街房屋的过街楼上，与同层楼居住的共产党人瞿秋白等人建立了真挚的革命情谊。

1930 年夏天，现代文学巨匠茅盾因病在上海休养期间，常来茂名北路上表叔的卢公馆闲聊，见识了上海工商界的各色人等，萌发了创作长篇小说《子夜》的灵感，可以说卢公馆就是小说中的吴公馆原形。由于时代变迁，这些旧址的确切方位已经不可考了。但有“金嗓子”之称的明星周璇居住过的升平街，还有建于 1925 年的威海路小学等都还保存完好。茂名北路上，茂密的梧桐树叶遮天蔽日，家家门户紧闭，整条马路显得幽静安谧。

升平街是位于茂名北路中间一条不足200米的小街，也是一条老街。说它老，因为这是一条建于20世纪二三十年代的小街，一头通着茂名北路，另一头却是“此路不通”，最后终结在绿荫深处。

小街现在看来还是很美，行人很少，路上绿树茂密，墙上枝叶披离，地上铺的是灰绿色六角形地砖。两旁既有花园里弄，也有独幢的花园洋房，那些楼房外观大都为清水红砖外墙，券窗、拱门、雕花、重檐。整条小街幽静无比，远近的市尘声仿佛被什么东西过滤掉了，只有小鸟和树叶发出的天籁之声。

升平街，一个安静平和却又带点颓废奢华的街名。20世纪三四十年代，我国著名的电影演员、歌星周璇曾在升平街15号二楼朝东的房里住过两年。那时候的周璇年轻、天真，涉世并不深。刚刚在影坛声誉鹊起的时候，却迎来了婚变。离婚后的周璇像飞出樊笼的小鸟，选择在升平街的房屋间居住。那也许是周璇一生度过的最为宁静悠闲的一段生活。

每天周璇起身很早，洗漱完毕，便进早点，阅读当天出版的报纸、杂志。看过之后，便自弹自唱地吊一会儿“金嗓子”。过后便与义母、义妹谈谈笑笑、游戏一番。下午则去位于拉都路上的国华影片公司拍片。

此间周璇还请了一位京剧老师教唱戏，还在升平街上学起了骑自行车，为的是工作拍戏节省时间。升平街的上空时时回荡着周璇那婉转优美如金笛鸣的歌声。周璇的歌声以上海为背景，唱尽了上海独特的都市韵味。她所唱的歌曲，如《天涯歌女》《四季歌》《相思的滋味》《采槟榔》《夜上海》等，任时光流逝，始终有一种亲和的魅力；不费什么劲，也不提什么调，在轻声细语间就倾诉了许多怀旧的往事。

为了完整地保留茂名北路的老上海风情，有关部门推倒重来，恢复重建了1幢花园洋房，仿造了9幢清水青砖的石库门楼房。这10幢楼房错落有致，总弄、支弄、过街楼、挑出阳台、雕花石库门门楣、木制百叶窗、亭子间，一个全新的却又有老上海风情和文化元素的丰盛里于2017年建成，与马路对面的德庆里、荣康里、震兴里遥相呼应，相映成趣，一高一低、一新一旧，一灰一红，成了茂名北路最有老上海风情的“桥段”。

丰盛里当然又成了海派文化的新地标。“丰盛享受，体贴在里”的理念，使这里成为功能形式多样、含蓄高雅、文化历史底蕴深厚的特色体验式商业街区。徜徉在茂名北路的街头巷尾，让人很轻易地回到以周璇歌唱为背景的老上海之中。

乘轨道交通 12 号线到
南京西路站下，向北沿茂名北路走，
即可到吴江路西端。

…
汉中路
南京西路
陕西南路
…

吴江路与美食街

在如今许多上海人的印象中，吴江路是一条以“小吃”闻名的马路，但其实这只是最近几十年来的历史。吴江路是一条年代久远的马路了，它西起茂名北路，经泰兴路、石门一路，东至南京西路及青海路，全长约 500 米。吴江路最初叫斜桥路。因为当年苏州河的一条支流石家浜由北往南从这里流过，为方便交通，人们在河上架起了一座桥，有桥便有路，与桥相通的便是 1894 年建成的吴江路。由于吴江路是弯曲的，在这条路上怎么看这座桥都是“斜”的，于是吴江路最初便被上海人叫作斜桥路。1948 年的上海商业地图还在吴江路旁边打上“斜桥衖”的字样。

白云苍狗，变幻无常。随着上海城市的发展，特别是南京西路这条上海顶级马路商业格局的发展变化，石家浜被填，斜桥俱乐部、张园、盛公馆等也渐渐衰落，这里东西南北建起了万家灯火般的大中里、柏德里、业华里、天乐坊等石库门弄堂。因斜桥的消失，再加上上海多处有“斜桥”之称，为减少路名重复，1943 年斜桥路改名为吴江路，吴江是江苏省一县名。

20 世纪 90 年代，在原斜桥俱乐部旧址上，矗立起一座充满现代感的上海广播电视综合楼。吴江路也就开始几度“转版”，由一条默默无闻的南京路后街转身成为闻名全市的集美食、购物观光于一体的休闲街。

1994 年，一位杨姓女士在吴江路东段 60 号开了一家生煎馒头小店，她为自己的小店取名小杨生煎馆，简单好记。生煎馒头是上海市民非常喜欢的一种传统小吃点心，多年来已形成好几个品牌。小杨生煎后来居上，凭祖传的秘方，不断加以改进，最终以皮薄、个大、底脆、馅鲜、汁多的特点，受到上海市民的青睐。小杨生煎很快成为与黄河路糖藕齐名的上海“名点”，最终形成品牌效应。

吴江路小吃的名声有一半是靠东街的小店支撑的，“小吃”往往比“大吃”更能体现一个地方的风味和特色。上海小笼汤包、馄饨、生煎馒头、锅贴、阳春面、臭豆腐等，既是上海普通百姓日常喜爱的点心副餐，也承载着他们对儿时生活和城市的记忆。

吴江路的小吃，既因为地理位置的便利，也因为价廉物美和独特风味，在短短几年间风靡上海而不衰。其实，东段的吴江路比西段的吴江路更有市井韵味，S 形的街道弯曲有致，一眼望不到头，两旁老式的石库门街面房本身就是平民气息、人间烟火的象征，五颜六色、重重叠叠的大小招牌，构成了令人垂涎欲滴的各地风味美食谱：武汉豆皮大王、重庆江湖菜、仔仔烤鱼、西北郎烧烤、孜然肉夹馍、香辣小龙虾等。

2008 年吴江路东段拆迁之后，小杨生煎迁移到西段，同时小杨生煎这个品牌也飞出吴江路，成为上海小吃的名牌，分店无数。2010 年以后，吴江路西段面貌一新，中心广场上空有两座钢架结构天桥，将中创、新时代大厦等北侧商业楼宇与南侧四季坊等商铺有机结合，是上海唯一一条人车分流、呈双层步行街的立体休闲街。沿街商铺设计时尚新潮，一些个性化的小店更是吸人眼球。不少店铺都成了“网红”，小杨生煎、一品盛锅贴、三丝面和鱼香肉丝拌面仍然很有名，吴江路并未失去“小吃街”的特色。而改造后这段街景的设计布置，融合了国际元素，景观灯光、水幕墙、异域风情雕塑、霓虹灯等细节设计，处处透露出休闲街内在的时尚韵味和典雅气息。

2018 年，这里又添了好几个轨道交通站出入口，轨道交通 12 号线、13 号线、2 号线均在此经过，为吴江路美食街带来人流。2014 年以后，东段的吴江路已是以兴业太古汇为名的现代化商厦地盘，此段吴江路仍然保持着“S”形的路形，马路从连接南北商楼的走廊下穿过，别有意趣。两边商店虽然不多，却尽显高端、奢华的商品气息，吴江路是一条非常值得一逛的美食街。

乘轨道交通 12 号线到陕西南路站下，
向南沿陕西南路至复兴中路向西走至
嘉善路再向南走，便可到永康路东头。

…
南京西路
陕西南路
嘉善路
…

独具风情
永康路

夜色中，从襄阳南路到太原路这一段的永康路是暖色调的。橘黄的路灯将淡黄色的西班牙三层小楼涂成橘红色，沿街的法国梧桐树枝影投射在水泥砂浆糙面墙上，影影绰绰，摇曳生姿。十几幢相同式样的西班牙小楼仿佛都沉醉在梦幻一般橘红色调的氛围之中。

太原路 160 号　太原别墅

永康路上典型的西班牙小楼决定了永康路的基调。西班牙小楼永远有色彩亮丽、造型活泼的独特风格。这些建于 1931 年的西班牙楼房，毗连式单体构造却又紧密相连，每两个半圆形拱门间隔两个并列的矩形门，每两个拱门共一个券式的镶有红色陶瓦的门檐，每两个矩形门共一段同样是红色陶瓦饰檐的围墙。每两栋有拱门的小楼凸出两栋有矩形门的小楼，前前后后，错落有韵，走过去仿佛有一种琴键跳动的韵律。而那红色的筒形瓦则像童话中的小红帽，轻盈俏皮地装饰着带方格的铁窗和门洞，使粗糙外表的西班牙小楼看起来既有城堡一样的坚实，又有宫殿一样的典雅，真的有一种超凡出世的童话气质。

其实，永康路上的西班牙小楼只是这些小楼朝北的背面，它们的正面朝南对着有花园的弄堂。如果你深入到这些弄堂去就会发现，不止永康路，还有与永康路平行的永嘉路，与永康路垂直的太原路，正好将西班牙小楼组成的弄堂围成一个小区。这大概是上海西区最大的一个西班牙楼房小区了。

太原路筑成于1921年，初名台拉斯脱路，1943年10月以山西省会名命名至今。沿路两侧有建于1930至1938年的台拉别墅、双梅村、大陆新村等。路西侧160号为瑞金宾馆分馆，原称太原别墅，又称马歇尔公馆，建于1920年，由1栋主楼和4栋辅楼组成、主楼为红砖青瓦的假三层建筑，外观具有法兰西文艺复兴晚期风格。1946年，美国总统特使马歇尔将军来华调停国共军事冲突，曾在此居住一年光景，因此这里一度被称为“马歇尔公馆”。

在上述永康路、永嘉路与太原路围合的区域里，全部都是两层楼的西班牙楼房，户户有花园，楼房正面有券式的门廊和高高的台阶。走在小区里，随处可见丛丛绿叶披挂在红色的筒瓦和淡黄色的拉毛水泥墙上，色彩极其生动亮丽，处处具有一种别样的异国情调。早年上海人称这些弄堂为“外国弄堂”。确实，这些弄堂的居民最初大都为法、英、美等国侨民，但太平洋战争爆发后，外国侨民纷纷回国，这些弄堂房屋也就成为当时官员、洋行买办、银行职员、工商业主等的住所。1950年后又入住了不少干部和工商企业职工。在这些弄堂里曾经住过著有《生死上海》纪实小说的作家郑念、中国胸外科奠基人之一顾恺时、小说《秋海棠》的作者秦瘦鸥、著名文学翻译家方平先生等。

物换星移，美景依然。不过，永康路上的西班牙小楼也发生过悄悄地改变。沿街有的小楼房实在耐不住寂寞，破墙开店了，但开店的好像都是有庭院带矩形门的人家；而圆拱形的门洞依然故我，带方格的红漆木门有一种遗世独立的气质，保持着西班牙小楼的矜持。

有趣的是永康路上的小店装潢还算考究典雅，与永康路的童话氛围总体协调。记得2007年间，永康路上有一家打有“193#”招牌的小店做的竟是茶水生意。门面很小，最多也就两个平方米，里面的商品却是琳琅满目。这里既卖茶叶又卖茶具，还教你茶道。店主是一个水灵灵的女孩儿，轻声细语，笑容盈盈，她好像不是在做生意，而是在向你“贩卖”情趣和“灌输”理念。

如今那家茶水店早已踪迹全无，夜色中只有一家沙县小吃店在营业。与西班牙小楼相对的是透视式铁栏杆内的一幢全白色建筑，那是法租界工董局董事的住宅，俗称“沪上小白宫”。它虽然不属于永康路上的建筑，但整个立面却对着永康路。与“小白宫”毗连的是一所中学。这也是一所有100多年历史的学校了，建于1902年，原名为务本女中，1949年后改名为上海第二女子中学，如今则是上海第二中学。

永康路筑于1884年，初名雷米路。雷米是一个法国商人。经营房地产及生丝和军火生意，曾资助法租界建设。1943年，雷米路改以浙江省永康县（今永康市）为路名。永康路全长600米，东自嘉善路西至太原路，中与襄阳南路相交，这使这条马路分为东段和西段。由于当时法租界的马路是由东向西发展的，所以永康路东西两段的建筑风格明显不同。东段有建于1928年至1930年间的兴顺南里等石库门里弄，西段则有建于1932年至1937年间的四达邨、明月邨、雷米坊等联排花园住宅。

雷米路改为永康路后，雷米坊也随之变成永康村。永康路南面的西班牙花园洋房其实是这些洋房的北面，很少能晒到太阳，但建筑立面更有西班牙建筑特色，两个矩形门洞间隔两个券式门洞，坡顶、筒瓦、钢窗，因而在夜色中别具风韵。

不过，外表光鲜的西班牙洋房内部已是“72家房客”群租状态，空间拥挤，设施老旧，这是当今上海许多老洋房民居内的现状。东段的永康路两边原来都是三层石库门楼房，特别有老上海的市井风情，20世纪80年代这里还有个嘉善路菜场。2009年后，凭借老上海建筑背景和优越的地理位置及闹中取静的环境氛围，这里底层人家出租的出租，置换的置换，没几年工夫，便演变出一条以永康里为名的特色休闲街，并以浓郁的小资风情一时风靡上海。特别是夏天的夜晚，仿佛全世界的各色人等都来此会合聚集。霓虹闪烁，音乐低回，衣香鬓影，觥筹交错，海派风情与异国情调混搭。

如今白天这里的大小咖啡馆、酒吧、甜品店、餐饮店、杂货店等也是生意兴隆，人来人往，空气中弥漫着咖啡、汽酒的香味，氤氲着一种悠闲慵懒的气息，海派生活方式似乎在这里得到另一种诠释。十字路口、西北角上复旧而开的雷米咖啡馆，一家非常有老上海风味的咖啡馆，似乎提醒人们：永康路是一条有140年历史的马路了。

轨道交通 13 号线

轨道交通十三号线起讫站金运路站至张江路站，全程38.10千米，一路穿越浦东新区、黄浦区、静安区、普陀区、嘉定区等行政区域。2012年12月28日，开通金运路站至金沙江路站。2014年12月28日，开通隆德路站至长寿路站。2015年12月28日，开通长寿路站至世博大道站。2018年12月30日，开通世博会博物馆站至张江路站。串联市中心多个繁华商业区，几乎每站都有亮点，且创下上海地铁埋深之最。

“十三号线”对应的马路集中在上海中心城区中部和西部。中部有威海路、南昌路、思南路、香山路、马当路等；西部有大渡河路、曹家渡路、江宁路桥、澳门路等。

乘轨道交通 13 号线到
大渡河路站下，沿金沙江路向东走
便可到达大渡河路南段。

…
真北路
大渡河路
金沙江路
…

大渡河路“长风”行

大渡河路是上海西部一条又宽又长的马路，全长有 4 500 米。这里的马路大都是在 1953 年至 1956 年，随着上海第一个工人新村——曹杨新村的建造而在农田里开筑的。因为上海的西部在全中国的版图上对应着四川省，所以这里的路名大都取自四川省西南部的地县名，大渡河路、泸定路、丹巴路、怒江路、金沙江路等。再仔细一思量，这些路名大都是红军长征经过的地方。于是从桃浦路踏入大渡河路的北端，只见马路宽阔，高楼间隔有度，天高云淡，空气清冽，真的会想起毛泽东“红军不怕远征难，万水千山只等闲”的豪迈诗句。

行走在大渡河路边比一般马路宽且铺着绿色地砖的人行道上，可以很从容地看两旁的风景而不必担心遗漏掉什么。因为大渡河路的开端除了有真北公寓和中亚公寓等几幢高层建筑外，基本是属于真北新村区域的 5 层楼房，还有一些绿化工程建设单位。到了铜川路口，现代化的气息就扑面而来。东西两边的建筑基本上都是 2000 年前后兴建的，属于久良财富休闲广场范围内的各式大楼全被饭店、美容店、火锅店、房产中介店、银行、酒店等所占据。这些建筑的风格基本是中西合璧，但是又有自己的特点。它们一般都只有五六层楼高，中间出挑，两边有尖顶或是穹顶对称的角楼，既富丽堂皇又让人感到接地气。不过，久良财富休闲广场开业于 2007 年左右，如今不论是建筑还是环境都有些陈旧，但是轨道交通 15 号线和多条公交线都在这里设“铜川路站”，交通方便，价格实惠，因此生意很好，人气不减。

其实，这里还是普陀区的文化政治中心，区政府、区公安局、区文化局、区图书馆、人民银行等机关团体都分布在这儿。其中建于2000年前后的区政府大楼式样颇有创意，远远地看去如同一架打开的手风琴，主立面窗格线纵横交错排列并由下向上倾斜，动感十足，韵律飞扬。

过了怒江北路就跨上大渡河路桥，桃浦河水正好在此与西虬江水汇合向西流转，水从桥下悠悠地流过。看着桥堍旁石碑上“大渡河路桥”几个金色大字，再抬头向前方眺望金沙江路上新建的大厦，虽然此“江”非彼江，此“桥”也非彼桥，但是真的有一种亲临“金沙水拍云崖暖，大渡桥横铁索寒”的意味。

过了大渡河路桥，再穿过金沙江路，很快就到了大渡河路南端苏州河边的光复西路了，这里原是苏州河古河道中的西老河河湾地带。建于1959年，占地面积36.6万平方米，有市内最大人工湖泊的长风公园就坐落在这块土地上。如今长风公园已被国家住房和城乡建设部、中国公园协会评为中国百家名园之一。园内还有长风海洋世界等游览项目，是国家AAAA级旅游景区。

长风公园是20世纪五六十年代建立的一个大型综合性山水公园。公园布局以水景为主，利用中部原有水塘洼地挖湖，名为银锄湖，又用挖出的泥土造山，名为铁臂山，山体坐北朝南，可以眺望宽阔的湖面。水面采取以聚为主，以分为辅的布局，巧妙地保留了原有的一条西老河。正因为长风公园有当时上海市最高的人造山和最大的人工湖，不仅吸引了广大的游客，也吸引了不少影视单位常来此拍摄外景。在20世纪80年代的电影里经常可以看见她的倩影。

2007年，长风公园虽然“春风不改旧时波”，但公园外面的世界却发生了翻天覆地的变化。长风公园西门外，大渡河路以西原来都是绿树平畴，还有化工厂、味精厂等上百家工厂。此时东起长风公园和华东师范大学，南临苏州河，北以金沙江路为界，西至真北路中环线合3 313亩的地块已经全部夷为平地，开发建设了上海市首个生态型现代服务业集聚区——长风生态商务区。当时圈起的土地内还兴建了22层高有生态式双层呼吸式幕墙的长风国际大厦，还有各种设计理念独到先进，外观石材装饰，有精致的玻璃穹顶和幕墙，堪称上海办公建筑新典范的各式大楼。

更让人欣喜的是，长风生态商务区跨越苏州河2 700米的水岸线，沿河建设有苏州河民族工业文化公园。原来几座老厂房的外观都被保留下来，经修缮后重新“包装”，矗立在苏州河岸边。特别是原上海化学试剂总厂那根70米高的白色烟囱在原地挺立，成为折射苏州河沿岸工业历史的有形标杆，让人倍感亲切。还有古北路桥下、大渡河路南面一座锯齿形的厂房也被保留，这里曾是上海火柴厂所在地。锯齿形是这座房子原有的形状，还建造了一座形同三个火柴盒叠加的附加建筑，连同这座锯齿形的房子一起成为商标火花博物馆。

站在双通道古北路桥上，桥下金色的苏州河水浩浩荡荡向东流去。晚风吹皱一江春水，夕阳影里碎残红。如果说对岸一幢幢新建的高层大楼，是垂直的音符，那么北岸的绿化观光廊、游艇码头、港湾等就是横向的旋律，纵横弯曲，这里到处流淌着诗的韵味。人在岸边走，感觉就像沉醉在一个声光音影的世界里。

如今的长风生态商务区被住建部授予“中国人居环境范例奖”。这里以“生态立园”，将建筑群体、绿化长廊与河滨景观有机结合，园区沿苏州河的黄金水岸建设了130米左右宽的绿色长廊，园区绿化覆盖率为上海城区最高之一。

这里以云岭东路为主轴，成功打造了“并购金融一条街”，聚集了上海联合产权交易所、长风金融港、全球首家以并购为主题的金融博物馆，以及并购平台载体和中介服务机构等，吸引了众多金融、商贸、会展、文化、科技等现代服务企业和各类专业人才，创造了可观的经济效益。云岭东路两旁错落有致地分布着普熙金融广场、国盛中心、上海大华长风华邑酒店、长风大悦城、长风国际大厦、新发展亚太万豪酒店、海亮大厦，以及上海跨国采购会展中心、东渡国际企业中心、赢华国际广场等新景观。每年有很多高规格的国际性大会展，如全球跨国采购大会、上海国际电影节等都在这里举行。

2021年，在长风公园对门的东大渡河路上，又矗立起一幢荷花造型的大厦，这就是上海市少年儿童图书馆（长风馆）。图书馆源于1940年应永玉先生倡议创办的儿童图书馆，1975年改为上海图书馆少年儿童分馆。如今该馆与南京西路馆两馆并行，成为上海少年儿童的精神家园，也为长风绿地平添了一座富有朝气的文化新地标。

苏州河在普陀区有21 000米左右的河岸线，正好是马拉松长跑的一半，因此普陀区又在沿岸打造半马公园。长风生态商务区内的苏州河岸线成了半马公园的重要组成部分，因此这里也被称为长风2号公园。公园设计充分挖掘场地的历史文化，建有苏州河工业文明展示馆，围绕上海试剂总厂保留的烟囱，打造苏州河音乐广场，布置主题音乐旱喷和烟囱夜景灯光秀，成为长风地区超级地标场所。

乘轨道交通 13 号线到
武宁路站下，向西沿长寿路走
便可到达曹家渡各路段。

…
隆德路
武宁路
长寿路
…

曹家渡边路的变迁

曹家渡不是一个具体的路名，而是泛指今天的长寿路、长宁路、万航渡路、万航渡后路、长宁支路相交一带的区域。但以前的曹家渡只是吴淞江边的一个义渡名，因为最初这里是农村地带。明朝时有曹姓举人从临安迁此经营盐业，先后形成南北曹家宅。后来曹氏后裔捐资造船，在今曹杨路桥东侧吴淞江南三官堂与北岸长生庵处设立义渡，人称曹家渡。

1864 年，美英租界工部局越界沿江南岸筑极司菲尔路（今万航渡路）和极司菲尔支路（今万航渡后路），两条马路在此交会成三角地，故人称“三角场”。到了 1892 年，中外商人相继在附近开办作坊和工厂。沿路店铺林立，酒肆饭馆、茶楼书场参差，形成了早期的曹家渡商市。1901 年至 1908 年间，工部局又在极司菲尔路北头辟筑白利南路（今长宁路）、康瑙脱路（今康定路）和劳勃生路（今长寿路），这里又形成了多路相交的中心，遂有五角场之称，商业渐兴。

自 20 世纪 20 年代初，英商于五角场西侧开辟 10 路公共汽车通往虹口，这里成为交通要道，三角场的商业闹市也逐步转移到五角场。南货药材、糟坊酱园、米店木行、银楼钟表行等大量开设，曹家渡一天比一天繁华。

日寇发动侵华战争以后，各地难民不断迁入定居，简屋、棚户成片而起，周围人口日趋稠密，遂成为沪西的交通枢纽、商业中心和人口密集之地。直到 20 世纪 80 年代末，这里仍是老房、老店、老路云集的商业交通中心，从提篮桥途经上海火车站直达这里的 13 路电车，终日拥挤不堪。1984 年，上海电影制片厂摄制的故事片《大桥下面》，不少镜头就是在长寿路、万航渡路口实景拍摄的，记录了曹家渡当年的繁华景象。进入 90 年代后，随着长寿路的大规模拆迁改造，一些老厂被迁并，这里的主要道路均被拓宽，中心地带一批高楼拔地而起，现代化的商厦逐渐沿马路环立，但这里仍然是沪西商业、交通的中心。

从余姚路走到康定路上，除了康定路南边还有几家老房老商店，让人寻回一点昔日曹家渡的影子外，其余就基本上是这几年兴建的高层现代化大楼了。康定路与万航渡路口是开开广场，广场内有王朝大酒店等。

与开开广场隔路相望的是“三鑫花苑”有圆拱形门洞的沿街楼房。这是一座可称为巨大型的城堡式连体楼房，既有现代风格又有古典韵味，楼下两边是对称的有半拱形门洞的商店、证券公司、银行和美容商店，中间是挑出的半圆形楼面，楼下底部有巨大的圆形门，供人进出小区。楼上就是那个巨大的拱形门洞，门洞内外装饰着简洁的线条，大气雍容，典雅气派。而对称分布的楼房窗户和阳台，或挑出或凹陷，纷繁复杂却又杂而不乱，横竖线条之间自有一种韵律。整幢大楼呈正方形，下部淡棕色上部淡蓝色，间隔着深色窗框，浓淡相宜，非常和谐。

走过万航渡路与长寿路口，对面一幢七八层高的白色大厦巍然耸立，“上海友谊商城”几个大字环绕着半圆形的大厦立面，楼下一边是肯德基快餐店，另一边是商场的入口处，而大楼的侧面则是沪西电影院和火锅店。这里其实原来就是沪西电影院的所在地。此院原为俄国人奥飞姆创办的奥飞姆大戏院，1927 年 9 月 1 日开业，专演电影。1939 年改名为沪西中华大戏院。抗日战争胜利后，改称沪西大戏院，经常上演淮剧和滑稽戏。

那时候沪西电影院是这里一个比较大型的影院，上映的影片较新，又地处闹市转角处，门口总是人头攒动，摩肩接踵。而如今电影已经不是这里的主业，缩小到几层楼的一个层面也在情理之中，好在沪西电影院的牌子还在，想追寻往日的情怀毕竟还有“院”可去。

站在天桥上，回望前面的长寿路和后面的长宁路，马路拓宽了，高楼遍布在两侧，反而使人觉得过去那个曹家渡不真实了。变化真是太大了，又因为不常来，跳过了曹家渡飞速发展的一幕，往日的“路”仿佛是再也寻不回了。

十几年后的今天又来曹家渡寻“路”，天桥已经没有了，路还是那么几条，但四周的景物又发生很大变化。2010 年以后，普陀区在曹家渡率先启动了一系列改造工程，包括悦达899广场、开开商厦和中华城商业改造项目。市政规划中的轨道交通7号、11号、13号、14号4条线路全部聚集曹家渡，区域在总体上又新增了不少商业面积和住宅面积，从而为各种商业形态提供了稳定的客源。

悦达889广场拥有1 600平方米开放式中心广场，并有独特的“一拖二”店面，像是住宅中的复式结构，不仅增加了外立面的展示空间，更是活跃了一二楼的气氛。商场内还有天桥走廊、媒体墙、采光井、露天摆设等极富特色的商场装饰。悦达889的出现，可算是曹家渡商业的一个亮点。

万航渡路和万航渡后路中间的建筑物早已经拆除，两路实际成为一路，但路东的门牌号码依然标示“万航渡后路”，而西面的门牌号码还是“万航渡路”，也许这正是普陀区与长宁区界路的一个特点吧。在西面的万航渡路上，矗立起一座曹家渡天主教堂，远远看去，教堂的尖顶直插天空，巍峨壮观，仿佛是这里的一座地标。

原来的友谊商城已变身为远洋星帆广场，但包括沪西电影院在内的一些大厦目前又在装修。不过，大厦北面的一排沿街铺面倒还在营业，老牌子的曹家渡花鸟市场也正在翻建。万航渡后路后面的原“曹家渡渡口”一带，已经打造成苏河水岸·梦幻之桥景观带，成了此地居民眼中的“沪西滨江大道”。

目前，曹家渡商业主要是星方汇广场、悦达889广场、长宁88和开开广场“四足鼎立”，在方位上比较分散，有关部门曾规划建造曹家渡“空中连廊”，串联起多个商业建筑，延长购物流线，提升空间通达性，为购物者提供便利，也使城市景观更富有层次感。这个规划目前还在“规划”中，曹家渡的各种“路”还在探索之中。

乘轨道交通 13 号线到
江宁路站下，向北沿江宁路走，
过澳门路便可到达江宁路桥南堍。

…
长寿路
江宁路
汉中路
…

江宁路桥变奏

上海的苏州河全长 125 000 米，流经上海市域 53 000 米，流经上海中心城区 42 000 米，而它在普陀区境内长达 21 000 米的河段中，竟有 18 个弯道。九曲十八弯，曲曲有传说，弯弯有故事。

如果你乘车从光新路向南偏东拐进光复西路，那么你就已经跨上了江宁路桥长长的引桥了。江宁路桥不是一条直线，而是先向东后又向南转弯的桥，因为它跨越的是苏州河上的一个著名的大河湾——朱家湾，所以桥身比一般苏州河上的桥要长，引桥自然也长。乘车疾驰在江宁路桥上，一路风景变幻，视线不断推拉伸移，两岸风光尽收眼底，大有“两岸市声不停息，轻车已过万重楼”的感觉。

随着路面坡度缓缓地升高，你会看见苏州河水正好拐了一个弯贴过来，河的对岸是一幢幢 2000 年以后拔地而起的高楼，前后错落，有一种自然的韵律。这就是名为“世纪之门半岛花园”的住宅小区，只见小区外围假山隆起，佳木葱茏，真的有一股别样的半岛风情向你扑来。而马路左边则是一幢幢连体的有些年头的灰砖建筑，越往上似乎越高大，但那只是一些建筑的西侧面。一些紧闭的窗户、窗楣上都有雕花装饰。等到车头完全向正东方向的时候，车才算上了江宁路桥。这时你才发现，那些有灰色侧面墙的楼房原来是上海造币厂及上海造币博物馆所在。

随着视线角度的转动和距离的推进，你会看到整个造币厂南面的绿化广场和办公大楼。上海造币厂建于 1922 年，厂房和办公大楼由当时的通和洋行设计，钢筋混凝土结构。令人惊奇的是整幢大楼不是那种工业化的简单横竖线条构造，而是一幢地地道道的具有古典主义建筑风格的洋楼。大楼中间设两层高的古罗马爱奥尼克柱式门廊，上有希腊式山花，两翼窗间墙上设爱奥尼式壁柱，窗口有小柱或檐楣等装饰。这幢建筑早已被列为上海市优秀近代建筑保护对象。目前，该厂主要生产各种流通硬币和纪念币。2005 年 12 月，这里建有上海造币博物馆，以造币工艺为主题布展，是人们了解造币工艺流程、增长钱币知识的好地方。

猛抬头，你会看见在苏州河对岸那个湾头上矗立着一幢钢筋混凝土结构 4 层高的大楼，引人注目的是大楼上那个高达 40 米的瞭望塔，像一个忠实的哨兵纹丝不动地站立在苏州河畔。这样的建筑看第一眼的时候就能感觉到它的厚重和精良。这就是 1932 年由公共租界工部局建造的宜昌路救火会。1949 年后被市军管会接管，现在成为武装警察部队宜昌路消防队的所在地。该幢建筑的立面呈现的是现代派风格，竖线条构图，基座窗间墙上下通贯，窗口上下饰褐色面砖，塔的顶部设八角敞亭，塔身饰竖线条，开窄窗，并渐渐向上收拢，像乐曲中的渐进符。

20 世纪 90 年代中期由上海中远三林置业集团公司等联合投资开发，一幢幢外墙立面采用进口面砖贴面，有漂亮铝合金门窗的高楼拔地而起。高低错落的大楼本身就是一道道音符，再加上中央环岛公园、天然水环驳岸、都市河滨公园、河滨走廊、绿林水景公园、观浪广场、阳光水景沙滩、亲水平台等 8 大亲水主题景区，彻底改变了这里的天际线，重塑了两岸的人文自然风光，也为江宁路桥的“变奏”添上高雅悠扬的背景音乐。

江宁路桥建于 1929 年，因靠近造币厂，原名就叫造币厂桥。最初的大桥为木排架及简支梁，结构差，因此地车流量大常损坏，需要经常加固维修。1969 年 8 月，改建成永久性大型桥梁，坚固宽敞，才使江宁路桥成为苏州河东西交通的重要通道之一，整天车水马龙，像一道弯曲的彩虹向南面飞去，与澳门路“接吻”。

2012 年 11 月，江宁路桥又进行封闭改建，现在的江宁路桥两侧花式不锈钢护栏线条明快，弧形的路灯灯杆简洁流畅，桥栏杆两边 4 个大型的花坛下，汉白玉的桥铭牌和桥铭志记载了江宁路桥厚重的历史。这是区别于老桥的地方，可见现在的建设方更注重城市历史文脉的传承和保存，使每一个走过江宁路桥的人都会对此倾心凝眸，不胜感怀。

其实，从空中看，江宁路桥与苏州河形成一个“X”形的交错，互相也在变奏，它们共同组成了上海城市中心版图上极富韵律的一个章节。

乘轨道交通 13 号线到
江宁路站下，向北沿江宁路走，
过普陀路便可到达澳门路中段。

…
长寿路
江宁路
汉中路
…

澳门路上的“纺织大厂”

澳门路是上海普陀区境东南部一条略呈弧形的东西向马路。东起苏州河畔的西苏州路，一路向西，穿越昌化路、江宁路、陕西北路，到西康路止，全长 1 200 米。

地境四周在 19 世纪之前属上海县法华乡。在明清两代，是苏州河下游泛滥改道的主要地区。苏州河在此形成 6 大河湾，东北角大河湾又形同一个扎紧的米袋，人称“叉袋角”。19 世纪末地境四周沦为公共租界，租界工部局即在地境内辟路建厂。澳门路、江宁路、昌化路、西康路、宜昌路等都是差不多在那个时期建成的。

到 20 世纪 20 年代初，这里大部分小河道被填没，出现了面粉、榨油、纺织、机械、造纸、印刷等一大批工厂，仅日本商人就在此兴办了 10 多个大型棉纺厂。与此同时，这些厂商又在地境南部建造了不少里弄房和工房，供职工居住，沿马路两侧商业兴盛，四周迅速城市化。澳门路是一条典型的沿路有多家纺织厂和密集居民住宅的马路，且马路东面紧邻苏州河湾，地势起伏，视野开阔，颇有几分东南沿海澳门的风情。

如今从西苏州路走进澳门路，苏州河水在东北方向荡漾，波光粼粼，身后的长寿路桥上车来车往，反衬出澳门路的静谧。南面是秋水云庐住宅小区，北面是圣骊澳门苑和澳门新苑两个住宅小区。这 3 个小区都是高层建筑，门口都有高大的“凯旋门”式门楼和连续的拱门，气势不凡。

秋水云庐入口处有独特的膜结构大门；外墙立面简洁亮丽，绿色彩喷窗饰置大面积翡翠玻璃，配白色外墙，白天在阳光下熠熠生辉，夜晚在灯光下金碧辉煌。这些建于 2003 年的楼宇，占尽澳门路的半壁江山，使澳门路有一种现代化城市的新韵律。

如果时光倒流，这里北面原来是上海饲料厂、上海第十一化纤厂、上海第二十二棉纺厂，南面则是上海第十四棉纺厂和正红里老式居民住宅区。20 世纪 90 年代后，随着上海纺织业的整体转移，这些曾经的支柱产业和几千人的大厂，无一例外地关停并转。

上棉二十二厂曾经位于澳门路 150 号，光职工就多达 7 000 人。该厂前身是李鸿章于 1878 年集资开设在杨树浦路上的上海机器织布局，也是中国第一家纺织厂。1931 年成为荣氏产业，更名为申新纺织第九厂。1933 年迁来澳门路。1948 年 2 月 2 日，震惊全国的为反抗国民党统治的申九“二二”斗争即发生在该厂。1966 年，申新九厂为纪念“二二”斗争，遂改厂名为上棉二十二厂。该厂历史悠久，影响广泛，技术力量雄厚，多项产品获国家棉布优质产品奖及国家科学技术进步奖。党和国家主要领导人都曾来此视察过。时过境迁，但澳门路上的几家纺织大厂为上海工业发展建设所做出的巨大贡献，是不会被人忘记的。

如今原来的上棉二十二厂一部分变身为上海纺织博物馆，成为苏州河沿岸沪西工业发展历史的见证，也是澳门路这条昔日纺织街烙下的记忆地标。

纺织博物馆筹建于 2002 年 7 月，开馆于 2009 年 1 月。博物馆通过实物、资料、场景、图文、模型、多媒体等，展示上海地区的纺织业发展历程。博物馆由气势恢宏的序厅、底蕴厚实的历程馆、时空连贯的撷英馆、互动迭现的科普馆、赏心悦目的京昆戏服馆组成。作为一家地域性行业博物馆，现已成为全国科普教育基地和上海市工业旅游基地。

2020 年时走过澳门路、昌化路口，马路南面几排老式工房和二层楼老房子又牵引人的视线，原来这就是正红里。重建于 1975 年的正红里楼房并不显眼，但“正红里”的弄名牵系思绪，因为顾正红烈士曾在这里生活战斗过。提起顾正红，这也许是澳门路上最值得书写的一个历史人物了。

16 岁时顾正红便同家人逃荒到上海，不久就进了日商内外棉七厂当加油工。这个工厂在澳门路与昌化路的西北角上，即后来的上棉二厂。1925 年 5 月 15 日下午，为反抗日本资本家的残酷剥削，已入党的顾正红，积极组织工人罢工，向日本厂主作面对面的斗争，不料遭到枪击，壮烈牺牲。顾正红事件遂成为震惊中外的“五卅”反帝爱国运动的导火线。

新中国成立后，为纪念顾正红烈士，上棉二厂在厂区通道上设置了顾正红烈士的全身塑像，并在南大门，也就是今澳门路300号顾正红牺牲处，绘制了反映当时工友们与敌人搏斗的浮雕。

2000年以后，上棉二厂整体拆迁，原厂区变身为浅水湾、河滨围城等高层建筑小区，而在顾正红殉难处，则建造了顾正红纪念馆。纪念馆由纪念广场、馆内陈列、烈士殉难处三部分组成。馆内陈列运用智能化手段，全景式展现了顾正红烈士的生平事迹和“五卅”运动这一重大历史事件。纪念广场则通过顾正红全身塑像、微型雕塑、大型花岗岩浮雕，还原了当年的种种情景，让人在追忆风起云涌的沪西工人运动之际，也体悟到澳门路特有的历史风情，从而抚今追昔，思索红色革命主题与当代城市生活之间的关联。

其实，澳门路所在的这片区域，既是上海最早的纺织等产业工人集中之地，也是中国共产党领导组织工人运动的起源地。这里有中国共产党组织创办的上海第一所工人补习学校、沪西工友俱乐部、上海总工会第四办事处等遗迹和纪念地。

1920年中国共产党早期杰出的工人运动领袖刘华在澳门路、江宁路西侧的中华书局印刷所当学徒，1923年入党。1925年5月，参加领导波澜壮阔的五卅运动，为劳动人民的解放事业流尽了最后一滴血。如今保留下来的中华印刷厂、中华书局旧址，变身为中华印刷菁英公寓和创意园区，印证着澳门路的历史和刘华等英烈的足迹。

在大规模的城市化改造进程中，澳门路因为纺织行业的整体变迁而发生了巨大变化，但还是留下了一些有历史认知价值的老房子。如今澳门路660弄内，还整体保留着28幢砖木结构的两层楼花园洋房，这是20世纪20年代由日资内外棉株式会社财团建造的员工宿舍。这群房屋共有ABCDE 5种样式，按员工的职务高低分类居住。外观为坡屋顶，拉毛水泥墙壁绿窗，总体是西洋建筑风格，但内部则有日式移门、榻榻米，屋前屋后有小块绿化园地，当时小区内环境幽雅，假山叠翠，佳木葱茏，还设有神社、庙宇、商店和草坪广场等，是当时澳门路上的高档住宅区，人称“内外棉工房”。1945年后，该小区被中纺公司接收，改称中国纺织建设公司第二宿舍。

白云苍狗，岁月沧桑。面对周围世纪之门、光明城市、澳门大厦、云都苑等现代化小区，内外棉工房不可避免地显现老旧和衰败，但不能否认这曾经是澳门路上历史悠久、布局整齐、结构最好的居民住宅区之一，收藏记录着澳门路的历史，因此对于它们的去留，人们会特别谨慎。

乘轨道交通 13 号线到
南京西路站下，沿石门一路向南走
便可到达威海路东段。

…
自然博物馆
南京西路
淮海中路
…

威海路
畅游

威海路是上海市中心一条东西方向、横跨静安和黄浦两区的马路，西始于延安高架路下，东与黄陂北路接壤，全长大约 1 800 米。威海路原名威海卫路，筑于 1901 年。后来山东省威海卫市改为威海市，1980 年，威海卫路也就随之改名为威海路。有意味的是，威海路由西向东略呈波浪弯曲的路形，有意无意中暗合了威海这个中国东部海滨城市的寓意。

在 20 世纪 80—90 年代里，威海路依托所在的上海汽车集团，曾有上海“汽配一条街”之称。进入 21 世纪后，有关方面着意将威海路打造成“国际文化传媒街”，威海路开始步入转型时段。从延安高架路下的上海展览馆起，威海路开始构筑它漫长的新的“海岸线”。

2009 年 3 月 24 日，“迎世博倒计时钟”暨“威海路国际文化传媒大道”导入口标识，在威海路与延安中路三角地揭幕。这座倒计时钟由一组环环相扣的齿轮组成，整体结构粗犷有力，极具艺术动感，这其实也是一座充满现代感的城市雕塑艺术作品。如今座钟仍巍然屹立在威海路西端，为威海路带来一种现代节奏感，显示威海路打造“国际文化传媒大道”的工作仍在不断推进，时刻提醒人们珍惜时代和时光。

在上海文化广播影视集团有限公司入驻威海路 298 号的上视大厦后，2013 年 10 月，上海解放日报报业集团与文汇新民报业集团合并组建上海报业集团。随后报业集团总部搬入威海路 755 号，至此，上海最有影响力的三大报社全部会聚在了威海路。而上海两大传媒集团齐集，更使威海路的“国际文化传媒大道”有了巨大的辐射和影响力。

威海路 298 号　上视大厦

走过弄口标有“林村”牌坊的新式里弄，穿过陕西北路，在威海路与陕西北路的转角处有一个三角小花园。紧靠着小花园的是威海路幼儿园，而它的对面就是第二工业大学校园和上海报业集团大楼以及建于1903 年的民立中学校园等。以《解放日报》《文汇报》和《新民晚报》为代表的报业集团大楼，仿佛使这一段的威海路仿佛充满了书报香味，让人感到一种现代传媒文化气息。

如今威海路、茂名北路东西两侧还留存着不少老上海弄堂，如威海别墅、静安别墅、张园等。位于威海路、茂名北路东北角上的张园，有“海上第一名园”之称。它保留着如今上海为数不多的石库门建筑群，拥有 28 种不同建筑风格的石库门里弄住宅，留存着浓郁的近代上海弄堂风貌，是珍藏的城市历史文化遗产资源。西北角上，面积体量甚大，孔祥熙、蔡元培、于右任、郑小秋等名人曾经云集的静安别墅也令人神往。静安别墅建于 1932 年，弄堂前通南京西路后通威海路，主弄堂相当宽阔。200 多栋清水红砖外观的三层石库门楼房，分十几条支弄对称排列，高大整齐，门楣雕花，彩色玻璃，巍峨壮观却又静穆无言，极富老上海的情调。这些弄堂仿佛就是张爱玲、苏青、秦瘦鸥、周天籁、施济美等海派作家小说创作的背景。

威海路 602 弄 88 号，曾是建国后上海第一任副市长盛丕华的故居，威海路 549 弄 7 号，曾是主演过《金粉世家》《狼牙山五壮士》等影片的著名电影演员周刍的故居。如今虽然这些故居物是人非，湮没无闻，但遇上下雨天，老房子在潮湿的空气中就有一种氤氲怀旧的气息。它们静静地伫立在弄堂深处，不事张扬却又与众不同，因而很轻易地让人进入那些海上陈年往事之中，且久久不能释怀。

茂名北路、威海路交叉口东南角，在周围鳞次栉比的高楼群中还保留着一幢老式石库门建筑。它现在的门牌号是茂名北路 120 弄 7 号，原门牌号是慕尔鸣路甲秀里 318 号。这就是上海毛泽东旧居。

1924 年 1 月，毛泽东在广州出席国民党第一次全国代表大会，并当选为国民党候补执行委员，2 月中旬即来上海工作。同年 6 月，他的夫人杨开慧偕同母亲及岸英、岸青两个孩子来到上海，全家寓居于此。这是一幢典型的两层楼老式石库门房屋，砖木结构，清水外墙，黑漆大门，铜环门扣，条石门框。当时，一楼前厢房是毛泽东与杨开慧的卧室兼书房，后厢房是杨开慧母亲房间，客堂则是一家人吃饭和会客的地方。

毛泽东一生多次来到上海，甲秀里旧居是他在上海住得最久、最富家庭生活气息的一处住所。在这里毛泽东度过了他一生中难得享受天伦之乐的温馨岁月。

2017 年旧居重新修缮后再次开放，建筑整体风貌高度还原，增设了“毛泽东 1924 年在上海”专题陈列室，为参观者再现伟人在上海的足迹。

现在甲秀里西侧的清水墙边绿竹林前，是毛泽东一家四口人的青铜塑像，杨开慧怀抱着小岸青与坐在藤椅里的毛泽东逗趣，身旁有小岸英绕膝，一家人其乐融融，享受着短暂的天伦之乐。踏进甲秀里，每一个参观者都能感受到历史伟人充满生活情趣、平易近人的风采和有别于其他红色景点的气氛。

威海路上还有许多老式的公寓建筑和花园洋房，至今都还完好无损。威海路 651 号，是一栋竣工于 1928 年、混合结构合院式的 7 层公寓。从空中看，整栋公寓平面呈“回”字形。庭院里花木扶疏、空气清新，中间的花坛原来是个音乐喷泉，足见当年公寓的奢华。公寓临街立面为深浅相间的面砖饰面，主入口饰竖向尺度高大的拱券，窗楣为白色平券装饰。这栋公寓是由房产商孙春生以其姓的英文音译命名的太阳公寓。20 世纪 30 年代中期，著名电影导演蔡楚生在联华影业公司任编导时，曾在这栋公寓里居住。如今公寓除了有居民居住外，门口还挂有一些研究所和公司等招牌。

自 2000 年之后，威海路的老房老区改造步伐加快，石门一路到重庆北路一段，现代化的楼房成群成片，有上视大厦、四季大酒店、中凯城市之光住宅小区、绅士大厦、浙商银行、长生大厦、中国民生银行大厦、上海招商局广场等。

南京西路 789 号　兴业太古汇

2016年前后，以原大中里为地基，一座具有当代最新商业建筑风格的兴业太古汇又矗立在石门一路与威海路口。2010年有关部门又将本来准备拆除、具有百年历史的查公馆平移57米，使这幢中西风格的老建筑与兴业太古汇并驾齐驱，一新一旧，让人在瞬间就能品读出威海路的历史年轮。

威海路的东段与人民广场南边的武胜路、黄陂北路相接。人民广场原来是老上海最大的跑马厅，武胜路过去就叫跑马厅路，这条路至今还留有弧形跑马道的痕迹；而当年的威海路因为紧靠着跑马厅，所以在威海路与黄陂北路之间分散着许多马厩。

如今威海路20号就是当年马厩和马厩的管理机构。这是一幢两层的钟楼建筑，平面呈凹字形，钟楼楼上是管理人员办公室及骑手的宿舍，底层的两厢分别有9个马厩。在马赛开始之前，马匹先集中进行检查，配上号衣，随后依次拉到跑马厅的主看台马道上，赛后再拉回到马厩。当年跑马厅主看台的位置就是现在上海大剧院所在的地方。

人民大道300号　上海大剧院

人民大道300号的上海大剧院建成开放于1998年8月，整体外观由纯透明的玻璃墙面组成，皇帝冕旒式的屋顶高高地在左右两边翘起，一直指向苍穹。

如今跑马厅早已销声匿迹，但是当年的马厩却变成了民房而保留了下来。许多人初看到这幢红瓦绿檐黄墙的房子，总以为这是什么造型奇特的洋房，知道这里曾经是跑马厅的马厩时，往往会感到难以置信。再仔细看那比一般房屋要低的红瓦坡顶二层楼房，和顶上穹隆状的白色水泥钟座时，才不得不相信时间真的会改变一切。

乘轨道交通 13 号线到
淮海中路站下，向东沿淮海中路走
至思南路再向南走，便可到达南昌路东段。

…
南京西路
淮海中路
一大会址·新天地
…

南昌路烟云

南昌路是上海中心城区西部一条东西向马路，东自重庆南路，经雁荡路、思南路、瑞金二路、陕西南路，西至襄阳南路，全长 1 500 多米。

南昌路原来叫环龙路，那是以 1912 年一位为了避免飞机坠落在上海上空而以身殉职的法国飞行员环龙的名字命名的。由此可知，环龙路曾经是法租界内的一条马路。但许多人有所不知的是，其实当时的环龙路只是南昌路西面的一段（今雁荡路以西），东面一段叫陶尔斐斯路（今重庆南路至雁荡路）。

陶尔斐斯路的初名又叫军官路。1900 年法租界第二次扩张时，便将今复兴公园这块地域占为法军兵营。1902 年，军营北面的这条窄而弯曲的小路就取名军官路。此后随着法租界不断向西扩张，这条马路也就一路向西延伸，横跨卢湾和徐汇两区。

到了 1920 年，兵营早已变成法国公园（今复兴公园），大概也是为统一路名，军官路改名陶尔斐斯路，显然也是法国人名。1943 年收回租界时，这两条马路合并，改名南昌路，用的是江西省会名。

在大规模的上海城市改造中，许多建于 20 世纪初的老建筑化为尘土。20 世纪 90 年代初，因为兴建南北高架路，拆去了淮海中路、南昌路与重庆南路口的许多老房子，包括“淮国旧”和职业妇女俱乐部等在内的一些有着悠久历史和意义，构造骨架还相当坚固精美的楼房。

但是此后的南昌路基本没再拆过什么房子，沿马路一幢幢各式小洋楼和一条条幽深的弄堂，将南昌路昔日的氛围和风情保持得相对完整。花木繁茂，绿荫遮天，上海的天空本来就雾气较多，遇到春秋天下雨时分，南

雁荡路 69—71 号　双子别墅

昌路的上空烟雨蒙蒙，所有的老建筑被笼罩在一种灰色调中，更使人有一种思古之幽情油然而生。

现在从重庆南路口进入南昌路，在 S 形弯曲的马路右边就能看见一幢被木制的大门和围墙围着的两层砖木结构的小洋房。门口挂着“大同幼稚园旧址”的木牌，这就是 1931 年至 1932 年间，由中共地下党员，人称“神秘牧师”的董健吾创办的大同幼稚园原址。当年这所幼儿园除了以少数几位基督教徒的孩子作掩护外，收养的几乎全是中国共产党领导人的孩子。

由东向西，南昌路首先与雁荡路十字相交。雁荡路筑于 1902 年，初名军营路，后改名华龙路，1943 年以浙江省雁荡山命名后沿用至今。沿路两侧主要为居民住宅，路北有培文公寓、永业大楼；路南有雁荡大厦和洁尔精川菜馆；中部有中华职业教育社上海分社，该社由爱国民主人士黄炎培等创建于 1917 年。1930 年迁雁荡路 80 号一幢 6 层钢筋混凝土大楼内，其文脉绵延至今。雁荡路 69 号和 71 号是建于 1923 年的双子两连栋中式建筑，仔细观察，这两栋建筑山墙上的屋顶、窗户、门楣、挑出阳台等装饰非常讲究，糅合了中国传统建筑的元素。

南昌路 47 号是上海科学会堂，成立于 1958 年 1 月。“科学会堂”4 个大字是上海市第一任市长陈毅的手迹。科学会堂前身为法商球场总会和法国学堂，其主楼为一幢建于 1917 年的混凝土木框结构的法国古典式两

南昌路 47 号　上海科学会堂
（法商球场总会旧址）

层花园楼房，拥有 6 000 平方米的花园。20 世纪 50 年代前后，科学会堂是上海市科技工作者进行学术交流和讲演的专用场所。诺贝尔奖获得者杨振宁、李政道、丁肇中等都来此作过报告。

2012 年，此楼又进行封闭式维修，使之更加坚固地矗立在南昌路上。新的科学会堂开张时，其实稍有移位，新的会堂以南昌路 59 号为地址，靠近思南路口。这样，就出现了一新一旧两个科学会堂，使人在瞬间就可以推测出南昌路的年轮。

南昌路 100 弄 2 号，以前称老渔阳里 2 号。1919 年五四运动以后，陈独秀从狱中出来，由李大钊亲自护送离开北京来到上海，随后即住进了这栋房子。

这是一座老式的石库门房子，进门就是一个大天井，客堂后面还有一个小天井，二层楼的砖木结构房子上下足有 140 平方米，一家人住相当宽敞。陈独秀一到这里，就把这里变成了《新青年》编辑部，也成为中国共产党发起所在地。

在当时南昌路傍晚的暮色中，老渔阳里的居民经常可以看见一位身材不高、身着条子西服的中年男子，手里夹着一叠讲义，行色匆匆地穿过弄堂走到新渔阳里 6 号外国语社上课。听他讲课的有萧劲光、罗亦农、任弼时等，这些人以后都成了书写中国共产党历史的风云人物。

1921 年 7 月，在中国共产党第一次全国代表大会上，陈独秀被选为中央局书记。9 月，陈独秀辞去广东省教育委员会委员长职务，回到上海，主持党的中央工作，引起法租界巡捕房的注意。

10 月 4 日，巡捕房包围并搜查

了陈独秀的寓所，陈独秀与妻子高君曼一同被捕。南昌路上空一时阴云密布，令人不寒而栗。后来进步人士纷纷出力营救，陈独秀最终获释。如今新老渔阳里的这两幢石库门楼房都成了上海的红色景点。

南昌路还曾有“国共合作一条街”之称。现在南昌路180号的楼房，当年曾是国民党上海执行委员会所在地。1924年2月，国共合作期间，毛泽东曾被派在这里工作。大约有一年的时间，毛泽东每天都从位于茂名北路的甲秀里居所步行到这里上班。

其实，南昌路也是文学艺术界人士活动的天地。粗略地统计一下，画家林风眠、陆小曼、钱君匋，作家巴金，小说家章依萍，翻译家傅雷，电影剧作家姚克，诗人郭沫若、徐志摩，笛子表演艺术家陆春龄，电影导演应云卫和电影演员周曼华、白杨、魏鹤龄、舒适、赵丹、叶露茜等，都曾在南昌路居住生活过。

1924年至1929年间，印度诗人泰戈尔曾先后三次访问上海，都由中国新月派代表诗人徐志摩陪同翻译，且就居住在南昌路136弄徐志摩的家中。如今在南昌路与茂名南路东南街心花园中竖有泰戈尔的铜像，显然将这位诗人视为南昌路永远的“荣誉居民”了。

2012年2月，南昌路53号，著名中国画大师林风眠的故居底层变成了一家商店，一时激起巨大反响。许多人认为过于浓重的商业气息破坏了名人故居的完整性，也与南昌路的总体氛围不符。该店最终关门，此事恰好说明南昌路在人们心目中已经不是一般的马路了。

林风眠生于1900年，卒于1991年，是开创中国画新风的一代宗师。但林风眠的一生极为坎坷曲折，多次流亡迁徙，甚至坐过牢。1951年才在南昌路的这栋两层小楼里得到片刻的安宁，但后来政治风云变幻，林风眠把自己一生的心血之作全部付之一炬。1976年之后，林风眠移居香港直到生命终点。在港期间，他画的大量作品都是凭记忆重新创作的“旧作”，也就是当年在上海南昌路寓所内创作的代表作。他最喜欢画的对象是孤鸿、秋鹭，逆风飞行的小鸟，这正是他离群隐居在南昌路这幢小楼里的心境写照。

人间岁月如流水，风流云散亦有情。如今南昌路往昔的风风雨雨都成为人们诠释这条马路风土人情与历史的佐证，这里连同思南路四周已经成为历史风貌保护区。上海科学会堂、南昌大楼、上海别墅等风格独特、装饰精美的老建筑长久地屹立在南昌路上，无论是晨曦微露还是暮色苍茫，它们都将保持一份淡定从容，默默地向你诉说南昌路的往昔风云。

乘轨道交通 13 号线到
淮海中路站下，向东沿淮海中路
便可到达思南路北端。

…
南京西路
淮海中路
一大会址·新天地
…

思南路的情思

思南路是一条与淮海中路垂直的南北向马路，从南到北分别与南昌路、皋兰路、香山路等七八条美丽幽静的马路相交，有 1 400 多米长。思南路原名马斯南路，是 1914 年法租界当局第三次扩张成功之后修筑的马路，以法国著名音乐家马斯南的名字命名。1943 年租界收回之后曾以陕西省蓝田县名命名为蓝田路，1946 年改名为思南路，用的是贵州省的一个县名，也许是因为“思南”与“马斯南”在字音上多少有些相近，因而更能体现一种历史传承。

如今在思南路两侧，星罗棋布的全是各种花园洋房，几乎囊括了近代上海所有花园洋房类型，成为“万国建筑博览”的又一道风景线。春夏季节里漫步在此间的任何一条马路上，茂密的法国梧桐树枝影总是将人影淹没，一种时光静止的感觉若有若无地弥漫在心间，使你在一幢幢陈旧却又精致的建筑面前驻足停步甚至屏息。

尽管淮海中路思南路丁字路口有许多超市、中西餐馆和咖啡馆，在近年升级改版之后又积攒了新的人气而生意火爆，车来人往，众声喧哗，但是只要走过南昌路之后，思南路便立即安静下来，一种宁静而又优雅的气息就迎面扑来。

其实，如今的上海花园洋房和别墅多如星辰，但是老洋房却仍然是上海人心目中的理想之宅。因为老洋房所处的地段是独一无二的闹中取静之地；老洋房那种由岁月积淀下来的传奇和寂静的氛围是不可复制的。

思南路西边 51 号至 91 号全是一幢幢独立的花园洋房，有法国式、英国式、西班牙式，都是市级历史建筑保护单位。原先高高的围墙已经被拆除，可以看到红瓦屋檐下斑驳的墙

思南路 51—91 号
思南公馆（原“义品村”法式花园住宅）

上缀满了绿茵茵的爬山虎，一阵微风吹过，传来轻轻的窸窸窣窣声，犹如中世纪古城堡的幽灵在低吟。再看那些精致的黑色铸铁阳台，巴洛克风格的雕花圆窗，铺着卵石或水泥拉毛的墙壁，呈现着岁月静好的幽雅。

建筑就是物化的历史，就是可以让人触摸感怀的实体。老上海花园洋房俨然就是这座城市历史的物质记忆，承载着人们对这座城市的绮丽想象。如今走过复兴中路，许多人的眼睛都会为之一亮，只见马路东边一幢幢独立式花园洋房，呈巨大的方阵排列，错落有致地矗立在郁郁葱葱的“法国梧桐树”之间，一律的红瓦带折叠的屋顶屋檐，清水红砖卵石带拉毛水泥的外墙，椭圆、长方、正方赭色的百叶窗，还有直接通向二楼的室外扶梯，简洁大方，沉静典雅，清新尊贵，仿佛都市红尘中一个个精致不破的梦。这就是前后历经 10 年，经有关方面注入巨资，在动迁了众多“七十二家房客”之后，按原样精心复原修缮的原“义品村”法式花园住宅区。

2010 年又将这些洋房改建成为兼具私密性和舒适性的高档会所型宾馆、酒店以及特色名店等，并统一以“思南公馆”命名。

也许思南公馆的体量规模在今昔的上海都不算大，但作为群体形成的环境，尤其是由众多洋房所聚集起来的那种对称、重复、排列的视觉冲击，和郁郁葱葱的花园形成的共享绿化空间，在上海滩上极为独特。更主要的是思南公馆留存了上海老弄堂的昔日风貌，再现了人们心目中的老上海、老花园里弄的某种独有的意境。

思南公馆所在的这片区域，紧邻法国公园，曾经是法租界的核心地带，当时就曾吸引了大批军政要员、企业家、专业人士和艺术家迁入，使该地区成为上流社会的居住和聚会之地。孙中山、宋庆龄、宋霭龄、宋美龄、周恩来、邓颖超、张学良、梅兰芳、近代畅销小说《孽海花》作者曾朴等都在此留下足迹和故居。

有人打趣说，如今在思南路上随便一个转身，就会发现自己正与一个历史名人故居擦肩而过，正踏足在一起惊心动魄的历史事件的发生地上。是的，思南路其实就像一个西装革履

思南路 41 号　上海市文史研究馆（原袁佐良寓所）

又饱经风霜的学者，优雅从容地向人们诉说着上海 100 多年来的历史风云和波澜。

思南路是非常适宜怀旧的。因为思南路在历经时间的沧桑后，不仅存有体量众多，风格各异的花园洋房，更有那依附在花园洋房背后的可资流传的风云人物和一段段震惊中外的历史事件。

思南路 73 号是 1946 年至 1947 年间中国共产党代表团驻沪办事处旧址。由于当时国民党不同意中共设立办事处，因此就以周恩来个人的名义租了这幢房子，对外称“周公馆”或“周恩来将军官邸”。

这是一幢三层西式花园洋房，黑漆大门连着竹篱笆围墙，暗红色的木头百叶窗被密密的绿色爬藤植物掩映得虚虚实实。但是只要走进花园，就会看到草地四周的冬青、龙柏、雪松、棕榈等一片油绿，让人仿佛觉得周恩来正双手抱臂在草地上一边散步，一边与邓颖超、乔冠华、董必武等人亲切交谈，研究工作。这时你会不由得想，为什么许多近代史上有影响的事件和人物都与上海有关？为什么孙中山、陈独秀、鲁迅、蒋介石、张学良、段祺瑞等都曾在上海的法租界周围及思南路上留下重要的活动印迹？

只有走过思南路，你才会感到是上海这个城市独特的地理位置和昔日“法租界”特殊的政治历史商业氛围成就了这一切，而这一切其实也就形成了上海城市丰厚而独特的文化历史底蕴，这种底蕴也是上海城市的肌理之一，正是有了这一切，思南路才使人流连忘返。

乘轨道交通 13 号线到淮海中路站下，
沿淮海中路向东至思南路再向南走，
过皋兰路，便可到达香山路中段。

…
南京西路
淮海中路
一大会址·新天地
…

香山路的遗韵

不少人都知道，如今的思南社区里思南路、皋兰路、香山路三条马路都是法租界时期筑就的马路，初名为马斯南路、高乃依路和莫里哀路，分别用的是法国音乐家、诗人和剧作家名。

1943 年，马斯南路改名蓝田路，高乃依路改名文安路，莫里哀路改名香山路。但不久，蓝田路即更名为思南路，文安路更名为皋兰路，显然是想利用字音上的相近来与初名保持一种文脉的延续，但唯独香山路路名未作更改，与“莫里哀路”自然相去甚远，这又是为什么呢？

其实，莫里哀路改名香山路，恰恰最能体现此路的历史文脉。因为此路 7 号曾是伟大革命先行者孙中山的故居，而香山正是孙中山广东故乡的县名。1866 年 11 月 12 日，孙中山先生就出生在香山县的翠亨村。

如今的香山路不论早晨还是黄昏都是宁静的。但相比较而言，还是早晨的景色更令人着迷。掩映在茂密法国梧桐树下的各式花园洋房，仿佛被一层淡淡的、薄薄的雾气笼罩或是裹挟，朦朦胧胧中，斜坡形的屋顶，红色的条瓦、灰色的拉毛水泥或是鹅卵石铺就的墙面、铸铁栏杆，所有花园洋房的元素在这里组合成种种优雅完美的意象，使人恍如沉醉在一种飘然出尘，遗世独立的梦境中。

香山路 6 号，是一座具有法国文艺复兴风格的花园住宅，南立面对称，中部为连续券柱廊，顶层退为平台，檐部饰西班牙檐饰，杯形栏杆上杯形刻柱，四坡瓦屋面，两侧深挑檐，檐下有木支托。这幢建于 20 世纪 20 年代的花园洋房，曾是上海教区主教龚品梅的旧居，迄今整整有 100 多年历史了。如今主教早在异乡作古，洋房易主。晨雾中，花园里的各种树木由于主人疏于修剪，都有一种肆意疯长的生态，绿肥红瘦，绿荫匝地，更使得香山路的街区呈现出一种欧洲乡村大隐于市的格局，原来正是这些花园和树木滤去了远近嘈杂的声浪，使香山路始终保持着昔日的历史风貌。

香山路 10 号是一幢 2 层洋楼，奶黄色的墙面，坡顶红瓦，显得十分质朴优雅。20 世纪 30 年代这里曾是抗日将领马占山的旧居。香山路 11 号是一幢假 3 层洋房的朝北面，这是以骨科治疗闻名的香山中医医院 1 号楼。医院大门开在复兴中路上，却以香山路为名，也许是香山这个优雅诗意，仿佛留有花香的路名与中医医院更相配吧？

可以说，如今许多上海人知道香山路，多半因为香山路上有中国革命先行者孙中山的故居。是的，香山路 7 号，一幢灰色水泥墙有红木条饰檐的欧洲乡村样式的二层小楼就是孙中山的故居。从 1920 年到 1925 年，孙中山和夫人宋庆龄在这幢小楼里接见了许多历史伟人，还闭门著书，完成了《建国方略》等重要著作，给后人留下厚重的精神遗产。

无数个清晨，孙中山合上书本，凝视着楼下正方形花园里苍翠的香樟、梧桐等树时，内心一定有无限的慨叹。香山路、思南路、皋兰路等是

香山路 7 号　孙中山故居

孙中山及其同盟会活动的主要场所。吴稚晖、叶楚伧、孙科等国民党元老都在此居住过。陈独秀、何香凝、柳亚子等也在此居住过。

说起来，当年孙中山为了革命四处奔波，居无定所。一些同情革命的华侨主动出资购买了位于香山路上的这所花园洋房，赠送给孙中山。从此孙中山才结束了四处漂泊的日子。中山故居是孙中山、宋庆龄富有革命色彩的婚姻建立后安置的第一个也是唯一一个家。更为重要的是，在中国民主革命的进程中，它算得上是一个划时代的标志。所以后来宋庆龄不无动情地说，这个故居是富有历史意义的。中国人民曾经经历了漫长而艰苦的道路取得胜利。在这条路上，中山故居象征着重要的里程碑。

香山路筑于 1914 年，东起复兴公园经思南路，止于瑞金二路。香山

路、思南路、皋兰路、复兴中路等当时都是法租界着意打造的核心居住区，所以路名都取自法国文化名人的名字。香山路当时叫莫里哀路。莫里哀是法国巴洛克时期一位杰出的剧作家，其代表作有《伪君子》《吝啬鬼》等，为中国观众所熟悉和喜欢。

将孙中山居住过的街区马路用孙中山的家乡来命名，不失一种历史渊源的传承。更主要是香山这个地名从字形上看就蕴含着一种高雅和诗意，很贴合香山路的街区风貌。

20 世纪 20—40 年代，这里是当时上海中高产阶级的理想居住地，甚而有“小瑞士”之称。1947 年，由张爱玲编剧的电影《不了情》中的男主角是个药厂老板，家就居住在香山路上的花园洋房里。如今从不多的几个镜头里，我们还是能看到当年香山路的一角。

当然如今孙中山故居无疑是香山路最大的亮点，这就使得香山路在昔日众多法租界优雅的小马路中脱颖而出，成为海内外人士来上海的一大看点。

不过，有趣的是后来现实生活中的广东香山县却改为中山市了，香山已经不是中国的一个地名了。但是香山县作为曾经的孙中山故乡，它的文脉在上海得到了传承和延续。

上海著名作家赵丽宏就曾在香山路的一幢楼房里居住过，而且他的住宅与孙中山故居只有一墙之隔，与复兴公园一街之隔。那些年，他经常在傍晚牵着儿子的小手，沿思南路，拐进皋兰路，到复兴公园散步。在儿子的记忆里，复兴公园就是他童年的天堂，而在赵丽宏的感觉里，复兴公园也是他回忆思考、构思文学作品的“大书房”。他自然还常在近在咫尺的淮海中路、思南路、皋兰路、香山路上漫步，很自然地想起百年来曾在这些路上走过的各路文人，仿佛能看见他们的身影从梧桐的浓荫里飘然而过。

如今的香山路，西南部是一个以“香山丽舍”命名的高档住宅小区，小区的建筑并没有什么特色，但不同凡响之处在于“香山丽舍”这个小区名，跟法国的“香榭丽舍”大街只一字之差，却让人在脑筋急转弯之后能够领悟到无处不在的历史遗韵。

乘轨道交通 13 号线到淮海中路站下，
沿淮海中路向东至思南路再向南走，
过南昌路便可到达皋兰路中段。

…
南京西路
淮海中路
一大会址·新天地
…

皋兰路的诗歌

如果说思南路是一条海派花园洋房的历史长卷，那么前后与思南路相交的皋兰路和香山路就是这个长卷中建筑形态丰富又极具人文历史色彩的一章。皋兰路与香山路虽然都只有 200 多米，但它们互相平行，马路的东端都通向昔日的法国公园——如今的复兴公园，因此由两条马路两旁众多花园洋房和公园所围合的空间，有一种超越时空的静谧。这种氛围从法租界建筑这些马路和花园楼房之时就已定下基调，这里原来都是当时法租界的辖区。

上海租界史曾经是一段伴随着国人屈辱和抗争的历史。1943 年租界收回后，高乃依路名因带有法租界色彩而改名文安路，用的是河北省的一个县名。但是历史的演进从来又是复杂多面的，法租界街区格局和众多花园洋房渐渐成为上海城市历史的一部分，路名的文脉似乎又应该延续。于是 1946 年，文安路又改名皋兰路。虽然用的是甘肃省的一个县名，但其谐音仿佛就是“高乃依”的速读。其用意与“马斯南路”改名蓝田路，又改为思南路如出一辙。随着时光变迁流转，那些凝固在花园洋房中的人文历史和建筑艺术历久弥新，最终成为人们膜拜的历史载体，也是不以人的意志为转移的。

因此漫步在皋兰路和香山路上，看着那些被浓密梧桐枝叶覆盖，斑驳陈旧却又精致典雅尊贵的花园洋房，往往让人忘记了时间。反过来说，也许只有建筑才是一种超越时空的物质和艺术。

从淮海中路拐进思南路，走过南昌路就是皋兰路，站在十字路口朝东眺看，皋兰路 1 号是一幢三层西班牙风格的白色小楼，那是张学良的故居，如今是上海市房产局的迎宾楼，常年大门紧闭，一般人很难窥见它的庐山真面目。

2号就是复兴公园的后门，敞开大门的复兴公园，也就成了皋兰路的后花园。皋兰路虽短，但因为有了复兴公园，马路就变得幽深和富有韵味了。复兴公园面积并不大，但是它是目前上海唯一正宗的法国式公园，有典型的法式沉床式花坛、玫瑰园和大草坪景观，又是上海开辟最早的公园之一，所以每天仍吸引着众多的上海市民，也成为法国游客来上海的必游景点之一。

100多年过去了，法国公园早已在1945年抗日战争胜利之后易名为复兴公园，公园也几经修缮，但是经典而又完整的法式园林的格局却仍是人们津津乐道的话题。也许100年的沧桑，使复兴公园里随便一棵什么树都能从容地道出一段历史来。它让人们徜徉在异国风情的园林里，体会着另一种文化的趣味。

皋兰路1号的西班牙式小楼至今仍裹着神秘的面纱，因为小楼正立面对着复兴公园。虽然张学良在此只断续居住过两年，然而这里却是他酝酿改变个人历史定位的关键时期，或许可以说，在中国历史上占有重要地位的西安事变就是从这里开始的。

1935年2月，身心疲惫又踌躇满志的少帅张学良，从海外考察回国，选择了上海法租界这幢具有西班牙建筑风格的楼房作为栖息之地。如今只能在皋兰路上抬头看见这幢小楼高高的背影，但是依然可想象张学良将军当年在花园小径独自徘徊的高瘦身影。

“小楼昨夜又东风，故国不堪回首月明中。”1935年10月以后，张学良多次回到这里，他秘密会见了东北义勇军代表，还拜访了爱国人士杜重远和中共要员潘汉年等人，商谈如何抗日联共的问题。年底张学良返回西安，1936年12月12日，张学良和杨虎城两位将军便发动了震惊中外的西安事变，抗日民族统一战线初步形成。

如今，这幢由黑色铁门紧锁的西班牙小楼几易其主，但基本格局仍没有变，花园里种植着张学良生前喜爱的兰花，这个花园也以赵四小姐的名字命名为荻园，更有意思的是楼内许多房间的名称简直就是张将军的音容笑貌再现：敬学厅、慕良厅、少帅厅、忆卿厅。

皋兰路16号从外观看是一座有鲜明俄罗斯东正教建筑风格又小巧玲珑的东正教小教堂。1932—1934年建造，教堂最初称为圣尼古拉斯教堂。它在空间布局上用一个圆尖顶统领整个建筑，正方形平面上置一大四小葱头穹顶，形成美丽的图案形象，颇有中国莲花图的韵味。

皋兰路 16 号
思南书局诗歌店
（圣尼古拉斯教堂）

新中国成立后，这座教堂变成了一家专门生产洗涤剂的工厂。“特殊十年”时期，因为教堂顶上的圆尖顶别具“封资修”色彩而被人为地毁掉了。

2019 年，思南书局诗歌店在圣尼古拉斯教堂内诞生。这是上海最大的专业诗歌书店，陈列着来自世界各地不同语言的诗集。由于教堂属历史保护建筑，内部不可能再“伤筋动骨”，于是建筑师设计了一个环形钢板书架，这反而使这个书店别具一格。诗歌书店自然是“小众书店”，但唯其如此，才对大众的阅读欣赏口味具有引领作用。

在匆忙的都市生活间隙，当你踏入幽静的皋兰路，进入异域色彩的教堂，透过高挑的穿孔钢板，看着高耸的穹隆顶和古典的壁画，手捧一杯香甜的咖啡，读一读诗歌，也读一读这座独一无二的建筑，精神是何等的惬意和飞扬。

皋兰路上的许多建筑就这样悄悄地改换门庭，内在却声色不动。过去的务本女子小学变成了思南路幼儿园，那一如思南公馆建筑外观的法式圆楼奢侈典雅，而北面一座带花园的洋房则成了汉院所在地，这是一所教外籍人士学习汉语的连锁学堂。

皋兰路就是这样的一条马路，不论早晨还是黄昏，一切静悄悄。它就这样静静地躲藏在繁华的淮海中路后面，与思南路、香山路等马路一起诠释着近代上海城市街区的历史风貌。

乘轨道交通13、10号线到
一大会址·新天地站下，沿复兴中路向西
便可到达重庆南路中段。

…
淮海中路
一大会址·新天地
马当路
…

重庆南路上的“多重唱”

重庆路原是上海中部一条南北方向的中型马路，北通威海路，南接徐家汇路，它原来分为三段，重庆北路、重庆中路和重庆南路。但随着上海城市道路的发展，特别是南北高架路的建造，重庆中路和重庆南路与原成都北路拓宽后相连，全长约8 000米长的高架路一直从共和新路开始，跨苏州河经成都北路直至重庆南路与内环高架路贯通，只留下原来呈偏东方向的重庆北路和一段老重庆中路还留在原位。

从兴安路拐弯进入重庆南路，抬头便见高架桥像一条巨龙盘旋在半空中。桥上桥下飞速行驶的汽车引擎声汇成一股股的声浪，像两个声部在重唱，使重庆南路沉醉在自己的旋律之中。

重庆南路路址原系农田和村庄，法租界越界筑于1900年，初称卢家湾路。1902年以法国公使名命名，称吕班路。1946年以重庆市命名，改称重庆南路，全长约1 500米。1993年前后，因为高架路的建造，重庆南路部分路段拓宽，拆掉了马路两面，包括四明里、蒲柏坊、三德坊、花园村的部分沿街房屋以及圣伯多禄堂等在内的老弄堂和老建筑。许多老弄堂在高架桥的巨大阴影下变短了，一些老建筑也变矮了，这使重庆南路看起来有些沧桑和朦胧。

现重庆南路30弄蒲柏坊建于1929年，三层砖木结构的新式里弄房计有7排71幢。1993年，在建南北高架的时候，蒲柏坊被拆除了沿街的部分房屋，房子也只剩5排了。但在20世纪二三十年代里，坊内居住着多位沪上知名律师、医学专家、画家书法家、作家作曲家、编辑出版人。他们在坊内或开设诊所，或开律

重庆南路 179 弄　永丰村

师事务所，或办书局、书画社。建筑就是物化的历史，所以重庆南路是一条有着自己故事的马路，不论怎样，寻着往日的足迹，总还能找到当年的踪迹。

建于 1919 年的永丰村，是上海早期的公寓里弄，弄内南部为点式公寓，北部为毗连式公寓，南立面顶层退出平台。单元间风火墙上的烟囱和檐口山墙花为立面造型特征。由于重庆南路高架桥的建造，人行道变窄，这就使优雅的老房子中原来从二楼通向花园的楼梯直露出来，花园也成了人行道的一部分。从这些老房子前走过，可以看到房子底层人家内的烟火，仿佛重庆南路又变得亲切，变得接地气了。

在自忠路与复兴中路之间的巴黎公寓和巴黎新村，因为建筑年代都是 1936 年，又是从一个弄口进出，主要名称重复，像一对孪生子，常常使外人搞不清楚。其实两者是有区别的。巴黎公寓是很气派的，5 层钢筋混凝土结构，钢窗、地板、抽水马桶，标配齐全。外立面以咖啡色面砖勾勒，立面整齐，窗下墙及檐部作白色宽带状横向构图，形成对比。公寓像一道城墙一样伫立在街沿上，而巴黎新村位于巴黎公寓内侧，是 3 层高的新式里弄住宅。不过，虽然在硬件上，巴黎新村逊色于巴黎公寓，但是论名气，巴黎新村似乎更胜一筹。巴黎新村 4 号曾是学者、文学翻译家傅雷的故居，8 号曾是蒋介石如夫人陈洁如的故居，18 号曾是音乐家马思聪的故居。

过复兴中路，大门斜对着重庆南路的是一幢钢筋混凝土结构的5层公寓。整幢建筑的平面如果从空中看沿重庆南路和复兴中路呈“L”形。公寓的立面采用深褐色面砖，简洁明朗，中央转角女儿墙又特别处理成牌楼式山墙，既改变了大面积无装饰墙面的呆板感，又显得沉稳厚重。这幢现名为重庆公寓的建筑建于1931年，屹立在重庆南路上近90个年头了。1932年“一·二八”淞沪抗战之后，美国著名女记者史沫特莱来到上海后就居住在重庆公寓里，她经常深入到前线采访，向世人揭露日本法西斯的罪恶行径。她的寓所还曾经接待红军第十军军长周建屏秘密来上海治病期间居住。

在重庆公寓斜对面，复兴中路512号是艺术大师刘海粟的故居。这是一幢法式早期独立式四层花园住宅，沿街筑有高高的铁铸栏杆围墙。刘海粟20世纪30年代便在此居住下来，直到100岁仙逝。刘海粟是我国现代著名的美术教育家和画家，一生硕果累累。他在上海乍浦路上创办了现代中国第一所美术学校，又首创男女同校，增加用裸体模特写生，在社会上造成很大影响。他先后出版了画集《黄山》，著有《米勒传》《中国绘画上的六论法》等著作。

风雨几十载的小楼如今沉寂下来了，可是老人生前爽朗的笑声、泼墨挥洒时的豪放却永远地留在这幢小楼的角角落落里。原来故居门口挂有画家头像的黑色大理石碑，如今换成汉白玉铭牌，扫一扫下面的二维码，艺术家的生平往事便展现在你面前。

重庆公寓对面是复兴公园的正门。复兴公园原址为顾家宅，1900年被占为法国兵营，1908年辟建为法国公园，即后来的复兴公园。如今公园内的花草在高架路下暗暗散香，为重庆南路的“重唱”糅进了一抹明快的色彩。沿着重庆南路向南走，东面不是公寓就是新式里弄的街面房，这些外墙为深棕色镶白线面砖的建筑里同样深藏着形形色色的故事。

现在位于重庆南路205弄的“万宜坊”54号就是我国近代著名的新闻记者，出版家、政论家邹韬奋的故居。故居位于联排式两层楼住宅的中间，拉毛水泥外墙，屋前有2米高的围墙围护。二楼前面是韬奋夫妇的卧室，后面不满7平方米的亭子间是他的工作室。如今靠窗一张写字台上放着笔和砚台以及几张待写的文稿纸，还有几本常看的书籍，其中有一本是由他编译，鲁迅提供插图的《革命文豪高尔基》。

万宜坊建于1931年，新式里弄，有砖木结构三四层楼房116幢，是当时重庆南路上占地面积大、居民多，设施较好的海上名里。这里的88号曾经是“美女杀手”郑苹如的旧居。2007 年 7 月随着电影《色·戒》的上映，这里也成了许多人寻访的目标之一。其实，晚清大学问家王同愈，复旦大学创始人马相伯，数学教育家胡敦复，制墨名家胡洪开，耶鲁大学无线电博士方子卫，锅炉安全鉴定专家陆绪常，现代文学作家钱杏邨、蒋光慈、胡也频、丁玲等都在万宜坊居住过。如果时空能够穿越的话，他们曾经都是邻居。万宜坊可以说是上海人文记忆集大成的弄堂，可见重庆南路的历史文化底蕴有多深。

走过万宜坊，重庆南路的“多重唱”在上海交通大学医学院旁掀起一个小小的高潮。学院的前身为上海第二医科大学，至今人们仍喜欢习称“二医大”。而最初这里是著名近代教育家马相伯于 1903 年创办，1905 年改名的震旦大学的旧址。1952 年，原圣约翰大学医学院、震旦大学医学院、同德医学院合并成为二医大。如今校园内具有西式风格的博物馆和图书馆都是 20 世纪 30 年代的建筑物，它们与近年来新建的高层教学大楼互为映衬，为整条重庆南路添上了几许浓重的历史和书卷气。分隔在马路两旁的校区被一座天桥连接起来，上面来来往往的大多是风华正茂的年轻大学生。他们夹着书本，戴着耳机，三三两两，成群结队，大声说话，谈笑风生，重庆南路高架路下的“多重唱”因为他们的加入更是充满青春和活力。

重庆南路的“多重唱”并没有到此为止。重庆南路、建国中路东北角上有上海交通大学附属黄浦实验中学，东南角上有重庆南路公交停车场，也是上海巴士公交（集团）有限公司总部。这个停车场的前身是建于 1906 年的法商电车电灯公司，曾是上海租界时期的三大电车运营商和重要的公交运营公司之一。该公司除了拥有法租界内供电及供水的专营权外，还运营有轨电车、无轨电车和公交车线路。如今上海城市交通展示馆也选址在这里，可见这里也是上海近代城市交通的“源点”。

西南角上有白玉兰剧场和雅庐书场；西北角上有“8 号桥创意园区”，这里原为上海汽车制动公司，有老厂房 8 栋，用“桥”巧妙连接，故名“8 号桥”，是一个激发创意灵感，吸引创意人才的新天地；而南北高架路到这里的徐家汇路口有一个上下匝道口，无数的汽车像箭一样呼啸着向两个方向飞奔，这也许才是重庆南路“多重唱”的真正高潮和尾声。

这里过去河道弯弯，有“卢家湾”之称，是后来卢湾区区名的来源。不过，卢湾区早在十几年前就与黄浦区合并了，所以重庆南路的故事似乎更不应该让人忘记。

乘轨道交通13、9号线到
马当路站下，
即可到达马当路南端。

…
一大会址·新天地
马当路
世博会博物馆
…

曾经风浪马当路

马当路是上海中心城区一条南北向的马路，北起金陵西路，南至徐家汇路，全长约1 900米。途中许多小马路横穿过路，使得一段段的马当路好像一波又一波的浪涛，景色不断。

马当路路址原系农田和村落，筑于1898年，初名狼山路。1906年以法国驻沪总领事名改称白来尼蒙马浪路。1946年以江西省地名改名马当路。

尚贤坊是淮海中路、马当路西北角上的一座石库门老弄堂。近年来因为周边马路改建和轨道交通1号线在此设站，尚贤坊拆掉了部分楼房，但主体部分还在。经过精心修复，其清水红砖外墙，有简化的巴洛克装饰，带点法国风的石库门楼群，仍然是这个转角上一道独特典雅的景观。

尚贤坊建于1921年，因清末美国传教士曾在这里举办过学术团体尚贤堂，开发成里弄住宅后沿袭其名。弄堂布局呈“丰”字形，前后排列着72栋楼房。沿街建筑为三层，底楼开店，弄内建筑均为朝南的二层楼房，是当时上海中产人家的聚集之地。

尚贤坊40号，这里曾经流传过郁达夫和王映霞的浪漫爱情故事。1926年年底，王映霞随好友夫妇来到上海，一起住在这里。一天一位杭州口音的年轻人来找好友，引起王映霞的注意，这就是学生时代就使王映霞顶礼膜拜的小说《沉沦》的作者郁达夫。此后，郁达夫不顾已婚的事实，三天两头往这儿跑，吃饭、喝酒、看电影。在郁达夫强烈的感情风暴下，两人终于结合了。可是正应了那句老话，半路夫妻难到头。后来由于种种原因，引发两人的感情“风浪”，两人都背离了初衷而不得不分

淮海中路 358 弄　尚贤坊

道扬镳。不过不论后人对此如何评价，郁达夫作为现代文学史上著名的爱国作家，其作品和人品还是得到人们的肯定。马当路只是见证了这一段浪漫爱情所引起的风浪而已。

“马浪路”上名人多。1926 年著名作家巴金搬到了马当路上的一条弄堂里，与三位朋友同住在三楼的前后楼。在这里完成了生平第一本译著《面包与自由》后，便踏上了去法国的留学之路。

建于 1926 年的西成里，原业主为孙传芳，弄内约有石库门楼房 134 栋，是马当路、淡水路、自忠路之间一条较大的弄堂，其靠近自忠路的一个弄堂口，曾是 1927 年上海工人第三次武装起义时的一个指挥点。

西成里 16 号，是我国近代著名画家张大千的旧居。张大千 1899 年生于四川内江，10 岁前就由长姐启蒙，开始习画。26 岁那年，张大千因为家中事业遭到严重打击移居上海，虽然小有名气，但毕竟羽翼还未丰满，只得靠自己的努力，模仿古画和名画而终于成名。

张大千当年的寓所十分简陋，西城里全是石库门为主的弄堂房子，顺着右边一条小巷拐进去，张大千的房子就在一排排有雕花门楣的房子里。他一生以画养画，过着安居乐业的富裕生活。张大千后来去了台湾，直到1983年去世都没有机会再回来。

后来旧居里曾经住着不同的人家，天井也被一分为二，张大千留下的足迹就像已经青黑的石库门墙壁，留下几许让人回味的余韵。

西成里的隔壁是普庆里，建于1925年，有砖木结构的石库门楼房75幢。1994年，普庆里的弄堂口挂上了“大韩民国临时政府旧址”的招牌。原来，1919年朝鲜“3.1”独立运动爆发以后，朝鲜爱国志士在上海设立独立运动总部。当年4月原在欧美、苏联流亡的重要人物纷纷集中上海，成立了大韩民国临时政府。几经迁移，于1926年12月迁进了普庆里4号这幢三层楼石库门房，对外则称“高丽侨民事务所”。临时政府是一个严密的组织，下设军务部、外务部、内务部劳动部和大韩侨民团等秘密组织。

1932年4月29日，韩人爱国团成员尹奉吉趁日军在虹口公园举行淞沪战争胜利祝捷大会之机，投弹炸死炸伤了日军司令白川义则等7人，此举为中国人民所赞赏。后来日军大肆逮捕朝鲜爱国人士，临时政府内的许多人纷纷撤离转移，临时政府也被迫撤离上海，马当路的风浪就此达到最高潮。

事隔半个多世纪后，韩国人民没有忘记普庆里4号，没有忘记中国人民对他们当年斗争的同情和支持。中韩建交后，经常有各界韩国人士专程来此拜访。为方便韩国友人的寻访和瞻仰，上海有关方面在旧址上恢复了底层的会议室、厨房、二楼办公室，三楼寝室的原貌，并于1994年4月正式对外开放。

1990年之后，随着轨道交通1号线黄陂南路站的建造和淮海中路沿线改造，特别是新天地广场的建立，马当路上从北到南也出现了香港新世界广场、香港广场、瑞安广场、上海医药大楼、大同商务楼、马当商务楼等许多新型的高楼大厦和商品房小区。淮海中路、马当路西南角上原法租界公董局旧址，1958年成为比乐中学校园，如今成为中环广场；2010年之后，复兴中路与合肥路之间兴建了SOHO复兴广场，马当路、建国东路东南角上兴建了环宇荟商业广场等，轨道交通1号、9号、10号、13号线又分别在马当路北中南三段设站，而西成里、普庆里这些近百年的老弄堂已经列入拆迁改造范围，马当路几乎没什么老房子了。

现在的黄陂南路、马当路上多的是时尚、高雅的消费会所、商场和广场，这里已成为集居住、办公、购物、休闲旅游于一体的新型城区。

附录

当老房子遇上漫画家

◎郑辛遥

老房子情结

上海素有“万国建筑博览会”之称。我从小生长在石库门弄堂，十分喜欢上海的老建筑。2001 年，上海某纺织厂拆除，利用场地建了一家饭店。饭店的老总蛮有创意，做了 108 间包房，每间包房都以一条上海马路的名字来命名。他邀请我给每一条马路画一幅漫画，作为房间的标识。

收到这些路名后，我为每条马路精选了一座标志性建筑。比如，福州路我画杏花楼，南京路我画大光明电影院，延安路我画上海展览中心，西藏路我画大世界，外滩我画海关大楼。我跑到书店，把当时能找到的介绍上海老建筑的图书统统买回来。我一边翻书、查资料，一边背着相机去现场拍实景照片，前后花了两个月，完成了这项任务。从那时起，无意中，我从欣赏、学习老房子变成系统地创作老房子漫画，从一名纯粹的“老房子爱好者”变成了“业余研究者”。

10 年前，我就专门参观过邬达克旧居，对这里的房子印象非常深刻。今年恰逢第 8 届邬达克建筑遗产文化月开幕、我在《新民晚报》“夜光杯”副刊上的漫画专栏《智慧快餐》刊出 30 周年，报社和邬达克纪念馆一拍即合，决定在这里办一场展览。

刘素华馆长在开策划会的时候头脑风暴，说邬达克是画建筑图纸的，我是画漫画、画老建筑的，展览主题就叫“老房子遇上漫画家”，还鼓励我把从未展出过的老建筑漫画作品，放到特展的第一个板块展示。我欣然同意了。一方面，这些画都是我心爱的宝贝，过去一直没有合适的机会拿出来亮相，能在邬达克旧居里展览，是一种极大的缘分；另一方面，能借此机会，带着这些画作成为一名宣传保护老建筑的志愿者，我感到非常荣幸。

画老房子的心法

自从那次画了上海百余处地标建筑，我就和老房子题材的漫画创作结下了不解之缘。一些朋友知道我喜欢老房子、爱画老房子，一有实地走访老房子的机会，就会叫上我。加上各种约稿和展览的需要，这些年，我对老房子漫画的创作一直没有停下。

随着实地走访的老房子越来越多，结识的老房子专家、老房子资深爱好者越来越多，我观察、了解老房子的方法也有了改进。比如，我认为“喜欢老房子”至少应该包括两个阶段：第一阶段是浅层的了解，比如，这座建筑在哪个年代建造、属于哪一种风格。但如果你真的喜欢老房子，一定要进入第二个阶段。那就是，你要走进老房子，去了解这座老房子的前世今生以及里面发生过的故事，这是老房子的灵魂。

现在，有一些老房子外面还是老样子，但里面已“大动手术”，一些原始精彩部件被拆掉了。有的住户擅自改变房子的布局，随意把钢窗换成铝合金窗，把老地砖换成大理石，把雕花护墙板、楼梯扶手都更换，甚至把室内天花板、石膏线的图案也改变了，这等于破坏了老房子的真实面貌，已经不是原汁原味。对不起，我不要看了。我宁可去看家中收藏的老照片。修复老房子，千万不能让它“返老还童”，而应秉承“修旧如旧”的理念。看老房子，一定要看原始结构。破和旧都没有关系，那是岁月的包浆。这是我对老房子的认识。

上述“喜欢老房子的两个阶段”不是我的发明。我是跟徐汇区房地局前局长朱志荣学的。这些年，朱局长尽管退休了，但继续在为上海保护老房子、老建筑做贡献。他教给我的这些方法与国际上通用的理念一致。每当有人问我如何欣赏老房子时，我总会将老局长的这番话进行传播。

无论是画“智慧快餐”，还是画老房子，我都崇尚简约。如何实现？很简单，做减法。我每次打好草稿，如果一张草稿上有 20 根线条，我正式打样的时候，可能就会把线条减少到 10 ～ 12 条，有时甚至更少。只要这幅画能反映我所画对象的特点就可以，减到不能再减为止。在这个过程中，除了“简约”，我还会运用“夸张”等艺术表现手段，最终的目标——画出老房子的灵魂和神韵。

比如，画邬达克旧居，我画的斜顶会比建筑本身的斜顶更斜，我画的烟囱会比现实中烟囱的高度更高。这就是“夸张”。这幢旧居的窗密密麻麻，我就有序地做了减法。大家如果感兴趣的话，可以拿我的作品和建筑的照片对照着看。画老房子，我还有一条心得——要把老房子当成一个“人”来看。像邬达克旧居，我就当它是一位老爷爷。既然是老爷爷，你就要画出他的年纪，画出他的表情和肌理。老房子上的岁月痕迹、斑斑驳驳甚至残缺不全，都是画家应该捕捉的。用上海话来说，就是要把这栋房子的“腔调”画出来。把描摹的老房子当人来看，人有表情、有灵魂，房子亦然。

建筑可阅读

这次特展开幕以后，我观察到一个现象，观众队伍里不仅有上了年纪的人，也有年轻人。不少年轻的父母还带着小朋友来，父母们指着这栋楼的里里外外给小朋友看。一位年轻的父亲问小朋友：“这幢房子是英国都铎风格的乡村别墅，你觉得好看哦？”让人忍俊不禁又心生暖意。这说明，随着近年来政府对“建筑可阅读”理念的倡导，关注、关爱、欣赏老房子的意识已深入寻常百姓家。这是政府相关管理部门与老建筑保护者共同努力的结果。

在日常生活中，我还关注到一个现象。如今每逢周末，在类似衡复历史文化风貌区这样的老房子、老建筑比较集中的区域，人流如织，拍照、打卡的人很多，年轻人尤多。但是，真正希望了解建筑背后故事的市民，似乎很难在现场得到专业、权威知识的介绍和解答。

对此，我想提三点建议：第一，各区不妨在一些老房子比较集中的区域，成立老房子宣讲志愿者队伍。在其上岗前，邀请专业院校的权威专家、资深的老房子研究者和管理者来上课，培养一支专业讲解员队伍。因为他们的讲解真实可靠、具有权威性，内容品质就有保障。第二，一些历史建筑的门口挂有铜牌或铭牌，但上面的内容比较简单，很难充分满足公众、游客的求知欲。有的牌子上只有建筑本身的信息，没有历史人文背景方面的介绍。针对市级保护建筑、区级保护建筑，我们不妨排查一遍，信息不足的应予以完善。第三，上海是一座国际化大都市、开放城市，来此居住、旅行的外国友人很多，因此我们的建筑介绍信息光有中文版是不够的，至少还要配上英文版。通过这些多方位的努力，上海这些老建筑背后的文化就能得到更好地传播。

索引

说明：

1. 以正文涉及的上海市的重要地理方位名称（含部分历史称谓）为检索的主题词。

2. 按首字的音序排序，首字音序相同的，分别按其笔画数、笔形排序，首字的音序、笔画数、笔形都相同的，分别按第二字的音序、笔画数、笔形排序，余类推。

3. 名称后括注内的数字，表示在正文中的页码。

A

阿尔盘弄（323）
爱迪生路（100）
爱尔考克路（176）
爱辉路（93，95）
爱克路（354）
爱仁里（65）
爱棠路（20，21）
爱棠新村（22，23）
爱文义路（126）
安丰里（249）
安福路（52，241，257，258，259，260）
安国路（176，177）
安和寺路（369）
安乐邨（247）
安南路（237）
安庆坊（239）
安仁街（342）
安亭路（30，31，32）
安图路（268）
安西路（135）
安义路（237，238）
安远路（70，225，226，228）
鞍山路（319）
奥纳路（207）
澳门路（415，416，417，418）
澳尼路（207，208）

B

巴黎新村（437）
巴圣路（207）
靶子路（325）
白荡桥（218）
白桦路（296）
白克路（319）
白来尼蒙马浪路（440）
白利南路（411）
白赛仲路（38）
白樟路（352，353）

百官街（330，332）
百花街（312）
百花街桥（312）
百善坊（159）
柏德里（402）
半淞园路（191，192，193，293，294）
包头南路（270）
宝安公路（217，218，219）
宝安路（170，171）
宝昌路（20，273，274）
宝菊路（218，219）
宝庆路（38）
宝山路（154，273，274，275，276，277，278）
宝通路（273，275）
保安里（326）
保德路（90，91）
保德路桥（92）
保定路（383）
保宁路（144）
北翟高架路（140）
北海路（50，51，52）
北海宁路（329，330）
北横通道（85）
北京东路（57，114，116，335，336，337，338）
北京路（53，60，336）
北京西路（68，70，126，127，132，133，232，336）
北门街（51）
北弄街（220，222）
北四川路（49，150，158，170，327）
北苏州路（173）
北外滩（382，387，389）
北西藏路（79，282，283）
贝当路（17，20）
毕昇路（100）
毕勋路（43）
碧波路（100）
碧江路（203）
碧云路（296，297，298）
不锈钢大道（97，98）
不夜城（72，74，75，77，78，80，81，83，84，85，394，395，398，399）
布道街（106）
步高里（28）

C

采寿里（249）
菜市弄（225）
蔡伦路（100，101，102）
曹家渡（131，133，227，229，231，411，412，413）
曹杨路（362，363，364）
曹杨路桥（411）
漕宝路（311）
漕溪北路（17，18）
叉袋角（166，395，416）
察哈尔路（369）
柴兴浜（240）
昌化路（225，416，417）
昌平路桥（396）
长安里（333）

长安路（70, 72, 240, 394, 395, 396, 397）
长白路（268）
长浜路（240）
长春坊（394）
长春街（159）
长海路（266）
长江路（98）
长江西路（87, 90, 96, 97, 98）
长乐坊（254）
长乐里（394）
长乐路（241, 244, 252, 253, 254, 255, 256）
长乐新村（256）
长宁路（131, 225, 349, 355, 411, 412）
长宁支路（411）
长寿路（133, 225, 226, 227, 228, 229, 411, 412）
长寿路桥（225, 416）
长阳路（176, 177, 179, 180, 376, 378, 382, 383, 385, 386）
长治路（173）
常德路（64, 135, 172, 225, 232, 235, 236, 237, 238, 239）
常熟路（20, 241, 247, 248, 250, 252, 256, 258）
场中路（87, 89, 90, 91, 92, 220）
炒米浜（281）
车站北路（299）
车站东路（299, 300）
车站后路（299, 300）
车站路（299, 300）
车站南路（299, 300）
车站前路（299, 300）
车站西路（299）
车站支路（299, 300）
成都北路（118, 234, 436）
承兴里（65, 68）
程家桥（356）
池沟路（144）
川沙路（182）
创新路（104）
春晖路（207）
春申路（198, 199, 200）
春生街（145）
春生桥（144）
春晓路（100）
慈厚北里（237）
慈厚南里（237, 238）
慈孝邨（234）
翠钰路（350）

D

达尔文路（100, 101, 102）
打靶场路（28）
打虎山路（271, 272）
大场东街（220, 221）
大场河路（220, 221, 222）
大场西街（220, 221, 222）
大德里（249）
大渡河路（362, 408, 409, 410）
大渡河路桥（409）

大华二路（223）
大华路（223）
大华三路（223）
大华一路（223）
大境路（285，287）
大连路（179，209）
大陆里（161）
大陆新村（149，150，172，405）
大马路（51，60）
大名路（336，388，389）
大庆里（54）
大生街（341）
大胜胡同（241）
大同坊（21）
大同路（262，263）
大统路（84，397）
大兴坊（161）
大学路（314，315）
大中里（402，422）
大自鸣钟（226）
丹巴路（408）
丹东路（182）
丹凤路（339，341，342）
丹霞山路（219）
淡水路（47，48，49，252，441）
德堡路（207，208）
德昌里（275）
德成里（400）
德邻里（79）
德隆坊（225）
德庆里（401）
德生里（179）
德兴里（58）
狄思威路（168，170，172）
迪化南路（34）
荻泾桥（214）
滇池路（111，112，113）
定海路桥（184）
定西路（135，137）
东宝兴路（159，273）
东昌路（189，211）
东城路（211）
东川路（203）
东大名路（170，181，382，384）
东方路（190，209，210，211）
东横浜路（158，161，162）
东湖路（152，255）
东江湾路（146，147，154，273，275，276，327）
东江阴街（118）
东靖路（187）
东陆里（159）
东平路（24，26，43）
东青莲街（285，287）
东斯文里（232，233）
东台路（64）
东唐家街（392）
东塘路（187）
东洋街（160）
东余杭路（170，176，385）
东栅（144）
东照里（149）
冬青园街（290）
冬融路（207）

动力四路（98）
洞庭路（182）
都市路（198，199，200）
斗台街（144）
窦乐安路（155）
敦化路（268）
多伦路（154，155，156，157，162）

E

峨嵋路（174）
二号路（201，203）
二马路（51，60）

F

法大马路（285）
法华路（369）
法华镇路（369）
法拉第路（100）
法赛路（207）
番禺路（370）
蕃瓜弄（85）
梵皇渡路（131）
方浜中路（285，286，340，341）
菲拉路（207）
翡翠路（350）
芬菊路（207，208）
汾西路（91，92）
汾西路桥（92）
汾阳路（24，43，44，45，46）
汾州里（376）
丰林路（308）
丰盛里（400，401）
丰裕里（48，49）
枫林路（302，307，308，309）
枫林桥（308，309）
枫桥路（362，363，364）
枫桥路桥（362）
逢吉里（115）
凤阳路（65，120，319）
奉贤路（120，121，122，128）
芙蓉江路（140）
福德坊（237）
福海里（65）
福建北路（391，392，393）
福建路（115）
福建路桥（115，391，392，393）
福建中路（115）
福开森路（20）
福履理路（28）
福宁路（381）
福庆里（53）
福瑞里（232）
福熙坊（240，241）
福兴里（159）
福佑路（342）
福州路（51，53，56，60，61，106，107，108）
抚顺路（319，321）
抚远路（214）
府后路（263）
府南右路（265）
府内右路（263）

府内左路（263）
府前路（263）
府前右路（263，265）
阜春街（287）
阜丰里（164）
阜新路（271，272，319，320，321）
复兴村（256，274）
复兴岛（184）
复兴东路（288，291，292）
复兴西路（38，39，40，41，42，241）
复兴中路（47，49，428，431，432，437，438，442）
富贵东道（351）
富锦路（87）
富民路（249，250，255）
富特北路（207）
富特路（207）
富特南路（207）
富特中路（207）

G

甘肃路（329）
钢三路（97，98）
钢四路（96，97，98）
钢一路（98）
皋兰路（427，430，431，432，433，434，435）
高安路（20，27，28，29，33）
高墩街（285）
高恩路（20，27）
高科东路（104，105）
高科中路（100，101）
高乃依路（430，433）
高斯路（101，102）
戈登路（226）
哥白尼路（100，102）
哥伦比亚路（370）
公馆马路（285）
公兴路（278）
公益坊（326，328）
公益里（282）
共和里（333）
共和路（73，75，76，77，79，80，81，82，83，86，397，398）
共和新路（83，86，87，88，89，90，93，94，279，436）
共和新路旱桥（87）
共康路（94）
沽源路（144）
古北路（349，350，351）
古北路桥（349，410）
古羊路（349）
顾家弄（57）
光复路（69，70，282，284，397）
光复西路（409，414）
光华里（249）
光明新村（275）
光启路（341）
光新路（414）
广东街（174）
广东路（51，60，106，237）
广西北路（58）
广西路（114）

广元路（16）
广元西路（16）
广粤路（144，145）
广肇路（84，85，395，398）
广肇山庄（84，395）
广中西路（88）
广州路（51）
贵都路（198，199，200）
贵州路（114，115，116，336）
桂林东街（311，312）
桂林路（310，311）
桂林西街（311，312）
郭守敬路（100，101）
国定路（314）
国福路（316，318）
国富门路（30）
国和路（262，264，266，267）
国货路（194，195，196）
国庆路（282，283）
国瑞里（396）
国顺路（316）
国泰新村（21）

H

哈尔滨路（167，168，169，170）
哈尔滨路第二桥（167，168）
哈尔滨路桥（168）
哈雷路（100，101，102）
哈密路（354，355，356）
哈同路（126，238）
海潮路（194，195，300）
海防路（230）
海格路（241）
海口路（50）
海伦路（158，159，160，167，170，172）
海伦西路（158，159，160）
海门路（382，383，384）
海南路（325）
海宁路（173，175，282，283，322，323，329，330，331，332）
邯郸路（268，316）
韩城路（207）
汉口路（51，53，55，60，61，63，106，107，108）
汉阳路（173）
汉中路（74，78，79，80，81，82，85，282，394，397，398）
航津路（207）
航中路（360）
号景路（360）
合肥路（442）
和合坊（253）
河南北路（70，326，392）
河南路桥（392）
河南南路（291，340）
河南中路（57，62，106，335，336，338，340）
荷丹路（207）
赫德路（236，237）
鹤庆路（203）
黑山路（265，266，267，271）
黑山路桥（265）

黑松路（296）
亨昌里（137）
恒德里（239）
恒丰里（149, 150）
恒丰路（72, 73, 74, 75, 76, 77, 78, 80, 82, 394, 395, 396）
恒丰路立交桥（72, 74, 85, 395）
恒丰路桥（72, 74, 396）
恒康里（84, 395）
恒仁路（263, 264, 265, 267）
恒通路（79, 394, 397）
横浜路（155, 161, 162）
横浜桥（159）
衡山路（17, 18, 20, 23, 24, 33, 34, 38, 47, 152）
红宝石路（350）
红枫路（296, 297, 298）
红栏杆街（291）
红松路（352, 353, 359, 360）
红庄（368）
宏业花园（137, 139）
虹井路（352）
虹桥路（140, 346, 347, 348, 349, 350, 352, 354, 356, 357）
鸿福里（232）
鸿庆里（398）
鸿泉里（48, 49）
鸿寿坊（225, 227）
后马路（372）
厚德里（249）
湖北路（50, 52）
湖滨路（344, 345）
湖南路（241）
虎林路（94, 95）
沪光路（199）
沪杭公路（109）
沪江别墅（255）
沪联路（219）
沪闵高架路（310）
沪闵路（198, 204）
沪青平公路（140）
沪太公路（214, 218）
沪太路（72, 89, 220, 224）
沪西别墅（137）
花溪路（362, 363）
花园村（436）
花园港路（193）
花园弄（60）
华昌路（273, 275）
华承里（81）
华德路（176, 376, 378）
华康里（81）
华康路（75, 76, 78, 79, 80, 81, 82, 83, 85, 397）
华灵路（223）
华龙路（424）
华伦路（349）
华宁路（203）
华山路（17, 18, 20, 38, 135, 240, 241, 242, 243, 252, 256, 259, 336）
华盛里（376）
华盛路（75, 77, 82, 185, 376, 394, 397, 398, 399）

华亭路（244，245，246）
华佗路（100，101，102）
华严路（144）
华园（133）
华月里（281）
怀德路（184）
怀意里（179）
淮海西路（241，368）
淮海中路（20，21，27，38，42，45，46，47，48，238，241，244，245，252，423，427，432，433，435，440，442）
淮虹路（142）
淮阴路（354，355，356）
环龙路（49，423）
黄陂北路（118，419，422）
黄陂南路（343，344，442）
黄渡路（146，147）
黄海路（219）
黄河路（60，64，65，67，68，403）
黄桦路（352，353）
黄金城道（140，349，350，351）
黄罗路（146）
黄浦路（387，388，389，392）
黄桥街（144）
黄山路（37）
黄兴路（268，269）
黄兴路桥（268）
黄杨路（296，297）
汇山路（377）
会乐里（56）
会文路（278，279）
惠民路（178，179，180，376，379，382，383）
霍必兰路（349）
霍山路（178，179，377，379，382，383，384，385，386）

J

积善里（150，231）
基隆路（208）
吉安路（344）
吉庆路（290）
吉祥弄（291）
极司菲尔路（131，411）
极司菲尔支路（411）
即墨路（190）
集成坊（179）
集美里（249）
纪江路（93，94）
纪念路（93）
季景路（207）
济南路（343，344）
济宁路（379）
加枫路（207，208）
加太路（207）
佳木斯路（270）
嘉禾里（237，238）
嘉善路（406）
嘉兴路（167）
嘉兴路桥（170，175，277）
伽利略路（100）
甲秀里（420，421，426）

贾尔业爱路（24）
俭德坊（137）
建国东路（47，442）
建国西路（28，29，30，31，34）
建国中路（439）
剑川路（198，203）
剑河路（355，356）
江场路（88）
江川路（203，204）
江宁路（70，120，122，129，225，226，227，228，232，414，415，416，418）
江宁路桥（414，415）
江浦路（184）
江苏路（135，137，240，241，365，366）
江湾大街（144）
江湾路（154，325）
江湾五角场（173，262，263，264，265，319）
江西路（275）
江西中路（61，62）
江杨南路（93，94，96，97，98，145）
江阴街（117，118，119）
江阴路（117，118，119）
蒋家桥（222）
交通路（280，281，303，309）
胶州路（226，228，230）
界华路（90）
金都路（198）
金汇路（359，360）
金汇路桥（359）
金科路（102）
金陵东路（56，200，285）
金陵西路（47，247，440）
金桥路（297）
金秋路（102）
金沙江路（362，408，409）
金山路（388，389，390）
金神父路（37）
金雨路（358，359，360）
金珠路（350）
锦创路（315）
锦建路（315）
锦年路（315）
锦西路（271，272）
锦园（135）
进财里（282）
晋福里（249）
晋元里（230）
晋元路（282，283，284）
晋源路（283）
京江路（281）
经远里（232，234）
荆州路（178，179，180）
景凤路（91）
景谷路（203）
景华新村（249）
景明路（100）
景云里（155，161，162）
靖宇东路（268）
靖宇南路（268）
靖宇中路（268）
静安别墅（420）

静安寺路（118，123）
镜泊湖路（218）
九福里（119）
九福新村（400）
九江里（115）
九江路（51，53，60，62，63，106，107）
九龙路（167，168）
九亩地（286）
九如里（225）
旧仓街（285）
居里路（100，101）
局门路（191）
菊联路（218，219）
菊泉街（217，218，219）
菊盛路（218，219）
菊太路（217，218）
巨福路（34）
巨籁邨（249）
巨籁达路（247，251）
巨鹿路（247，248，249，250，251）
巨泼来斯路（258）
巨兴里（247）
军工路（181，184，268，269，270，277）
军官路（423）
军营路（424）

K

开明里（285）
开纳路（365，367）
开源路（365）
康定路（229，231，411，412）
康瑙脱路（411）
康宁路（90）
康平路（27，241）
科苑路（101，102）
控江路（185，271，272，376）
库伦路（158）
跨龙路（117，118）
昆明路（176，177，180，376，378，380，383，385，386）
昆山花园路（332，333，334）
昆山路（322，323，324，332，333，334）
昆阳路（203）

L

兰村（119）
兰坪路（204）
兰亭里（72，73，396）
兰畹（135）
兰威里（168）
兰溪路（362，363，364）
兰州路（379）
兰竹路（352，353）
蓝桉路（296）
蓝宝石路（350）
蓝村路（211）
蓝天路（296）
蓝田路（427，430，433）
烂泥渡路（189）

狼山路（440）
劳勃生路（225，411）
劳动新村（275）
崂山东路（190）
崂山西路（190）
老靶子路（325，328）
老北门（300）
老北门大街（340）
老重庆中路（252，436）
老春生街（144）
老虹井路（353）
老沪太路（86）
老街（392，394）
老垃圾桥（71）
老闵行（199，201，202，204）
老西门（229，300）
老营盘（76）
老渔阳里（425）
老闸街（392）
老闸桥（84，114，115，392，399）
雷米坊（406）
雷米路（406）
黎平路（269）
李冰路（100）
李时珍路（100，101）
丽波花园（20）
利济桥（222）
溧阳路（167，168，170，171，172）
连云路（119）
联安坊（137）
联义坊（133）
濂溪坊（274）
炼钢十五路（98）
凉城路（145）
辽宁路（167）
辽源西路（271）
林村（420）
林泉路（355，356）
林荫路（117）
临沧路（203）
临汾路（90，91）
临潼路（383）
陵园路（347）
零陵路（307）
岭南路（94）
领事馆路（336）
刘广路（217，219）
刘行老街（217）
刘行中街（217）
柳江街（290）
柳泉弄（285，287）
六号路（203）
六马路（51）
六仪坊（119）
龙漕路（372）
龙东大道（100）
龙华东路（191）
龙华路（372，373，374）
龙华西路（18，372）
龙江路（185，379）
龙门路（285）
龙腾大道（307）
龙溪路（356，357）
龙阳路（209）

娄山关路（131）
卢家桥（270）
卢家湾路（436）
泸定路（408）
陆家浜路（192，195）
陆家嘴（187，189，190，206，342，346）
陆家嘴东路（187）
陆家嘴环路（189）
陆家嘴路（189）
陆家嘴西路（187）
露香园路（285，286，287）
罗白康路（354）
罗别根路（354）
罗芬路（214，215，216）
罗浮路（70，326）
罗和路（215）
罗南路（215）
罗贤路（215）
罗迎路（214，215）
罗真路（215）
吕班路（436）
吕家浜桥（101）
绿苑路（352，353）

M

马当路（343，344，440，441，442）
马霍路（118）
马吉路（207）
马浪路（441）
马斯南路（427，430，433）
马园街（339，341，342）
玛瑙路（350）
迈尔西爱路（400）
麦边路（122）
麦根路（73，84）
麦克利劳路（354）
麦盛里（172）
麦阳路（244）
满州路（79，282）
茅台路（349）
茂德里（247）
茂林邨（306）
茂名北路（400，401，402，420，426）
茂名南路（247，253，400，426）
梅川路（362）
梅福里（65）
梅岭路（363）
梅泉别墅（371）
梅园路（75，76，78，79，80，85，394）
梅州路（198）
美艾路（215）
美安路（215）
美丹路（215）
美丰路（215）
美桂北路（207）
美桂南路（207，208）
美康路（215）
美兰湖路（214，215）
美诺路（215）
美盛路（207）
美文路（215）
蒙古路（79，282，284）
猛将弄（175）

孟德兰路（118，119）
孟家木桥（223）
梦花街（288，289，290）
梦花楼北街（290）
苗江路（191，193）
庙街（107）
民德路（279）
民厚北里（238）
民厚南里（238）
民京路（262，264）
民立路（75，78，82）
民生路（190）
民星路（263）
闵行路（174，336）
明德里（249）
明月邨（406）
明月路（296，298）
明月新村（366）
莫干山路（164，165，166）
莫里哀路（430，432）
秣陵路（81，82）
慕尔鸣路（400，420）

N

南北高架路（47，78，85，87，94，232，241，252，347，396，423，436）
南北高架路成都路桥（71，87）
南仓街（118）
南曹路（104）
南昌路（49，423，424，425，426，427，433）
南车站路（194，299，300，301）
南丹路（18）
南迪化路（34）
南华新村（256）
南汇路（120，122）
南京东路（54，60，62，63，106，113，114，115，123，335，336）
南京路（49，51，53，60，64，65，106，123）
南京西路（60，65，67，118，119，120，121，122，123，124，125，128，129，130，132，136，232，238，400，402，410，420）
南路（30）
南梅园路（79）
南浦大桥（211）
南山路（273）
南苏州路（70，71，112）
南浔路（387，388）
南阳路（126，128，129，130）
南阳桥（117）
南洋路（129）
内环高架路（87，133，241，268，300，436）
内江路（268）
嫩江路（262，264）
泥城桥（53）
宁波路（54，57，114，336）
宁虹路（142）
牛顿路（100，101）
牛庄路（54，57，58，59，114）
怒江北路（409）

怒江路（408）

O

欧嘉路（158）

P

牌楼村（312）
牌楼街（144）
派克里（65）
派克路（64）
派克弄（50，64）
潘广路（219）
盘山路（265）
蟠龙街（323）
跑马厅路（422）
培福里（255）
朋卡路（381）
彭浦公路桥（87）
彭浦立交桥（87，89）
篷路（175）
平和里（65）
平江路（302，303，307，308，309）
平凉路（376，379）
平顺路（91）
平塘路（355，356）
平溪路（355，356）
蒲柏坊（436）
蒲汇塘路（16）
蒲石村（254，255）
蒲石路（252）
浦北路（311）
浦东北路（187）
浦东大道（187，190，209，210）
浦东路（187，210）
浦东南路（187，190，209，210，211）
普济路（394）
普济路桥（396）
普庆里（442）
普育东路（195）
普育西路（194，195，196）

Q

七号路（203）
栖霞路（209，210）
齐爱路（104，105）
齐齐哈尔路（379，380，381）
祁齐路（304）
岐山村（137，138，139）
千爱里（149，153）
迁虹路（142）
钱仓路（190）
强家角渡人行天桥（133）
钦州南路（311）
秦皇岛路（182，184）
沁春路（198，199）
沁园村（233）
青岛路（67，68）
青海路（402）
青莲街（287）
青杉路（352，353）
青溪路（355，356）

青云坊（76，82，83）
青云栅（144）
清流街（293，294）
清源环路（263）
清真路（307）
秋霞路（207）
虬江路（173，277，278，279）
曲阜西路（282，283）
曲沃路（90，91）
曲园（28）
瞿溪路（195）

R

热轧二路（97）
热轧三路（97）
热轧四路（97）
热轧五路（97，98）
热轧一路（97）
人安里（65）
人民大道（422）
人民广场（123，422）
人民路（285，339，342）
人寿里（179）
仁记里（394）
仁记路（113）
仁余里（274）
日阪路（207）
日晖桥（373）
日京路（207，208）
日樱北路（207）
日樱路（207）
日樱南路（207，208）
荣成路（190）
荣德里（274）
荣华东道（349，351）
荣华西道（349，351）
荣康里（400，401）
乳山路（209，210，211）
瑞金二路（37，423，431）
瑞金一路（253）
瑞康里（167，168）
瑞丽路（203）
瑞良街（293）
瑞源里（167，168）

S

萨坡赛路（49）
三层楼（73，74，76）
三德坊（47，48，436）
三号路（97，98，201，203）
三号桥（90）
三间楼街（144）
三乐里（179）
三马路（51，60，108）
三门路（263）
三民路（263）
三泉路（90，91）
三义坊（133）
三益里（376）
山东路（107）
山东中路（106，107，108，109）
山西北路（391，392，393）

山杏路桥（362）
山阴路（148，149，150，151，153，162，327）
陕西北路（124，125，129，225，227，416，420）
陕西南路（36，247，254，423）
汕头路（56）
善钟路（20）
商城路（209）
上方花园（255）
上南路（187）
尚贤坊（440）
韶嘉路（144）
韶嘉路廊桥（145）
韶山路（219）
少年村路（90）
绍虹路（141，142）
申滨路（142）
申贵路（141，142）
申虹路（142）
申虹路天桥（141）
申长路（141，142）
沈家弄路（190）
沈括路（100）
慎成里（35）
慎余里（391，392，393）
升平街（400，401）
狮子街（291）
施高塔路（148）
十号路（203）
十六浦（341）
石门二路（70，72，120，121，232，234）
石门一路（402，421，422）
士庆路（158）
世纪大道（187，188，190，209，210，211）
世界路（262，263，264）
市光路（262，264）
市政府路（303，309）
守仁桥街（220，221）
首芝坊（247）
寿品里（179）
叔德里（79）
树德坊（21）
树德里（344）
双梅村（405）
双阳路桥（270）
水城路（348）
水城南路（350）
水电路（144）
顺昌路（343，344，345）
顺盛里（159）
顺天村（119）
思南路（152，256，423，425，427，428，429，430，431，432，433，435）
斯文里（179）
四安里（73，74）
四成里（249）
四川北路（49，146，147，148，150，151，152，154，157，158，159，170，172，275，277，326，327，328，329，332，333）

四川中路（113, 337）
四川路桥（338）
四达邨（406）
四达里（149, 150）
四号路（203）
四马路（51, 60, 106, 108）
四明体育弄（135）
四明邨（249, 250）
四明里（436）
四平路（170, 172, 173, 175, 268, 277, 319）
松花江路（268, 269, 270）
松涛路（100）
松雪街（288, 291, 292）
淞沪路（314）
宋园路（347, 350）
苏虹路（142）
苏州里（65）

T

台拉别墅（405）
台拉斯脱路（405）
太仓路（47, 344）
太平坊（231）
太平桥（345）
太原里（53）
太原路（35, 404, 405, 406）
泰谷路（207）
泰盛坊（237）
泰兴路（119, 120, 121, 234, 402）
汤恩路（167）
唐安路（104, 105）
唐陆公路（103, 104, 105）
唐山路（176, 177, 180, 383, 385）
唐兴路（103）
唐镇路（103, 104, 105）
棠浦路（362, 363）
棠浦路桥（362）
塘沽路（173, 174, 175, 322, 323, 324, 336）
桃江路（20, 43, 152）
桃浦路（408）
桃源坊（137）
陶尔斐斯路（423）
提篮桥（181, 382, 383, 384, 411）
天福里（326）
天后宫桥（392）
天津路（114, 115, 336）
天乐坊（402）
天目东路（84）
天目西路（74, 75, 77, 81, 82, 83, 84, 85, 226, 394, 397, 398）
天目中路（282, 283）
天平路（17, 18, 20, 21）
天山路（349）
天山支路（140）
天盛里（275）
天水路（170）
天通庵路（273, 274, 275, 276）
天通庵路桥（275）
天潼路（173, 322, 332, 388, 389, 391, 392, 393）
天星路（203）

天钥桥（18）
天钥桥路（18）
天主堂街（341）
甜爱路（151，152，153）
甜爱支路（151）
铁岭路（319，321）
铁路宿舍（76，82，83）
亭荷桥（222）
通北路（378）
通阁路（273，275）
通河路（94）
通虹路（142）
通汇桥（72）
同安坊（232）
同春坊（65）
同福里（249）
同乐坊（230，231）
同心路（275）
同裕里（119）
桐柏路（362）
铜川路（408）
铜仁路（126，127，128，130，238，370）
图们路（268）

W

外白渡桥（71，164，173，387，390）
外国弄堂（368，371）
外滩（33，60，106，110，111，112，113，237，335，337，338，342，387，389，390）
外滩源（112）
宛平路（16）
万安路（144，145）
万安桥（144，145）
万福村（28）
万航渡后路（411，413）
万航渡路（131，132，133，134，225，229，231，232，365，411，412，413）
万宜坊（438，439）
万竹街（285，287）
王家宅路（279）
望达路（191，293，294）
望平街（107，108）
望云路（288）
望志路（343，344）
威海别墅（420）
威海路（419，420，421，422，436）
威海卫路（419）
潍坊路（210）
伟德路（315）
渭泉坊（281）
蕰川路（87）
文安路（430，433）
文登路（190，210，211）
文惠廉路（175）
文监师路（175）
文路（175）
文庙路（289，290）
文彦坊（161）
闻喜路（91）
汶水路（88）

乌鲁木齐北路（135, 241）
乌鲁木齐南路（24, 34）
乌鲁木齐中路（42, 260）
乌镇路（69）
乌镇路桥（71, 391）
吴江路（119, 402, 403）
吴淞（96, 97, 98, 263, 269, 276）
吴淞路（167, 173, 175, 332, 334）
吴淞路闸桥（173）
吴兴路（41）
吴中路（310, 311, 353, 358, 359, 360）
梧桐路（339, 341, 342）
五号路（203）
五马路（51, 60）
五权路（263）
五台路（167）
五星路（263）
五原路（257）
五洲大道（207）
武昌路（173, 174, 322, 332, 387, 388）
武定路（239, 365）
武定西路（365, 366）
武进路（322, 325, 326, 327, 328, 332）
武康路（20, 39, 40, 241, 258, 260）
武宁路（225, 227, 362）
武宁南路（133, 229, 230, 365）
武胜路（422）
武夷路（240）

X

西爱咸斯路（33）
西仓路（340）
西藏北路（72, 79, 273, 274, 279, 282）
西藏路（53, 114）
西藏路桥（53, 283）
西藏南路（117, 191, 192, 344）
西藏中路（50, 51, 53, 55, 57, 58, 123, 232, 335, 336）
西成里（441, 442）
西街（332, 333）
西康路（129, 130, 225, 228, 229, 230, 234, 235, 416）
西摩路（124）
西斯文里（232, 233）
西苏州路（416）
西王小区（121）
锡虹路（142）
霞尔登路（349）
夏碧路（207）
仙霞路（349）
先锋街（359）
贤龄别墅（135）
香山路（427, 430, 431, 432, 433, 435）
襄阳北路（46, 252, 254）
襄阳南路（46, 404, 406, 423）
祥安里（174）
祥茂新村（48）
小北门（53）

小木桥路（303）
小沙渡（225）
小桃园街（288）
协和里（65）
协兴里（376）
斜桥路（402）
斜土东路（194）
斜土路（307, 308）
辛园（234）
忻康里（229）
莘浜路（199）
莘东路（199）
莘建路（199）
莘凌路（199）
莘南路（199）
莘松路（199）
莘潭路（199）
莘朱路（198）
莘庄（198, 199, 203）
新昌路（119, 232）
新大桥（72）
新大桥路（72）
新华路（368, 369, 370, 371）
新加坡路（229）
新疆路（79, 282, 283, 329）
新开河路（342）
新康花园（255）
新乐路（46）
新路（279, 280, 281）
新伦路（208）
新马路（280, 281）
新民路（397）
新民支路（78, 397, 398）
新市北路（144）
新市南路（144）
新泰安里（393）
新天地（343, 344, 345）
新渔阳里（425）
新闸路（67, 70, 133, 232, 233, 234, 235）
新闸路桥（71）
新闸桥（232）
信大里（164）
星加坡路（229）
邢家木桥路（159）
行知路（223, 224）
行中路（223, 224）
型钢北路（98）
型钢南路（98）
兴安路（47, 436）
兴国路（243）
兴虹路（142）
兴立村（161）
兴隆村（253）
兴庆里（400）
兴顺南里（406）
兴业里（149）
兴业路（47, 343, 344）
杏山路（362）
徐虹北路（16）
徐家汇（16, 17, 18, 19, 20, 119, 241）
徐家汇路（17, 241, 436, 439, 440）
徐家宅路（279, 280, 281）

徐家宅支路（281）
徐霞客路（100）
许昌路（185，186，376，377，378，397）
学前街（289）

Y

鸭绿江路（170）
鸭绿江路桥（329）
亚田南路（30）
延安东路（47，56，106）
延安高架路（56，240，241，347，350，352，419）
延安西路（240，241，354）
延安中路（237，240，400，419）
延吉东路（268）
延吉西路（268）
延吉中路（268）
延庆路（246，255）
延长路（278）
盐山路（379）
晏海路（340）
雁荡路（423，424）
燕山别墅（155）
扬虹路（141）
扬州路（376）
扬子江路（388）
阳曲路（91）
阳泉路（91，92，94）
杨高北路（207）
杨柳青路（362）
杨树浦路（181，182，183，184，185，186，376，379，380，381，382，417）
养和村（225）
养正里（282）
姚主教路（17，20，21）
耀华里（376）
野奴泾桥（355）
业华里（402）
叶家宅路（226）
一二八纪念路（87，92，93，94，95）
一二八忠烈墓前纪念路（93）
一号路（98，201，202，203，204）
伊犁南路（350，351）
医学院路（308）
宜昌路（237，415，416）
义品村（428）
义学桥（222）
逸仙路（89，144，145）
意威路（207）
银城路（189）
银城中路（189）
银都路（198，199，200）
银绿里（376）
银杏街（220）
银珠路（350）
英伦路（207，208）
英士路（47）
营口路（270）
颖川寄庐（326）
永安里（225）
永丰村（437）

永和里（274）
永吉里（326）
永嘉路（30，33，34，35，36，37，405）
永嘉新村（35）
永康村（406）
永康路（258，404，405，406）
永乐村（133）
永乐坊（159）
永平安里（54，58）
永庆里（247）
永新小马路（279）
永兴里（281，282）
甬虹路（142）
涌泉坊（135，136）
有余里（76）
余庆路（20，21，22，23）
余庆桥（223）
余姚路（229，230，231，412）
榆林路（379）
愚谷村（135，136）
愚园东路（239）
愚园坊（135）
愚园路（58，124，132，135，136，137，139，239）
玉屏南路（140）
育伦里（232）
育婴堂路（279，280，281）
裕德里（115）
裕华新村（256）
裕庆里（225）
裕通路（72，73，394，395）
元善里（133）
原平路（90）
圆明园路（112，338）
源深路（190，210）
月华坊（179）
月华新村（21）
岳阳路（24，304，305，306）
岳州路（176）
粤秀坊（326）
云岭东路（410）
云南北路（53，54，58）
云南路（53，56，114）
云南南路（53，56）
云南中路（52，53，54，55，56）
云山路（296，297）

Z

枣阳路（362）
造币厂桥（415）
闸场路（86）
闸殷路（262，264）
乍浦路（68，322，323，324，328，329，330，332，333，334，438）
乍浦路桥（322）
张衡路（100，101）
张华浜（269，276）
张杨北路（207）
张杨路（209，210，211）
张园（420）
彰武路（319，320，321）
赵主教路（257）

肇嘉浜路（17, 18, 19, 21, 302, 304, 307, 308）
浙江北路（69, 391）
浙江路桥（71）
浙江中路（50, 57, 336）
浙兴里（172）
真北路（409）
真华路（223, 224）
真金路（223）
震兴里（400, 401）
镇安里（76）
镇宁路（135, 241）
正蕃小筑（36）
正红里（417）
正明里（237）
政立路（265, 266）
政民路（314）
政肃路（316）
芝罘路（50, 53）
止园路（273, 274）
芷江西路（72）
志诚里（231）
智和里（72, 73, 396）
智星路（315）
中华路（285, 339）
中环高架路（88）
中农新村桥（270）
中山北二路（268）
中山北路（87, 133）
中山东一路（110, 111, 112, 335, 337, 342, 387）
中山路（89）
中山南二路（372）
中山南路（300）
中山西路（140, 362）
中实新村（135, 136）
中太和里（380）
中心桥（222）
中行别业（133）
中兴路（72, 274）
中正西路（240）
中州路（328）
重庆北路（118, 421, 436）
重庆南路（343, 423, 424, 436, 437, 438, 439）
重庆中路（252, 436）
舟虹路（142）
舟山路（177, 383, 384, 385, 386）
周家桥（349）
周家嘴路（176, 177, 180）
洲海路（207, 208）
朱家木桥（174）
朱家湾（414）
竹桥街（144）
庄家街（288）
紫华路（288）
紫藤路（352, 353）
自忠路（47, 48, 343, 344, 345, 437, 441）
总局路（76, 81, 86）
祖冲之路（100, 102）

代跋

关于『叩街问巷』的对话

◎朱志凌（《叩街问巷》策划人、责任编辑）

◎周林，即『独木成林』（《叩街问巷》文字作者）

朱志凌：周林你好！很高兴16年后又编成了你这本“行走‘香’海”之作。按当年淳子老师的说法，就是你“似乎要与地图上的每一条马路约会”。

周林：谢谢朱老师！对于一个业余作者来说，能正式出版一本自己的文集，是一件非常高兴的事，况且是一下子踏进非常正宗非常有口碑的上海辞书出版社，真的感到非常荣幸。如今能以《叩街问巷——一个人的上海马路叙事》为名再版，更是让我欣慰。上海城市的文化底蕴非常独特丰厚，又一直处于变化之中，有永远挖掘不完的历史。当然具体写作过程对我而言也并非轻而易举，套用一句名言：功夫真的在书外。16年说长不长，说短又不短，上海城市建设和马路又发生了很多变化，因此，一下子好像又不知从何谈起了。

朱志凌：之前的那本《叩街问巷——上海马路的前世今生》是辞书社在2008年8月推出的。虽然十五六年过去了，有两个数字我至今还记得。一是在当年上海书展图书销售榜名列第7，是书展的“十大好书”之一；二是没搞任何签售活动，整个书展期间就销掉了401本。如今这本书经过修订、补充，文字上又添加了不少，不容易。最近看到《中国新闻出版广电报》上有一篇报道说“素人出书”近几年渐成潮流，周林你也算是素人出书吧！你是从什么时候开始关注上海的马路？

周林：我与上海马路的“情缘”也许早在冥冥之中就注定了。其实，人的很多兴趣大都源自童年的经历和记忆。我从小就生活在苏州河以北的棚户弄堂里，四周没有漂亮的马路和华丽的建筑。但隔着一条河，对岸就是上海最繁华的南京路。每次到南京路看到24层的国际饭店，就想起大人的话“这是全国最高的楼房了”。

当时每次跟着大人们去南京路，心里就像过节一样兴奋，可以吃到沈大成的美味糕点，看到南京路的国际饭店、第一百货公司等高楼大厦。去之前还要把脸洗干净，换上整洁漂亮的衣裳，很有一种仪式感。所以南京路在那时的感觉就是上海最“高大上”的地方。可以说，我对上海马路的关注就来自从小对南京路的印象。

朱志凌：确实是这样，南京路是上海开埠后最早建立的一条商业街，已有100多年的历史。它最初被称为“花园弄”，1865年定名为“南京路”。南京路是在1908年通行有轨电车的，随着20世纪二三十年代先施、永安、新新、大新四大百货公司在南京路兴起，南京路便成为上海最热闹最繁华的商业街，而且这种繁华的景象一直延续至今。当时南京路上有黄浦区少年宫、大上海电影院、新华电影院（石门路口）、平安电影院（陕西路口），人民广场、人民公园……特别是当时人民公园靠西藏中路一侧有一长排橱窗，里面全是最新的上海科技成果图片或模型展示，并定期更新。记得里面的模型火车、轮船、汽车、吊车都会动，好看有趣长知识……可以说，南京路也是我认识人生和世界的窗口。

周林：那时候想要买什么衣服或皮鞋，总是先想到去南京路，我的第一件“的卡”上衣和第一双皮鞋就是在南京路买的，当然是由我父亲陪着去的。至今还清晰地记得，10岁那年的10月1日下午，我独自一人到南京东路、西藏路口的音乐书店买现代京剧《智取威虎山》连环画。在南京路高耸入云、鳞次栉比的摩天大楼和摩肩接踵、熙熙攘攘的人潮中，真切地感受到一种独特的大都市气象。

朱志凌：你这么说，一定会勾起许多同龄人的记忆。南京路改为步行街之前，最大的感觉就是南京路上店多、人多，人们摩肩接踵，前呼后拥，谁也不认识谁，却井然有序。记得当时从南京路过西藏中路时，两边等候的人一瞬间就形成两堵长长的人墙，仿佛迎候贵宾一样等车辆通过。绿灯一亮，两边的人流立刻互相对穿，鱼贯而行，十分壮观，也十分有趣。现在南京东路成了步行街，就没有了这种情景。我们家到上海初期住在黄浦区，后来搬到了原来的卢湾区。我工作之后，进辞书出版社前，一直在淮海中路上班，所以对南京路、淮海路一带相当熟悉。那么，除了南京路、外滩这些中心城区马路外，上海其他地区的马路最初又给你什么印象？

周林：上海的许多马路和建筑都是有故事的。我在 11 岁那年去过陕西北路 500 号。500 号是上海教育系统的机关大楼，很多教育类的报刊在那里编辑出版。在那个特殊的年代，我能看到的只有一张《红小兵报》，但报社在我少年的心中是非常神秘和神圣的地方。就在这一年该报刊登了我的一幅铅笔画，引起全校师生的关注。所以我就想偷偷地来看看陕西北路 500 号是什么样子的。记得当时年龄小，也不敢走进去，只是在 500 号门口张望了几下。但就是这么一瞥，一幢西洋风格建筑的轮廓深深地印入脑海。当时我还不知道这是一幢怎样的建筑，更不知道它的历史，但我已感到陕西北路是一条与南京路街景建筑截然不同的马路。

朱志凌：你说的陕西北路 500 号那幢建筑，在过去上海教委大院，是西摩会堂旧址。西摩会堂建成于 1920 年，是上海现存时间最早也是远东地区规模最大的犹太教会堂，这个教堂看上去就像是一座幽深的中世纪古堡。因为陕西北路旧称西摩路，所以这座教堂就以路名为名。陕西北路上的历史名人建筑很多，我们上海辞书出版社旧址里也有一幢，就是进门可看见的那幢仿文艺复兴时期建筑风格的花园洋房。其最早的主人是罗伯特·何东爵士，他是上海多家公司的主要股东和房地产巨商。何东与孙中山先生的关系非常密切，孙来沪就多次借宿在何东公馆。如今的陕西北路从新闸路到巨鹿路一段已经成为上海“历史文化名街”，还是源于这条路的历史文化底蕴特别丰厚。

周林：上海马路承载着近代中国太多的历史信息和文化密码。几乎再也没有一座城市能像上海这样拥有各种风格的建筑和各种传奇往事。我工作后有了公交车月票，业余时间经常乘公共汽车到处闲逛，龙华、徐家汇、外滩、十六浦、福州路、曹家渡、五角场、复兴岛……都是那时我每周轮番光顾的地方。

朱志凌：哦，你说的公交车月票我也有印象。月票就是以前为方便公交车上下班的职工而设定的付费方式。记得当时一张月票 6 元，个人和单位按比例分摊，但现在年轻的读者恐怕不一定清楚了。

周林：是的，有了月票，当月不论上班或平时乘市内任何公交车都不用再买票。所以我如鱼得水，在上海的马路上走得也更勤快。正是当时这种有意无意的行走，我熟悉了不少上海的马路和建筑。

朱志凌：你就是在上海的东南西北叩街问巷中，进而意识到上海的许多马路和建筑都是有历史的，由此便触发你从书本、电影、历史资料中去了解上海的前世今生，并用笔把它们记录下来，是吧。还记得你第一次在纸质媒体上发表文章的经过吗？

周林：记得20世纪80年代，我去上海艺术剧场、新华电影院、上海音乐厅看话剧和电影，听音乐会，首先就被这些剧场大厅豪华典雅的装饰所震撼，后来了解了这些老建筑背后的故事，更是眼界开阔，思路变宽，我开始萌发用笔抒发感想的冲动。当时还没有网络自媒体，我尝试着向纸质媒体投稿。运气好的话，偶尔会发表一两篇，这会让我高兴好几天呢！

结婚后我曾在杨浦区住过一段时间，每天上下班乘公交车都要穿过江湾五角场边的国顺路。这里四周小马路纵横，并呈辐射状，大都是复旦大学的教工宿舍区。陈望道、苏步青、谈家桢等科学文化名人故居都坐落在此，给人很多思索和遐想。我就此写了一篇随感《想在一条路上散步》，1997年5月23日发表在《上海大众卫生报》副刊上，这给了我很大的动力和信心。如同一个人在太空看到美丽的星星，必须对身边的人诉说才会觉得快乐一样，从此我便钟情于对上海马路的书写。后来，我更多地了解到，五角场周围的马路大都以“民”“国”“政”“府”等字打头，原来都是20世纪30年代国民政府在此打造“大上海规划”的产物。当年上海市政府办公楼、市立图书馆、市立博物馆等都建在这里。

朱志凌：不是有“两千年历史看西安、五百年历史看北京，一百年历史看上海”的说法吗？我觉得，这些年来你能把上海这么多条马路一条条地走下来，用自己的语言诠释上海马路的历史和心声，某种程度上也引起了人们对上海马路的重视。这个过程对你来讲也是一个学习提高的过程。

周林：是的，还是上海的历史离我们最近最亲。到了2006年，随网络技术发展而出现的博客、微博等自媒体，为我的马路书写提供了更广阔的平台。马路本身就是我们的生存和记忆空间，写大家熟悉的东西，容易引起共鸣。果然文章上线后引起不少网友的兴趣，因此认识了不少新朋友，包括您在内。从此便一发不可收拾，《暗恋甜爱路》《溧阳路的情思》《高安路的足音》……越写越有劲，直至2008年，在您的精心策划和悉心指点下，就有了《叩街问巷——上海马路的前世今生》的写作和出版。

记得2008年8月北京奥运会开幕的前一天，我从您手中接过从印刷厂送来的样书，立即就在出版社内的小花园里读了许久。似乎熟悉的文字、熟悉的句子，却又觉得那不是我的文章，比我写得好多了！啊，这一刻的心情真是无法用语言来描述，但我真真切切地感到一种巨大的幸福，从此这种感觉，就一直陪伴着我走到今天。

朱志凌：可以说，你是我从博客中“打捞”出来的作者。你当时的网名叫“独木成林”，一直用到今天。为什么会取这个网名？

周林：也没什么特别的寓意。有句俗语叫作“独木难成林”，但据说一棵榕树也能成为一片森林。不过，我还真的没那么想，只是网名嘛，总要特别一点，再说我的真名中正好有一个“林”字，所以就随意取了这么个网名。

朱志凌：所以这次出新版，与你商量署名“独木成林”，封底勒口处再介绍一下你的本名等，就是想记录你的成长，当然也想与初版本有一点区别。

周林：谢谢朱老师！为了《叩街问巷》这本书，您真的花费了很多心血，而一般读者往往是看不到这一点的，也不会有这种体验。其实，我的文字修养和写作水平都是很不够的，只是因为喜欢上海的历史和马路，又得到您以及周边许多人帮助和鼓励，才一路走到今天。

我当年在学校里学的是工科，毕业后进了上海场中路上的一家军工厂工作。因为平时爱写写弄弄，两年之后，被抽调到厂宣传科，从此一干就是几十年。马路书写，似乎也为我的业余兴趣爱好找到了通道。一本地图册、一个小相机，就是我最亲密的“小伙伴”，陪我寻访着自己心目中的上海。以前没有智能手机，只能用相机拍照，为此用坏了两台相机……写这样的文章，我就抓住一点，一定要到实地自己走一遍，尽量把自己的真情实感融入进去。当然许多资料还是必须查阅的，不能靠臆想，许多东西要化为自己的语言。虽然有一点辛苦，但收获也是满满的。

朱志凌：岁月不居，流年似水。上海城市独特的魅力得到越来越多人的认同和欣赏，每条马路、每个弄堂，甚至每一幢建筑都似有说不完的精彩之处。我也常为能生活在过去和将来都是全国历史底蕴最丰厚的城市之一上海而感到欣慰。既然“周游列国”有所限制，那么此生能够细读、精读一下上海这本“巨著”，而且在上海也完全可以来个“世界之旅”，真的也算是不虚此生此行了。这次为了修订《叩街问巷》，你又把当年走过的马路重走了一遍，你认为这些马路最大的变化是什么？

周林：要说变化真的是太快太多太大，一言难以蔽之。单就初版本中 99 篇文章所涉及的马路来看，有的整体拆迁；有的从静谧的小马路变成名噪一时的“网红”马路；不少历史建筑得以修复，更多的史料披露出来，街区功能也随之变化；还有不少马路通过“微更新”，显得更加富有历史底蕴和时尚气息。光阴荏苒，物换星移。记得2007年左右，上海的轨道交通线路不足10条，而今上海轨道交通线路已经多达20条，且还在不断延伸和增加中。这本身不就是个巨大成就和变化吗？这是每个普通市民都可以直接感受到的。轨道交通线路开通到哪里，哪里就会发生变化。有的地方就此又产生多条新马路，直至区域格局都发生了翻天覆地的变化。追溯、记录这些变化，不就是在记录城市历史变迁的某个侧面吗？这份记录只是一个作为普通市民的我眼中的“微风细雨”，因而可能更具有普遍意义。

朱志凌：如今轨道交通与上海马路的关系是一种互相成就的关系，你中有我，我中有你。轨道交通既是人们出行、旅游的便捷工具，也是人们沟通联系、维系情感的“纽带”。轨道交通已成为大多数人城市行走、旅游观光的主要“媒介”。去年5月份，我来电话与你聊计划修订再版《叩街问巷》的想法，看来也是水到渠成啊！

周林：是的，感觉是不谋而合。当年初版本您按轨道交通线路来编排文章，非常有创意，似乎至今还没人去模仿。现在轨道交通线路已经成了挂在市民嘴上的“日常用语”。一般同事间说起上下班坐几号线，或邻里之间说起乘几号线可以到达哪条路、哪个景点，感情上立刻就会有一种“认同”和“亲近”。

朱志凌：确实。轨道交通很方便，还有共享单车也能让人节省不少时间和体力。这些年，上海的新马路和新建筑不断增加，而不少老马路又开始热闹起来，人们对上海历史和文化的兴趣越来越浓，保护意识也越来越强。

周林：有人说马路也是城市的毛细血管，要了解一座城市，还得在它的马路上行走。前些年，静安区天目西路街道有一个品牌文化活动“行走天目西”，就是组织居民寻访区域内的马路，感知今昔历史的变化。街道文化科的工作人员看到我在自媒体上发表的文章后，就来联系我。于是我就受邀参加了“行走”活动，有时还充当义务讲解员。看到越来越多的人喜欢上海的马路和老建筑，喜欢这样行走，非常欣慰。

朱志凌：近几年，在上海街头又悄然兴起了种种“城市考古、历史怀旧”城市行走活动。在马路上，经常看到这样一群人：头戴耳机，对着一幢幢老建筑上下端详，领头的专业讲解员滔滔不绝地讲，身后的人聚精会神地听。武康路、安福路、甜爱路等已经成为“网红”马路，每天都有无数的市民自发在那里聚集、交流、赏景、拍照。你刚才说你也多次参加过“城市考古”活动，最大的感受是什么？

周林：我从小就生活在天目西路一带。这里过去是老闸北“华界”工商业的大本营，有20多条马路，分别以“光复统一、振兴中华”等单词打头，如中兴路、大统路、光复路、中华兴路……有过很辉煌的历史。但是在20世纪30年代后期，这里的许多工厂和建筑几乎都被日本军队的炮火摧毁了，形成了一个个棚户区。改革开放之后，这里又发生了天翻地覆的变化，成为上海最繁华的街区之一，也成为上海城区“一年一个样，三年大变样”的缩影之一。20世纪60至90年代，我在这里生活了30多年，几乎熟悉这里每一条马路，新旧马路在我的脑海里形成深刻的印象和独特的记忆。所以回到“天目西街道”，等于是回到了“故乡”，因而我的感受似乎又要比别人深。

朱志凌：马路是城市的历史和经脉，也是城市的灵魂。上海马路的独特魅力在于恰好满足了人们对现代和文化型城市的想象。这些年来，上海似乎越来越怀旧，关注、品味城市的老马路、老建筑甚至市井生活的氛围越来越浓。我想，这样的怀旧，绝非简单地留恋过去或重塑乡愁，而是上海人对寄托身心的这座城市的发展历程和文化底蕴的由衷叹服，对它未来真正成为现代国际化大都市的一种自信。

周林：余生虽晚，却遇上最近40年来改革开放的盛世。正是通过上海的条条马路的变化，新旧上海在我的心里交织成了纵横交错、气韵绵长、意象纷繁、色彩斑斓的图案，令人心动神驰，抚今思昔，感慨万千。

有人说熟悉的地方没风景，但上海是个异数，它一直处在变化发展中，有着挖掘不尽的历史和看不完的美妙风景，走出家门就是旅行。上海的城市是有温度的，马路如同一个不设防的天然博物馆，展品众多，卷帙浩繁，视线的触角可以无拘无束。众多马路仿佛都成了我的朋友，有的雍容华贵，有的质朴无华，有的优雅精巧，有的豪迈粗放，有的热情奔放如少男少女，有的则深沉内敛如满腹经纶的长者……思想的流动，使我感到自己像一条游来游去的鱼，四处游荡，日日有发现，处处有惊喜。

朱志凌：上海老马路多，建筑形态丰富，人文历史底蕴深厚。上海中心城区的那些华丽的建筑不仅是上海城市精神和创造力的表现，更是上海乃至整个近代中国的现代化走向和发展脉络的折射点。

周林：在每年的“世界遗产日”里，上海都会有经过精心修缮的历史建筑对外开放，马路上经常会有新的“历史景观”被发现、发掘、修复，这让我探寻上海马路历史的兴趣有增无减，没完没了，每一次都会有新的收获。人生形同走路，多走一点路，就能多看一点风景，也就多一份阅历。正所谓行万里路，读万卷书也。

有两位年轻朋友听了我的讲解，又特地网购了我的书，读后告诉我很喜欢我的马路文章。她们说，原来你在2008年就这样写上海了，后来许多书都是“走”你的路子。我说，不能这么讲，每个人经历不同，角度不同，上海的马路是写不完的！

朱志凌：城市和建筑不是凝固不变的，其自身在时间上和空间上，都处于不断推陈出新的过程中，具有动态平衡的特征。所以，上海的马路其实是一直处于变化之中，你在新版《叩街问巷》中如何体现这一点呢？

周林：对我来说，还是一条马路一条马路地重走，前后对比。然后对初版本中的每篇文章做不同程度的纠错、修改、补充，甚至重写。

一是对初版本中不少错写、漏写的马路历史建筑和历史事件进行更正、补充。这些错写、漏写的主要是限于当时篇幅或了解不够所致，更多的是后来才修复、面世，披露史料的。新版本中都加以纠正和增补，这几乎涉及初版本中98%的文章。

二是这些年来，初版本中所涉及的部分“永不拓宽”的马路虽然仍在，但是马路形态和生态都发生了很大的变化。如安福路、巨鹿路、永康路、永嘉路、长乐路、愚园路、马当路、淡水路等，如今大都成了“网红”马路，对这些马路变化的部分，新版本中都一一加以描述补充。

三是对这些年来发生较大变化的片区和马路，如曹家渡、提篮桥、虹桥路、黑山路、荆州路、常德路、万安路、延安西路、华山路等，都依据现状进行了较大幅度的修改，甚至拆分、改写、重写。

四是初版本中的文章只涉及7条轨道交通线路，而今上海轨道交通线路已经多达20条，但限于篇幅又不可能全部涵盖。所以最终确定13条轨道交通线路（1—13号）为新版的“路线图”，这样又新写增补了30多篇马路文章。新写的马路主要分布在原闸北“不夜城”地区、原南市区老城厢地区和静安区、宝山区、普陀区、杨浦区、闵行区等老工业区。

朱志凌：你这次修订用了多长时间？

周林：整个书稿的修订贯穿春夏两季，花了6个多月的时间。为了尽可能地真实呈现现场，尽管骄阳似火，暑气蒸人，天气一天比一天热，还是把老版书中所写到的马路又走了一遍。因为怀有一种与“老朋友”重新相见的兴奋与喜悦，倒也没感觉太大的辛苦。真的，上海的马路太多，某条马路走过，也许就没有机会再走了；再走也是“俯仰之间已陈迹”，因此所有的行走都有当下的意义。

我的文学修养和水平，很难将上海马路的精华和神韵体现得更好，不足之处只能请读者们谅解了。由衷感谢您，您为新版付出的心血不比初版少，您一直不厌其烦地与我交流，提供信息，打开我的写作思路。能遇上这么一位像您这样敬业尽职的编辑，真是我的幸运。

上海马路真的变化很大，本书中的路名、建筑物名称、商家信息一般截止于2023年年底。读者拿到书的时候，或许与实际会有些出入，在此亦一并说明。

朱志凌：谢谢你的分享。你为书稿的修订花费了很多力气，希望你的新版《叩街问巷》能收获更多“知音”！当然我们还要感谢为初版作序的著名女作家淳子老师、提供摄影作品的一毛先生，以及此次为新版提供精美幽默插图的著名漫画家郑辛遥先生。

此次新版，不仅从我当年做的“上海书系”转入到“一个人的叙事”系列里，而且我还邀请了你非常崇拜的著名情感作家何菲女士作序。何菲是我入行图书责编的第一位作者，我曾为她做过4本书《上海熟女》《上海蓝颜》《第二季》《酸男辣女》。何菲的书非常好卖，如2006年6月初版的《上海熟女》，一个月竟然能销5 000多册，且连连加印，放到今天说不定也是销冠。《上海熟女》也是我上手组稿策划、独立责编的第一本书，辞书社之前从来没出过这样类型的书。时任社长张晓敏先生（现任中福会副主席、党组书记、秘书长）给予了很大程度的“放手”。你这个新版本，或许也是我编辑生涯中某一类图书的最后一本，请何菲来写这个序，也算是“carry it through to the end”（有始有终）吧。新版另一个序的作者吴海滨先生，是一位工作生活在哈尔滨的上海男人，极富上海情结的“老卢湾”。虽然未曾谋面，但交流不少。因为我们有着一个相同的符号“310103”。

周林：谢谢朱老师。正是您邀请的各位大家的热情鼓励与帮助，《叩街问巷》这本书才能延续16年的情缘，并将激励我继续用脚步来丈量上海的马路。

2024年早春二月

图书在版编目(CIP)数据

叩街问巷：一个人的上海马路叙事 / 独木成林著；郑辛遥绘. —上海：上海辞书出版社，2024
ISBN 978-7-5326-6188-6

Ⅰ.①叩… Ⅱ.①独… ②郑… Ⅲ.①城市道路-史料-上海 Ⅳ.①K925.1

中国国家版本馆 CIP 数据核字(2024)第 029697 号

叩街问巷——一个人的上海马路叙事

独木成林 著　郑辛遥 绘

策划统筹	朱志凌	**书名篆刻**	潘方尔
责任编辑	朱志凌	**英文翻译**	唐玥芳
文字编辑	李婉青	**索　　引**	周　林
技术编辑	楼微雯	**整体设计**	零贰壹肆设计工作室

出版发行　上海世纪出版集团
上海辞书出版社®(www.cishu.com.cn)
地　　址　上海市闵行区号景路 159 弄 B 座(邮政编码：201101)
印　　刷　浙江经纬印业股份有限公司
开　　本　787 毫米×1092 毫米　1/16
印　　张　30　插页 2
字　　数　528 000
版　　次　2024 年 7 月第 1 版　2024 年 7 月第 1 次印刷
书　　号　ISBN 978-7-5326-6188-6/K·1260
定　　价　88.00 元

本书如有质量问题，请与承印厂联系，电话：0576-83170033